江苏省高等学校重点教材（编号：2021-1-097）

高级财务会计

（第二版）

王跃堂　编著

扫码申请更多资源

南京大学出版社

前　言

高级财务会计是在初级和中级财务会计的基础上，学习和研究财务会计中的高级、复杂、疑难和创新的业务。目前学术界和教育界关于会计专业核心课程体系的一般认识和基本趋势，大都遵从以基础会计学—中级财务会计—高级财务会计为轴心的逻辑框架。在这一逻辑框架与学科体系中，高级财务会计是建立在中级财务会计基础上，又独立于中级财务会计的一个领域，如果说中级财务会计主要解决经济活动中常见、普通、传统的业务处理问题，那么高级财务会计则担负着继承、发展、创新和开拓的责任，对财务会计知识中的高、深、难、特、新等方面的会计问题进行全面、深入、系统地分析与论述。

高级财务会计的研究范围从某种意义上来说已经超越了财务会计四项基本假设所作的限定，如合并报表会计将会计主体从单一性向多维性、复合性转移；非财务信息的分析不再囿于货币计量假设，将会计考察的对象由传统业务扩展到企业的战略和行业等，以便更好理解会计数据的实质。高级财务会计对财务会计中应遵循的一般的会计原则、程序和方法等也有不同程度的延伸，如企业合并会计在很大程度上丰富了可比性原则的内涵；外币业务的汇兑损益、期货交易损益等的提前确认深化了稳健性原则的要求；盈余管理对会计信息的真实性提出了挑战。

国内现有的高级财务会计教材诸多，各具特色，各有所长。但是观察国内教材，可以发现存在两个较为普遍的问题。首先，各个教材的内容并不统一，可能的原因包括两方面：一是国内会计实务变化较快，新的内容不断涌现，不同版本的教材存在不同程度的滞后性；二是国内学者对“高级财务会计”这门课程的定位观点不一，有些教材将中级财务会计教材没有的内容都纳入高级财务会计，过分追求内容的完整性使得教材的篇幅过长、重点不突出；有些则偏重理论的深度、内容的复杂度，导致教材晦涩难懂。其次，“以人为本”的思想未在教材中充分体现。教材是为学生所用，若在结构、内容和体例编排上囿于固定程式，没有充分考虑学生的学习特点、需求和兴趣，教材的可读性和可用性将大打折扣。

本书希望在以下几个方面有所突破和改进：

首先,高级财务会计的内容应当随着会计环境的变化而不断更新。随着经济全球化进程的加快,技术和经济环境日趋复杂,企业的经济交易与会计事项也日新月异,不断有新的会计实务问题需要研究和解决。尤其是2008年国际金融危机爆发后,公允价值及其计量问题成为全球激烈争论的焦点,极大地激发了社会各界对会计使命的深层思考。中国作为世界上最大的新兴市场兼转型经济国家,资本市场尚不发达,市场经济体制尚不完善,在发展过程中会遇到很多具有中国特色的问题。因此,对于我国广大会计实务、理论教育工作者来说,如何根据技术和经济发展的需要确定高级财务会计教材的内容,是一个亟待解决的问题。

本书在内容的取舍和编排上参考了国内外一些同类教材的范例,指导思想是既要体现各章研究问题的学科重要性,又要满足我国会计实务的需要;既要贴近当前实务的会计问题,又要充分考虑未来技术和经济活动的发展对会计实务的影响,做到理论性和实践性结合、现实性和前瞻性结合,力争"顶天立地"。相比现有的国内外教材,本书在内容上的特色主要体现在以下几个方面。

1. 理论性和实践性相结合

理论具有评估和解释现有实务、指导和预测未来发展的两大功用,而实践既能有效检验理论,又能促进理论的进一步发展,因而两不可偏废。在本书编著的过程中,力争做到:① 充分揭示各章所要研究问题的重要性,深入分析国内外有关的理论背景,尽可能反映学术界对有关问题的研究状况及多维思考;同时最大限度地吸收相关学科理论成果和学术思想,探索未来的可能发展和变化,为学习者深入理解各章内容提供一定的启示。② 立足国内的经济环境与特色,参照国内会计准则和实务,以国内出现的企业业务为案例,说明会计处理方法,重视与我国现实的结合性和应用性,为解决我国会计实务的难点、重点提供一定的参考。

2. 国内与国外的制度比较

2010年4月2日,中国财政部发布了《中国企业会计准则与国际财务报告准则持续趋同路线图》,明确提出"中国支持建立全球统一的高质量会计准则,积极推进中国会计准则持续国际趋同"的要求,建立全球统一的高质量会计准则已成为大势所趋。本书在编写过程中除了研究国内的有关法律、制度和准则外,还参考了国外会计教材和国外会计准则动态,设置国际比较与未来发展方向小节,与时俱进,及时更新,对我国准则与美国财务会计准则(FASB)和国际财务报告准则(IASB)的相关内容进行比较,对于学习者了解准则差异、洞悉我国准则国际趋同的改革进程、把握改革趋向有所裨益。

3. 增加了现有国内教材中鲜有涉及的一些内容

如对于企业中普遍存在的盈余管理现象,国内高级财务会计教材涉及不多,这不利于学习者正确认识和处理会计实践中的诸多现实问题。本书将盈余管理单独作为一章内容,从盈余管理的概念出发,结合文献以及契约理论,向学习者系统地介绍盈余管理的动机和模式,有一定的理论高度,同时结合中国上市公司具体案例,向学习者较为系统地概括了盈余管理的常见手段及识别方法,具有较高的应用价值。对于非财务信息的重要性,财务会计甚少涉及,两者经常处于割裂的状态,学习如何从企业战略、行业特征以及公司治理等方面理解会计数据的实质,更好地判断企业的竞争力和发展前景,对完善财务会计分析,实现财务会计目标具有重要的理论意义和应用价值,因此本书将非财务信息分析作为高级财务会计的一个专题。

4. 在企业合并章节中专设商誉一节

国内高级财务会计教材对于企业中普遍存在的商誉及其处理方法鲜有涉及,或者糅杂在其他内容中讲述,不利于学生正确理解和把握企业合并和合并财务报表的学习。本书将商誉部分单独列出成节,向学习者系统介绍企业合并与合并财务报表中出现的商誉及其处理方法等问题,并结合典型案例,具有重要的理论和实践价值。

其次,本教材在体例安排上充分考虑学生特点和需要,各章都选择与实务紧密相关的真实案例,并且案例的重要性和针对性强,均为所涉及理论和实务的重大事件。案例包括导入案例和综合案例:导入案例引出本章话题;综合案例(也可能延续导入案例)对本章内容的实际运用进行深入分析和讨论,激发学生的学习兴趣。案例中和章节最后设置思考题,引导学生分析相关问题,并安排形式多样、内容丰富的练习题,包括理论思考、实务练习等,通过各种习题和案例的研究、讨论,旨在深化学生的理论认知,增强实践性,培养对复杂问题的分析判断能力。另外,本书在各章内容的叙述中,对于重要的概念和定义均以醒目的方式予以反映,便于学生对主要理论的掌握。

全书分为十章:第一章企业合并,对企业控制权的确定等“疑难”问题进行详细分析;第二章合并财务报表,从复杂性业务的角度介绍合并会计报表的理论及其方法,对企业合并范围等问题进行深入解说;第三章外币业务核算,从跨国公司业务的角度介绍外币业务的会计问题，系统介绍了外币购销交易的会计处理中不同观点的起源、理论基础和处理差异；第四章外币报表折算，详细梳理了外币报表折算、外币折算损益的会计处理中不同观点的起源、理论基础和处理差异；第五章盈余管理，在讨论会计信息真实性的基础上，提出了盈余管理的基本概念，并介绍了盈余管理的基本理论和内在、外在动机，较为系统地概括了盈余管理的常见手段及识别方法；第六章非财务信息分析，侧重论述非财务信息分析的必要性、方法和具体内容，有助于学习者从企业战略、行业特征以及公司治理等方面更全面、更深入地理解如何完善财务会计分析；第七章到第九章介绍“特殊业务会计”，主要包括第七章所得税会计、第八章金融工具会计和第九章养老金会计，这些特殊业务的处理，显示高级财务会计的“高级”和“复杂”之处；第十章政府与非营利组织会计，结合我国政府会计制度的改革及发展趋势，借鉴国内外会计界已有的研究成果，进行系统化地论述，带有一定的研究性和探讨性。

本书可用作综合性大学(包括高等财经院校)会计学专业高年级本科生开设“高级财务会计”课程的教材，也可以有针对性地对内容加以选择，作为其他各类学校会计学专业的参考用书和企事业单位财务人员的会计培训教材。

本书的修订出版由南京大学会计学系王跃堂教授负责，在该书的使用和修订过程中，南京大学李晨晨助理教授付出了大量精力，负责更新有关章节所涉及的国内外准则，并且对教材有关内容提出意见并进行修改，在此表示衷心感谢！南京大学出版社编辑陈嘉老师为本书的修订再版付出了艰辛的劳动，在此也表示衷心的感谢！

由于本书内容涉及面广，所讨论的问题有不少难度较大，甚至存在争议，限于学识水平，本书的缺点和错误在所难免，请各位专家和读者批评指正！

王跃堂

2023 年 7 月

目　录

第一章　企业合并

导入案例

申银万国换股吸收合并宏源证券

2014 年 7 月 25 日晚宏源证券发布公告宣布重大资产重组方案。公告中公开的交易详情显示，申银万国与宏源证券将以换股吸收合并的方式完成本次重组。宏源证券定价为每股 9.96 元，为定价基准日前 20 个交易日均价 8.30 元溢价 20%确定，申银万国发行价格为每股评估价格 4.86 元，换股吸收合并的换股比例为 2.049，即宏源证券股东所持有的每股宏源证券股票可以换得 2.049 股申银万国新发行的 A 股股票。并购方案为宏源证券中小股东提供了现金选择权，并为申银万国股东提供了退出请求权以保证股东利益。此次合并完成后申银万国作为存续公司承继及承接宏源证券的全部资产、负债、业务、资质、人员、合同及其他一切权利与义务，宏源证券在合并后终止上市并注销法人资格。存续公司为投资控股集团，注册地在新疆，将于深交所上市，投资控股集团以全部证券类资产、负债成立综合类证券子公司，注册地在上海，同时由证券子公司在新疆设立区域投行和经纪子公司。

从业务的角度看，原本申银万国在经纪和研究咨询业务上具有显著优势，而宏源证券的传统优势业务则是固定收益投资和资产管理业务，合并后有助于双方实现优势互补。从资源和地域角度看，投资控股公司设立在新疆，有利于公司最大程度上受益于新疆地区的国资改革，同时双方在新疆地区、上海地区拥有的众多证券营业部和客户资源也能强强联合，实现新疆、上海，乃至国际资源的互动①。

在以上案例中，申银万国控股股东为汇金（持股比例为 55.38%），宏源证券控股股东为建银投资（持股比例为 60.02%），为汇金公司子公司，二者的合并是汇金旗下证券公司资源的整合，也是迄今为止国内证券行业最大的企业并购案例。

因此上例不仅是同一控制下的企业合并，还是一起吸收合并类型的典型案例，还有哪些不同的企业合并类型呢？企业进行合并的动机是怎样的？又该用何种会计方法进行计量？这些都是本章将要讨论的内容。

---

① 李璐. 中国证券公司并购重组研究：以申银万国并购宏源证券为例[J]. 管理观察，2014(27)：84－86，89.

内容提要

企业合并是实现企业扩张的基本手段。许多国际知名企业都是通过不断合并才发展壮大起来的。随着我国市场经济的逐步完善，企业合并的现象也十分普遍。因此，对企业合并的关注具有重要现实意义。本章将主要介绍企业合并的动因与类型、企业合并的会计处理方法与会计处理实务，理解商誉的内涵以及商誉会计处理的原理与方法。

通过本章学习，应达到以下目标：

1. 了解企业合并的定义、动因与类型；
2. 掌握购买法与权益结合法，了解新起点法；
3. 掌握同一控制下与非同一控制下企业合并的会计处理；
4. 理解商誉的内涵以及商誉会计处理的原理与方法。

第一节　企业合并概述

企业合并的行为最早源于西方国家，近年来随着经济发展和商业模式的不断创新其形式与动因也越发多样化。对于企业而言，在竞争日益激烈的市场环境下，通过自身积累从内部谋求规模扩张的方式往往比较困难，不仅难度大，而且可能耗时过久。而企业如果通过合并其他企业的方式来寻求新发展，无论是为了拓宽生产经营渠道、开辟新的投资领域或市场、取得先进的生产工艺技术，还是出于多样化经营以分散经营风险的目的等，企业合并都是一条可供选择的捷径。另外，企业合并这一行为无论是从宏观经济角度还是从微观经济角度来看，都具有重大意义。一方面，由强势企业合并弱势企业可以优化生产要素组合，避免经济资源的浪费，优化产业结构并减少因企业破产而产生的负面影响；另一方面，强强联合的企业合并，则有助于企业优势互补、扩大规模、寻求更大发展。

根据普华永道统计数据，2022 年我国境内企业宣布的并购案例数量有 11 719 起，并购金额总额达 4 858 亿美元，其中跨境并购表现出的活跃度显著提高①。这也体现出随着资本的国际间流动，企业合并已不再局限于本国范围内，早已跨越国界在全球范围内进行。通过取得对方境内公司的多数股权创建国外子公司，或是与对方境内的企业合营，以扩大跨国经营，不仅已成为发达国家跨国公司进入发展中国家市场的普遍做法，也成为广大发展中国家利用外资以有助于本国经济发展的主要方式。

一、企业合并基本概念界定

企业合并，作为一种比较复杂的企业经济活动，在不同的法律背景和语言环境中，经

① 普华永道，https://www.pwccn.com/zh/services/deals-m-and-a/publications/ma-2022-review-and-2023-outlook.html

常表现为不同的术语和名词，在业界内常用的近似说法为企业并购，并购是由英文“merger and acquisition”直接翻译而来，意为兼并与收购。广义上的企业并购包括了企业合并和企业收购，主要可以表现为公司合并、资产收购、股权收购三种形式，具体选择何种方式进行企业并购，则需要根据双方协商后结合企业自身情况和外部环境来决定。由此可见，广义上的企业并购概念范围要大于企业合并的概念范围。单纯从会计学角度出发，业界则倾向于采用“企业合并”(business combination)这一界线更为准确清晰的概念，包括我国企业准则等一系列会计文件很少对企业并购进行讨论，因此本章及下一章节将针对“企业合并”展开探讨。

(一) 企业合并界定

国际会计准则理事会(IASB)于 2008 年 1 月发布现行《国际财务报告准则第 3 号——企业合并》，取代了 2004 年版本的合并准则，重新将企业合并定义为“购买方取得对一个或多个业务的控制权的交易或事项”。并补充强调了“真实兼并”(true mergers)(即无法确定是否有一方获得了对另一方的控制)和“平等兼并”(equal mergers)(即实力相当的两方合并成立新主体)也是本准则所称的企业合并。

美国会计准则委员会(APB)较早地在第 16 号意见书中指出“企业合并是指一家公司与另一家或几家公司或非公司组织的企业结合形成一个会计个体，该会计个体继续从事以前彼此分离、相互独立的企业的经营活动”。1999 年 FASB 发布了《企业合并》征求意见稿，将企业合并定义为“一个主体获得构成业务的净资产，或者获得一个或多个主体的权益工具从而获得对这些主体的控制”。2007 年 FASB 发布会计准则法规(Accounting Standards Codification)ASC 第 805 号(即修订版的 SFAS 第 141 号)，其中并未对合并作出确切定义，只是强调了“在企业合并中收购方通过一定方式获得对被收购方的控制权”，并详细描述了企业获得控制权的具体方式。

而在我国，从会计意义上而言第一部正式对企业合并作出规范的准则是财政部于 2006 年颁布的《企业会计准则第 20 号——企业合并》，其中将企业合并定义为“将两个或两个以上单独的企业合并形成一个报告主体的交易或事项”，并规定涉及业务的合并比照同一准则规定处理；从法律意义上而言，《中华人民共和国公司法》(以下简称《公司法》)中规定公司合并可以采取吸收合并或新设合并，并未包含合并后多个法人主体构成一个报告主体的控股合并方式。由此可见，法律意义上认可的公司合并的形式和范围要小于会计意义上的公司合并。

(二) 业务界定

美国和国际会计准则委员会所制定的准则名称“Business Combinations”中的“Business”既可以解释为“企业”，也可翻译为“业务”，而我国也在 20 号企业合并准则中指出“涉及业务的合并比照同一准则规定处理”。那么所谓业务到底是指什么呢?

国际会计准则委员会(IASB)在国际会计准则第 3 号中将业务定义为“企业内部某些生产经营活动或资产、负债的组合”，并进一步指出该组合通常应当预备三大要素——投入、加工处理过程和产出能力(产出能力不是必备要素)，应当“能够独立计算其成本费用或所产生的收入等，可以为投资者等提供股利、更低的成本或其他经济利益等形式的回报”。购买不满足业务条件的资产的行为应当定性为资产收购（asset acquisition）。

美国会计准则委员会（FASB）在2007年发布的ASC第805号文件中基本保持了与IFRS第3号的趋同性，在业务的定义上也是如此。2017年1月，FASB对业务定义重新进行了修订，目的是帮助企业更好地区分哪些交易属于业务收购、哪些交易属于资产收购。修订后的业务认定范围比修订前与IASB基本达成一致的认定范围有所缩小，可能导致部分原先被认定为业务合并的交易现在被认定为资产收购。2021年8月FASB发布了对ASC第805号的修订，进一步明确客户合同资产与负债在企业合并过程中的会计确定与报告。

国际会计准则委员会（IASB）也在2016年6月发布了一项草案对业务定义进行修订，与FASB 2017年1月发布的修订内容非常相近。2018年10月IASB发布对IFRS第3号的修订，从2020年1月1日生效。修订内容主要是进一步明确业务的定义，包括规定满足业务定义的最低要求，缩小产出的定义范围等。

相比较而言，虽然我国《企业会计准则第20号——企业合并》中指出“涉及业务的合并比照同一准则规定处理”，但是并未对业务给出详细定义，因而对企业适用准则的操作造成了一定难度。为此财政部发布了财会〔2009〕16号文件，强调了企业合并应当关注是否构成业务，其中对于业务的定义及判断标准均参照国际会计准则第3号内容而定，保持了与国际接轨的高度一致性。为了进一步解决执行准则中出现的问题以及实现国际趋同，财政部于2019年12月发布了《企业会计准则解释第13号》，明确了关于企业合并中取得的经营活动或资产的组合是否构成业务的判断，并且规定判断非同一控制下企业合并中取得的组合是否构成业务，也可选择采用集中度测试。

由此可以看出，美国和国际会计准则制定机构在对业务（企业）合并的定义上均强调了“被收购的资产集合构成业务”以及“控制权的取得”这两点要素，着重突出了企业合并的本质特征。而我国目前对企业合并的定义还停留在与国际会计准则2004年版本相趋同的阶段，更多描述的是“单独的企业合并为一个报告主体企业合并”这一表面现象，与现行国际会计准则版本存在差异。在对业务的概念定义上美国和国际会计准则中均给出了一系列较为复杂的程序性判断流程，近几年也一直在为实现国际趋同而不同努力，而我国在这一问题的处理上也在逐步实现国际趋同。

二、企业合并动因

企业合并最根本的目的在于谋求利益，而通过与其他企业进行合并是其谋求利益、增强市场竞争力、实现成长与发展的有效途径。企业的发展与扩张，有其内在动力和外在压力，一般来说，企业做出的合并决策是综合多方面因素慎重抉择的结果。

（一）基于战略角度的合并动因

1. 多元化经营降低风险

企业为了适应新的经济环境的要求，寻求生存和发展，需要根据自身情况调整经营战略，同时，基于分散经营风险、稳定收入来源、增加企业资产安全性等原因，一些企业会选择开展多元化经营。企业进行跨行业兼并，相比较自己发展而言，一方面以较低成本快速进入新领域，另一方面能够有效降低涉足新领域的经营风险。

例如，原主营数字化智能高端装备制造的东方精工为打造双主业，开展多元化经营，分散经营风险，于 2016 年 7 月以 47.5 亿元收购锂电池行业龙头企业普莱德，踏出了布局新能源汽车产业的第一步。

2. 追求经营协同效应

由于经济的互补性及规模经济的存在，通过企业合并，使原有的品牌、销售网络等有形或无形的资产可以在更大的范围内实现共享，从而提高企业生产经营活动的效率，降低其生产成本。通过企业合并实现规模经济主要表现在两个方面：一是生产规模经济，企业通过合并调整优化资源配置，降低生产成本，从而提高经济效益；二是企业规模经济，表现为企业通过合并可以节约管理费用与销售费用、集中研发费用等。而且，出于企业成长发展的考虑，选择合并方式比内部拓展方式的速度要快得多，也可能成本更低。并购不但使公司迅速获得新的生产能力，而且还会创造新的消费需求。

如 2017 年 8 月 8 日，中国投资公司金沙江资本正式签约收购日产旗下电动汽车电池生产厂商 AESC，交易金额高达 10 亿美元。而在此前，金沙江资本已经在电动车产业链上下游实现了多点布局，投资对象几乎覆盖整个产业链，比如原料领域投资了全球最大的高性能磷酸铁锂正极材料供应商台湾立凯电能科技股份有限公司；电池领域投资了美国固态锂电池公司 SEEO，波士顿电池也将在中国落地生产；整车制造领域投资了新大洋知豆、国能新能源，并参与了菲斯科汽车的收购；电机领域投资了 Protean 轮毂电机；汽车设计领域投资了阿尔特等。这些投资标的可以在垂直产业链角度实现协同作用。

3. 开辟新市场或扩大市场占有额

通过企业合并来开辟新市场，扩大市场占有额，通常要比通过内部积累的方式更快，也可能同时降低成本和经营风险。从全球市场范围来看，企业合并也是大型的国内企业进行国际化扩张的重要途径之一。

如 2017 年 10 月 8 日复星医药宣布以 10.91 亿美元(约合 71.42 亿元)完成对印度仿制药企业 Gland Pharma 的交割，复星医药将拥有 Gland Pharma 74%的股权。复星医药和 Gland Pharma 资源的嫁接将有利于推动复星医药在研发创新及仿制药出口等方面的国际化步伐。

4. 产业转型需要

也有不少企业认识到其原来所属行业已经走到发展过程中的下降衰退期，为谋求新发展转而投向一些处于发展上升期的行业。直接收购发展上升期行业中的成熟企业就是规避风险同时可以实现经营业务迅速转换的一条捷径。

例如，2016 年 12 月美欣达宣布以其拥有的部分资产与美欣达集团拥有的旺能环保 85.92%股份的等值部分进行置换，置换差额部分由上市公司以非公开发行股份及支付现金的方式购买，总交易对价 42.5 亿元。而旺能环保是我国垃圾焚烧发电行业的龙头企业之一，在经济发达、人口密集、生活垃圾数量集中的浙江省投资运营了多个垃圾焚烧发电项目。本次交易完成后，美欣达将由纺织业转型环保业①。

5. 获取对方企业的技术客户等核心资源

技术密集型的高新技术公司依靠企业内部资源开发核心技术来增加新产品或新业务，往往耗时过久、成本投入高昂，还可能无所成果。相反，如果通过企业合并，与其在技术特长上密切相关的企业进行合并，以各自技术优势互补，就能够短时间内确保实现各自产品品种和服务质量优化。

6. 自我保护策略

有些企业的并购行为是为了防止本身被其他企业并购，有些则是为了抵御遭到未预期的“企业掠夺者”的攻击，采取“白衣骑士”战术，即寻找善意收购者。

由于企业合并活动本身的复杂性，一般来说，企业做出理性的合并决策是基于多种因素综合考量的结果。企业合并在为企业带来相关利益的同时，也应关注其潜在风险：① 运营风险，比如实施多元化经营时，虽然会分散一定的经营风险，但也会面临涉猎不熟悉行业的运营风险；② 筹措收购资金时面临的融资风险；③ 反收购风险，被收购方实施“毒丸”计划以反对恶意收购；④ 信息风险，比如由于信息不对称等原因可能会造成财务黑洞；⑤ 法律风险，企业合并有时会遭到反垄断法等法律的限制。

（二）基于财务角度的合并动因

1. 节约成本

一家企业通过企业合并的方式取得所需设备和生产能力，与自己新建同样设备形成同等生产能力相比，能够实现时间成本和经济成本最大程度的节约。除了生产成本上带来的节约效应以外，一般而言合并后企业整体的偿债能力比合并前单个企业的偿债能力要强，因而还能够有效降低企业的资本成本。

2. 合理避税

通过企业合并，组建企业集团，可以得到税务上的优惠，我国税法和其他税务文件中对企业集团的增值税、所得税都给予了优惠条件，如在计算应纳税所得额时，企业集团内部某一公司的亏损可抵减其他企业的盈利。

3. 预期效应（刺激公司股价）

企业合并往往包含利好消息，由于预期效应的作用，促使企业股票价格上涨，从而获得财务利益，而这又反过来刺激企业并购行为的发生。

（三）基于政治角度的合并动因

在供给侧改革背景下提出的“三去一降一补”的政策，其根本目的是提高供给质量满足需要，使供给能力更好满足人民日益增长的物质文化需要。改革的主要手段就是

---

① 美欣达（002034，SZ），《重大资产置换并发行股份及支付现金购买资产并募集配套资金暨关联交易报告书》。

通过减少无效供给，扩大有效供给，提高供给结构对需求结构的适应性。目前中国的煤炭、钢铁等产业存在严重的产能过剩现象，而这些煤炭、钢铁企业又大多为规模巨大的国有企业，在供给能力严重过剩的背景下亏损面不断加大，为配合“去产能”的政策号召，各地的不少钢铁、煤炭等重点行业企业选择了通过推进专业化兼并重组的方式来消化过剩产能。

2016 年 8 月 22 日，中国建筑材料集团有限公司（以下简称中国建材）与中国中材集团有限公司（以下简称中材）旗下的北新建材、中材科技、宁夏建材、天山股份等多家上市公司同时发布公告称，两大集团的战略重组获得国资委批准。对于旗下业务高度重合的中国建材和中材来说，两家企业的战略重组有利于产业集中度进一步提升，加大去产能的效率，同时也有利于实现强强联合、提升企业市场份额，以抱团对抗竞争对手。

三、企业合并分类

企业合并根据不同的划分标准，有不同的分类方式，最常见的是按照法律形式、合并的性质、是否受同一方最终控制和合并所涉及的行业进行分类。

（一）按合并前后法人主体是否变更分类

按合并前后法人主体是否变更分类，企业合并可以分为吸收合并、新设合并和控股合并三种形式。参与吸收合并与新设合并的法人主体在合并完成后会发生法人资格注销，其中吸收合并中被吸收方在合并后注销，新设合并中参与双方均被注销，因而这两种合并也是法律意义上承认的企业合并形式；而参与控股合并的各方法人主体在合并后均继续保持其法人身份，因而法律意义上的企业合并不包括控股合并这一类型。从合并后主体的法律地位来看，企业合并可能产生两种结果：一种结果是合并不形成母子公司关系，包括吸收合并和新设合并两种情况；另一种结果是合并形成新的母子公司关系，即通常所说的控股合并。

1. *吸收合并*（statutory merger）

吸收合并，也称兼并，是指实施合并的企业通过发行股票、支付现金或发行债券等方式取得被合并方的全部净资产，合并后合并方继续保留其法人地位，而被合并企业解散并注销法人资格的合并类型。合并后被合并方可能作为合并方独立的一部分继续从事生产经营活动，也可能被分拆而不能单独从事生产经营活动，合并方取得其全部净资产在新的基础上继续经营。这种形式的企业合并用公式可表示为：

A 企业＋B 企业＝A 企业

在吸收合并形式下，合并方应将其取得的被合并方的资产和承担的负债并入自身的账簿和报表进行核算，并同时记录所支付的现金等资产或增加的股份；被合并方应通过企业解散清算的程序处理其产权的转让，并将其转让所得分配给原有股东，结束其会计记录。吸收合并的结果是合并方作为留存下来的单一经济主体和法律主体处理其会计事务，不因此产生编制合并财务报表的需要。

2. 新设合并(statutory consolidation)

新设合并，也称创立合并，是指两家或两家以上企业联合成立一家新的企业，新企业以发行普通股等方式换取参与合并各方的股份，使参与合并各方的股东成为新企业的股东，参与合并各方在合并后法人资格均被注销，新企业接受已解散的参与合并各方的资产，并承担其债务。因此新设合并可以用公式表示为：

A 企业＋B 企业＝C 企业

在新设合并形式下，参与合并各方都应通过解散清算程序，处理其产权的转让，并将其转让所得分配给原有股东，结束各自的会计记录。新企业则应在其启用的账簿中，记录取得的资产和承担的负债，并同时记录其股本或实收资本以及资本公积。由于合并后参与合并各方均不复存在，新企业实质上是一个单一的法律主体和会计主体，因此也不因此次合并而产生合并财务报表的编制需要。

3. 控股合并(acquisition)

三类合并方式中控股合并最为常见，它是指一家企业通过支付现金、发行股票或债券等方式取得对另一家或几家企业的控制权，合并后被合并方仍保持其法人资格，且参与合并各方作为独立的法律主体继续从事生产经营活动，合并方与被合并方形成母子公司关系，合并方确认企业合并形成的对被合并方的投资，从而将被合并方纳入其合并财务报表范围形成一个报告主体。这种合并用公式表示为：

A 企业＋B 企业＝A 企业＋B 企业

控股合并不是法律意义上的合并，也就是说，《公司法》中所规定的企业合并只有吸收合并与新设合并两种方式，在控股合并中，合并方和被合并方虽为相互独立的法律主体，但两者之间存在控制与被控制的关系，即前者对后者的经营和财务决策的控制权决定了二者事实上是一个经济整体，因此，在会计学领域，控股合并属于企业合并的一种。

在控股合并的形式下，合并方和被合并方作为独立的法律主体继续经营，应保持各自的会计记录并编制各自的财务报表，同时，由于两者之间存在控制与被控制的关系，在经济实质上已构成一个整体，为了向财务报表使用者提供其决策所需的会计信息，有必要提供反映整体财务状况、经营成果以及现金流量等情况的合并财务报表，这也是控股合并完成后面临的新的会计问题。在处理合并业务时，合并方在其账簿及个别财务报表中应确认对被合并方的长期股权投资，而合并中取得的被合并方的资产和负债仅在合并财务报表中予以确认。

4. 三种合并方式下法律主体合并前后比较

假定 A、B 两个企业进行合并，在吸收合并、新设合并和控股合并的情况下合并前后法人主体和报告主体的变化如表 1－1 所示。

表1-1 吸收合并、新设合并和控股合并的区别

合并类型	情形	合并前	合并后		
			法人主体	报告主体	
				个别报表	合并报表
吸收合并	A+B=A	A,B	A	A	无
新设合并	A+B=C	A,B	C	C	无
控股合并	A+B=A+B,A控制B	A,B	A,B	A,B	A

(二)按合并主体是否受同一方最终控制分类

根据参与合并的企业是否受同一方或相同多方最终控制可以将企业合并分为同一控制下的企业合并和非同一控制下的企业合并。在对非同一控制下企业合并做法的规定上,我国会计准则基本保持了与国际财务报告准则3号文件和美国SFAC第141号修订版文件的趋同性。但是值得注意的是,US GAAP和IFRS中业务合并准则的适用范围均剔除了同一控制下的企业合并交易,仅对非同一控制下的企业合并如何适用购买法进行了说明[①]。

而考虑到我国实际交易情况,很大部分比例的企业合并案例均属于同一控制下的企业合并,这些交易并非完全按照公平市场交易规则自愿达成,大多属于合并双方资产、负债的简单整合,合并对价也往往不是合并双方讨价还价的结果。如果不对该类企业合并加以规定,就会出现会计规范的空白,导致会计实务无章可循,因此我国企业合并准则不仅明确了非同一控制下企业合并的会计处理,还规定了同一控制下企业合并的会计处理按照类似权益结合法的处理。

1. 同一控制下的企业合并

根据我国《企业会计准则第20号——企业合并》第五条规定,同一控制下企业合并是指参与合并的企业在合并前后均受同一方或相同的多方最终控制,且该控制并非暂时性的。ASC第805号则将同一控制下的企业合并定义为"处于同一母公司控制下的主体之间进行的转移和交换(transfers and exchanges)"。IFRS第3号则将其限定为"所有合并主体在交易前和交易后都处于同一方(或同样的多方)最终控制下且该控制具有非暂时性的交易"。

在提出同一控制下企业合并的概念之后首先需要明确几个概念:

第一是合并日。合并日是指合并方实际取得对被合并方控制权的日期。

第二是同一方和相同的多方。同一方,是指对参与合并的企业在合并前后均实施最终控制的投资者,如企业集团的母公司等。相同的多方,通常是指根据投资者之间的合同或协议约定,在对被投资单位的生产经营决策行使表决权时发表一致意见的两个或两个

---

① 美国FASB 2007年发布的财务会计准则第141号《企业合并》在附录部分指出实务中对同一控制下的企业合并的处理采用的是一种类似于权益结合法的方法,并为该类合并提供了处理的程序性指引:"在计量同一控制下主体之间进行的净资产转移或权益交换时,相关的资产负债应当按照转移日的账面价值入账。"

以上的投资者。一般说来，同一控制下企业合并最典型的是同一企业集团内部企业之间的合并，这种合并本质上是集团内部企业之间发生的资产或权益的转移，主要是为了实现集团内部的资源整合。同受国家控制的企业之间发生的合并，不应仅仅因为参与合并各方在合并前后均受国家控制而简单地将其归为同一控制下的企业合并。企业合并究竟是否属于同一控制下企业合并，应综合构成企业合并交易的各方面情况，按照实质重于形式的原则进行判断。

下面以实例说明同一控制下企业合并，如下图，分为两类情形。第一种情形：在图 1－1 中，A1 公司、A2 公司、A11 公司和 A12 公司均受甲公司最终控制，因此在这四家公司中任意两家（或多家）公司之间发生合并，仍然受甲公司最终控制且该控制非暂时，应当认定为同一控制下的企业合并；第二种情形：在图 1－2 中，C1 公司和 C2 公司均受 B1 公司和 B2 公司共同控制，如果 C1 公司与 C2 公司之间进行合并，合并后的公司仍受 B1 公司和 B2 公司共同控制，并且控制不是暂时性的，也应将 C1 公司与 C2 公司的合并认定为同一控制下的企业合并。

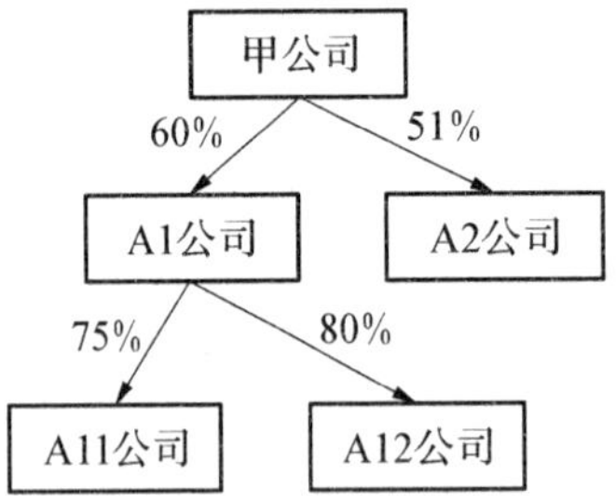

图 1－1　受同一方最终控制

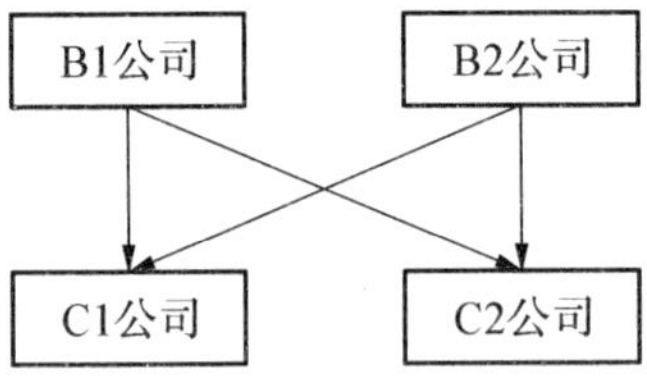

图 1－2　受相同多方最终控制

第三是关于“非暂时性”的具体量化。IFRS 第 3 号（2008）并未规定具体多长时间属于非暂时性，中国会计准则第 20 号中规定为不少于一年。需要注意的是，在某些特定情况下“非暂时性”也不是判断是否符合同一控制下企业合并定义的必要条件。比如，在企业合并前一年内（或更短时间）新成立的主体，不受“非暂时性”的约束；在企业合并之后形成的新主体，也不应仅仅因为其不满足已成立一年的条件而认为其不符合同一控制下企业合并的定义。事实上，“非暂时性”的规定，仅仅是为了排除那些出于“粉饰”目的而进行的交易。在实务中，应当结合具体情况判断是否符合同一控制的实质。

从整个企业集团的角度来看，同一控制下企业合并只是对内部企业资产、负债进行重新组合的经济事项，不属于交易，而且对于最终实施控制方来讲，其所能够实施控制的净资产没有发生变化，原则上应保持其账面价值不变；由于受最终控制方的影响，合并行为不完全是自愿情形下完成的，合并作价往往难以达到公允，很难以双方议定的价格作为核算基础，容易产生利润操纵，这种合并也不能算作是交易，因此，同一控制下企业合并实质上是一桩“事项”。

2. 非同一控制下的企业合并

根据我国《企业会计准则第 20 号——企业合并》第十条规定，参与合并的各方在合并前后不受同一方或相同的多方最终控制的，或者虽然受同一方或相同的多方最终控制，但这种控制是暂时性的，为非同一控制下的企业合并。

其中，在购买日取得对其他参与合并企业控制权的一方为购买方，参与合并的其他企业为被购买方。购买日是指购买方实际取得对被购买方控制权的日期，即被购买方的净资产或生产经营决策的控制权转移给购买方的日期。

在判断是否实现了控制权转移时，一般需要同时满足下列条件：① 企业合并合同或协议已得到股东大会通过；② 企业合并事项需要经过国家有关主管部门审批的，已获得批准；③ 参与合并各方已办理了必要的财产权转移手续；④ 购买方已支付了合并价款的大部分（一般应超过 50%），并且有能力、有计划支付剩余款项；⑤ 购买方实际上已经控制了被购买方的生产经营和财务政策，并分享相应的利益、承担相应的风险。

与同一控制下企业合并不同的是，非同一控制下企业合并一般发生于两个或两个以上独立的企业集团之间，即发生在非关联企业之间；合并作价的确定以市场价值为基础，是交易双方讨价还价的结果，相对公允。因此，非同一控制下企业合并实质上是合并各方自愿进行的控制权交易，正因为如此，相应的会计处理中需要遵循交易规则，以交易双方都能够接受的公允价值作为计量基础。

(三) 其他分类方式

(1) 按照支付对价的形式分类，企业合并可以分为：支付现金方式的合并、资产置换方式的合并、换股方式的合并，以及以上方式的混合等。

(2) 按照参与合并企业的行业不同分类，企业合并可以分为横向合并、纵向合并和混合合并。

第二节　企业合并基本方法

企业合并发生后，首先需要对企业合并交易或事项进行初始确认与计量，由此需要解决以下四个方面的问题：第一，合并方（或购买方）对合并日（或购买日）取得的净资产或股权应如何计量；第二，支付的合并对价应如何计量；第三，两者如果有差异，应如何处理；第四，支付的合并费用又应如何处理。

从企业合并会计处理方法的发展进程来看，对上述问题的处理主要有三种方法：购买法、权益结合法和新起点法。不同的会计处理方法会影响合并后企业的财务状况和经营成果，进而影响企业的股票价格。因此，如何选择合适恰当的合并方法，真实反映企业合并影响，对于企业而言至关重要。

一、购买法

(一) 购买法的定义与实质

购买法，也称收购法，根据 APB 第 16 号定义，购买法是指“核算一家公司通过购买另一家公司的股权或净资产等方式获得控制权进而完成合并的会计处理方法。所以与购买其他资产的交易类似，购买方按购买成本记录收购的资产和负债，购买成本与被购买方可辨认净资产公允价值的差额作为商誉记录。购买方的报告收益包括被购买方收购后的经营业绩，以购买方的成本为基础”。

从其定义及会计处理方法不难看出，购买法将一家企业取得对另一家企业净资产和活动生产经营的控制权的行为视为一项购买性质的交易，与购买其他资产并无多大差别，即合并的实质是购买性交易。购买法下企业合并的实质决定了交易价格的确定建立在被购买方净资产公允价值的基础之上。因此，在购买方的账簿和其编制的合并财务报表上，被购买方的各项资产和负债均按购买日的公允价值而不是历史成本反映。在通货膨胀的情况下，这种方法要确认一些资产项目的升值(这些升值项目要按各项资产的使用寿命进行摊销)。实际支付的购买成本与被购买方的可辨认净资产公允价值的差额需确认为商誉，并按期摊销或进行减值测试。在购买法下，购买方的留存收益有可能因合并而减少，但不能增加；被购买方的留存收益也不能转入购买方。购买方合并当年净收益包括购买方当年实现的净收益以及被购买方自购买日后当年实现净收益中相当于购买方占被购买方股权份额的部分，不包括购买日前的收益。

(二) 购买法的特点

1. 为并入资产负债项目建立新的计价基础

购买方按取得被购买方的可辨认净资产的公允价值入账，按公允价值记录所接受的资产和承担的债务，因此，不需要对被购买方的会计记录加以调整。

2. 可能产生合并价差(包括商誉)

购买法下购买方支付的购买成本超过其在被购买方可辨认净资产公允价值中所占份额的部分，确认为合并商誉。在吸收合并和新设合并的情况下，合并商誉在合并时应作为合并后企业的一项永久性资产入账，或者作为一项可摊销资产入账，或者冲减股东权益。但在控股合并情况下，购买方并不需要将支付的购买成本超过其在被购买方可辨认净资产公允价值中股权份额的部分作为合并商誉入账，而是在投资时将其记作股权投资成本的一部分，在合并财务报表中将其单项列示。

3. 合并时发生的直接相关费用计入购买成本

购买成本的确定主要取决于购买日购买方支付的现金或放弃的其他代价(即放弃的资产、发生或承担的负债以及发行的权益性工具)的公允价值。另外，购买成本中还包括可直接归属于企业合并成本的有关费用(如注册费用、聘请会计师和资产评估师及法律顾问等有关人员的费用等)。这里应该注意的是，合并时发生的相关费用需要加以区别处理：发行股票的登记费用和发行费用冲减股票溢价，减少资本公积；合并的法律、咨询等其他直接费用作为购买成本；合并间接费用记入当期损益(管理费用)。

(三) 购买法的优点

购买法的优点在于坚持了资产购置的传统会计处理原则，在这种方法之下，交易的定价以有关资产和负债的公允价值为基础，完全基于合并谈判时合并双方的讨价还价过程。购买法将合并视为收购方获得了对另一家公司资产的控制权，并以公允价值核算其资产和负债。购买法体现出企业合并的实质是一种独立主体双方讨价还价的公平交易，这是购买法区别于其他方法的最大特征。

(四) 购买法的缺点

1. 公允价值确定工作量大

购买法要求对购入的资产和负债建立全新的计价基础，将其按照公允价值进行入账，因此往往需要对发行股票、接受资产和承担债务的市场价值进行确定，需要耗费公司一定成本。

2. 合并报表中计量基础混杂

在合并报表中，购买方原有的资产和负债保持其历史成本，而被并入的资产及负债按照最新确定的公允价值入账，如此进行加总以后合并后报表项目数额成为历史成本与公允价值混杂的产物。

3. 商誉后续计量的问题

购买法下可能导致合并价差的产生，进而产生合并商誉，为企业的后续计量带来一系列问题。如果商誉发生大额减值，将对企业盈利产生重大不利影响。

4. 购买方有时难以确定

购买法假定可以将参与交易中的一方确定为购买方，其他方为被购买方。然而在实际交易中，有时难以确定购买方和被购买方，尤其是当企业合并中参与合并的企业具有相似的规模时。

(五) 购买法的适用范围

购买法在产生之初就被认为适用于一家公司收购另一家公司的企业合并行为，并购中要求能够确定一家企业为购买方，另一家企业作为被购买方。因为在绝大部分的交易中都可以轻松确定购买方，因此购买法可适用于几乎所有的合并类型，不管合并对价支付采取支付现金、非现金资产置换或者发行新股中的何种形式，购买法都可以很好地适用。在新设合并中由于参与合并交易的各方企业地位一般较为平等，当难以确定其中哪一方为购买方时，会给运用购买法带来一定难度。新设合并一般采用换股方式进行，如果其中有少量的现金或其他资产支付，则一般认定支付现金或其他资产的一方为购买方。如果新设合并完全采用换股的方式，则应综合考虑各方企业的资产规模、合并双方股东或管理层在存续企业中的地位来选择确定购买方。

二、权益结合法

(一) 权益结合法的定义与实质

权益结合法，也称权益联合法，根据《国际会计准则第 22 号——企业合并》中的定义，权益结合法是指参与合并企业的股东为了继续对合并后实体分享利益和分担风险，而联合控制其全部或实际上全部的资产和经营活动的一种合并方式，而且参与合并的任何一方均不能被认定为是购买方。

在权益结合法下，合并不是被当作双方企业之间的交易而是被当作双方股东之间的交易，双方股东对其权益、资产和负债进行合并以形成一个单一主体。合并后在主并企业的账面上或合并财务报表上，所有者权益维持原有会计基础不变，被合并方的资产和负债均以历史成本计价，不会出现资产项目的升值，也不会出现外购商誉。因此，权益结合法的运用体现了合并交易具有“现有股东权益在合并主体中的联合和继续”的实质，由于最终控制方没有流出资产，因而不构成一项购买交易。取代《国际会计准则第 22 号——企业合并》的《国际财务报告准则第 3 号——企业合并》也认为，权益结合法适用于“真实兼并”或“权益结合”形式的企业合并，并强调权益结合法的采用仅限于权益作为主要对价形式的企业合并。而以权益作为主要对价的新设合并，则最能够揭示权益结合法“现有股东权益在合并主体中的联合和继续”的实质。

(二) 权益结合法的特点

(1) 不产生新的计价基础。参与合并各方的可辨认净资产均按其账面价值计价。如果合并类型为吸收合并，被合并企业的资产与负债项目均按原有账面价值并入合并方资产与负债；如果合并类型为控股合并，在编制合并报表时，直接将被合并公司的资产与负债项目账面价值与母公司对应项目相加，抵销某些项目的部分金额后即可得集团合并的项目金额。

(2) 被合并方在合并前的利润应作为合并方利润的一部分并入合并方的损益表。不论合并发生在会计年度的哪个时点，参与合并各方整个年度的利润和留存收益都要全部包括在合并后的企业中。因此与购买法相比，按权益结合法编制合并报表可得到较小的资产总额和较大的合并报告收益。

(3) 不存在合并价差和商誉。既然企业合并不是购买行为，没有购买价格，权益结合法要求按并入净资产的账面价值入账，也就不存在合并成本超过可辨认净资产公允价值的差额，因此，不涉及合并商誉问题。

(4) 实施合并以后，参与合并各方均采用统一的会计政策。如参与合并各方会计政策不一致，被合并方会计政策与合并方会计政策不同，则应追溯调整，并重编前期财务报表。

(5) 企业合并过程中所发生的所有相关费用，不论其是直接的还是间接的，均应确认为当期费用，不构成合并成本。

(三) 权益结合法的优点

1. 权益结合法降低了合并可能带来的业绩波动风险

由于权益结合法下资产负债项目以原有账面价值入账，允许将当年合并日以前期间的利润并入当年的合并利润表，即与购买法相比按权益结合法编制合并报表可得到较小的资产总额和较大的合并报告收益，因此可以避免合并当年的净资产收益率、每股收益等收益指标恶化；不存在合并价差与商誉问题也避免了企业在后续期间内对商誉进行减值可能造成的利润下滑，从而降低了合并可能带来的业绩波动风险。

2. 权益结合法符合历史成本原则和持续经营假设

权益结合法下所有资产与负债项目保持原有账面价值，符合历史成本原则；该方法立足于合并后各个参与合并企业的股权及经营活动得以持续的基本前提，以原有资产和负债的历史数据为基础将其进行直接加总，使得数据在合并前后保持了连贯性，可以更好地反映参与合并企业股权的集合与存续，从而更符合持续性经营假设，也有利于投资者对企业未来经营状况进行预测分析。

3. 权益结合法易于掌握、操作成本低

相比于购买法，权益结合法无须对参与合并企业的资产和负债进行价值的重新评估与确认，只需要将合并双方的账面价值简单相加，极大地节约了操作成本，其会计处理也相对简便，易于掌握和操作。

(四) 权益结合法的缺点

1. 无法准确反映企业合并的经济实质

权益结合法将企业合并视为股东权益在合并主体中的联合和延续，忽略了合并交易过程的本质也是一种产权交易的讨价还价行为；只是简单地继续将资产与负债的原有账面价值保留，相当于忽略了合并交易为企业带来的价值影响，违背了会计记录的真实性原则。

2. 使用范围太宽泛容易导致滥用

根据国际会计准则描述，权益结合法适用于交易对价形式为权益的合并交易，即只要合并是通过发行股票而不是支付现金或承担债务的方式进行，那么理论上都可以使用权益结合法。由于使用权益结合法相比于购买法更能带来收益指标的改善，因此如果不对权益结合法的应用加以限制，最终可能导致权益结合法的滥用。

3. 对主并企业的财务报表产生较大影响

物价上涨的前提下，由于被合并企业的可辨认净资产公允价值高于账面价值，采用权益结合法可避免出现较高的资产折旧基础和商誉，也可避免因资产价值重估引起的每股收益的稀释，相比于购买法，其合并日及合并后财务状况和经营业绩得到美化。

4. 提供的会计信息相关性较差

权益结合法下由于资产公允价值信息的缺失，不能及时为投资者提供新购入资产负债的市场价值，同时忽视了企业合并中产生的交换价值，不能提供用于评估合并资金投入后业绩与其他企业的业绩的比较信息。因此导致提供信息的相关性较差，也使得财务报告使用者成本提高。

(五) 权益结合法的适用范围

《国际会计准则第 3 号——企业合并》中强调，权益结合法适用于“真实兼并”或“权益结合”形式的企业合并，并强调权益结合法的采用应对仅限于以权益作为唯一对价形式的企业合并。也就是说，该方法适用于通过权益性证券交换而实现权益结合的企业合并行为（换股合并），也正是由于这种合并是在没有进行资源支付（权益性证券不属于资源）的情况下进行的，所以不能区分出收购方与被收购方，在应用购买法时存在一定难度。

但是，值得注意的是，为了限制企业滥用权益结合法，在准则限定的范围内国际会计准则理事会和美国财务会计准则委员会均已废止了权益结合法，准则范围内的所有企业合并可选择的核算方法只有购买法一种。

三、新起点法

新起点法认为在企业合并发生后所有参与合并的企业都不复存在，合并双方的净资产全部转移到一个新产生的经济实体中。与购买法相比，交易的对象从被收购方扩大至所有参与合并的各方，交易的结果表现为参与合并各方的资产和负债都需要转移至新实体中，必须按照交易日的公允价值进行重新计量、入账，并确认各方的商誉。

新起点法将合并后存续的企业视为一个新成立的企业，在合并日即该新报告主体成立之时，对参与合并各公司的资产和负债都采用合并日的公允价值进行计量。新起点法假定其他参与合并的主体在合并日后均已消亡，合并时只需根据新的会计主体建立新的会计准则。另外，合并前参与合并主体的留存收益都不应转入新的会计主体，因此，在合并日，合并留存收益为零。

由于出现通货紧缩的可能性很小，在三种方法中，这种方法能得到最大的合并资产总额和最小的合并报告收益。同时，由于这种方法要确定参与合并各公司的公允价值，因此，在操作上会比较烦琐和困难。

由于新起点法假设其他参与合并的各主体均已消亡，通常只有新设合并能够满足这一前提条件，且新起点法在操作中需要确定参与合并的各方企业的所有资产和负债的公允价值，在操作上比较烦琐困难，在目前历史成本仍为主流的情况下新起点法的实务应用受到了很大的限制，在实际业务中一般只能用于新设合并的情形。

四、三种方法的比较

（一）交易实质

1. 交易性质

权益结合法将合并视为参与合并的各个企业在合并主体中的联合和继续，建立在合并以前独立的公司在合并后继续存续的基本假定基础之上。参与合并企业的股东为了完成所有权的混合，彼此之间交换其所持有的公司权益。每一股东或所有权团体均可以看作是通过放弃以前公司的部分或全部权益，以此交换获得以前其他所有权团体持有的新公司权益。可以认定在合并交易中既没有收到（或支付）资产也没有承担（或清偿）负债。所以，合并后的公司可以看作是合并前公司的延续，以前公司的资产和负债也被看作是维持不变的，只不过发生了合并而已，且合并并没有增加或减少资产和负债的总额，从公司的角度来看并没有发生重大的经济事件。所有者除了原有的投资额外并没有增加新的投资，也没有向他们支付资产(交换的股份并非资产)。

在购买法下的企业合并交易中，收购方以现金、其他资产、债务工具或发行股票等形式购买被收购方的资产和负债，合并被视为购买方获取对被收购方控制权的一项交易，与购买其他类型资产并无不同。因此也按照资产交易的一般会计处理规则处理，即按交易中交换项目的公允价值进行核算。购买法假定企业合并交易中合并公司有一方是收购者或购买者，合并后收购者存续。合并后的处理也是从收购者的角度进行审视，比如对被收购方的资产和负债按照公允价值进行计量，收购方的资产和负债的计量不受交易的影响，也不确认收购方未确认的资产和负债，因为它们并没有参与交易。

新起点法假定合并前的公司在合并后无一存续，但形成了一个新起点。合并交易发生在合并前参与合并的各方(即被收购方)与合并日新成立的新主体(即收购方)之间，交易的结果是合并前公司的资产和负债为新会计主体所购置。由于它们现在都属于新主体企业所拥有，所以所有已经记录的资产和负债都必须按公允价值重新计价，任何尚未确认的资产和负债也被新起点所确认。对新起点的构成目前有两种观点：一种观点认为，合并后形成的新起点完全不同于合并前的公司；另一种观点认为，新起点仅限于不能辨认收购方时的企业合并。

2. 交易对象

权益结合法下，合并被看作是合并公司的股东之间发生的股权交换行为，而非合并公司层面的交易。而购买法和新起点法则认为交易发生在合并公司之间，不同在于购买法将合并前参与合并的各方区分为收购方和被收购方，而新起点法则将参与合并各方看作被收购方，将新产生的主体看作是收购方。

3. 资产计价观

由于对合并交易的性质认定不同，购买法和权益结合法对资产计价采用了不同的计量基础，但其背后都体现出了历史成本原则的核心原理：购买法认定企业合并行为的本质是交易行为，因此将被合并企业看作购入的资产进行处理，在合并时将被合并企业的资产负债按市价入账；权益结合法则认为各合并方之间没有进行合并对价的支付，交易的实质被视为是权益的延续，因此不能将被合并方作为购入的资产处理，直接将合并各方的资产、负债按各方原来的账面价值简单相加即可，仍然采用最初的历史成本作为计价基础。

相比于公允价值会随着时间变动而发生变化，历史成本观具有静态计量观的特点——资产一旦入账后就不再对其价格进行调整，固定在购买时的价格上。无论资产存续期间其实时价格上升还是下降(特殊情况需要调整账面价格的除外)，资产和负债的价值均保持不变。静态价值反映方式的缺陷在衍生金融工具和无形资产等类型的资产计价上表现得最为充分，它可以在资产价值变动不显著的时候做到“近似的”反映真实，但是当资产价值波动剧烈时，资产实时价格与历史成本之间的巨大谬误就逐渐显现。

新起点法则不同。它将企业合并视为一个新的历史起点,对包括主并方(如果能够辨认)在内的参与合并各方的净资产按公允价值(合并当时的市价)计价入账,这就确保了在交易发生的时点上及时反映资产价值的变动。在合并后续计价的做法上,有一种选择是在合并后的每个报告期末都坚持以报告期末各项资产的公允价值对所有资产进行重新计价,使所有资产在每个报告期末都保持为各自在报告期末的现时公允市价。这种选择实际上是一种动态的反映观①,使企业资产始终适时地反映不断变动着的真实价值,提供真正相关的有价值的会计计价信息。

4. 会计假设

会计假设不同是造成两种方法计价基础不同的根源,这里的会计假设主要是指会计主体假设和持续经营假设。购买法认为合并后被合并企业即使还存在法律主体,但已被合并企业控制了资本经营权,所有权形势发生了重大的变化,这都表明持续经营假设已不存在,所以需要对被合并企业的资产和负债进行评估;权益结合法则认为如果是通过换股形式实现合并的话,只能是双方经济资源的联合,所有者权益继续存在,各自的资产也保持不变,不影响各自会计主体的持续经营,所以没有必要改变计价基础。

(二) 会计处理

三种不同会计处理方法所产生的会计结果的最根本的差异在于对其资产负债表是否建立新的会计基础,是否产生合并商誉,合并费用的处理,是否从年初开始合并当年利润等。

1. 计价基础

对资产和负债是否建立新的会计基础主要取决于是否发生了特别重大的经济事件,如对资产和负债的控制发生了变更的交易。因此,控制变更就成为区分各种不同企业合并会计处理方法的主要理论依据。

由于对合并性质和合并交易中实质参与的交易对象的判定不同,导致了三种会计处理方法在对合并公司的资产和负债控制权是否变更的判断之上产生差异:权益结合法认为交易不是发生在合并公司之间,因而合并公司的资产和负债的控制并没有发生变化。其结果是,不需要为已确认的资产和负债建立新的计价基础,也不需要确认尚未确认的资产和负债。在购买法下,只有对被收购方的资产和负债的控制发生了变更,同时确认被收购公司以前未确认的资产(包括商誉)和负债,但对收购方的资产和负债的控制并没有发生变更。其结果是,为从被收购方获得的资产和负债建立新的会计基础,但不为收购方的资产和负债建立新的会计基础。与权益结合法和购买法相比较,新起点法下合并前各方的资产和负债均转移至新成立的主体,控制权均发生转移,因此需要为参与合并各方的所有资产和负债建立新的会计基础,同时确认参与合并公司以前未确认的所有资产(包括商誉)和负债。

---

① 王治安,任世驰.从资产计价角度看企业合并会计方法选择[J].财会月刊,2008(1):10-12.

另外，对于企业而言，重新建立一个全新的计价基础往往存在一定难度。一般来说，报告主体很少对资产和负债进行全面的重新确认和计量。虽然某些通常以公允价值计量的资产和负债(如有价证券)常常进行重新计价，但更多的资产和负债一般很少进行重新计价，自创的可辨认无形资产的确认和计量更是难上加难。

2. 合并成本和商誉的确认

购买法下将合并成本大于被合并企业的可辨认净资产公允价值的差额确认为商誉，并于每个会计期末进行减值测试，经复核后确定发生减值的，将差额作为商誉减值损失计入当期损益。企业合并成本小于被合并方可辨认净资产公允价值的差额应直接计入合并当期损益。

在权益结合法下，合并方按照账面价值对合并中取得的资产和负债进行计量，合并成本与企业价值可辨认价值之间不存在差价，因此不存在确认商誉的问题。

新起点法与购买法类似，需要对资产与负债项目的价值进行重新计量确认，并将差额确认为商誉，不同之处在于，新起点法下要重新计量参与合并两方的所有资产与负债项目，并且确认两个公司的合并商誉，而购买法只需要确认被收购公司的即可。

3. 被合并方留存收益的处理

权益结合法下，被合并方的留存收益在合并日的合并财务报表中予以反映；而购买法下，合并日合并财务报表的留存收益项目中只反映了收购方的留存收益。新起点法下，由于是建立了一个新起点，留存收益从零开始重新计算，所以合并日无须考虑合并公司的留存收益。因此在其他条件不变的情况下，三种企业合并方法下报表中留存收益项目余额由高到低排序，一般而言是权益结合法高于购买法、购买法高于新起点法的顺序。

4. 被合并方合并前当年收益的处理

三种不同会计处理方法所产生的会计结果的另一差异在于如何处理被合并方合并前收益。权益结合法下，认定被合并方为自合并期初起就已经处于同一方的最终控制下，因此将被合并方自合并当期期初至合并日实现的净利润全部纳入合并方的合并利润表，有时可能会产生巨额的“瞬时收益”。而购买法和新起点法下，仅对自合并日后合并公司的收益进行合并。因此，当合并发生在非期初，且被合并方当期收益大于零时，合并当年采用权益结合法一般比采用购买法和新起点法报告的收益要高一些。

5. 合并过程中的费用的处理

权益结合法下合并方为进行企业合并发生的各项直接相关费用，包括为进行企业合并而支付的审计费用、评估费用、法律服务费等，应当于发生时计入当期损益；而购买法将合并费用中的直接费用计入合并成本，当合并成本大于取得的净资产公允价值时，该部分成本直接计入净资产的计价，也将导致购买法下净资产的价值高于同等条件时的权益结合法。新起点法同样如此，合并过程发生的费用将直接增加合并成本。

表 1－2　企业合并会计方法的会计处理差异比较

会计处理主要差异比较	权益结合法	购买法	新起点法
计价基础	原账面价值	公允价值(被收购方)	公允价值(双方)
购买成本和商誉的确认	不确认商誉	确认商誉	确认商誉
被合并方留存收益的处理	并入合并方	不并入	不并入
被合并方合并前收益的处理	并入合并方	不并入	不并入
合并过程中的费用的处理	计入当期损益	增加合并成本	增加合并成本

(三) 经济后果

1. 财务结果影响

资产负债表:合并当年由于权益结合法按照净资产账面价值入账,购买法下被合并方的净资产按照公允价值入账,而新起点法下参与合并双方的净资产均按照公允价值,因此在物价上涨的背景下,新起点法下净资产计价最高,资产负债表中体现的企业价值更大,购买法其次,权益结合法下净资产计价最低,资产负债表中体现的企业价值最小。

利润表:合并当年购买法仅仅将被合并企业在合并日后实现的、归属于合并企业的部分净利润并入合并企业当年的合并净利润,而权益结合法下将被合并企业当年净利润全额并入合并企业当年的合并净利润,因此如果合并并非发生在年初,购买法和权益结合法合并的净利润就会产生差异。利润为正的情况下,权益结合法确认的当年合并净利润更高。新起点法下双方企业利润都从零算起,因此新起点法下利润最低。合并以后年度要对商誉进行减值测试,对固定资产定期计提折旧,因此对后续年度的利润有所降低。

财务指标:权益结合法下因为将被合并方当期的利润全部并入,因而利润最高,又因为股东权益最低,因此,它的净资产收益率和每股收益通常也最高。而在另外两种方法下,利润较低,股东权益较高,净资产收益率和每股收益一般也较低。相对而言,新起点法下的指标更低一些。

2. 信息质量影响

会计信息的质量特征是指企业在为企业外部报表使用者的经济决策提供会计信息时,会计信息必须具备的基本特征,这些特征体现出企业会计信息质量的高低,也是投资者决策的重要基础。根据 2006 年我国会计基本准则,会计信息质量要求包含了可靠性、相关性、可理解性、可比性、实质重于形式、重要性、谨慎性和及时性等。其中,相关性、可靠性和可比性是比较重要的三大特征,同时也是三种会计合并方法下存在较大差异之处。

(1) 相关性分析。

会计信息的相关性是指信息与投资者决策的相关程度,包含两个方面的内容,即预测价值和反馈价值:所谓预测价值,是指会计信息能够帮助使用者评价过去、现在和未来事项并预测其发展趋势,从而影响基于这种评价和预测所做出的决策;所谓反馈价值,则指会计信息能对信息使用者以前的评价和预测结果予以证实或纠正,从而促使信息使用者维持或改变以前的决策。

在对资产和负债的会计基础确定上，从权益结合法到购买法再到新起点法，从完全采用账面价值过渡到对被收购方资产负债表采用公允价值入账，再到全部资产与负债项目均采用公允价值计量，公允价值的运用范围越来越广，如果说公允价值计量提供了与对应资产和负债有关的预期未来现金流量，因而更具有预测价值的话，那么三种方法的信息相关性是逐渐增强的。

权益结合法仅仅是延续被收购公司原有资产和负债的历史记录，没有对某些无形资产进行确认，所以这种方法提供的信息缺乏完整性。且放弃采用公允价值计量等同于忽视了收购活动中讨价还价交易的价值，进而破坏了对管理者经管责任的计量，因而也就缺乏预测价值。

购买法反映了存续公司的原始投资额，反馈的也是原始投资额。这有助于反映管理层对原始投资额所担负的经管责任。但是尽管这种方法记录了被收购公司以前可能未记录的资产或负债，却未对主并公司自身的资产或负债重新进行计价，因此提供的信息是不完整的。也造成合并资产负债表上反映的信息是合并方公司的历史成本和被合并公司现行价值的混合，这将不利于对公司业绩进行计量评价，在一定程度上影响了提供会计信息的相关性。

新起点法因对所有合并双方资产和负债都采用公允价值重新进行计价，而以公允价值为基础对资产和负债进行计量可以反映现时各交易方的实际交易价值，因而新起点法能够全面提供与那些资产和负债将产生或耗用的预期未来现金流量相关的现行信息。这种方法提供的信息不仅更具有预测价值，而且更具有反馈价值。但是由于合并双方都改变了计价基础，新起点法会使各会计期间的比较变得更加困难，其结果是财务分析师和其他用户无法跟踪收益的变动轨迹，也无法预测未来的收益变动趋势，因此在预测未来收益上稍逊一筹。

(2) 可靠性分析。

会计信息可靠性是指要求企业应当以实际发生的交易或事项为依据进行确认、计量和报告，如实反映符合确认和计量要求的各项会计要素及其他相关信息，保证会计信息内容真实可靠和完整。国际会计准则中对可靠性的判别标准为："当信息没有重要错误、没有偏向，并且能够如实反映其拟反映或该反映的情况供使用者作依据时，信息就具备了可靠性。"

如果从历史成本与公允价值两种计量方式的准确性角度出发，由于当前市场定价机制尚未发展成熟，公允价值这种计价方式可能存在计量不准确的缺陷，因此历史成本才是最为真实可靠的计量基础，可以反映出最真实最客观的会计信息。因此可以认为采用权益结合法下的账面价值计量基础能够更好反映真实可靠信息，与此相对地，购买法与新起点法中在确认被收购企业的未确认资产和负债价值时的计量可靠性值得怀疑，特别是在发生频繁交易的情况下。而无形资产比有形资产更加难以辨认和计量，且带来一些人为操纵的机会，合并公司可通过不确认原来未确认的资产和负债，或不调整至公允价值，把更多的价格分配给商誉并在更长的期限内摊销。权益结合法因采用账面价值则可以规避辨认和计量无形资产的困难，减少人为操纵的机会。

然而采用了历史成本计价的权益结合法，其反映会计信息的可靠性也并不是无可指摘。在对待被合并企业当年收益上，权益结合法由于采取了全部纳入合并的做法，导致可能产生大量“瞬时收益”,令企业表现出超越其实际盈利能力的超额盈利,因而由此可能对投资者的价值预测决策产生误导。

另外,购买法和新起点法的可靠性在中长期角度来看可能因商誉的后续计量导致更大的不准确性,原因在于在合并时这两种方法下产生的商誉需要定期进行减值测试,企业有动机尽可能地将收购溢价分配给商誉,以便在随后需要时操纵收益。所有这些行为都会影响财务报表的真实性。

(3) 可比性分析。

具有可比性会计质量特征的信息应该能够使信息使用者对两组经济现象的相同之处和不同之处做出区分。一般认为如果可以比较不同会计主体在同一会计时点或会计期间相同的事项,则可以大大增强会计信息的可比性。同时,如果可以比较同一会计主体在不同时期的会计事项,则也可以大大增强会计信息的可比性。

权益结合法在可比性上的优势来源于其保留了合并前公司已确认资产和负债的账面价值,延续了以前期间报表上的历史成本记录,为信息使用者提供了评估被合并方业绩有关的趋势和方向的“通道”。而且权益结合法将合并公司整个年度的收益计入合并报表,可以增强未来业绩与过去业绩的可比性。但是,也有人认为,对会计信息使用者来说,将采用购买法核算企业合并的数据调整为采用权益结合法核算的企业合并的数据相对容易,而将采用权益结合法核算企业合并的数据调整为采用购买法核算的数据却非常困难。如果别国都采用购买法,当投资者需要将其转换为购买法与跨国企业进行对比时,很难操作成功,因此采用权益结合法会损害国际上的可比性。

购买法下提供的信息同现行会计模式下资产的取得和负债的发生的核算是一致的,均依据交易发生的实际成本,因而增强了其可比性。以企业合并这一单一交易方式取得大宗资产的核算同采用现金购置资产核算的方式是完全一致的,因此在对企业取得的资产进行计量时,无论其取得方式如何,关于取得资产的信息都是可比的。但是,也有人认为购买法缺乏可比性,原因在于其仅对被合并方合并后的收益进行合并。其结果是导致分析师和其他用户无法比较合并公司未来收益与过去收益。

新起点法避免了购买法下将历史价格和现行价格混用的固有缺陷,使得参与合并各方的资产与负债项目都采用了统一的计价基础,便于比较不同的经济实体,从而增强了各个主体之间的横向可比性。但是,由于公司合并前采用历史成本计量,这种方法不利于从时间角度来进行比较,不但不利于比较合并前后的资产负债表,而且不利于比较合并前后的收益。因此,新起点法在纵向可比性上存在一定缺陷。

五、中外合并方法选择的变迁与趋势展望

(一) 美国

1. 初步界定和规范阶段

权益结合法最早产生于 20 世纪 40 年代末期,在美国当时的并购浪潮中应运而生。当时的美国公用事业公司采取了将资产以公允价值记账的方式来掩盖其高利润率的做法,被

联邦部门否决并要求其保留资产账面价值，这种做法就是权益结合法的最初雏形了。而购买法采用了资产购置的常规会计处理程序，将买卖公司的行为看作一种资产的转移。

美国历史上第一个关于企业合并的权威性公告是1950年由美国注册会计师协会所属会计程序委员会(CAP)发布的第40号会计研究公报“企业合并”(ARB第40号)。其中规定权益结合法应当在下列情况下使用：① 规模大体相当的公司进行的合并；② 新合并的公司保持原有成员公司的管理人员和所有权不变(权益的连续性)；③ 参与合并的企业具有相似或相补充的经营业务。但是，由于这三条标准概括性过强，措辞含糊，因而在实际执行时产生了各种不同的理解。20世纪50年代，许多性质相同的企业合并却采用了不同的会计处理方法，其结果是直接导致会计程序委员会颁布了ARB第48号(1957年)，对权益结合法的适用作了进一步规范。

但是ARB第48号并未能解决ARB第40号中标准界定模糊的问题，反而使更大范围的使用权益结合法合法化，即便是一家公司比另一家公司大19倍时也可使用权益结合法。由于权益结合法通常能报告更高的收益，20世纪60年代许多企业纷纷利用ARB第48号中宽松的标准，采用权益结合法核算企业合并。由此在促进企业合并繁荣的同时，带来了权益结合法被滥用的严重后果。

2. 严格控制阶段

为了回应各界对滥用权益结合法的批评，美国注册会计师协会(American Institute of Certified Public Accountants，简称AICPA)于1959年成立了会计准则委员会(Accounting Principles Board，简称APB)。1970年8月，APB发布了第16号意见文件(APB第16号)，对权益结合法的使用设定了12项严格的限制性条件。自APB第16号意见文件于1970年10月31日生效后，权益结合法的滥用得到了有效遏制，其在美国企业合并交易中的使用比例从1972年的近40%降至1990年的11%左右水平。

3. 取消权益结合法

虽然APB第16号中对权益结合法的适用条件规定相当苛刻，但由于权益结合法会带来合并当年较高收益等好处，在APB第16号生效后各合并企业从来就没有放弃过寻求使用权益结合法的努力。20世纪90年代以来，由于企业并购的规模越来越大，在判断是否满足应用条件上也越来越困难，导致很多本质相似的企业合并交易使用了不同的方法进行核算，造成财务报表的巨大差异。迫于压力，美国财务会计准则委员会(FASB)于1996年开始重新讨论企业合并会计方法和无形资产会计问题，并于1999年对外公布征求意见稿，建议取消权益结合法。征求意见稿中直接列举了取消权益结合法的种种理由：其一，权益结合法提供的信息在决策有用性上不如购买法，因为采用权益结合法可能由于合并前的资产负债表没有得到确认，导致合并后的利润被高估，从而缺乏相关性；购买法则记录了被合并方资产的公允价值，因此对未来的现金流量更具有预测价值。其二，权益结合法违背了历史成本的会计模式，对合并后企业财务报表的可靠性产生了长远影响。其三，各国在是否采用以及采用权益结合法的条件规定做法上差异较大，不利于国际间财务报表的可比性。2001年发布了正式的财务会计准则公告(SFAS第141号)，自2001年

6 月 30 日起实施。这个公告要求在准则规定范围内的企业合并只能采用一种方法——购买法进行核算。其附录中指出对于同一控制下主体之间进行的净资产转移或权益交换的交易采用一种类似于权益结合法的方法，应当按照资产负债转移时的账面价值入账。

（二）国际会计准则委员会（IASB）

1. 严格限制采用权益结合法

1983 年 11 月，国际会计准则委员会出台国际会计准则第 22 号《企业合并》将企业合并的会计处理方法分类为购买法和权益结合法，要求所有企业合并都采用购买法，除非在实现权益结合这种极少见的情形下才允许采用权益结合法。

2. 按照合并性质适用两种方法

国际会计准则委员会在 1993 年 12 月对第 22 号准则进行了修订，并且规定企业合并会计方法的选择直接取决于合并类型——如果合并属于收购类型，则必须采用购买法；如果属于权益结合类型，则必须采用权益结合法。并对权益结合情形的判断标准列出了三条严格条件：① 参与合并的企业享有表决权的普通股，如果不是全部，至少也应是绝大多数参与交换或合并；② 一个企业的公允价值不能与另一企业的公允价值相差很远；③ 合并之后的各企业在合并后的主体中应大体保持与合并前同样的表决权与股权，合并各方要对合并的存续公司享有平等控制权。在满足以上三项标准的基础上，还需证明购买方不可确定，如此才能使用权益结合法。

3. 取消权益结合法

2003 年 12 月 IASB 发布国际财务报告准则第 3 号征求意见稿，建议禁用权益结合法。2004 年 3 月 IFRS 第 3 号正式颁布准则的内容与征求意见稿基本一致，规定在准则范围内的企业合并交易均采用购买法核算。由于准则将同一控制下的企业合并排除在该准则范围之外，且未对此类合并应采用何种会计处理方法做出说明。2007 年 IASB 将同一控制下交易（common control transactions）作为一项议题加入了准则制定日程，旨在探讨同一控制的定义以及同一控制下企业合并会计方法的使用问题，但是该议题进展缓慢，2012 年重新启动并在 2020 年年末发布了《同一控制下企业合并（讨论稿）》。但随后多次理事会会议均未对讨论稿作出决议，仅确定了未来项目的研究方向，因此截至目前 IFRS 系列的准则中尚无针对同一控制下交易处理方式的具体规定。在缺乏相应处理规则的情况下，会计主体在涉及同一控制下企业合并交易时应当参照 IAS 第 8 号文件"会计准则、会计估计与错误变更"中第 10—12 小节所描述的"金字塔层级"进行适用方法的选择，在这个金字塔层级中允许适用其他准则制定方所制定的准则规范，因此在大多数情况下很多会计主体选择采用美国 GAAP 准则或英国准则中适用的以账面价值入账的方法。

（三）中国

2006 年以前中国一直未对企业合并出台规范的会计准则，关于企业合并会计的规定处理散见于财政部发布的多个文件中，其中包括《合并会计报表暂行规定》（1995 年）、《企业兼并有关会计处理问题暂行规定》(1997年)、《关于执行具体会计准则和〈股份有限公司会计制度〉有关会计问题解答》(1998年)、《企业会计准则——投资》(2001年)等。这些文件并未具体提及"购买法"与"权益结合法"的确切方法名称,但从处理的具体操作来看实质为购买法①。

2006年2月我国财政部颁布《企业会计准则第20号——企业合并》,将企业合并分类为同一控制下的企业合并和非同一控制下的企业合并,并依据合并种类不同分别适用一种类似权益结合法的方法和购买法。

(四) 趋势展望

从以上变革的回顾不难看出美国和国际会计准则委员会对权益结合法的态度都经历了从在准则规定的合并范围内允许使用到严格限制,再到明文禁止的变化过程。中国2006年的会计准则规定也基本体现了与国际会计准则的趋同性②,最大的差别在于同一控制下的企业合并领域国际会计准则委员会尚未有明确的准则应用指引。实际业务应用中,普华永道等四大会计师事务所的内部技术指引对于同一控制下企业合并采取的会计处理基本采用了"商业实质判断法":应首先判断交易是否具有商业实质,如果同一控制下企业合并具有商业实质,则可以采用购买法,反之,则采用权益结合法。

目前中国会计准则对同一控制下企业合并采用权益结合法进行处理,主要是借鉴了美国会计准则委员会在企业合并准则附录部分的规定,以被合并企业净资产账面价值为基础,确认所取得的长期股权投资初始成本,支付对价与初始成本的差额调整资本公积,不足部分调整留存收益,不产生商誉或廉价收购利得。不同于美国仅在准则附录中补充说明,中国会计准则选择在准则的主体部分对同一控制下的企业合并作出专门规定,主要是考虑到中国国情下同一控制的企业合并案例十分常见,而在欧美等发达国家此类交易出现频率较低。

鉴于目前国际上对非同一控制下企业合并的会计处理已经达成了一致意见,购买法作为企业合并主流方法的地位基本无可撼动了。而针对同一控制下企业合并究竟应该运用何种处理方法,目前IASB与FASB也正在进行准则的讨论和制定。但目前来看该项目进展十分缓慢,预计短期内无法达成统一意见。至于新起点法,目前还没有一个国家在企业合并中采用过。

第三节 企业合并的会计处理

企业合并的会计处理包括合并日的并账和并表:如果属于吸收合并或新设合并,合并日应将被合并方的资产、负债并入合并方,合并方在期末编制个别财务报表;如果属于控

① 《企业兼并有关会计处理问题暂行规定》中规定,被兼并企业先进行资产评估,然后按评估结果调整账目,兼并方按评估价值记录资产价值,按成交价与评估价的差额计入"商誉"账户。

② 财政部会计司前司长刘玉廷指出,对同一控制下的企业合并规定,"中国会计准则与国际财务报告准则相关规定不同但不构成差异"。详见刘玉廷. 中国企业会计准则体系:架构、趋同与等效[J]. 商业会计,2007(10):6-10.

股合并，合并方在合并日产生长期股权投资，形成母子公司关系，在合并日编制合并财务报表。

一、同一控制下的企业合并处理方法

同一控制下的企业合并，由于合并前企业及合并后形成的企业均受同一方最终控制，从能够实施最终控制的一方来看，其能够控制的资产、负债，在合并前后没有发生变化。因此企业会计准则第20号中规定同一控制下的企业合并的会计处理采用权益结合法。这是由准则制定时我国特定的产权交易市场状态特点决定的。一方面市场交易尚不频繁、定价系统尚不成熟，公允价值难于取得，另一方面由于我国同一控制下的企业合并一般不是出于合并双方自愿，合并对价也不具备公允性，在交易前后能够实施最终控制的一方在交易前后能够控制的资产和负债在合并前后没有发生变化，这样的交易往往具有权益合并的性质，因此合并方在对合并中取得的资产和负债进行确认和计量时原则上应该延续其在被合并方的账面价值。

(一) 处理原则

在同一控制下的企业合并中，被合并方采用的会计政策与合并方不一致的，合并方在合并日应当按照本企业会计政策对被合并方的财务报表相关项目进行调整，在此基础上进行确认。对被合并方的资产、负债直接按原有账面价值计量，不按公允价值进行调整，合并中不产生新的资产和负债、不形成商誉，合并方取得的净资产账面价值与支付的合并对价账面价值(或发行股份面值总额)之间的差额应调整所有者权益，首先调整资本公积，资本公积不足冲减的，调整留存收益，而不确认损益。

(二) 确定合并成本

(1) 合并方以支付现金、转让非现金资产或承担债务方式支付对价的，应在合并日以支付的现金、转让非现金资产或承担债务的账面价值作为取得被合并方长期股权投资的成本。

(2) 合并方以发行权益性证券支付对价的，应在合并日按照取得被合并方账面净资产份额作为长期股权投资的成本，按发行股份面值总额作为股本或实收资本，确认的长期股权投资成本与所发行的面值金额的差额，调整资本公积，资本公积不足冲减的，调整留存收益。

(三) 确定合并费用

(1) 合并方为进行企业合并发生的各项直接相关费用，包括为进行企业合并支付的审计费用、评估费用、法律服务费用等，应当于发生时计入当期损益。

(2) 若合并方支付对价的形式为发行债务，企业合并发行的债券或承担其他债务支付的手续费、佣金等，应当计入所发行债券及其他债务的初始计量金额。

(3) 若合并方支付对价的形式为发行权益性证券，企业合并中发行权益性证券发生的手续费、佣金等费用，应当抵减权益性证券溢价收入(冲减资本公积)，溢价收入不足冲减的，冲减留存收益。

(4) 企业发生的不属于直接合并费用的其他与企业合并有关的费用,如企业专设并购部门的日常管理费用等,应于发生时计入当期损益。

(四) 合并日合并财务报表编制

在企业合并为吸收合并、新设合并的情况下,不存在编制合并财务报表问题;只有在控股合并情况下,才形成母子公司关系,母公司应当编制合并日的合并资产负债表、合并利润表和合并现金流量表。

(1) 合并资产负债表中被合并方的各项资产、负债,应当按其账面价值计量。因被合并方采用的会计政策与合并方不一致,按照准则规定进行调整的,应当以调整后的账面价值计量。

(2) 合并利润表应当包括参与合并各方自合并当期期初至合并日所发生的收入、费用和利润。被合并方在合并前实现的净利润,应当在合并利润表中单列项目反映。

(3) 合并现金流量表应当包括参与合并各方自合并当期期初至合并日的现金流量。

(4) 编制合并财务报表时,参与合并各方的内部交易等,应当按照《企业会计准则第33号——合并财务报表》处理。该部分将在下章进行详述。

【例1-1】 (1) 甲公司于20×3年3月31日对同一集团内全资乙公司进行了吸收合并,支付合并对价2 000万元。合并日乙公司资产的账面价值为3 000万元,负债账面价值为800万元,净资产为2 200万元。合并日甲公司应将乙公司的资产、负债并入账内。

合并日甲公司的账务处理:

借:资产　　30 000 000

　贷:负债　　8 000 000

　　银行存款　　20 000 000

　　资本公积——其他资本公积　　2 000 000

(2) 甲公司于20×3年6月30日支付1 000万元取得同一集团内丙公司60%的股权,属于控股合并。合并日丙公司资产的账面价值为2 400万元,负债账面价值为900万元,所有者权益账面价值为1 500万元;假设合并时,甲公司资本公积为500万元。

合并日甲公司的账务处理:

借:长期股权投资——丙公司　　9 000 000(15 000 000×60%)

　资本公积——其他资本公积　　1 000 000

　贷:银行存款　　10 000 000

(3) 甲公司于20×3年9月1日发行700万股普通股(每股面值1元)作为对价取得同一集团内丁公司80%的股权,属于控股合并,合并日丁公司账面净资产总额为1 400万元。

合并日甲公司的账务处理:

借:长期股权投资——丁公司　　11 200 000(14 000 000×80%)

　贷:股本　　70 000 000

　　资本公积——资本溢价　　4 200 000

二、非同一控制下的企业合并处理方法

非同一控制下企业合并，在购买日取得对其他参与合并企业控制权的一方为购买方，参与合并的其他企业为被购买方。购买日，是指购买方实际取得对被购买方控制权的日期。控制权的转移的五个条件在介绍非同一控制下企业合并中已提及，不再赘述。值得一提的是，就非同一控制下的企业合并而言，有时候“购买日”与企业合并的“交易日”可能不一致。如果企业合并是一次交换交易实现的，交换交易日就是购买日；如果企业合并是通过多次交换交易分步实现的，交易日是各单项投资在购买方财务报表中确认之日，购买日则是获得控制权之日。

(一) 处理原则

非同一控制下的企业合并，应该采用购买法进行处理。

(二) 确定合并成本(包含多次分步交易实现合并的情况)

购买方应当区别下列情况确定合并成本：

(1) 一次交换交易实现的企业合并，合并成本为购买方在购买日为取得对被购买方的控制权而付出的资产、发生或承担的负债以及发行的权益性证券的公允价值。

(2) 通过多次交换交易分步实现的企业合并，合并成本为每一单项交易成本之和。

(3) 购买方为进行企业合并发生的各项直接相关费用也应当计入企业合并成本。

(4) 在合并合同或协议中对可能影响合并成本的未来事项作出约定的，购买日如果估计未来事项很可能发生并且对合并成本的影响金额能够可靠计量的，购买方应当将其计入合并成本。

另外，购买方在购买日对作为企业合并对价付出的资产、发生或承担的负债应当按照公允价值计量，公允价值与其账面价值的差额，计入当期损益。比如，以固定资产作为合并对价的，固定资产的公允价值与账面价值的差额，计入营业外收入(或营业外支出)；以库存商品作为合并对价的，库存商品的公允价值记入主营业务收入，库存商品成本记入主营业务成本等。

(三) 差额处理——确认商誉或损益

(1) 购买方对合并成本大于合并中取得的被购买方可辨认净资产公允价值份额的差额，应当确认为商誉。在吸收合并情况下，商誉应计入合并方的账内；在控股合并情况下，商誉不做账，而是包含在长期股权投资账面价值中，在编制合并报表时，经过母子公司的合并抵销分录商誉才会体现在合并资产负债表中。

(2) 购买方对合并成本小于合并中取得的被购买方可辨认净资产公允价值份额的差额，应当按照下列规定处理：第一，对取得的被购买方各项可辨认资产、负债及或有负债的公允价值以及合并成本的计量进行复核；第二，经复核后合并成本仍小于合并中取得的被购买方可辨认净资产公允价值份额的，其差额应当计入当期营业外收入，视同捐赠利得。

(3) 通过多次交换交易分步实现的企业合并，购买方在购买日确认商誉或损益时，应当按照以下步骤进行处理：首先，将原持有的对被购买方的投资账面价值调整恢复至最初取得

成本，相应调整留存收益等所有者权益项目。即，如果在取得股权后采用权益法核算，确认了投资收益，应将确认的投资收益冲回，将长期股权投资还原成最初取得成本。其次，比较每一单项交易的成本与交易时应享有被投资单位可辨认净资产公允价值的份额，确定每一单项交易中应予确认的商誉金额（或应予确认损益的金额）。最后，购买方在购买日确认的商誉（或计入损益的金额）应为每一单项交易产生的商誉（或应予确认损益的金额）之和。

（四）被购买方各项资产负债的处理

对于被购买方各项可辨认资产、负债及或有负债，符合下列条件的，应当单独予以确认：

（1）合并中取得的被购买方除无形资产以外的其他各项资产（不仅限于被购买方原已确认的资产），其所带来的经济利益很可能流入企业且公允价值能够可靠计量的，应当单独予以确认并按照公允价值计量。合并中取得的无形资产，其公允价值能够可靠计量的，应当单独确认为无形资产并按照公允价值计量。

（2）合并中取得的被购买方除或有负债以外的其他各项负债，履行有关的义务很可能导致经济利益流出企业且公允价值能够可靠计量的，应当单独予以确认并按照公允价值计量。

（五）购买日合并财务报表编制

只有在控股合并下才需编制合并报表，而且只编制合并资产负债表，不编制合并利润表。非同一控制下的控股合并，母公司在购买日编制合并资产负债表时，对于被购买方可辨认资产、负债应当按照合并中确定的公允价值列示，企业合并成本大于合并中取得的被购买方可辨认净资产公允价值份额的差额，确认为合并资产负债表中的商誉。企业合并成本小于合并中取得的被购买方可辨认净资产公允价值份额的差额，在购买日合并资产负债表中调整盈余公积和未分配利润。

非同一控制下的企业合并形成母子公司关系的，母公司应自购买日起设置备查簿，登记其在购买日取得的被购买方可辨认资产、负债的公允价值，为以后期间编制合并财务报表提供基础资料。

【例 1－2】 （1）甲公司与 A 公司属于不同的企业集团，两者之间不存在关联关系。20×3 年 9 月 30 日，甲公司支付 12 000 万元取得 A 公司的全部股权，进行吸收合并。购买日，A 公司有关资产、负债情况如表 1－3 所示（单位：万元）。

表 1－3　购买日 A 公司有关资产、负债情况

	账面价值	公允价值
库存商品	6 000	5 800
固定资产	8 000	9 000
短期借款	4 000	4 000
净资产	10 000	10 800

购买日甲公司的账务处理：

借：库存商品　　　　58 000 000

固定资产　　　　　　　　　　　90 000 000

商誉　　　　12 000 000(120 000 000－108 000 000)

贷:短期借款　　　　　　　　　　　　40 000 000

银行存款　　　　　　　　　　　　120 000 000

假设上述合并为控股合并,则甲公司账务处理如下:

借:长期股权投资——A公司　　　　　　120 000 000

贷:银行存款　　　　　　　　　　　　120 000 000

合并成本(12 000 万元)与取得的合并净资产公允价值(10 800 万元)之间的差额(1 200 万元)形成的商誉,包含在了长期股权投资成本中,在A公司的单独财务报表中不体现。只有当甲公司进行合并报表编制时,进行以下母子公司合并抵销分录,商誉才会出现在合并资产负债表中:

借:净资产(子公司实收资本、资本公积等)　　108 000 000

商誉　　　　　　　　　　　　　　12 000 000

贷:长期股权投资　　　　　　　　　　120 000 000

(2) 甲公司于20×3年3月取得B公司20%的股份,成本为10 000万元,当日B公司可辨认净资产公允价值为40 000万元。取得投资后甲公司派人参与B公司的生产经营决策(采用权益法核算)。20×2年确认投资收益800万元,在此期间,B公司未宣告发放现金股利或利润,不考虑相关税费影响。

20×4年2月,甲公司以30 000万元的价格进一步购入B公司40%的股份,购买日B公司可辨认净资产的公允价值为70 000万元。此时,持股比例为60%,实现企业合并,采用成本法核算。

甲公司有关处理:

① 20×3年3月投资时。

借:长期股权投资——B公司(投资成本)　　100 000 000

贷:银行存款　　　　　　　　　　　　100 000 000

② 20×3年年末确认投资收益。

借:长期股权投资——B公司(损益调整)　　8 000 000

贷:投资收益　　　　　　　　　　　　8 000 000

③ 20×4年2月,对原按照权益法核算的长期股权投资进行追溯调整(假定甲公司按净利润的10%提取盈余公积),冲回权益法下确认的投资收益。

借:盈余公积　　　　　　　　　　　　800 000

利润分配——未分配利润　　　　　　7 200 000

贷:长期股权投资　　　　　　　　　　8 000 000

④ 确认购买日进一步取得的股份。

借:长期股权投资　　　　　　　　　　300 000 000

贷:银行存款　　　　　　　　　　　　300 000 000

此时,长期股权投资的账面余额为4亿元。

第四节 商 誉

一、商誉概述

(一) 商誉的本质与定义

商誉是一种特殊的资产,不可单独辨认、无法单独在市场上进行销售或交换,也不能脱离企业整体进行确认与转让。商誉之所以能作为资产,是由于其实质为一种能在未来为企业带来超越平均水平经济利益的资源。其形成通常离不开企业卓越的经营管理人员、优越的要素条件、良好的社会口碑等。

目前针对商誉的定义,理论界主要存在三大类观点,一是商誉是可以为企业带来超额盈利的一切有利的要素和情形;二是商誉是预期未来超额盈利能力的现值;三是商誉是企业总体价值与单个可辨认净资产价值之间的差额。第一种定义从商誉的构成要素角度出发,指出商誉的本质特征在于使得企业获得超额收益;第二种定义从商誉计量方式的角度出发,由于涉及参数估计,可能会给商誉的会计计量和股价带来一系列偏误和不可操作性;第三种定义从间接角度对商誉进行界定,将可能造成企业整体价值与其可辨认净资产之间差额的一切因素均笼统纳入"商誉",使得商誉的内涵范围被无限扩大。另外第三种定义方式也是通过"计量"方式进行内涵界定,同样未能揭示商誉本质。但是后两种方法在理论界具有广泛的支持基础。虽然理论界就商誉的实质及定义已经进行了诸多富有成效的研究,但是截至目前针对商誉的定义并未形成标准统一的定论。

至于实务界,目前我国会计准则中并未对商誉定义做出明确规定,而《国际财务报告准则第 3 号——企业合并》给出的定义是:商誉是指企业合并中取得的、不能单独辨认但能给企业带来未来经济利益流入的资产。而根据我国《企业会计准则第 20 号——企业合并》中对商誉初始计量的规定,"购买方对合并成本大于合并中取得的被购买方可辨认净资产公允价值份额的差额,应当确认为商誉"。

(二) 商誉的产生来源

按照商誉这种经济资源的来源不同,可以将其分为外购商誉和自创商誉。自创商誉是企业在长期生产经营过程中,经企业创立和累计发展而来、能够为企业带来超额利润的无形资源;外购商誉则是在企业并购过程中采用购买法核算时,由于并购企业对被并购企业存在良好预期,认定被并购企业存在自创商誉,能够在未来经营中获得超过正常盈利水平以上的超额回报,因此愿意支付超过被并购企业净资产公允价值的购买成本,此差额就表现为企业的外购商誉。

二、商誉的会计计量与处理

（一）初始计量

在会计上，世界各国对于自创商誉一般不予以确认，而对于外购商誉则大多予以确认。可以从两个角度进行解释：其一，从可验证性角度出发，外购商誉的价值可以通过产权交易时将对价与可辨认净资产公允价值的差额加以证实，具有可验证性；而企业在长期经营中自行形成的商誉，其存在价值难以通过市场交易加以证实，缺乏可验证性。其二，从谨慎性原则出发，企业并购中为外购商誉而付出的成本是为了获得未来可预期的超额利润，因此外购商誉的价值应予资本化；而企业自行形成的商誉是由各种因素相互作用形成的，难以确定为了形成商誉而发生的确切支出，也不易确定该笔支出创造的商誉的大小，以及这些支出的受益期的长短，因此应当将这些有助于商誉形成的支出都作为当期费用处理。

谈及企业合并中的商誉处理，主要涉及两个层面的问题：一是是否确认商誉；二是如果确认商誉，应该如何确认和具体计量。商誉的初始确认计量方法主要包括部分商誉确认法和全部商誉确认法，两种方法的背后分别对应着不同的合并理论，相应内容将在第二章进行详述，这里只对方法做简单介绍。

1. 部分商誉确认法

所谓部分商誉确认法是指在非同一控制下的企业控股合并交易中将购买方的合并成本超过取得的被购买方可辨认净资产公允价值份额的差额，作为商誉的初始计量金额。当母公司对子公司未达到 100%控股，即存在少数股权的情况下，商誉中未包含应归属于少数股东的部分。我国《企业会计准则第 20 号——企业合并》中采用的即为该种做法，与《国际财务报告准则第 3 号——企业合并》的做法相一致。

按照购买法进行核算的企业合并确认外购商誉，该方法主要运用于非同一控制下的企业合并，若主并企业付出合并成本超过被并购企业净资产公允价值的差额为正，则将其确认为商誉；若经反复确认，企业合并的合并成本仍小于合并中取得被购买方可辨认净资产公允价值份额时，应将差额计入当期损益。

按照权益结合法进行核算的企业合并不确认外购商誉，该方法主要运用于同一控制下的企业合并，对被并购企业的资产按照账面价值入账，合并成本即为并入资产的账面价值，因此不存在合并差额，自然也不产生外购商誉。

2. 全部商誉确认法

全部商誉确认法是指在非同一控制下的企业控股合并交易中将控制权取得日被购买企业的整体价值（而非购买法支付的合并成本）与其可辨认净资产公允价值（而不仅仅是购买方享有的份额）的差额作为商誉的初始计量金额。这样做的一个结果是合并资产负债表中确认的商誉不仅包括归属于购买法的部分，而且包括归属于少数股东的部分。

主张采用部分商誉确认法的人认为，由于购买方持有对被购买方的控制权，无论控股股份份额多少均可以对被购买方拥有的资源进行控制运用，因此可以从控制和拥有被购买企业中获得协同效应。然而，由于少数股东对被购买企业的股份不足以达到控制，因而不能通过充分调动被购买企业资源取得协同效应，所以可以认为归属于少数股东的商誉价值近似于零。被购买企业的全部商誉在价值上就等于购买企业合并成本超过取得的被购买方可辨认净资产公允价值份额的差额（即等于归属于购买企业的商誉部分）。相应地，被购买企业的整体价值就等于被购买企业可辨认净资产的公允价值加上归属于购买企业的商誉部分，而不包括归属于少数股东的商誉部分。这也是为什么在当前的会计环境下，有很大一部分人认为采用部分商誉确认法更符合经济实质。

反对采用部分商誉确认法的人则认为，商誉本质上同其他资产并无不同，也是企业拥有或控制的能给企业带来未来经济利益流入的资源。发生企业合并时，除商誉外的其他资产在初始计量时均按其成本全额进行计量，如果唯独商誉只确认计量其归属于并购方的那部分份额，可能因此造成其初始计量原则与其他资产不一致。另外部分商誉确认法也不符合“实体理论”的要求。按照企业合并的实体理论，企业编制合并财务报表时，将母、子公司组成的企业集团视为一个整体，对其所“控制”的资产都应按全额进行计量。如果外购商誉只按归属母公司的比例份额进行计量，那么合并所有者权益中就将少数股东对商誉所拥有的权益剔除在外，不符合合并财务报表“实体理论”的要求。因此，这部分人认为采用全部商誉确认法更为合适。

（二）后续计量

关于合并商誉后续计量先后产生过直接冲销法、永久保留法、系统摊销法和减值测试法等多种方法。

1. 直接冲销法

直接冲销法是指在确认外购商誉以后将其作为购买企业所有者权益的抵减项目，直接冲减留存收益。其主要依据有两个：第一，从谨慎性原则出发，由于商誉的价值存在很大的不确定性，主要表现在其难以单独存在、难以变现，合并后也难以确定企业能否继续控制商誉的形成因素以及商誉是否继续存在；第二，从一致性角度出发，外购商誉不作为资产确认，保证了外购商誉与自创商誉在会计处理上的一致性。

2. 永久保留法

永久保留法主张将商誉作为一项永久性资产列入资产负债表并在以后年度一直保留，既不摊销，也不进行减值处理。永久保留法的观点认为商誉是在企业经营中长期积累形成的，可以长期存续下去，不会在企业经营管理中被消耗或灭失；与此同时，通过购买方后续的维护和改进，商誉的价值还可能有所提升。

3. 系统摊销法

系统摊销法的含义是将外购商誉看作一种有期限的资产，在有限的年限内进行摊销并计入当期损益。其最大特点在于符合配比原则，对于主并企业而言，其在进行合并时为了获得以后期间的超额利润实际付出了一定成本，因此，在未来一定期限的阶段内应当将这笔成本分次计入当期损益，以实现与收入的配比关系；另外从资产后续计量的角度来看，由于科学技术进步和同业竞争，企业从并购中获取的能够产生超额收益的资源能力也不可能永久存在,因此也应该合理分期摊销。

4. 减值测试法

减值测试法认为在确认合并商誉之后应将其作为资产保留在合并报表中,且因其为非消耗性资产,所以不应当进行分期摊销。但随着企业经营活动的持续进行,商誉的内在价值可能升值也可能减值,即其价值可能随着企业经营策略的调整、组织结构的优化、技术设备的革新、人员素质的提高而越来越高,也可能由于企业管理不善、产业结构落后、技术设备陈旧、人才流失等而日益下降。这种价值上的高度波动性和不稳定性决定了应对其采用不断测试的方法进行修正,而不能采用静态计量方法。

2007 年以前,中国会计准则将商誉确认为一种无形资产,对无形资产按照预计使用年限或者不超过 10 年的年限进行摊销。2007 年以后,在新准则实施下,我国采取了与国际会计准则委员会趋同的做法,按照《企业会计准则第 20 号——企业合并》要求,对企业合并所形成的商誉停止使用系统摊销法,改用减值测试法对商誉进行后续计量,并且至少应当在每年年度终了时进行减值测试。

由于商誉难以独立产生现金流,所以商誉应当结合与其相关的资产组或者资产组组合进行减值测试。相关的资产组或者资产组组合应该是能够从企业合并的协同效应中收益的资产组或者资产组组合,但不应当大于企业所确定的报告分部。企业进行资产减值测试,对于因企业合并形成的商誉的账面价值,应当自购买日起按照合理的方法分摊至相关的资产组;难以分摊至相关的资产组的,应当将其分摊至相关的资产组组合。

企业在对包含商誉的相关资产组或资产组组合进行减值测试时,应当先对不包含商誉的资产组或资产组组合进行减值测试,计算可收回金额,并与相关账面价值进行比较,确认相应的减值损失;然后再对包含商誉的资产组或者资产组组合进行减值测试,比较这些相关资产组或者资产组组合的账面价值(包括所分摊的商誉的账面价值部分)与可收回金额,如果可收回金额低于其账面价值的,应当就其差额确认为商誉减值损失。

商誉减值损失金额的分摊须遵循一定顺序,首先应当先抵减资产组或者资产组组合中商誉的账面价值,再根据资产组或者资产组组合中除商誉以外的其他各项资产的账面价值所占比重,按照比例抵减其他各项资产的账面价值。

当存在少数股东权益时,在减值测试时要将归属于少数股东权益的商誉包括在内,对资产组的账面价值进行调整(包含完全商誉),然后根据调整后的资产账面价值与其可收回金额进行比较,以确定资产组是否发生了减值。如果上述资产已经发生减值,应将该减值损失按照持股比例划分为应当归属于母公司和应当归属于少数股东的各自部分,从而确定归属于母公司的商誉减值损失,并在合并财务报表中体现。

由此商誉减值测试的步骤可以归纳如下:

(1) 计算全部商誉,包括属于母公司和少数股东的商誉。

(2) 计算减值损失。将子公司所有资产看成一个包括商誉的资产组合整体,即资产组,通过比较资产组账面价值与可回收金额大小,计算减值损失的金额。

(3) 分摊减值损失。以母公司商誉的账面金额为限先冲减商誉,再将损失金额分摊至子公司的所有资产。

需要注意的是，目前各国均规定商誉计提减值以后不可以转回。严格限制减值转回一般出于两方面原因：一是商誉等资产发生减值后，价值回升的可能性比较小，属于永久性的减值；二是从会计信息的谨慎性要求考虑，一般是为了避免企业利用计提资产减值损失和资产重估增值进行利润操纵。而事实上商誉价值可能增加也可能减少，单方面限制减值转回固然符合了谨慎性原则的要求，然而只确认减值而不确认增值不利于提高会计信息的相关性。

【例 1-3】 甲公司在 20×3 年 1 月 1 日以 1 600 万元的价格收购了乙公司 80%的股权，并能够控制乙公司的财务和经营决策。此前甲公司与乙公司无关联方关系。在购买日，乙公司可辨认净资产公允价值为 1 500 万元，没有负债和或有负债。假定乙公司的所有资产被认定为一个资产组，而且乙公司的所有可辨认净资产均未发生资产减值迹象，未进行过减值测试。20×3 年年末经计算确定乙公司的资产组可收回金额为 1 000 万元，按照购买日公允价值持续计算的可辨认净资产账面价值为 1 350 万元，包括固定资产(账面价值 1 000 万元，可回收金额 800 万元)和无形资产(账面价值 350 万元，可回收金额 200 万元)。

(1) 计算全部商誉。

属于母公司的商誉＝1 600－1 500×80%＝400(万元)，在合并资产负债表的商誉项目进行列示。

属于少数股东的商誉＝$\left(\frac{1\,600}{80\%}-1\,500\right)\times 20\%=100$(万元)

全部商誉＝400＋100＝500(万元)

(2) 计算减值损失。

资产组的期末账面价值(包含完全商誉)＝1 350＋500＝1 850(万元)

资产组的期末可回收金额＝800＋200＝1 000(万元)

差额＝1 850－1 000＝850(万元)

(3) 分摊减值损失。

企业应当先将 850 万元冲减商誉，其中归属于少数股东的商誉减少 100 万元，归属于母公司的商誉冲减 400 万元，剩余的 350 万元应当对乙企业各项可辨认资产进行减值处理，按照其各项资产的账面价值占资产总额的比重进行进一步分摊。

固定资产应当分摊的减值损失＝$350\times\frac{1\,000}{1\,350}=259$(万元)

无形资产应当分摊的减值损失＝$350\times\frac{350}{1\,350}=91$(万元)

会计分录如下：

借：资产减值损失——商誉减值损失	4 000 000	
贷：商誉——商誉减值准备		4 000 000
借：资产减值损失——固定资产减值损失	2 590 000	
——无形资产减值损失	910 000	

贷：固定资产减值准备　　2 590 000

　　无形资产减值准备　　910 000

归属于少数股东权益的商誉并未在合并会计报表中反映，因此无须做分录。

(三) 列报与披露

1. 商誉列报

如果企业合并属于同一控制下的企业合并，那么不会产生商誉。如果企业合并属于非同一控制下的企业合并，其在财务报表的体现就会依据合并类型不同而有所区别：如果企业合并属于吸收合并或者新设合并，由于是两家或两家以上企业合并成为一家企业，存续的只有一个企业法人，其合并商誉在合并后存续企业的账面上作为一项单独的资产——"商誉"列示。如果企业合并属于非同一控制下的控股合并，交易后形成母子公司关系，由于母公司对子公司的长期股权投资按照公允价值入账，因此个别财务报表中并不会体现。而在合并报表中对母子控股关系编制抵销分录时，母公司报表中的长期股权投资（公允价值）与子公司所有者权益（账面价值）之间相抵销产生差额，这个差额就是由此体现在合并报表中的合并商誉。

因此，如果企业的个别资产负债表中列有商誉，说明该商誉来自企业曾经对其他企业实施的吸收合并或新设合并；而如果企业的合并资产负债表中列有商誉，则意味着企业曾经对其他企业实施控股合并。

表 1－4　不同合并情形下的商誉列报情况

商誉列报情况		个别财务报表	合并财务报表
同一控制下		不产生商誉	不产生商誉
非同一控制下	吸收合并	体现	—
	新设合并	体现	—
	控股合并	不体现	体现

2. 商誉信息披露

2006 年版的《企业会计准则》关于商誉披露作出了如下规定：① 非同一控制下的企业合并运用购买法核算合并交易产生了商誉的，购买方应当在当期附注中披露商誉的金额及其确定方法，并于发生当期期末在附注中披露与非同一控制下企业合并有关的商誉金额及其确定方法，以及商誉的减值、计提减值准备等详细内容。② 自购买日起，将合并商誉的账面价值分摊至相关的资产组，如果分摊到某资产组的商誉占商誉账面价值总额比例重大的，应当在附注中披露分摊到该资产组的商誉的账面价值以及该资产组可收回金额的确定方法。③ 商誉的全部或部分账面价值分摊到多个资产组且分摊到每个资产组的商誉的账面价值占商誉账面价值总额的比例不重大的，应当在附注中说明这一情况以及分摊到上述资产组的商誉合计金额；如果商誉账面价值分摊到多个资产组的且分摊的商誉合计金额占商誉账面价值总额的比例重大的，企业应当在附注中说明这一情况，并披露分摊到上述资产组的商誉的账面价值合计、采用的关键假设及其依据，以及企业管理层在确定各关键假设相关的价值时，是否与企业历史经验或者外部信息来源相一致，如不一致，应当说明理由。

但实务中企业往往只在资产负债表内披露商誉及其减值准备的金额，及商誉有关的财务信息，而对商誉的非财务信息（如商誉评估的增减变动及其原因）则很少披露，在进行商誉减值处理过程中存在政策的可选择性和不具体性，披露时间和减值迹象的认定主观性成分较大。

本章综合案例

首钢股份收购京唐钢铁51%股权

讨论主题：权益结合法和购买法的选择对企业合并的经济影响①

一、案例概况

北京首钢股份有限公司（以下简称首钢股份）是首钢集团所属的境内唯一上市公司，于1999年10月由首钢总公司独家发起募集设立，1999年12月在深圳证券交易所上市（证券代码：000959）。2015年6月9日，国务院正式颁布《京津冀协同发展规划纲要》，京津冀协同发展重大战略进入全面实施阶段。为抓住京津冀协同发展机遇，整合首钢总公司在河北地区的优质钢铁资源，2015年8月3日首钢股份公布了重大资产重组预案。在重组方案中，首钢股份以持有的贵州投资100%股权与首钢总公司持有的京唐钢铁51%股权进行置换。以此从上市公司剥离盈利能力呈现亏损状态的贵州投资，而将产品结构良好、实现盈利且配套完备的京唐钢铁吸纳进入上市公司。此举将京唐钢铁纳入上市公司整体发展规划，发挥其经营优势，有利于实现首钢股份与京唐钢铁的整体统筹及协同发展，加强优势互补，提高上市公司和标的公司的核心竞争力。

交易具体内容为：首钢股份以持有的贵州投资100%股权与首钢总公司持有的京唐钢铁51%股权进行置换，差额部分由首钢股份以现金方式进行补足。交易完成后预计首钢股份将持有京唐钢铁51%的股权，并能够对其经营财务决策实施控制。此次控股合并交易中，首钢股份为购买方，京唐钢铁为被购买方。首钢股份向京唐钢铁的母公司首钢总公司（同时也是首钢股份的母公司）支付的对价包括其所持有的贵州投资100%股权和现金971 808.04万元（资产置换协议生效之日起五个工作日内，首钢股份向首钢总公司支付差额对价的30%，总计291 542.41万元，剩余差价分期支付），其中贵州投资100%股权

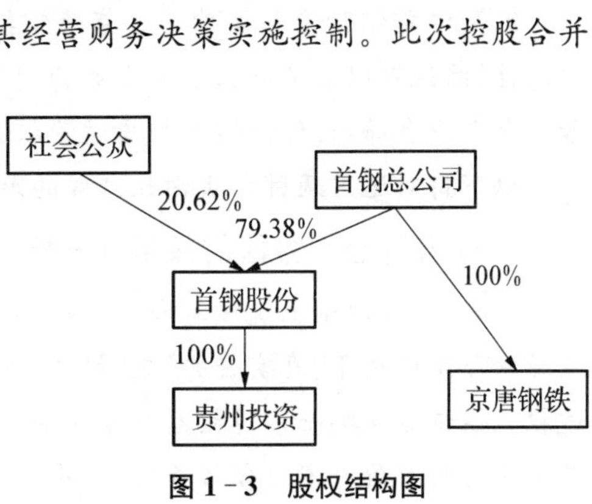

图1-3 股权结构图

① 案例所用数据均来自首钢股份上市公司公告文件。

在评估基准日(2015 年 3 月 31 日)的评估值为 53 667.08 万元,其净资产账面价值为 5.08 亿元;对被收购企业京唐钢铁评估基准日(2015 年 3 月 31 日)的净资产进行价值评估,确定取得其可辨认净资产公允价值为 201.07 亿元,其所占份额 51%的公允价值为 102.54 亿元,当日净资产账面价值为 190.34 亿元。

表 1-5　2015 年 3 月 31 日交易双方情况　　单位:亿元

项　目	首钢股份	京唐钢铁		
	账面价值	账面价值	评估价值	评估增值
流动资产	56.38	81.44	83.89	2.46
长期股权投资	121.87	18.16	18.22	0.06
固定资产	318.44	457.04	448.42	−8.62
在建工程	82.31	48.79	55.48	6.69
无形资产	11.17	13.73	23.88	10.14
其他	67.24	14.90	14.90	0
资产合计	**657.41**	**634.07**	**644.79**	**10.73**
负债合计	**402.43**	**443.72**	**443.72**	**0**
净资产	**254.98**	**190.34**	**201.07**	**10.73**
股本	52.89	338	—	—
资本公积	126.59	0.06	—	—
盈余公积	13.66	0	—	—
未分配利润	29.54	−147.72	—	—
其他综合收益	32.30	0	—	—

二、案例分析

购买方首钢股份与被购买方京唐钢铁同处于首钢总公司的控制下,且该控制具有非暂时性,因此可以认定此次企业合并为同一控制下的控股合并,按照《企业会计准则第 20 号——企业合并》文件的规定应当运用权益结合法对其进行计量。

以下将对运用两种方法由此造成的财务差异进行分析。

(一) 会计合并方法的适用性分析

一方面,从理论上说该笔合并交易不符合权益结合法最初诞生时所设想的运用环境。权益结合法适用于“真实兼并”或“权益结合”形式的企业合并,也就是说,该方法适用于通过权益性证券交换而实现权益结合的企业合并行为(换股合并)。而首钢股份收购京唐钢铁所支付的对价并不符合该条件,这次企业合并也并不符合权益结合的交易性质。

另一方面,此次企业合并中也不存在任何运用购买法的障碍。由于可以明确判断出交易中的收购方与被收购方,企业也聘请相关中介机构对被收购方的可辨认净资产进行了合理的价值评估，具备了运用购买法的基础。

但是依据我国的会计准则规定，同一控制下企业合并统一使用权益结合法，首钢股份和京唐钢铁的合并交易显然属于同一控制下的企业合并，因此体现出目前在企业合并方法的适用上准则规定与实践做法中可能还存在一些值得商榷的地方。

(二) 不同合并会计方法选择下的会计处理差异

1. 权益结合法

(1) 确认长期股权投资。

2015 年 3 月 31 日京唐钢铁的所有者权益中包含股本 338 亿元，资本公积 0.06 亿元，未分配利润－147.72 亿元。

借：长期股权投资——京唐钢铁　　9 707 000 000(19 034 000 000×51%)
　资本公积　　519 000 000(倒挤)
　贷：长期股权投资——贵州投资　　508 000 000(508 000 000×100%)
　　库存现金　　2 915 000 000
　　应付款等　　6 803 000 000(9 718 000 000－2 915 000 000)

(2) 编制合并报表时，抵销母公司的长期股权投资项目与子公司的所有者权益项目。

借：股本　　33 800 000 000
　资本公积　　6 000 000
　未分配利润　　－14 772 000 000
　贷：长期股权投资　　9 707 000 000(19 034 000 000×51%)
　　少数股东权益　　9 327 000 000(19 034 000 000×49%)

(3) 编制合并报表时，恢复京唐钢铁的盈余公积与未分配利润中属于首钢股份的份额。

借：资本公积　　－7 534 000 000
　贷：未分配利润　　－7 534 000 000(－14 772 000 000×51%)

2. 购买法

(1) 确认长期股权投资。

借：长期股权投资——京唐钢铁　　10 255 000 000(20 107 000 000×51%＋商誉为零)
　贷：长期股权投资——贵州投资　　508 000 000(508 000 000×100%)
　　投资收益　　29 000 000(537 000 000－508 000 000)
　　库存现金　　2 915 000 000
　　应付款等　　6 803 000 000(9 718 000 000－2 915 000 000)

编制利润表时，购买日投资收益 0.29 亿元应当转入当期的未分配利润。

合并成本为支付对价的公允价值，与享有京唐钢铁的可辨认净资产公允价值的份额相等，因此此案例中未产生合并商誉。

(2) 确认京唐钢铁资产和负债项目的评估增值，将账面价值调整为公允价值，同时调整资本公积。

借:流动资产　246 000 000
　长期股权投资　6 000 000
　固定资产　−862 000 000
　在建工程　669 000 000
　无形资产　1 014 000 000
　贷:资本公积　1 073 000 000

(3) 抵销母公司对子公司投资与子公司的股东权益,将京唐钢铁可辨认净资产公允价值的49%确认为少数股东权益。

借:股本　33 800 000 000
　资本公积　1 079 000 000(6 000 000+1 073 000 000)
　未分配利润　−14 772 000 000
　贷:长期股权投资　10 255 000 000
　　少数股东权益　9 852 000 000(20 107 000 000×49%)

(三) 不同合并会计方法选择下的资产负债项目差异

根据以上分录,对首钢股份和京唐钢铁的资产负债简表进行调整与抵销。

表1-6　权益结合法下的调整抵销过程　单位:亿元

项　目	首钢股份	京唐钢铁	合计金额	调整与抵销分录		合并金额
				借方	贷方	
流动资产	56.38	81.44	137.82		(1) 29.15	108.67
长期股权投资	121.87	18.16	140.03	(1) 97.07	(1) 5.08 (2) 97.07	134.95
固定资产	318.44	457.04	775.48			775.48
在建工程	82.31	48.79	131.10			131.10
无形资产	11.17	13.73	24.90			24.90
资产合计	**657.41**	**634.07**	**1 291.48**	**97.07**	**131.30**	**1 257.25**
负债合计	**402.43**	**443.72**	**846.15**		**(1) 68.03**	**914.18**
股本	52.89	338	390.89	(2)338		52.89
资本公积	126.59	0.06	126.65	(1) 5.19 (2) 0.06 (3) −75.34		196.74
盈余公积	13.66	0.00	13.66			13.66
未分配利润	**29.54**	**−147.72**	**−118.18**	**(2)−147.72**	**(3)−75.34**	**−45.80**
所有者权益/归属于母公司所有者权益合计	**254.98**	**190.34**	**445.32**	**120.19**	**−75.34**	**249.80**
少数股东权益					(2)93.27	93.27

表 1-7 购买法下的调整抵销过程 单位:亿元

项　目	首钢股份	京唐钢铁	合计金额	调整与抵销分录		合并金额
				借方	贷方	
流动资产	56.38	81.44	137.82	(2) 2.46	(1) 29.15	111.13
长期股权投资	121.87	18.16	140.03	(1) 102.55 (2) 0.06	(1) 5.08 (3) 102.55	135.01
固定资产	318.44	457.04	775.48	(2) −8.62		766.86
在建工程	82.31	48.79	131.10	(2) 6.69		137.79
无形资产	11.17	13.73	24.90	(2) 10.14		35.04
资产合计	**657.41**	**634.07**	**1 291.48**	**113.28**	**136.78**	**1 267.98**
负债合计	**402.43**	**443.72**	**846.15**		**(1) 68.03**	**914.18**
股本	52.89	338	390.89	(3) 338		52.89
资本公积	126.59	0.06	126.65	(3) 10.79	(2) 10.73	126.59
盈余公积	13.66	0.00	13.66			13.66
未分配利润	29.54	−147.72	−118.18	(3) −147.72	0.29(投资收益结转)	29.83
归属于母公司所有者权益合计	**254.98**	**190.34**	**445.32**	**201.07**	**11.02**	**255.27**
少数股东权益					(3) 98.52	98.52

对比表 1-6 和表 1-7 的最右一栏合并金额,可以发现两种会计方法下存在重大差异的项目有:

(1) 各资产项目。

根据京唐钢铁的资产评估报告,其净资产账面价值为 1 903 444.14 万元,评估价值为 2 010 735.52 万元,增值额为 107 291.38 万元,增值率为 5.64%。

其中,流动资产评估增值 2.46 亿元,长期股权投资评估增值 0.06 亿元,固定资产评估增值−8.62 亿元,在建工程评估增值 6.69 亿元,无形资产评估增值 10.14 亿元。在编制母子公司抵销分录时,需要将子公司各资产负债项目的账面价值调整为公允价值,在并入母公司合并报表时各资产负债也是以公允价值入账,而权益结合法下各资产负债项目以其原有的账面价值入账,因此两种方法下的资产负债表的资产总额产生 10.73 亿元的差异额,即为京唐钢铁的资产评估增值额。

在此案例中,由于首钢股份支付的合并成本恰好等于京唐钢铁的可辨认净资产公允价值份额,因而不会产生合并商誉。假设合并成本大于京唐钢铁的可辨认净资产公允价值份额,那么其差额在购买法下就会体现在合并资产负债表的商誉项目中。

(2) 资本公积。

由于此案例中支付的对价形式为现金和第三方股权,因此购买法下,合并报表中的资本公积未有增减变化,仍然等于合并前母公司首钢股份的资本公积;权益结合法下,由于:

① 在长期股权投资入账时将合并成本与账面价值份额之间的差值调整到资本公积中；② 因为视同2015年期初就已经合并，在恢复第一季度首钢股份享有京唐钢铁的未分配利润和盈余公积时从资本公积中调减了一定金额，因而权益结合法下与购买法下的资本公积产生了70.15亿元的差异。

(3) 留存收益。

购买法下，被收购方合并前的留存收益不纳入合并报表，故合并后的未分配利润等于合并前首钢集团的未分配利润，而权益结合法下的未分配利润等于合并前首钢股份的未分配利润与京唐钢铁51%股权对应部分的未分配利润之和，由于被合并方京唐钢铁在合并前累计亏损，未分配利润为－147.72亿元，故购买法下合并后的未分配利润要高于权益结合法下的未分配利润。如果被收购公司当年的留存收益为正，那么权益结合法下的留存收益一定高于购买法下的留存收益。

(4) 少数股东权益。

权益结合法和购买法下，少数股东权益分别等于京唐钢铁净资产账面价值和公允价值乘以少数股东持有的份额。因此权益结合法下的少数股东权益要低于购买法下的少数股东权益。

(四) 不同合并会计方法选择下的利润差异

权益结合法下的控股合并在购买日编制合并利润表，合并后企业的当期收益包括了被购买企业起初至购买日所实现的收益，2015年3月31日京唐钢铁利润表中的净利润为1 218.61万元，除了归属于少数股东的49%以外，其余51%部分(621.49万元)并入首钢股份的当期合并利润；购买法下的控股合并对被购买方合并前实现的当期利润不进行合并，当期的合并利润表仅从购买之日起取得的收益进行合并。

因此，假定在忽略双方内部交易抵销的情况下，权益结合法下的净利润比购买法要高出621.49万元。

此外，在购买法下，因为被收购方可辨认资产、负债按公允价值确认，在以后年度编制合并利润表时，要摊销公允价值与账面价值的差额。相反，权益结合法下被收购方净资产按账面价值确定，不存在公允价值超账面价值部分的摊销。如果采用购买法会对以后期间的净利润造成一定压力。

(五) 总结

权益结合法下报告收益更高(被收购方合并前当年利润为正的前提下)，购买法下资产和净资产规模更大，因而权益结合法下的每股收益、净资产收益率等盈利指标更高。这给企业带来更多的股市正面效应，也是很多企业倾向于采用权益结合法的原因。

本章思考题

1. 权益结合法在会计结果和提供信息质量上存在诸多劣势，为何要继续保留这种方法？

2. 有人认为我国企业合并准则实施中存在利润操纵风险，你怎么认为？

3. 目前的商誉计量方法是否存在不完善的地方？

本章练习题

1. 甲公司和乙公司为同一集团内两家全资子公司。20×3 年 6 月 30 日，甲公司以无形资产作为合并对价对乙公司进行吸收合并，并于当日取得乙公司净资产。甲公司作为对价的无形资产账面价值为 5 100 万元，公允价值为 6 000 万元。假定甲公司与乙公司在合并前采用的会计政策相同。当日，甲公司、乙公司的资产、负债情况如下表所示。

资产负债表(简表)

单位：万元

	甲公司账面价值	乙公司账面价值	乙公司公允价值
资产			
货币资金	4 100	500	500
存货	6 200	200	400
应收账款	2 000	2 000	2 000
长期股权投资	4 000	2 100	3 500
固定资产	12 000	3 000	4 500
无形资产	9 500	500	1 500
商誉	0	0	0
资产合计	37 800	8 300	12 400
负债和所有者权益			
短期借款	2 000	2 200	2 200
应付账款	4 000	600	600
负债合计	6 000	2 800	2 800
股本	18 000	2 500	
资本公积	5 000	1 500	
盈余公积	4 000	500	
未分配利润	4 800	1 000	
所有者权益合计	31 800	5 500	9 600
负债和所有者权益总计	37 800	8 300	

要求：编制甲公司的合并会计分录。

2. 20×3 年 1 月 1 日，A 公司以货币资金 3 100 万元取得 B 公司 30%的有表决权的股份，对 B 公司能够施加重大影响，当日 B 公司可辨认净资产公允价值为 11 000 万元，除了一项固定资产的公允价值与其账面价值不同以外，其他资产和负债的公允价值与账面价值均相等。购买日该固定资产的公允价值为300万元，账面价值为100万元，剩余使用年限为10年，采用直线法计提折旧，无残值。B公司20×3年度实现净利润1 000万元，未发放现金股利，因可供出售金融资产增加其他综合收益200万元；20×4年1月1日，A公司以货币资金5 220万元进一步取得B公司40%的有表决权股份，因此获得对B公司的控制权。当日B公司所有者权益账面价值12 000万元，可辨认净资产公允价值12 300万元（A公司、B公司属于非同一控制下的公司）。

要求：

(1) 编制20×3年1月1日至20×4年1月1日A公司对B公司长期股权投资的会计分录。

(2) 计算20×4年1月1日A公司追加投资后个别财务报表中长期股权投资的账面价值。

(3) 计算A公司对B公司投资形成的商誉。

本章主要参考文献

[1] APB 16:Business Combination, 1970.

[2] FASB. Proposed Statement of Financial Accounting Standards: Business Combinations and Intangible Assets, 1999.

[3] FASB. Statement of Financial Accounting Standards NO.141(Revised):Business Combinations, 2007.

[4] IASB. International Financial Reporting Standard NO.3: Business Combinations, 2008.

[5] PWC. Business Combinations and Non-controlling Interest, 2017.

[6] 陈少华. 财务会计研究[M]. 北京：中国金融出版社，2007.

[7] 陈祥有. 部分商誉确认法和全部商誉确认法选择研究[J]. 财会月刊，2009(28)：3-4.

[8] 杜兴强，杜颖洁，周泽将. 商誉的内涵及其确认问题探讨[J]. 会计研究，2011(1)：11-16，95.

[9] 张薇. 高级财务会计[M]. 北京：经济科学出版社，2013.

[10] 葛家澍，杜兴强. 中级财务会计学:上[M]. 3版. 北京：中国人民大学出版社，2007.

[11] 郭雨鑫，李玉菊，于洪远，等. 中美商誉会计准则的差异分析[J]. 财会学习，2017(18)：5-7.

[12] 李璐. 中国证券公司并购重组研究：以申银万国并购宏源证券为例[J]. 管理观察，2014(27)：84-86，89.

[13] 刘永泽，傅荣. 高级财务会计[M]. 2版. 大连：东北财经大学出版社，2009.

[14] 刘玉廷. 中国企业会计准则体系：架构、趋同与等效[J]. 商业会计，2007(10)：6-10.

[15] 孙芳城，罗捃. 合并商誉减值测试计量的比较研究[J]. 财会通讯(学术版)，2006(12)：61-63.

[16] 汤湘希. 高级财务会计[M]. 北京：经济科学出版社，2008.

[17] 王则斌. 高级财务会计专题[M]. 上海：复旦大学出版社，2007.

[18] 王治安，任世驰. 从资产计价角度看企业合并会计方法选择[J]. 财会月刊，2008(1)：10-12.

[19] 杨智勇. 论企业合并理论框架对会计实务的影响[J]. 财务与金融，2009(3)：43-46，57.

第二章　合并财务报表

导入案例

仁和集团合并九江化纤

九江化纤股份有限公司(以下简称九江化纤)始建于1962年,原名庐山浆粕厂,以粘胶长丝生产线等优质资产为主体,于1996年12月在深圳证券交易所上市。2004年,公司面临停牌退市的风险;2006年1月,九江化纤因资金完全断裂而彻底停产。2006年5月,经江西省政府批准,成为我国第一家采用"壳资分离、资产置换"方式进行资产重组的国有控股企业。由仁和(集团)发展有限公司承接上市公司的"壳",更名为仁和药业股份有限公司[①](以下简称仁和药业),剥离原有的化纤类相关资产,同时注入其所属的制药类资产,并同步实施股权分置改革,以实现上市公司的保牌,公司股票代码为:000650。

1. 商誉能否存在于个别报表当中?

2. 合并报表中列示的商誉如何产生,如何计量?

仁和药业的子公司江西仁和药业有限公司于2010年8月,以银行存款2 856万元取得江西仁翔药业有限公司(以下简称仁翔药业)51%的股权,属于非同一控制下企业合并,以2010年8月1日为购买日。购买日仁翔药业可辨认净资产的账面价值为3 612.73万元,公允价值为3 654.65万元。母公司取得的可辨认净资产公允价值的份额为1 863.87万元,购买方合并成本2 856万元与1 863.87万元的差额992.13万元确认为商誉。

3. 如何编制购买日合并资产负债表工作底稿中的抵销分录?

4. 不同合并理论下确认的合并商誉有何区别?

5. 合并报表为何只列示归属母公司的合并商誉?

6. 实体理论、母公司理论、新会计准则下确认的少数股东权益分别是多少?

仁翔药业2010年自购买日至期末实现净利润80.99万元,2011年实现净利润525.84万元,均未宣告分派现金股利。仁翔药业自购买日至2010年年末实现的80.99万元的净利润分别增加长期股权投资与少数股东权益。

7. 如何编制2011年年末仁和药业合并财务报表工作底稿中的相关分录?

8. 如何编制仁和药业对仁翔药业长期股权投资涉及的抵销与调整分录?[②]

---

① 仁和药业股份有限公司官网,http://www.renheyaoye.com/company/introduce

② 王征寒.基于仁和药业年报看合并资产负债表的解读重点[J].会计师,2015(5):35-37.

内容提要

企业规模随着人类经济活动的发展而日益扩大，多层次、集团架构的大型企业集团逐渐成为经济社会的中流砥柱，合并财务报表在税务和监管的需求推动下成为财务报告重要的一部分。对合并财务报表理论的辨析和实操的理解是高级财务会计的重要一环。本章将主要介绍国内外会计准则对合并财务报表的规范、合并财务报表的基本理论以及合并财务报表的标准流程和相关会计处理实务。

通过本章的学习，应达到以下目标：

1. 了解合并财务报表的作用、特点及局限性；
2. 掌握我国会计准则对合并财务报表的概念界定；
3. 理解和辨析所有权理论、实体理论、母公司理论以及我国理论的异同；
4. 掌握合并财务报表的编制流程和相关会计处理。

第一节　合并财务报表概述

合并财务报表最早出现于美国。1888 年，美国的新泽西州公司法中就有关于合并财务报表的规定。第一次世界大战时期，美国在税法中强制规定母子公司合并纳税，使得大部分控股公司都开始编制合并财务报表。1940 年，美国证券交易委员会规定证券上市公司必须编制和提供合并财务报表，使编报合并财务报表成为证券上市公司的法定义务，由此编制合并财务报表的企业越来越多。受美国合并财务报表的影响，1948 年英国公司法中也规定，企业拥有子公司时必须在提供个别会计报表的基础上，公开反映企业集团的合并财务报表。法国证券交易委员会于 1971 年要求公开发行债券的公司、股票上市公司以及所有公营企业编制合并财务报表。1965 年德国在公共公司法中，也要求企业编制集团会计报表。日本从 1977 年开始，要求编制和公布合并财务报表，并制定和发布了合并财务报表准则。国际会计准则委员会早在 20 世纪 70 年代中期就制定发布了有关合并财务报表方面的准则。

随着我国经济体制改革的不断深入，通过资本市场公开发行股票筹集资金的股份上市公司越来越多，为了保护投资者的利益，规范上市公司合并财务报表的编制，财政部于 1985 年发布实施了《合并会计报表暂行规定》；2006 年 2 月 15 日财政部发布了《企业会计准则第 33 号——合并财务报表》，并于 2007 年 1 月 1 日首先在上市公司范围内施行；为了适应社会主义市场经济发展需要，进一步完善企业会计准则体系，提高企业合并财务报表质量，根据《企业会计准则——基本准则》，财政部于 2014 年对《企业会计准则第 33 号——合并财务报表》进行了修订，自 2014 年 7 月 1 日起在所有执行企业会计准则的企业范围内施行，鼓励在境外上市的企业提前执行，同时宣告 2006 年的《企业会计准则第 33 号——合并财务报表》废止。

在吸收合并和新设合并的情况下，被合并的企业将转入清算解散程序，而合并方仍然作为单一的会计主体继续存在，不会产生合并财务报表的问题。而控股合并则不同，取得控制股权的公司成为母公司，而被控制的公司成为子公司，母子公司组成了一个企业集团，因此，为了反映整个集团公司的财务状况、经营成果、现金流量等信息就需要编制合并财务报表。

一、合并财务报表的基本概念

合并财务报表，是指反映母公司和其全部子公司形成的企业集团整体财务状况、经营成果和现金流量的财务报表。其中，母公司是指有一个或一个以上子公司的企业。子公司是指被母公司控制的企业。与个别财务报表相比，合并财务报表反映的是企业集团整体的财务状况、经营成果和现金流量，反映的对象是通常由若干个法人（包括母公司和其全部子公司）组成的会计主体，是经济意义上的主体，而不是法律意义上的主体。

合并财务报表的编制者或编制主体是母公司。合并财务报表以纳入合并范围的企业个别财务报表为基础，根据其他有关资料，按照权益法调整对子公司的长期股权投资后，抵销母公司与子公司、子公司相互之间发生的内部交易对合并财务报表的影响编制的。合并财务报表能够向财务报告的使用者提供反映企业集团整体财务状况、经营成果和现金流量的会计信息，有助于财务报告的使用者做出经济决策。合并财务报表有利于避免一些母公司利用控制关系人为粉饰财务报表的情况的发生。

合并财务报表不同于汇总会计报表，汇总会计报表主要是指由行政管理部门根据所属企业报送的会计报表，对其各项目进行简单加总编制而成的会计报表。其目的是满足有关行政部门或国家了解整个行业或整个部门所属企业的财务情况的需要；其汇总的范围是以企业的财务隶属关系为依据，凡属于其下属企业，在财务上归其管理，则包括在汇总会计报表的编报范围之内。具体来说，在服务对象上，汇总会计报表的服务对象是政府，而合并财务报表的服务对象是投资者；在编报范围上，汇总会计报表的编报范围是管辖，而合并财务报表的编报范围是控股；在编制方法上，汇总会计报表的编制方法是加总，而合并财务报表的编制方法是合并。

二、合并财务报表的特点

合并财务报表是以纳入合并范围的各个公司个别财务报表为基础，通过抵销内部交易编制而成的。与个别财务报表相比，合并财务报表具有如下特点：

（1）合并财务报表反映的是母公司和子公司所组成的企业集团整体的财务状况和经营成果，反映的对象是由若干法人组成的会计主体，是经济意义上的主体，而不是法律意义上的主体。个别财务报表反映的是单个企业的财务状况和经营成果，反映的对象是企业法人。而合并财务报表把母子公司组成的企业集团看成单一的会计主体，反映的是母子公司组成的企业集团整体的财务状况和经营成果。

（2）合并财务报表由企业集团中对其他企业有控制权的控股公司或母公司编制。也就是说，并不是企业集团中所有企业都必须编制合并财务报表，更不是社会上的所有企业都需要编制合并财务报表。与此不同，个别财务报表是由每一单个企业编制的，所有企业均需要编制个别财务报表。

(3) 合并财务报表是以个别财务报表为基础编制的。个别财务报表是以账簿资料为基础编制的,企业从设置账簿、审核凭证、编制记账凭证、登记会计账簿到编制会计报表,都有一套完整的会计核算方法体系。而合并财务报表不同,它是以纳入合并范围的各个企业的个别财务报表为基础,结合其他有关资料,抵销其内部交易后编制而成的,它不需要在现行会计核算方法体系之外,另设一套账簿体系。

(4) 合并财务报表编制有其独特的方法,即在个别财务报表汇总的情况下编制抵销分录。个别财务报表的编制有其本身固有的方法和程序,要执行国家统一的会计制度。而合并财务报表是对纳入合并范围的各个企业的个别财务报表的数据加以汇总后,再抵销其内部交易对个别报表的影响后编制而成的,有其独特的方法。

三、合并财务报表的作用与局限性

(一) 合并财务报表的作用

合并财务报表能够对外提供反映由母子公司组成的企业集团整体经营情况的会计信息和集团可利用的资源规模。在控股经营的情况下,母公司和子公司都是独立的法人实体,都要编制各自的个别财务报表,但这些报表无法反映整个企业集团的会计信息。因此,要了解集团公司整体经营情况,就需要将母子公司的个别财务报表进行合并,通过编制合并财务报表提供反映企业集团整体经营情况的会计信息。

合并财务报表有利于避免一些企业集团(控股公司)利用内部控股关系人为粉饰会计报表情况的发生,防止企业盈余操纵。企业集团的发展也带来了一些新问题,一些控股公司利用其对子公司的控制关系,采用内部转移价格等手段人为抬高或压低收入,从而达到转移利润或亏损的目的。通过编制合并财务报表,可以将企业集团内部所产生的交易予以抵销,从而客观真实地反映企业集团整体的财务状况和经营成果,有利于防止和避免控股公司人为操纵利润,粉饰会计报表现象的发生。

(二) 合并财务报表的局限性

1. 母公司和子公司的债权人很少能从合并财务报表中得到有用的信息

合并财务报表反映的是母公司和子公司所组成的企业集团整体的财务状况。反映的对象是由若干法人组成的经济意义上的会计主体,而非法律主体。合并财务报表不能真实反映企业集团的偿债能力,因为企业集团中财务状况不好的公司可能被财务状况好的公司所抵销。同样,企业发行的债券,往往要求企业保持规定的流动比率,但合并资产负债表并未向债券持有者提供各个公司的资料,无法确定各子公司是否按规定执行,不能真实反映企业是否陷入财务困境。

2. 合并财务报表缺乏可比性

我国现行的会计制度在会计科目核算的内容及会计报表列示的项目方面,存在口径不一致的问题,编制合并财务报表时,如果简单相加,不符合可比性原则。合并财务报表将不同地区、不同行业的子公司的个别财务报表加以合并,在反映企业集团整体经营情况的同时，也掩盖了行业、地区性差异，不同行业的会计报表有很大差异，这会造成合并财务报表的有用性减弱。

3. 少数股权的股东从合并财务报表中得到的有用信息较少

合并财务报表不能详细表述各子公司的资产、权益、收入和费用。

4. 合并财务报表不能提供母公司股东所需的一些重要的会计信息

合并财务报表不能提供母公司股东所需的一些重要的会计信息，如母公司在子公司的股份投资占母公司全部资产或母公司股东权益的比率、母公司的营运资本、母公司的留存收益等。

5. 不完全合并影响了合并财务报表信息的全面性

企业集团编制合并财务报表时，对一些特殊行业不宜合并的，可以不予合并。这种情况下，合并财务报表不能如实反映企业集团的财务状况和经营成果，以及真实负债和对外投资状况。

6. 个别财务报表信息失真影响合并财务报表的质量

个别财务报表信息失真集中体现为人为调整和编制会计数据，编制虚假会计报表，掩盖真实的财务状况和经营成果，谋求非法利益。合并财务报表是以企业集团的母公司及其控制的纳入合并范围的子公司的个别财务报表为基础，抵销个别财务报表有关项目的数额而编制的。因此，个别财务报表的真实性、公允性，直接影响合并财务报表的信息质量。

7. 抵销后企业合并财务报表无法反映其公允价值和市场价值

例如，核算应付债券利息时，内部交易中在建工程核算时不包含利息，但在真实交易中需要计算利息；转让固定资产，内部交易时按历史成本核算，但在真实交易中按公允价值计价。当企业合并报表的真实性存在问题时，利润随之受到影响，会导致成本偏低、利润偏高，这是美国公认会计准则彻底取消了合并报表使用的主要原因。

四、合并财务报表实践的国际比较

（一）国际的合并财务报表实践

如表 2 - 1 所示：

表 2 - 1　国际的合并财务报表实践沿革

年份	颁布者	内容	对我国的影响
1976	IASC	国际会计准则第 3 号——合并财务报表	
1989	IASC	国际会计准则第 27 号——合并财务报表及对子公司投资会计	
2003	IASB	国际会计准则第 27 号——合并财务报表（以控制为基准） 准则解释委员会公告第 12 号（以风险控制为基准）	2006 年发布的准则借鉴于此
2008	IASB	合并财务报表征求意见稿	

续 表

年份	颁布者	内容	对我国的影响
2011	IASB	国际财务报告准则第 10 号——合并财务报表（解决 2003 年分歧）	
2012	IASB	国际财务报告准则第 10 号——合并财务报表（确认投资性主体）	2014 年发布的准则借鉴于此

（1）1976 年，国际会计准则委员会（International Accounting Standards Committee，简称 IASC）①颁布《国际会计准则第 3 号——合并财务报表》。

（2）1989 年，IASC 颁布《国际会计准则第 27 号——合并财务报表及对子公司投资会计》。

（3）2003 年，IASB 对 IAS 第 27 号进行修改，要求以控制为合并基础，但对“控制”概念的界定不清晰；同时，IASB 发布《准则解释委员会公告第 12 号》，要求以风险报酬法为基础确定合并范围，与 IAS 第 27 号的合并基础不同，产生分歧。

（4）2008 年，为了解决 2003 年准则解释第 12 号的“风险报酬法”与“控制法”的矛盾，IASB 就修订合并财务报表发布修订 IAS 第 27 号的征求意见稿。

（5）2011 年，IASB 发布 IFRS② 第 10 号，即《国际财务报告准则第 10 号——合并财务报表》，以控制为基础。

（6）2012 年，IASB 修改 IFRS 第 10 号，对投资性主体进行确认。

（二）美国的合并财务报表实践

如表 2－2 所示：

表 2－2　美国的合并财务报表实践沿革

年份	颁布者	内容	对我国的影响
1950	美国会计程序委员会	第 40 号会计研究公报（购买法与权益结合法）	
1959	美国会计程序委员会	第 51 号会计研究公报（非同质排除）	实质性控制
1970	会计原则审议会	第 16 号意见书——企业合并（权益结合法应用要求）	
1987	FASB	合并所有拥有多数股权的子公司（取消非同质排除）	控制的定义及实质性控制
2001	FASB	第 141 号财务会计准则公告——企业合并（在准则规定的企业合并范围内废止权益结合法）	
2007	FASB IASB	合并财务报告中的非控股权益 商业合并	

① 1973 年 6 月，来自澳大利亚、加拿大、法国、联邦德国、日本、墨西哥、荷兰、英国、美国的 16 个职业会计师团体，在英国伦敦成立了国际会计准则委员会（IASC）。IASC 是国际会计准则理事会（IASB）的前身，在 2000 年进行全面重组，并于 2001 年年初改名为 IASB。

② 国际财务报告准则（International Financial Reporting Standards，简称 IFRS）是国际会计准则理事会（IASB）所颁布的易于各国在跨国经济往来时执行的一项标准的会计制度。

(1) 1950 年,美国会计程序委员会颁布《第 40 号会计研究公报》,率先提出购买法和权益结合法。

(2) 1959 年,美国会计程序委员会颁布《第 51 号会计研究公报》:

① 要求美国公司编制用母公司理论,把母子公司视为单一经济体,母子间的顺流、逆流、平流都抵销;

② 要求以控制为基础;

③ 允许"非同质排除",子公司的主营业务、经营目标和母公司完全不同时(如母公司为房地产公司,子公司为畜牧公司),允许子公司不被纳入合并范围。

(3) 1970 年,因为权益结合法是从账面价值出发,容易引起利润操控,美国会计原则审议会发布《第 16 号意见书——企业合并》,要求满足意见书中的 12 项原则才可以采用权益结合法。

(4) 1987 年,美国财务会计准则委员会(Financial Accounting Standards Board,简称 FASB)宣布应当合并所有拥有多数股权的子公司,取消"非同质排除",强调实质性控制。

(5) 2001 年,FASB 颁布《第 141 号财务会计准则公告——企业合并》,除了废止权益结合法,还规定"母公司在达不到拥有子公司多数股权的情况下,具备子公司法定控制权"的情况也属于"实质性控制"。

2001 年安然事件爆发,2003 年 FASB 发布有关合并变动权益实体的公告,再次明确虽然只拥有少数股权但能对该公司进行实质性控制的话,也需要将之纳入合并报表范围。

(6) 2007 年,为增强国际合作的便利性和无差别性,FASB 联合 IASB 合作发布了《合并财务报告中的非控股权益》和《商业合并》。

(三) 我国的合并财务报表实践

如表 2-3 所示:

表 2-3 我国的合并财务报表实践沿革

年份	颁布者	内容
1992	财政部	股份制试点企业会计制度
1993	财政部	企业会计准则
1995	财政部	合并会计报表暂行规定
		具体会计报表征求意见稿(IASC 和 FASB 支持)
2006	财政部	企业会计准则第 33 号——合并财务报表
2014	财政部	新版企业会计准则第 33 号——合并财务报表
2019	财政部	关于修订印发合并财务报表格式(2019 版)的通知

(1) 1992 年,财政部发布、实施《股份制试点企业会计制度》,沪深股市上市的股份公司开始编制合并财务报表。

(2) 1993 年,开始实施《企业会计准则》,要求"企业对外投资如占被投资企业资本总额半数以上,或实质上有被投资企业控制权的,应编制合并财务报表"。

(3) 1995 年，财政部颁布《合并会计报表暂行规定》，规定了合并范围、母子公司的会计政策、会计期间的协调、公司间交易的消除方法，仅仅要求国有资产管理局授权试点的企业集团、股票上市企业、外贸企业根据这一规定编制合并报表，不要求编制合并现金流量表。

1995 年，财政部会计司发布具体会计报表征求意见稿，参照国际会计准则相关规定，同时得到 IASC 和 FASB 的技术支持。

(4) 2006 年，财政部颁布《企业会计准则第 33 号——合并财务报表》。

(5) 2014 年，财政部颁布新版《企业会计准则第 33 号——合并财务报表》。

(6) 2019 年，财政部对合并财务报表格式进行了修订(财会〔2019〕16 号)。

五、我国合并财务报表会计准则的变化发展

如表 2－4 所示：

表 2－4　我国合并财务报表会计准则前后比较

<table>
<tr><th colspan="2">项目</th><th>2006 年版</th><th>2014 年版</th></tr>
<tr><td rowspan="2">对母子公司的定义</td><td>内容</td><td>母公司：有一个或一个以上子公司的企业(或主体)
子公司：被母公司控制的企业</td><td>母公司：控制一个或一个以上主体(含企业、被投资单位中可分割的部分，以及企业所控制的结构化主体等)的主体
子公司：被母公司控制的主体</td></tr>
<tr><td>评价</td><td colspan="2">从“企业”到“主体”、从法律实体到经济实体，进一步反映了主体理论；更注重实质性控制、实务操作的指导性</td></tr>
<tr><td rowspan="2">投资性主体</td><td>内容</td><td>无</td><td>引入投资性主体概念</td></tr>
<tr><td>评价</td><td colspan="2">体现了国际趋同，更加关注实务中的投入产出效益</td></tr>
<tr><td rowspan="2">合并范围——对“控制”的定义</td><td>内容</td><td>“一个企业能够决定另一个企业的财务和经营政策，并且能据以从另一个企业的经营活动中获取利益的权力”</td><td>“投资方拥有对被投资方的权力，通过参与被投资方的相关活动享有可变回报，并且有能力运用对被投资方的权力影响其回报金额”</td></tr>
<tr><td>评价</td><td colspan="2">更加强调了实质性控制</td></tr>
</table>

(一) 对母公司的定义

(1) 关于“被投资单位中可分割的部分”，2014 年新准则中的定义为：

① 该部分的资产是偿付该部分负债及该部分其他利益方的唯一来源，不能用于偿还该部分以外的被投资方的其他负债；

② 除与该部分相关的各方外，其他方不享有与该部分资产相关的权利，也不享有与该部分资产剩余现金流相关的权利。

(2) 关于“结构化主体”，2014 年新准则中的定义为：

① 结构化主体，是指在确定其控制方时没有将表决权或类似权力作为决定因素而设

计的主体[1]；

② 主导该主体相关活动的依据通常是合同安排或其他安排形式[2]。

(二) 投资性主体

2014 年新准则规定如下：

(1) 以向投资方提供投资管理服务为目的，从一个或多个投资者处获取资金。

(2) 通过资本增值、投资收益或两者兼有来让投资者获得投资回报是唯一目的。

(3) 对几乎所有投资的业绩都用公允价值来计量和评价。对于母公司是投资性主体的，准则中对合并范围还规定，“只应将那些为投资主体的投资活动提供相关服务的子公司纳入合并范围，对其他子公司的投资应当按照公允价值计量且其变动计入当期损益”。

(4) 其特征如下：

① 拥有一个以上投资；

② 拥有一个以上投资者；

③ 投资者不是该主体的关联方；

④ 该主体的所有者权益以股权或类似权益方式存在。

(三) 合并范围——对“控制”的定义

1.“可变回报”代替旧准则中的“利益”

(1) 新准则第十七条给出了可变回报的定义及基本评价方法。这一改变体现了风险与收益的辩证关系。

(2) 旧准则中的利益不强调“可变性”，利益一般指的就是正收益；而“可变回报”不仅体现正的收益，也包括负的损失。投资方不仅应分享被投资方产生的利益，也应当承担被投资方发生的亏损，即风险与利益并存。

(3)“可变回报”的概念解决了在实务中的持续经营的资不抵债子公司合并与否的问题。

2. 突出“权利”的概念

(1) 新准则的第九条、第十条、第十一条、第十二条对拥有被投资方的权利进行了明确的解释，这些解释与 IFRS 第 10 号中的规定基本相同。

(2) 新准则第九条中，“权利”解释为“投资方享有现有权利使其目前有能力拥有主导被投资方相关活动”，并指出“而无论其是否实际行使该权利，视为投资方拥有对被投资方的权利”。

(3) 新准则第十条强调了投资方所享有权利的“共享性”和“排他性”。

(4) 新准则第十一条和第十二条分别引入了“实质性权利”和“保护性权利”的概念。

对合并范围的确定隐含了两个基本标准：数量标准与质量标准。所谓数量标准，是指母公司直接或间接拥有子公司 50%以上的表决权。所谓质量标准，是指母公司虽然没有

---

① 《企业会计准则第 41 号——在其他主体中权益的披露》(2014 年)。

② 中国注册会计师协会.会计[M].北京：中国财政经济出版社，2017.

子公司50%的表决权，但根据实际情况，实质控制着子公司。因此，在实务中，对于交易或事项发生前后是否存在控制权转移，应当遵循"实质重于形式"原则，综合可获得的各方面信息进行判断，比如由于目标企业股权比较分散，往往控制了30%甚至更少的股份，就可以达到实质性控股的目的①。

准则中考虑了潜在控制权的情况，规定"在确定能否控制被投资单位时，应当考虑企业和其他企业持有的被投资单位的当期可转换的可转换公司债券、当期可执行的认股权证等潜在表决权因素"，将潜在控制权纳入确定合并范围的考虑范围之内；并且规定将母公司的全部子公司纳入合并财务报表的合并范围，而不再将长期亏损、特殊行业等的子公司排除在合并范围之外，从而使合并范围更加完整、准确。

在确定合并范围时会涉及一种较为复杂的持股情况，即间接持有、直接和间接共同持有被投资公司半数以上权益性资本的情形，特别是在规模大的企业集团中，会出现多层持股、交叉持股、相互持股或环形持股等情况。

我国《合并会计报表暂行规定》中对多层持股和交叉持股的数量标准处理采用加法原则和乘法原则相结合来确定合并范围。加法原则处理纳入母公司合并范围的某一子公司的持股比例是其直接持有和通过另外的控股公司持有的该子公司股权之和。乘法原则的处理方法则是母公司直接持有的股权比例加上母公司持有其他控股公司的股权比例与这些控股公司持有的该子公司股权比例的乘积。

复杂持股情况下合并财务报表合并范围的确定，到底该采用加法原则还是乘法原则，其实质是对"表决权比例"与"持股比例"进行区分的问题。"表决权比例"是站在控制的角度看待母公司持有多少被投资单位表决权比例的，体现的合并理论为实体理论；而"持股比例"是站在拥有的角度来看母公司持有被投资单位的权益比例，更重视法律上的所有权，体现的合并理论为所有权理论。

我国合并财务报表准则以"控制"为依据选择实体理论作为编制合并财务报表的基础，表明复杂持股情况下在确定合并财务报表的合并范围时应采用加法原则计算母公司持有被投资单位的表决权比例，这样处理的主要原因有：

第一，从国际上来看，实体理论成为合并财务报表的主流理论已是大势所趋，实体理论以企业集团各成员企业构成的经济联合体为会计主体，从集团主体的角度来考虑合并财务报表的合并范围和合并的技术方法，也就是说，合并财务报表是为了反映合并实体所能控制的所有资源，这就要求在确定合并财务报表的合并范围时应采用加法原则计算母公司持有被投资单位的表决权比例；

第二，从信息需求的角度来看，对合并财务报表产生信息需求的不仅包括企业集团的

---

① 许多上市公司都存在唯一的实际控制人，通常利用金字塔结构、交叉持股以及双重股权等构建复杂的控制链条，从而使其现金流权与控制权分离。两权分离会导致一定的利益问题，实际控制人的控制权具有负的"侵占效应"，而现金流权具有正的"激励效应"，两者的分离幅度越大，侵占的激励也就越大，上市公司的市场价值就越小，即两权分离度与公司价值负相关。可以看出，实际控制人的控制权与现金流权的分离是其损害公司价值的重要原因。从信息含量的角度研究实际控制人两权分离状况可以发现，实际控制人为了满足对私人收益的追求，可能会人为操控信息披露的时点或信息披露的水平，降低公司盈余的信息含量，从而加剧了公司内外之间的信息不对称。由于实际控制人对其他股东的侵占行为会损害上市公司的利益并最终损害自己的现金流收益，所以在现金流权较高的情况下，实际控制人的侵占倾向较低；而控制权越大，其侵占倾向就越高。

所有股东，还包括企业集团的债权人，为了真实、完整反映企业集团财务状况、经营成果及现金流量情况，同样要求在确定合并财务报表的合并范围时应采用加法原则计算母公司拥有被投资公司的表决权数；

第三，从少数股东权益和少数股东损益的性质认定来看，实体理论认为少数股东权益是合并股东权益的一个部分，而不是一项义务；少数股东损益也不是一项费用，而是对合并主体实现的合并净利润的一项分配，因此，只有在确定合并财务报表的合并范围时采用加法原则计算母公司拥有被投资公司的表决权数，才能满足实体理论的要求；

第四，从集团内公司之间未实现交易的损益来看，实体理论要求予以全额抵销，而不是按母公司的持股比例抵销，有助于抑制企业利用集团内的关联交易操纵利润的现象，因此，在确定合并财务报表的合并范围时也只能采用加法原则计算母公司拥有被投资公司的表决权数。

合并财务报表的合并范围界定的理论基础为"控制"，因此，在确定合并财务报表合并范围时应以持有的表决权比例为数量标准，即在直接和间接拥有情况下应采用加法原则计算母公司持有被投资单位的表决权比例；在编制合并财务报表时，采用乘法原则计算母公司对子公司的持股比例。

加法原则与乘法原则的运用举例，如表 2 - 5 所示。

表 2 - 5　加法原则与乘法原则比较

数量标准处理方式	理论基础	适用范围
加法原则	实体理论	直接和间接拥有情况下计算被投资单位的表决权比例
乘法原则	所有权理论	直接或间接拥有情况外计算被投资单位的表决权比例；编制合并报表

(1) 如果一家公司直接持有另一家公司半数以上的表决权股份，那么另一家公司就成为该家公司的子公司，它们之间就存在直接控股关系。一家母公司通过单层直接控股关系或多层直接控股关系控制的子公司都应纳入该家公司的合并范围。如图 2 - 1 所示，A 应合并 B 和 C。

60%　　60%

A ——→ B ——→ C

图 2 - 1

B 公司是 A 公司的子公司，C 公司是 B 公司的子公司。如何确定 A 公司与 C 公司的关系，有两种不同的理解，即对加法原则和乘法原则的选择。

加法原则，即在一连串持股比例将最终直接到达子公司的持股比例作为母公司对子公司的持股比例。在加法原则下，合并范围的计算与 A 公司对 B 公司的直接持股比例无关。如 A 公司持有 C 公司 60% 的权益性资本，C 公司就纳入 A 公司的合并范围。

而乘法原则，即在一连串持股关系中，将所有从母公司到子公司的直接持股比例相乘，以求母公司对子公司的实际持股比例。图 2 - 1 中，A 公司对 C 公司间接拥有 36%(=60%×60%)的权益性资本，所以 A 公司不能将 C 公司纳入合并范围。

因为 B 公司对 C 公司有控制其经营及财务决策的权力，所以 A 公司可以通过 B 公司对 C 公司实施控制。因此，依据实质重于形式的原则，虽然 A 公司对 C 公司并未拥有过半数以上的权益性资本，但仍应将 C 公司纳入合并范围。

(2) 如果一家公司与其单层直接控股或多层直接控股子公司共同直接持有另一家公司的所有股份之和达到半数以上，该家公司就可以控制另一家公司，那么该家公司应将另一家公司纳入合并范围。如图 2 - 2 所示，D 应纳入 A 的合并范围(20%+40%)；如图 2 - 3所示，C 应纳入 A 的合并范围(20%+40%)。

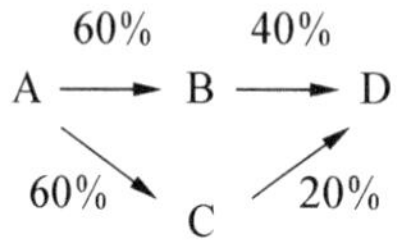

图 2 - 2

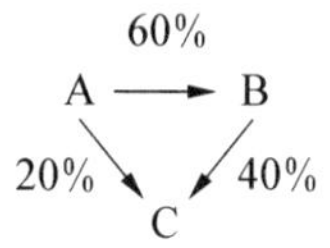

图 2 - 3

(3) 当一家公司对另一家公司的间接持股的第一环达不到直接控股关系时，该链条不应纳入确定合并范围的考虑之中。如图 2 - 4 所示，A 不应合并 C(因为 A 对 C 的直接持股比例仅为 30%，而 A 对 B 的持股比例为 40%，说明 B 不是 A 的子公司，则 A 通过 B 对 C 的间接持股链条不应纳入确定合并范围的考虑之中)；如图 2 - 5 所示，D 不应纳入 A 的合并范围(因为 A 对 C 的持股比例为 60%，因此 A 通过 C 对 D 的间接持股链条应纳入确定合并范围的考虑之中，即 A 通过 C 对 D 的间接持股比例为 30%，然而，A 对 B 的持股比例为 40%，说明 B 不是 A 的子公司，则 A 通过 B 对 D 的间接持股链条不应纳入确定合并范围的考虑之中，最终 A 对 D 应纳入确定合并范围考虑的持股比例仅为 30%)；如图 2 - 6 所示，D 不应纳入 A 的合并范围(由上述分析可知，A 对 D 的直接持股比例仅为 40%，B 通过 C 对 D 的间接持股链条不应纳入确定合并范围的考虑之中，因此 A 通过 B 通过 C 对 D 的间接持股链条不应纳入确定合并范围的考虑之中)。

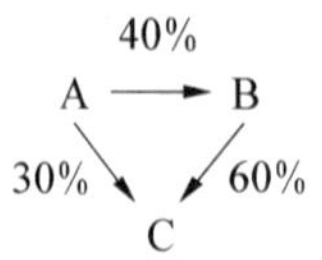

图 2 - 4

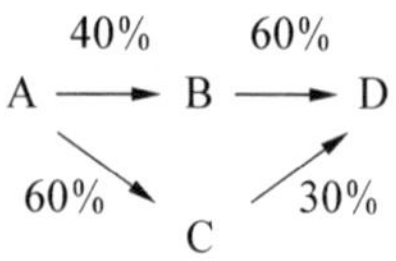

图 2 - 5

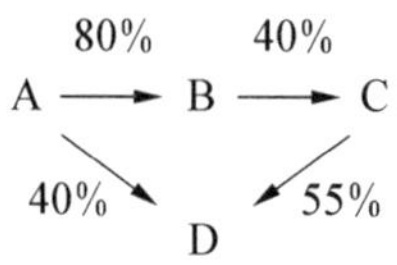

图 2 - 6

而相互持股和环形持股的情况国际上还没有确切的解决之道，RomanL. Weil 的矩阵算法提供了一种思路，值得参考，一般应结合“实质控制”或“主要受益方”的标准来确定是否纳入合并范围。这个问题的解决还有待于进一步的研究。

有些交易或事项虽然从定义上属于企业合并，但因交易条件等方面的限制，不包括在现行企业合并准则的规范范围之内。这主要包括以下两种情形：

(1) 两方或多方形成共同控制的合营企业的企业合并。共同控制主要是指作为合营方将其拥有的资产、负债等投入所成立的合营企业，按照合营企业章程或合营合同、协议的规定，在合营企业成立以后，由合营各方对其生产经营活动实施共同控制的情况。因合营企业的各合营方中，并不存在占主导作用的控制方，不是实质控制，其合并应按照《中华人民共和国中外合作经营企业法》(简称《合营企业法》)的相关规定进行。

(2) 仅通过合同而不是所有权份额将两个或者两个以上单独的企业合并形成一个报告主体的交易或事项。在某些情况下，一方能够对另一方实施控制，但该控制并非产生于持有另一方的股权，而是通过一些非股权因素产生的，比如，通过签订委托受托经营合同，作为委托方虽不拥有受托经营企业的所有权，但按照合同协议的约定能够对受托经营企业的生产经营活动实施控制。在这种情况下，虽然涉及控制权转移，但这种合并并不是通过产权纽带形成的实质性合并，因此不包括在企业合并准则的规范范围之内。

第二节　合并财务报表基本理论

合并财务报表的编制首先遇到的是合并范围的界定和合并方法的选择，这对于合并报表的编制具有重要的意义。这些问题的解决，在很大程度上依赖于编制合并财务报表所采用的理论。根据不同的合并理论，其确定的合并范围和选择的合并方法也各不相同。需要说明的是，在合并财务报表实务中，有时并不是单纯运用某一种合并理论，而是将上述理论结合起来运用。

当在一个企业集团中母公司拥有子公司的股权虽在50%以上但不足100%时，在该企业集团内就会出现多数股权(取得控制权的母公司股权)和少数股权(子公司的少数股权)。随着少数股权在许多国家的普遍存在，相继带来在合并财务报表中对少数股权的处理问题，从而引起对合并范围及相关问题的不同理解，进而形成不同的合并理论，如所有权理论、实体理论、母公司理论、现行理论。纵观合并财务报表的理论基础，以母公司理论和实体理论最具代表性，目前国际通行的几种合并理论的主要观点及特点如下。

一、所有权理论

(一) 所有权理论的概念

所有权理论也称业主权理论，其理论渊源为业主权益理论，该理论认为，母、子公司之间的关系是拥有与被拥有的关系，编制合并报表的目的是向母公司股东报告其所拥有的资源。该理论认为，合并报表只是为了满足母公司股东的信息要求，而不是为了满足子公司股东的信息要求，后者应通过子公司的会计报表加以解决。

在编制合并财务报表时既不强调企业集团中存在的法定控制关系，也不强调企业集团的各成员企业所构成的经济实体，而是强调编制合并财务报表的企业对另一企业的经济活动和财务决策具有重大影响的所有权。根据这一理论，当母公司合并非全资子公司的会计报表时，应当按母公司实际拥有的股权比例，合并子公司的资产、负债和所有者权益。同样地，非全资子公司的收入、费用及净收益，也只能按母公司的持股比例予以合并。可见，所有权理论是一种着眼于母公司在子公司所持有的所有权的合并理论。采用所有权理论编制合并财务报表时，要将纳入合并范围的子公司的资产、负债、所有者权益、收入、费用和利润，按母公司持有股权的份额计入合并财务报表中。

(二) 所有权理论下合并财务报表的主要特征

1. 合并财务报表的目的和使用者

所有权理论认为，编制合并财务报表是为了向母公司的股东报告其所拥有的资源。合并财务报表的主要使用者是母公司的股东和债权人。

2. 合并净利润

按照所有权理论，合并的净利润只反映母公司股东应享有的部分，不反映少数股东权益，合并财务报表中的合并净利润归母公司所有。

3. 少数股东损益

少数股东损益不在合并报表中反映，不列报。

4. 少数股东权益

少数股东权益不在合并报表中反映，不列报。

5. 子公司净资产的合并

子公司可辨认净资产公允价值中母公司按持股比例计算所对应的部分列入合并报表，不包括少数股东权益。

6. 未实现损益

对未实现的内部交易损益，按照母公司的持股比例予以抵销。

7. 合并过程中产生的商誉

合并商誉按照母公司的股权比例计算确定，全部归母公司所有。

$$合并商誉=母公司支付的收购价-\begin{matrix}子公司可辨认净资产的\\公允价值\end{matrix}\times\begin{matrix}公司收购的\\股权比例\end{matrix}$$

(三) 所有权理论的优点及局限性

所有权理论具有以下优点：

(1) 所有权理论适用于隶属 2 个或 2 个以上企业集团的企业合并。因为此时无法定控制(不存在单一的控股母公司)，也无单一经济实体。

(2) 所有权理论通常用于揭示合营企业的财务状况，可以弥补母公司理论在适用范围上的不足。

所有权理论同时存在以下局限性：

(1) 所有权理论对子公司的资产进行了人为的分割，违背了会计的主体假设。

(2) 所有权理论违背了控制的实质(即实质上控制子公司的所有资源)，仅仅强调母公司所实际拥有的，而不是实际控制的资源。

(3) 所有权理论的比例合并法违反了资产不可分割性。

二、实体理论

(一) 实体理论的概念

实体理论的理论渊源为企业主体理论，该理论认为，母、子公司从经济实质上来说是一个单一个体，编制合并财务报表应从整个企业集团的角度出发，并为全体股东(包括控股股东和少数股东)的利益服务。实体理论的基本理论是:会计主体是与其终极所有者相互分离、独立存在的个体，它强调的是法人财产权。实体理论强调为企业集团所有的股东服务，合并资产负债表的合并净资产揭示的是企业集团的净资产，包括属于少数股东的净资产，合并利润表的合并收益反映的是企业集团的净收益，包括子公司少数股东的净收益。

基于实体理论的会计处理方式被称为"完全合并法"，其具体做法是将合并过程中所形成的资产、负债和商誉全部并入合并财务报表，母公司未收购的所有者权益作为"少数股东权益"单独列在合并财务报表中。子公司的所有资产在合并财务报表中都以公允价值计价。在编制后续会计期间的合并财务报表时将集团内部交易形成的损益全部抵销。

按照实体理论，在企业集团内把所有的股东同等看待，不论是多数股东还是少数股东均作为该集团内的股东，并不过分强调控股公司股东的权益。该理论认为子公司虽然为母公司所购买，但是其本身依旧是一个不可分割的整体。因此，合并净利润应属于企业集团全部股东的收益，要在多数股权和少数股权之间加以分配。同理，少数股权是整体企业集团股东权益的一部分，应与多数股权同样列示。采用这种理论编制的合并财务报表，能够较好地满足企业集团内部管理人员对财务报表的需要，满足对整个企业集团生产经营活动管理的需要。德国的合并财务报表更多的是采用实体理论，我国 2006 年 2 月 15 日财政部颁布的《企业会计准则第 33 号——合并财务报表》也采用实体理论。

(二) 实体理论下合并财务报表的主要特征

1. 合并财务报表的目的和使用者

实体理论认为，对合并主体中的多数股东和少数股东应一视同仁，合并财务报表应反映所有股东的利益，而不过分强调母公司股东的利益。合并财务报表的会计信息能完整地反映整个企业集团的财务状况和经营成果，为企业集团中所有的股东服务。

2. 合并净利润

合并净利润应属于企业集团全部股东的收益，要在多数股权和少数股权之间加以分配。子公司当期净损益中属于少数股东权益的份额，应当在合并利润表中净利润项目下以"少数股东损益"项目列示。

3. 少数股东损益

在实体理论下，少数股东损益是合并净利润总额分配给少数股东的部分，是利润的减项，但不是费用，应在合并损益表中单列“少数股东损益”项目，在“净利润”项目之前列示。

4. 少数股东权益

在合并后的股东权益中既包括多数股权，又包括少数股权。子公司所有者权益中不属于母公司的份额，应当作为少数股东权益，在合并资产负债表中所有者权益项目下以“少数股东权益”项目列示。

少数股东权益＝购买成本×(1－持股比例)÷持股比例

5. 子公司净资产的合并

在合并财务报表中，子公司所有资产和负债均按市价反映，任何资产重新估价应针对整个企业集团，包括被控股中的少数股权。

6. 未实现损益

对于母、子公司之间的交易所产生的未实现损益，全部予以抵销，顺销时全部抵销，逆销时将抵销金额在多数股权和少数股权之间加以分配。

7. 合并过程中产生的商誉

在合并过程中产生的商誉由全部股东共享。按照实体理论，不论是主要的占统治地位的股权，还是次要的占从属地位的股权，都同等对待，并不把少数股权看成是企业集团与外界的经济关系。合并财务报表提供的会计信息能完整地反映整个企业集团的财务状况和经营成果。

商誉＝子公司整体价值－子公司可辨认净资产公允价值

＝母公司支付的收购价÷母公司收购的股权比例－子公司可辨认净资产的公允价值

(三) 实体理论的优点及局限性

实体理论具有以下优点：

(1) 实体理论采用完全合并的方法，从而与控制的经济实质相符合。

(2) 实体理论克服了比例合并法的弊端，弥补了比例合并法对子公司的资产和负债进行双重计价的局限。

实体理论同时存在以下局限性：

(1) 实体理论中确定子公司整体价值和商誉时采用了推定的方法，不符合经济实质。母公司支付的价格包括了控制权的价格，而少数股东的价格不可能有此项目。根据实体理论，商誉的计算如下：

少数股东权益＝购买成本×(1－持股比例)÷持股比例

商誉＝子公司的整体价值(合并成本/持股比例)－子公司可辨认净资产的公允价值

其中：

子公司的整体价值＝母公司支付的收购价÷母公司收购的股权比例

(2) 实体理论关于合并财务报表编制目的的看法存在争议。实体理论认为，编制合并报表需要满足子公司少数股东的信息需求，但实际上，对少数股东而言，合并报表的作用远不如子公司单独的财务报表，因为少数股东根本无权分享子公司以外的其他集团成员的权益。

三、母公司理论

（一）母公司理论的概念

母公司理论的理论渊源是业主权益理论，该理论从母公司的角度考虑，强调母公司的法定控制和母公司股东的权益，认为企业集团内的股东只包括母公司的股东，将子公司的少数股东排除在外。

所谓母公司理论是指将合并财务报表视为母公司本身的会计报表反映范围的扩展，视为母公司会计报表的延伸。母公司理论认为，合并财务报表主要是为母公司股东和债权人服务的，为母公司现在和将来的股东编制的，强调的是母公司股东的利益。在采用母公司理论的情况下，编制合并财务报表时所采用的许多方法都是从母公司本身的股东利益来考虑的，如对于少数股东权益在合并资产负债表中通常将其视为普通负债处理；合并后的所有者权益归母公司的股东所有；少数股东享有的净收益视为费用处理，从合并后的净利润中扣除；合并报表产生的商誉归母公司的股东享有等。因而这一理论忽视了母公司以外的少数股东的利益。

采用母公司理论确定合并财务报表的合并范围时，通常以法定控制权为基础，以持有多数股权或者表决权作为确定是否将某一被投资企业纳入合并范围的依据，或者通过一家公司处于另一家公司法定支配下的控制协议来确定合并财务报表的合并范围。美国和英国合并财务报表实务中，采用的主要是母公司理论。国际会计准则委员会制定发布的有关合并财务报表的准则以及我国原来关于合并财务报表的暂行规定中也基本上采用母公司理论。

在实务中，基于母公司理论的合并财务报表也可以按公允价值反映少数股东权益，此时，母公司理论与实体理论的差异就不明显，只体现在少数股东权益的列示和商誉的计算方面。母公司理论实质上是所有权理论和实体理论的折中和修正，在实务中得到了广泛的运用。但因其在合并财务报表中对子公司的资产和负债采用了双重计价基础并缺少严格的逻辑而受到不少的批评。

（二）母公司理论下合并财务报表的主要特征

1. 合并财务报表的目的和使用者

母公司理论认为，合并财务报表应按母公司股东的利益来编制，合并财务报表是母公司财务报表的扩展。合并财务报表的主要使用者是母公司的股东和债权人。

2. 合并净利润

按照母公司理论，合并财务报表中的合并净利润是母公司所有者的净利润，子公司中少数股权股东所获得的净利润应排除在外。

3. 少数股东损益

在母公司股东看来,少数股东损益是一项费用,其计量是基于子公司的利润表账面净利润乘以少数股权的比例而得出。

4. 少数股东权益

在母公司股东看来,少数股东权益是一项负债,其计量是基于子公司资产负债表中所有权总额乘以少数股权的比例而得出。按照母公司理论,需要在合并后的股东权益中删除少数股权,仅包括母公司股东的权益,将少数股权在资产负债表中作为负债列示。

5. 子公司净资产的合并

在子公司净资产中,母公司所占有的部分按母公司为其所获权益而支付的价格被合并,少数股权所占有部分则按账面价值被合并。即在合并财务报表中,母公司的资产和负债可按市价反映,并购的市价成本只由母公司所拥有的资产负债分摊,而少数股东权益只能以账面价值反映。这种观点认为属于少数股权的部分没有被购买,应当保持被购买前的账面价值。

6. 未实现损益

公司间未实现的损益,在母公司销售给子公司(顺销)的情况下,应全数从合并净利润中抵销;而在子公司销售给母公司(逆销)的情况下,只抵销母公司所享有的份额。

7. 合并过程中产生的商誉

在合并过程中产生的商誉,属于母公司利益,与少数股权无关。

综上所述,按照母公司理论,合并财务报表的编制方法主要是从母公司股东权益出发考虑的,是为母公司现有的和潜在的股东而编制的。由于合并财务报表由企业集团中母公司编制,而母公司股东最关心属于自己份额的净资产,要据此评价自己所有权的价值,并做出有关决策,所以这一理论得到广泛运用。目前,在美国、英国、日本等国家都有大量的企业集团运用这一理论编制合并财务报表。

(三) 母公司理论的优点与局限性

母公司理论具有以下优点:

(1) 母公司理论认为编制合并财务报表是为了满足母公司股东信息需要,这一点与所有权理论的主张相同,但在报表要素合并方面,摒弃了所有权理论狭隘的拥有观,采纳了实体理论所主张的控制观;在少数股东权益方面则反对所有权理论将少数股东权益完全排除在合并会计报表之外的保守做法,也反对实体理论全额确定子公司可辨认净资产的升(贬)值并按股权比例分摊给少数股东的激进做法,对少数股权和少数股东损益的处理体现出母公司理论是所有权理论和实体理论的折中、修正。

(2) 母公司理论考虑到商誉是不确定性最高的无形资产,完全体现了稳健性原则,将合并过程中产生的商誉归属于母公司。由于合并财务报表由企业集团中母公司编制,而母公司股东最关心属于自己份额的净资产,要据此评价自己所有权的价值,并做出有关决策,所以这一理论得到广泛运用。

母公司理论同时存在以下局限性：

(1) 母公司理论假设一个集团是由控制着许多子公司的母公司构成，它既没有考虑一个集团也可以由两个以上规模相当的公司合并而成的可能性，也没有考虑受一个以上公司控制或受到另一个公司重大影响的公司。因此，不能解决同一公司隶属于两个或两个以上企业集团合并财务报表的编制问题。

(2) 母公司理论不仅忽视了少数股权股东的利益，也忽视了除股东以外的所有其他利益当事人的利益。

(3) 母公司理论中合并有关资产和负债时，母公司自身按历史成本计量，子公司净资产中属于母公司权益的部分按企业购并日的母公司实际支付价格计量，属于少数股权的权益部分则仍按账面价格——历史成本计量。这样对同一项目采用双重计价标准，违背了历史成本原则和一致性原则，使合并资产负债表的计价既不是历史成本，也不反映公平市价，得出的信息缺乏相关性。

(4) 母公司理论将少数股权作为负债，将少数股东损益看作费用，不符合负债和费用会计要素的定义。

(5) 母公司理论的抵销数额计算复杂。企业集团公司间未实现内部利润的抵销，仅指属于母公司的部分，较实体理论全部抵销复杂。

四、我国现行理论

(一) 我国现行理论的历史沿革

2006 年《企业会计准则第 33 号——合并财务报表》颁布之前，我国合并财务报表的处理主要是依据财政部于 1995 年颁布的《合并会计报表暂行规定》。从该规定的内容看，既不确定子公司净资产的公允价值，也未规定合并商誉的核算，而是设置了一个简化合并会计报表的项目“合并价差”。“合并价差”实际上包括两部分内容：一是母公司投资成本与子公司净资产公允价值的差额，即合并商誉；二是子公司净资产公允价值与账面价值的差额。此外，该文件还规定少数股东权益在资产负债表中作为负债单独列示，少数股东收益在合并利润表中净利润项目之前单独列示。可见，《合并会计报表暂行规定》采用的是母公司理论，这一理论与我国当时集团化经营尚不普遍、国有股占据主导地位这一会计环境相适应。随着我国现代企业制度的普遍建立与资本市场的发展，通过组建企业集团寻求资源优化配置、谋求企业的长远发展已成为经济生活中的普遍现象，与此相适应，我国 2006 年颁布的《企业会计准则第 33 号——合并财务报表》已侧重于实体理论，同时借鉴了母公司理论的一些做法。

我国现行实务中采用的合并理论(以下简称“我国现行理论”)的理论渊源为企业主体理论，其实质是学术上对母公司理论与实体理论的结合与折中。在编制合并资产负债表时按母公司理论的办法处理，对子公司资产中属于母公司的部分按公允价值计价，对属于少数股东的部分按账面成本计价，只按母公司的持股比例确认外购商誉。在列示少数股东权益时，视为合并股东权益的一部分，与多数股东权益同等重要，在合并资产负债表的权益项目下单独列示。在编制合并利润表时按照实体理论的做法，100%抵销内部利润，在列示少数股东损益时视为合并净利润总额分配给少数股东的部分，作为合并收益的减项，但不是费用。在这种方法下，商誉的计算公式与母公司理论相同。

(二) 我国现行理论下合并财务报表的主要特征

1. 合并财务报表的目的和使用者

我国现行理论认为，合并财务报表应按母公司股东的利益来编制，合并财务报表是母公司财务报表的扩展。合并财务报表的主要使用者是母公司的股东和债权人(同母公司理论)。

2. 合并净利润

按照我国现行理论，合并财务报表中的合并净利润是母公司所有者的净利润，子公司中少数股权股东所获得的净利润应排除在外。合并净利润应属于企业集团全部股东的收益，要在多数股权和少数股权之间加以分配。子公司当期净损益中属于少数股东权益的份额，应当在合并利润表中净利润项目下以“少数股东损益”项目列示(同实体理论)。

3. 少数股东损益

在我国现行理论下，新准则颁布之前，少数股东损益是合并净利润总额分配给少数股东的部分，是利润的减项，但不是费用(同实体理论)；然而，在新准则下，合并利润表中的净利润不再扣除少数股东损益。

4. 少数股东权益

按照我国现行理论，应该将少数股东权益列示于股东权益项目下，与母公司股东权益分开列示。新准则颁布之前，少数股东权益的计算方式同实体理论，少数股东权益＝购买成本×(1－持股比例)÷持股比例；然而，在新准则下，少数股东权益＝子公司所有者权益合计(子公司可辨认净资产的公允价值)×(1－母公司在子公司的持股比例)，合并资产负债表中，股东权益(即净资产)包括少数股东权益。

5. 子公司净资产的合并

子公司净资产的合并，按购买日子公司可辨认净资产的公允价值计量。

6. 未实现损益

对于母、子公司之间的交易所产生的未实现损益，全部予以抵销(同实体理论)。

7. 合并过程中产生的商誉

在合并过程中产生的商誉，属于母公司利益，与少数股权无关(同母公司理论)。

(三) 我国现行理论与实体理论下少数股东权益的计量方法比较

(1) 从少数股东权益的公允价值的计量角度来看，其核心问题实际上就是确定子公司的公允价值。实体理论中确定子公司的公允价值是用母公司的长期股权投资成本除以所有比例推算出的子公司净资产的“隐含公允价值”。母公司拥有子公司净资产隐含公允价值的份额理论上应该和母公司对子公司长期股权投资的成本对等，这才可以很好地体现“公平交易”的基本原则。因此，依据这种方法确定的少数股东权益理论上也应该是一种"公平交易"情况下子公司的少数股东购买其在子公司的相应股权愿意支付的价格，而在实体理论下报表为全体股东服务，多数股东权益和少数股东权益地位平等，少数股东权益和多数股东权益的计量基础一致，因此少数股东也享有商誉，子公司的公允价值中就多了少数股东享有的商誉部分。而现行会计准则下，确定的子公司净资产的公允价值等于子公司净资产的原账面价值加上相关可辨认净资产的评估增值。这种方法认为，在子公司中多数股东权益等于母公司的投资成本，而少数股东权益等于少数股东在子公司公允价值中享有的份额。显然，一方面，少数股东权益和母公司长期股权投资的计量基础不一致；另一方面，现行理论下和实体理论的方法相比并不能体现母公司对子公司长期股权投资的成本与享有子公司净资产的公允价值份额有必然的对等关系。因此，以这种方法确定的少数股东权益虽然也是公允价值，但是与子公司的少数股东购买其在子公司的相应股权愿意支付的价格也没有必然的对等关系。

(2) 从确认的合并商誉的角度来看，实体理论下所确认的商誉实质上体现的是子公司的整体商誉，既包括母公司的部分又包括少数股东的部分；现行理论下所确认的商誉虽然算法不同，但在金额上和母公司理论下所确认的商誉相等，只由母公司所有。

(3) 实体理论按照母公司对子公司的购买价格来推算子公司的整体价值从而推算商誉的这种计算思路，实际上是基于子公司的少数股东也愿意与控股股东支付同样的价格来购买其在子公司的相应股权这样一个假设。但这种假设与实际情况往往是背离的，因为无论是从理论上分析还是从经验研究的结果来看，少数股东的股权购买价格应该低于母公司股权的购买价格。因此，在不能掌握子公司控制权的情况下，少数股东不会愿意和控股股东一样付出自己的投资成本。

五、合并财务报表基本理论的差异比较

表 2-6 是以上四种理论的差异总结。

表 2-6　四种合并财务报表理论的比较

	所有权理论	实体理论	母公司理论	我国现行理论
合并报表编制的基本目的	为母公司股东和债权人服务	为合并实体的股东和债权人服务	为母公司股东和债权人服务	同母公司理论
合并净利润	归母公司	归合并主体的所有权拥有者所有	归母公司股东所有	同实体理论
少数股东损益	不在合并报表中反映	合并净利润总额分配给少数股东的部分，是利润的减项，但不是费用，应在合并损益表中单列"少数股东损益"项目，在"净利润"项目之前列示	费用；按照将子公司视为独立法律主体来加以计量	合并净利润总额分配给少数股东的部分，在新准则下，合并利润表中的净利润不再扣除少数股东损益

续 表

	所有权理论	实体理论	母公司理论	我国现行理论
少数股东权益	不在合并报表中反映	合并股东权益的一部分，与多数股东权益同等重要；在合并资产负债表的“权益”项目下单独列示	子公司可辨认净资产账面价值中少数股东持股比例对应的部分；在资产负债表中作为负债列示	在新准则下，为子公司可辨认净资产的公允价值中少数股东持股比例对应的部分，合并资产负债表中，股东权益（即净资产）包括少数股东权益
子公司净资产的合并	子公司可辨认净资产公允价值中母公司按持股比例计算所对应的部分	子公司全部净资产的公允价值（包括商誉）	子公司可辨认净资产账面价值加上公允价值超过账面价值的差额中母公司持股比例对应的部分	按购买日子公司可辨认净资产的公允价值计量
未实现损益	按母公司持股比例抵销	顺销时，全部抵销；逆销时，将抵销的金额在多数股权和少数股权之间加以分配	顺销时全部抵销；逆销时仅抵销母公司所占有的一部分	同实体理论
合并过程中产生的商誉	母公司的投资成本与子公司可辨认净资产公允价值中母公司持股比例对应部分的差额；全部归母公司	子公司的推定价值与其可辨认净资产公允价值的差额；少数股东要分摊商誉	母公司的投资成本与子公司可辨认净资产公允价值中母公司持股比例对应部分的差额；全部归母公司	同母公司理论

美国的合并惯例是以母公司理论为基础的，但是在实务中更多采用将母公司理论与实体理论相结合的方式。1995 年 FASB 颁布的《合并财务报表——政策与程序》（征求意见稿）中建议采用实体理论；英国的公司法和会计准则主要以母公司理论为基础，同时在实务中允许采用将母公司理论与实体理论相结合的方式；荷兰的合并实务与英国十分接近；日本的企业合并也是以母公司理论为基础；法国的法律与会计实务对企业合并会计是以母公司理论和修正的母公司理论为基础；国际会计准则委员会 IAS 第 27 号《合并财务报表和对子公司投资的会计》中基本运用的是母公司理论。我国的现行理论主要采用实体理论，辅以母公司理论；德国更多的也是以实体理论为基础。

第三节　合并财务报表的编制

一、合并财务报表的编制程序

（一）设置合并工作底稿

将利润表、利润分配表、资产负债表放到一个工作底稿中，并将母公司和纳入合并范围的子公司的个别会计报表各项目的数额进行汇总和抵销处理。

（二）过入数据，并计算个别报表各项目合计数额

将母公司、纳入合并范围的子公司个别资产负债表、利润表及利润分配表各项目的数据过入合并工作底稿，并在合并工作底稿中对母公司和子公司个别会计报表各项目的数据进行加总，计算得出个别资产负债表、个别利润表及个别利润分配表各项目合计数额。

（三）编制调整分录和抵销分录

将母公司与子公司、子公司相互之间发生的经济业务对个别会计报表有关项目的影响进行抵销处理。在合并工作底稿中编制的调整分录和抵销分录，借记或贷记的均为财务报表中的项目，而不是具体的会计账户。调整分录和抵销分录不是正式的会计分录，不需要记录在母、子公司的账簿中。也就是说，是否编制调整分录和抵销分录并不影响纳入合并范围的母公司和子公司个别账簿中的原有核算记录。

（四）计算合并财务报表各项目的合并数额

(1) 资产类各项目合并数＝该项目合计数额＋该项目抵销分录有关的借方发生额－该项目抵销分录有关的贷方发生额。

(2) 负债类各项目和所有者权益类项目合并数＝该项目合计数额－该项目抵销分录有关的借方发生额＋该项目抵销分录有关的贷方发生额。

(3) 有关收益类各项目合并数＝该项目合计数额－该项目抵销分录的借方发生额＋该项目抵销分录的贷方发生额。

(4) 有关成本费用类项目和有关利润分配的各项目合并数＝该项目合计数额＋该项目抵销分录的借方发生额－该项目抵销分录的贷方发生额。

（五）填列合并财务报表

二、编制合并财务报表需要调整抵销的项目的合并处理

（一）长期股权投资与所有者权益的合并处理

在购买日，母公司对子公司的长期股权投资与母公司在子公司所有者权益中所享有的份额的差额，应当在商誉项目列示，商誉发生减值的，应当按照经减值测试后的金额列示。在纳入合并范围的子公司为全资子公司的情况下，母公司对子公司长期股权投资的数额与子公司所有者权益各项目的数额应当全额抵销。

借：实收资本　　（子公司期末数）
　　资本公积　　（子公司期末数）
　　盈余公积　　（子公司期末数）
　　未分配利润　（子公司期末数）
　　商誉
　　贷：长期股权投资

如已提长期股权投资减值准备的，则应予抵销，抵销当期提取的长期股权投资减值准备，应编制的会计分录如下：

借：长期股权投资减值准备

　　贷：资产减值损失

抵销以前年度提取的长期股权投资减值准备，应编制的会计分录如下：

借：长期股权投资减值准备

　　贷：期初未分配利润

【例 2-1】 M公司需要对外提供合并财务报表。M公司拥有A公司100%股份，M公司20×3年12月31日对其子公司A公司的长期股权投资的数额为520万元，20×3年12月31日A公司的所有者权益总额为500万元，其中实收资本为300万元，资本公积为100万元，盈余公积为50万元，未分配利润为50万元。

M公司编制合并财务报表时，应编制的抵销分录如下：

借：实收资本	3 000 000	
资本公积	1 000 000	
盈余公积	500 000	
未分配利润	500 000	
商誉	200 000	
贷：长期股权投资		5 200 000

在纳入合并范围的子公司为非全资子公司的情况下，应当将母公司对子公司长期股权投资的数额与子公司所有者权益中母公司所拥有的数额相抵销。子公司所有者权益中不属于母公司的份额，在合并财务报表中作为“少数股东权益”处理。编制的抵销分录如下：

借：实收资本　　（子公司期末数）

　　资本公积　　（子公司期末数）

　　盈余公积　　（子公司期末数）

　　未分配利润　（子公司期末数）

　　商誉

　　贷：长期股权投资

　　　　少数股东权益

【例 2-2】 假定M公司拥有A公司80%的股份，M公司20×3年12月31日对其子公司A公司的长期股权投资的数额为420万元，20×3年12月31日A公司的所有者权益总额为500万元，其中实收资本为300万元，资本公积为100万元，盈余公积为50万元，未分配利润为50万元。

M公司编制合并财务报表时，应编制的抵销分录如下：

借：实收资本	3 000 000
资本公积	1 000 000
盈余公积	500 000

未分配利润　500 000
商誉　200 000
　贷：长期股权投资　4 200 000
　　少数股东权益　1 000 000

(二) 内部债权与债务项目的合并处理

1. 应收账款与应付账款

在初次编制合并财务报表时，内部应收账款与应付账款抵销时，其抵销分录如下：

(1) 抵销内部应收账款与应付账款。

借：应付账款(期末数)
　贷：应收账款(期末数)

(2) 抵销本期内部应收账款计提的坏账准备。

借：坏账准备(或应收账款)(本期提取数)
　贷：信用减值损失

在连续编制合并财务报表时，内部应收账款与应付账款抵销时，其抵销分录如下：

(1) 抵销内部应收账款与应付账款。

借：应付账款
　贷：应收账款(期末内部应收账款数)

(2) 抵销内部应收账款以前计提的坏账准备。

借：坏账准备(期初内部应收账款×坏账准备计提比例)
　贷：期初未分配利润

(3) 抵销本期内部应收账款补提的坏账准备。

借：坏账准备(本期补提数)
　贷：信用减值损失

【例 2-3】 甲公司为A公司的母公司，20×2年12月31日，甲公司应收账款余额中包含应收A公司账款100万元，年初应收账款中不包含应收A公司账款。假定甲公司采用应收账款余额百分比法计提坏账准备，计提坏账准备的比例为10%。

甲公司编制合并财务报表时，应编制的抵销分录如下：

(1) 发生当期。

① 抵销内部应收与应付账款。

借：应付账款　1 000 000
　贷：应收账款　1 000 000

② 抵销当期根据内部应收账款计提的坏账准备。

借：坏账准备(应收账款)　100 000
　贷：信用减值损失　100 000

表 2-7 合并报表工作底稿

单位：万元

	母公司	子公司	合计	抵销分录		合并数
				借方	贷方	
收入	10					10
资产减值损失	10				② 10	0
利润	0					10
未分配利润	0					10
应收账款	100				① 100	0
坏账准备	10			② 10		0
应付账款		100		① 100		0

(2) 连续编制合并报表。

假定 20×3 年 12 月 31 日，甲公司应收 A 公司账款余额如表 2-8 所示。

表 2-8 不同情况

单位：万元

	第 1 种情况	第 2 种情况	第 3 种情况
期初内部应收账款余额 (20×2 年 12 月 31 日)	100	100	100
期末内部应收账款余额 (20×3 年 12 月 31 日)	100	160	60

甲公司编制合并财务报表时，应编制的抵销分录如下：

第 1 种情况：本期内部应收账款＝上期内部应收账款

① 首先抵销期末内部应收、应付账款。

借：应付账款　　1 000 000

　贷：应收账款　　1 000 000

② 抵销以前期间根据内部应收账款计提的坏账准备。

借：坏账准备　　100 000

　贷：年初未分配利润　　100 000

表 2-9 合并报表工作底稿

单位：万元

	母公司	子公司	合计	抵销分录		合并数
				借方	贷方	
收入	0					0
资产减值损失	0					0
利润	0					0
年初未分配利润	0				② 10	10

续 表

	母公司	子公司	合计	抵销分录		合并数
				借方	贷方	
未分配利润	0					10
应收账款	100				① 100	0
坏账准备	10			② 10		0
应付账款		100		① 100		0

第 2 种情况：本期内部应收账款＞上期内部应收账款

① 首先抵销期末内部应收、应付账款。

借：应付账款　　1 600 000

　　贷：应收账款　　1 600 000

② 抵销以前期间根据内部应收账款计提的坏账准备。

借：坏账准备　　100 000(1 000 000×10%)

　　贷：年初未分配利润　　100 000

③ 抵销本期根据内部应收账款又补提的坏账准备。

借：坏账准备　　60 000[(1 600 000－1 000 000)×10%]

　　贷：信用减值损失　　60 000

表 2-10　合并报表工作底稿　　单位：万元

	母公司	子公司	合计	抵销分录		合并数
				借方	贷方	
收入	6					6
资产减值损失	6				③ 6	0
利润	0					6
年初未分配利润	0				② 10	10
未分配利润	0					16
应收账款	160				① 160	0
坏账准备	16			② 10 ③ 6		0
应付账款		160		① 160		0

注意：如果第三年年末(20×4 年 12 月 31 日)，甲公司应收 A 公司账款为 200 万元，则抵销分录如下：

① 首先抵销期末内部应收、应付账款。

借：应收账款　　2 000 000

　　贷：应付账款　　2 000 000

② 抵销以前期间根据内部应收账款计提的坏账准备。

借:坏账准备 160 000

　贷:年初未分配利润 160 000

③ 再抵销本期根据内部应收账款又补提的坏账准备。

借:坏账准备 40 000

　贷:信用减值损失 40 000

第 3 种情况:本期内部应收账款＜上期内部应收账款

① 首先抵销期末内部应收、应付账款。

借:应收账款 600 000

　贷:应付账款 600 000

② 抵销以前期间根据内部应收账款计提的坏账准备。

借:坏账准备 100 000(1 000 000×10%)

　贷:年初未分配利润 100 000

③ 再抵销本期根据内部应收账款转回的坏账准备。

借:信用减值损失 40 000[(1 000 000－600 000)×10%]

　贷:坏账准备 40 000

表 2－11　合并报表工作底稿　单位:万元

	母公司	子公司	合计	抵销分录		合并数
				借方	贷方	
收入	0					0
资产减值损失	－4			③ 4		0
利润	4					4
年初未分配利润	0				② 10	10
未分配利润	0					14
应收账款	60				① 60	0
坏账准备	6			② 10	③ 4	0
应付账款		60		① 60		0

2. 应收票据与应付票据

在编制合并财务报表时,内部应收票据与应付票据抵销时,其抵销分录如下:

借:应付票据

　贷:应收票据

3. 预付账款与预收账款

在编制合并财务报表时,内部预收账款与预付账款抵销时,其抵销分录如下:

借:预收账款

贷:预付账款

4. 债券投资与应付债券

(1) 将内部债券投资与应付债券抵销。

借:应付债券

贷:持有至到期投资

内部债券投资和内部应付债券抵销时,可能会出现差额,如果有差额则作为投资收益处理。

(2) 将内部债券投资收益与内部发行债券的利息支出相抵销。

在抵销内部债券投资与应付债券等内部债权债务的同时,还应将内部债券投资收益与内部发行债券的利息支出相抵销。

借:投资收益(本期实际利息)

贷:财务费用(或在建工程)

如为在建工程,则在连续编制合并财务报表时,还应抵销期初“在建工程”中内部发行债券的利息,编制抵销分录如下:

借:年初未分配利润

贷:在建工程

【例 2-4】 接【例 2-3】,甲公司为 A 公司的母公司,20×3 年 1 月 1 日,A 公司发行面值为 1 000 万元、年利率 10%、期限为三年、到期还本付息的债券,所筹资金用于补充流动资金,发行价格为 1 000 万元,甲公司购买其全部债券。

甲公司编制合并财务报表时,应编制的抵销分录如下:

(1) 发生当期(20×3 年年末)抵销分录:

借:应付债券　　11 000 000(10 000 000+10 000 000×10%)

贷:持有至到期投资　　11 000 000

借:投资收益　　1 000 000

贷:财务费用　　1 000 000

(2) 第二年(20×4 年年末)抵销分录:

借:应付债券　　12 000 000(10 000 000+10 000 000×10%×2)

贷:持有至到期投资　　12 000 000

借:投资收益　　1 000 000

贷:财务费用　　1 000 000

【例 2-5】 接【例 2-3】,甲公司为 A 公司的母公司,甲公司 20×4 年 1 月 1 日以 580 万元的价格从证券市场购入 A 公司于 20×3 年 1 月 1 日按面值发行的 4 年期一次还本付息债券,该债券面值为 500 万元(A 公司发行债券所筹资金用于补充流动资金,发行债券的面值为 1 000 万元),年利率 10%。甲公司购入的债券作为长期投资,按直线法摊销债券溢折价。

甲公司 20×4 年年末编制合并财务报表时,应编制的抵销分录如下:

借:应付债券　　6 000 000[(5 000 000+5 000 000×10%×2)×50%]

投资收益　　200 000

贷:持有至到期投资　6 200 000(5 800 000＋5 000 000×10％－300 000÷3)

借:投资收益　400 000(5 000 000×10％－300 000÷3)

贷:财务费用　400 000

5. 应收股利与应付股利

略。

6. 其他应收款与其他应付款

略。

(三) 内部商品购销交易的抵销

1. 内部商品购销当期的抵销(非上市公司)

(1) 购买企业内部购进的商品当期全部实现对外销售时的抵销(即内部销售收入和内部销售成本的抵销)。抵销分录如下:

借:营业收入(内部销售企业的售价)

贷:营业成本(内部购买企业的成本＝内部销售企业的售价)

【例 2-6】 接【例 2-3】,20×3 年 4 月 10 日,甲公司向其子公司 A 公司销售产品一批,该批产品销售收入为 100 万元,销售成本为 80 万元,增值税税率 13%,价款及税款已收存银行。A 公司在 20×3 年已将从甲公司购入的商品全部售出集团以外,其销售收入为 140 万元,销售成本为 100 万元。甲公司和 A 公司已将该项交易的销售收入和销售成本分别在其个别利润表中列示。

甲公司编制合并财务报表时,应编制的抵销分录如下:

借:营业收入　1 000 000

贷:营业成本　1 000 000

表 2-12　合并报表工作底稿　单位:万元

	母公司	子公司	合计	抵销分录		合并数
				借方	贷方	
营业收入	100	140	240	① 100		140
营业成本	80	100	180		① 100	80
利润	20	40	60			60
未分配利润	20	40	60			60

(2) 购买企业内部购进的商品当期全部未实现对外销售时的抵销(即内部购进存货价值中包含的未实现内部销售毛利的抵销)。抵销分录如下:

借:营业收入(内部销售企业的售价)

贷:营业成本(内部销售企业的成本)

存货(内部销售毛利)

【例 2-7】 接【例 2-3】,20×3 年 4 月 10 日,甲公司向其子公司 A 公司销售产品一批，该批产品销售收入为100万元，销售成本为80万元，款项已收存银行。A公司从甲公司购入的商品全部未售出。甲公司已将该项交易的销售收入和销售成本在其个别利润表中列示。A公司将该存货价值反映在其个别资产负债表中。

甲公司编制合并财务报表时，应编制的抵销分录如下：

借：营业收入 1 000 000

　贷：营业成本 800 000

　　存货 200 000

表2-13 合并报表工作底稿 单位：万元

	母公司	子公司	合计	抵销分录		合并数
				借方	贷方	
营业收入	100			① 100		0
营业成本	80				① 80	0
利润	20					0
未分配利润	20					0
存货		100			① 20	80

对于内部商品购销交易的抵销，也可按如下方法进行抵销处理：

① 抵销当期内部销售收入。

借：营业收入（销售企业当期内部销售收入的数额）

　贷：营业成本

② 抵销期末存货价值中包含的未实现内部销售利润。

借：营业成本

　贷：存货

【例2-8】 接【例2-7】，编制抵销分录如下：

(1) 抵销当期内部销售收入和成本。

借：营业收入 1 000 000

　贷：营业成本 1 000 000

(2) 抵销期末内部购入存货中包含的未实现内部销售毛利。

借：营业成本 200 000

　贷：存货 200 000（1 000 000×20%）

表2-14 合并报表工作底稿 单位：万元

	母公司	子公司	合计	抵销分录		合并数
				借方	贷方	
营业收入	100	0		① 100		0
营业成本	80	0		② 20	① 100	0

续 表

	母公司	子公司	合计	抵销分录		合并数
				借方	贷方	
利润	20	0				0
未分配利润	20	0				0
存货		100			② 20	80

2. 存货跌价准备的抵销

如果购买企业对内部购买形成的存货计提存货跌价准备，当购买企业本期期末内部购进存货的可变现净值低于其取得成本，但高于该存货在合并财务报表中成本时，则应将购买企业本期根据内部购进存货所计提的存货跌价准备予以抵销（抵销金额≤内部销售的毛利）。

抵销分录如下：

借：存货跌价准备（本期根据内部购进存货计提的存货跌价准备的金额）

　　贷：资产减值损失

【例 2－9】 接【例 2－3】，20×3 年 4 月 10 日，甲公司向其子公司 A 公司销售产品一批，该批产品销售收入为 100 万元，销售成本为 80 万元，款项已收存银行。A 公司从甲公司购入的商品全部未售出。20×3 年年末，A 公司发现该存货的可变现净值为 94 万元，为此，A 公司对该存货计提存货跌价准备 6 万元。甲公司已将该项交易的销售收入和销售成本在其个别利润表中列示。A 公司将该存货价值反映在其个别资产负债表中。

甲公司编制合并财务报表时，应编制的抵销分录如下：

（1）抵销当期内部销售收入和成本。

借：营业收入　　1 000 000

　　贷：营业成本　　1 000 000

（2）抵销期末内部购入存货中包含的未实现内部销售毛利。

借：营业成本　　200 000

　　贷：存货　　200 000

（3）抵销根据内部购入存货计提的存货跌价准备。

借：存货跌价准备　　60 000

　　贷：资产减值损失　　60 000

表 2－15　合并报表工作底稿　　单位：万元

	母公司	子公司	合计	抵销分录		合并数
				借方	贷方	
营业收入	100	6	106	① 100		6
营业成本	80	0	80	② 20	① 100	0

续 表

	母公司	子公司	合计	抵销分录		合并数
				借方	贷方	
资产减值损失	0	6	6		③ 6	0
利润	20	0	20			6
未分配利润	20	0				6
存货		100			② 20	80
存货跌价准备		6		③ 6		0

假定20×3年年末A公司发现该存货的可变现净值为76万元，为此，A公司对该存货计提存货跌价准备20万元。

甲公司编制合并财务报表时，应编制的抵销分录如下：

借：营业收入　　1 000 000

　　贷：营业成本　　1 000 000

借：营业成本　　200 000

　　贷：存货　　200 000

借：存货跌价准备　　200 000

　　贷：资产减值损失　　200 000

3. 连续编制合并财务报表的情况下内部商品购销交易的抵销

(1) 将上期抵销的存货价值中包含的未实现内部销售利润对本期期初未分配利润的影响进行抵销。即按上期内部购进存货价值中包含的未实现内部销售利润的数额，编制抵销分录如下：

借：期初未分配利润(期初内部购入存货成本×上期销售企业的毛利率)

　　贷：营业成本

(2) 对于本期发生的内部商品购销活动，将内部销售收入和内部销售成本予以抵销。即按照本期销售企业内部销售收入的数额，编制抵销分录如下：

借：营业收入(内部销售企业的售价)

　　贷：营业成本

(3) 将期末内部购进存货价值中包含的未实现内部销售利润予以抵销。即按照期末存货价值中包含的未实现内部销售毛利的数额，编制抵销分录如下：

借：营业成本(期末内部购进存货的成本×销售企业的毛利率)

　　贷：存货

【例2-10】 接【例2-3】，20×3年4月10日，甲公司出售商品一批给其子公司A公司，售价(不含增值税)为100万元，款项均已收到，商品成本为80万元。截至20×3年12月31日，A公司向甲公司购买的上述存货中尚有50%未出售给集团外单位。A公司20×3年向甲公司购入存货所剩余的部分，至20×4年12月31日仍未出售给集团外单位。

20×4 年甲公司又出售给 A 公司一批商品，售价（不含增值税）为 200 万元，款项均已收到，商品成本为 140 万元。A 公司 20×4 年向甲公司购入的存货至 20×4 年 12 月 31 日全部未出售给集团外单位。

甲公司编制合并财务报表时，20×3 年应编制的抵销分录如下：

（1）抵销本期内部销售收入和成本。

借：营业收入　　1 000 000

　　贷：营业成本　　1 000 000

（2）抵销期末内部存货中包含的未实现的销售毛利。

借：营业成本　　100 000

　　贷：存货　　100 000（1 000 000×50%×20%）

20×4 年应编制的抵销分录如下：

（1）抵销期初内部存货中未实现销售的毛利。

借：期初未分配利润　　100 000（1 000 000×50%×20%）

　　贷：营业成本　　100 000

（2）抵销本期内部销售收入和成本。

借：营业收入　　2 000 000

　　贷：营业成本　　2 000 000

（3）抵销期末内部存货中包含的未实现的销售毛利。

借：营业成本 700 000[（1 000 000×50%×20%）+（2 000 000−1 400 000）]

　　贷：存货　　700 000

表 2-16　合并报表工作底稿　　单位：万元

	母公司	子公司	合计	抵销分录		合并数
				借方	贷方	
营业收入	200	0	200	② 200		0
营业成本	140	0	140	③ 70	① 10 ② 200	0
利润	60	0	60			0
年初未分配利润	20	0	20	① 10		10
未分配利润	80	0	80			10
存货		250			③ 70	180

4. 连续编制合并报表时，存货跌价准备的抵销

（1）将上期抵销的存货跌价准备对本期期初未分配利润的影响予以抵销。

借：存货跌价准备（或存货）

　　贷：期初未分配利润

（2）将本期根据内部购进存货所补提或冲销的存货跌价准备予以抵销。

借:存货跌价准备(或存货)

　　贷:资产减值损失

或者,

借:资产减值损失

　　贷:存货跌价准备(或存货)[当期冲销的多提数]

【例2-11】 接【例2-3】,20×3年4月10日,甲公司向其子公司A公司销售产品一批,该批产品销售收入为100万元,销售成本为80万元,款项已收存银行。A公司从甲公司购入的商品全部未售出。20×3年年末,A公司发现该存货已部分陈旧,其可变现净值为94万元,为此,A公司对该存货计提存货跌价准备6万元。

20×4年A公司又从甲公司购进商品200万元,母公司销售该商品的销售成本为140万元。A公司20×3年从甲公司购进的商品本期全部售出,销售价格为120万元;A公司同时结转已计提的存货跌价准备。

A公司20×4年从甲公司购进的商品已销售40%,销售价格为100万元;剩下的60%形成期末存货[存货成本为120万元(=200×60%)]。20×4年12月31日该内部购进商品的可变现净值为110万元,20×4年末计提存货跌价准备10万元。

(1) 抵销以前期间根据内部存货提取的存货跌价准备。

借:存货跌价准备　60 000

　　贷:期初未分配利润　60 000

(2) 抵销期初内部存货中未实现销售的毛利。

借:期初未分配利润　200 000

　　贷:营业成本　200 000

(3) 抵销本期内部销售收入和成本。

借:营业收入　2 000 000

　　贷:营业成本　2 000 000

(4) 抵销期末内部存货中包含的未实现的销售毛利。

借:营业成本　360 000

　　贷:存货　360 000(2 000 000×60%×30%)

(5) 抵销本期根据内部购入存货又补提的存货跌价准备。

借:存货跌价准备　40 000

　　贷:资产减值损失　40 000

表2-17　合并报表工作底稿　单位:万元

	母公司	子公司	合计	抵销分录		合并数
				借方	贷方	
营业收入	200	220	420	③ 200		220
营业成本	140	180	320	④ 36	② 20 ③ 200	136

续 表

	母公司	子公司	合计	抵销分录		合并数
				借方	贷方	
资产减值损失	0	4	4		⑤ 4	0
利润	60	36	96			84
年初未分配利润	20	0	20	② 20	① 6	6
未分配利润	80	36	116			90
存货		120	120		④ 36	84
存货跌价准备		10	10	① 6 ⑤ 4		0

(四) 内部固定资产交易的抵销

1. 固定资产内部交易的种类

对于企业集团内部固定资产交易，可以将其划分为三种类型。

(1) 企业集团内部企业将其使用的固定资产出售给另一企业，并作为固定资产入账。在这种情况下，进行抵销处理时，可按照变卖企业的变卖收入大于固定资产净值的金额(即变卖企业确认的营业外收入的金额)，编制如下抵销分录：

借：营业外收入

　　贷：固定资产

【例 2－12】 接【例 2－3】，甲公司将其账面价值为 10 万元的某项固定资产，以 12 万元的价格变卖给其子公司 A 公司，并确认营业外收入 2 万元。A 公司购入后作为固定资产使用，并以 12 万元作为固定资产的成本入账。

甲公司编制合并财务报表时，应编制的抵销分录如下：

借：营业外收入　　20 000

　　贷：固定资产　　20 000

(2) 企业集团内部企业将其使用的固定资产出售给另一企业，另一企业作为存货入账。

(3) 企业集团内部企业将其生产的产品销售给另一企业，并作为固定资产入账。

2. 内部固定资产交易的抵销

(1) 内部交易的固定资产交易发生当期的抵销处理。

① 抵销内部交易固定资产原价中包含的未实现内部销售利润。

借：营业收入(内部销售企业的售价)

　　贷：营业成本(内部销售企业的成本)

　　　　固定资产(固定资产原价中包含的未实现销售利润)

② 抵销本期根据包含未实现内部销售利润的固定资产原价多提的折旧。

借：累计折旧(内部交易固定资产本期多计提折旧的数额)

贷:管理费用

【例 2-13】 接【例 2-3】,甲公司 20×3 年 1 月 1 日出售一产品给其子公司 A 公司,售价(不含增值税)为 100 万元,增值税为 13 万元,产品成本为 80 万元,A 公司购入后作为固定资产使用,双方款项已结清。A 公司另外支付有关费用 3 万元,固定资产于当日交付管理部门使用,该固定资产预计使用年限 4 年,预计净残值为零。A 公司采用直线法计提折旧。为简化抵销处理,假定该固定资产交付使用当月就开始计提折旧。

甲公司 20×3 年编制合并财务报表时,应编制的抵销分录如下:

(1) 抵销固定资产原价中包含的未实现内部销售利润。

借:营业收入　　1 000 000
　贷:营业成本　　800 000
　　固定资产　　200 000

(2) 抵销本期根据包含未实现内部销售利润原价计提的折旧。

借:累计折旧　　50 000(200 000÷4)
　贷:管理费用　　50 000

表 2-18　合并报表工作底稿　　单位:万元

	母公司	子公司	合计	抵销分录		合并数
				借方	贷方	
营业收入	100	30	130	① 100		30
营业成本	80	0	80		① 80	0
管理费用		30			② 5	25
利润	20	0	20			5
未分配利润	20	0	20			5
固定资产		120			① 20	100
累计折旧		30		② 5		25

(2) 内部交易的固定资产使用会计期间的抵销处理。

① 抵销内部交易固定资产原价中包含的未实现内部销售利润。

借:期初未分配利润
　贷:固定资产

② 抵销以前期间多提的折旧。

借:累计折旧
　贷:期初未分配利润

③ 抵销本期又多提的折旧。

借:累计折旧
　贷:管理费用

【例 2-14】 接【例 2-13】,20×4 年(第二年)编制合并财务报表时,应编制的抵销分录如下：

(1) 抵销原价中包含的未实现内部销售利润。

借：期初未分配利润　　200 000

　贷：固定资产　　200 000

(2) 抵销以前年度多提的折旧。

借：累计折旧　　50 000

　贷：期初未分配利润　　50 000

(3) 抵销本期多提的折旧。

借：累计折旧　　50 000(200 000÷4)

　贷：管理费用　　50 000

表 2-19　合并报表工作底稿　　单位：万元

	母公司	子公司	合计	抵销分录		合并数
				借方	贷方	
营业收入	0	30	30			30
营业成本	0	0	0			0
管理费用		30			③ 5	25
利润	0	0	20			5
年初未分配利润	20		20	① 20	② 5	5
未分配利润	20	0	20			10
固定资产		120			① 20	100
累计折旧		60		② 5 ③ 5		50

20×5 年(第三年)编制合并财务报表时，应编制的抵销分录如下：

(1) 抵销原价中包含的未实现内部销售利润。

借：期初未分配利润　　200 000

　贷：固定资产　　200 000

(2) 抵销以前年度多提的折旧。

借：累计折旧　　100 000

　贷：期初未分配利润　　100 000

(3) 抵销本期多提的折旧。

借：累计折旧　　50 000

　贷：管理费用　　50 000

3. 内部交易的固定资产清理会计期间的抵销处理

固定资产清理时可能出现三种情况：期满清理、超期清理、提前清理。编制合并财务报表时，应根据具体情况进行抵销处理。

(1) 内部交易的固定资产使用期限届满进行清理时的抵销处理。在这种情况下，只要将内部交易固定资产清理当期多计提的折旧予以抵销，并调整期初未分配利润。

借：期初未分配利润

贷：管理费用

【例 2－15】 接【例 2－13】，A 公司在 20×6 年（第四年）12 月该固定资产使用期满时对其报废清理，该固定资产清理当期多计提折旧 5 万元（＝20÷4）。

编制的抵销分录如下：

借：期初未分配利润	50 000	
贷：管理费用		50 000

(2) 内部交易的固定资产超期使用进行清理时的抵销处理。

① 抵销固定资产原价中包含的未实现内部销售利润。

借：期初未分配利润

贷：固定资产

② 抵销以前会计期间多计提的折旧，并调整期初未分配利润。

借：累计折旧（以前会计期间多计提的折旧额）

贷：期初未分配利润

由于固定资产超期使用不计提折旧，所以不存在抵销当期多计提折旧的问题。在固定资产超期使用后进行清理时，当期不需要进行抵销处理。

(3) 内部交易的固定资产交易使用期限未满提前进行清理时的抵销处理。

借：期初未分配利润（固定资产原价中包含的未实现内部销售利润的数额）

贷：营业外收入

借：营业外收入

贷：年初未分配利润（以前各期累计多提的折旧）

借：营业外收入

贷：管理费用（当期多提的折旧）

如果固定资产清理结果是损失应计入营业外支出，上述“营业外收入”科目改为“营业外支出”科目。

【例 2－16】 接【例 2－13】，假如 A 公司在 20×5 年 12 月以 35 万元出售该固定资产。

A 公司清理的有关会计分录如下：

借：累计折旧	900 000	
固定资产清理	300 000	
贷：固定资产		1 200 000
借：银行存款	350 000	
贷：固定资产清理		350 000
借：固定资产清理	50 000	

贷:营业外收入 50 000

20×5 年编制合并财务报表时,应编制的抵销分录如下:

借:年初未分配利润 200 000

贷:营业外收入 200 000

借:营业外收入 100 000

贷:年初未分配利润 100 000

借:营业外收入 50 000

贷:管理费用 50 000

(4) 固定资产减值准备的抵销。

借:固定资产减值准备

贷:期初未分配利润(以前期间多提减值准备数)

借:固定资产减值准备

贷:资产减值损失(当期多提减值准备数)

(五) 无形资产交易的抵销

1. 内部交易的无形资产交易发生当期的抵销处理

(1) 抵销内部无形资产交易确认的营业外收入及无形资产价值中包含的未实现内部销售利润。

借:营业外收入

贷:无形资产

(2) 抵销当期根据包含未实现内部销售利润的无形资产价值多摊销的金额。

借:无形资产(当期该内部交易的无形资产多摊销的金额)

贷:管理费用

【例 2-17】 接【例 2-3】,20×2 年 1 月 1 日,甲公司将一项无形资产出售给其子公司 A 公司(所有权),该项无形资产账面余额为 300 万元,售价为 400 万元,尚可使用年限为 5 年,假如不考虑相关税费。

甲公司 20×2 年编制合并财务报表时的有关抵销分录如下:

(1) 抵销无形资产价值中包含的未实现内部销售利润。

借:营业外收入 1 000 000

贷:无形资产 1 000 000

(2) 抵销本期多摊销的无形资产。

借:无形资产 200 000(1 000 000÷5)

贷:管理费用 200 000

2. 内部交易的无形资产使用会计期间的抵销处理

(1) 抵销内部交易无形资产价值中包含的未实现内部销售利润。

借:期初未分配利润

贷:无形资产

(2) 抵销以前会计期间内部交易无形资产多摊销的金额，并调整期初未分配利润。

借：无形资产

  贷：期初未分配利润

(3) 抵销本期内部交易无形资产多摊销的无形资产。

借：无形资产

  贷：管理费用

【例 2-18】 接【例 2-17】，甲公司 20×3 年(第二年)编制合并财务报表时，应当编制的抵销分录如下：

借：年初未分配利润	1 000 000	
贷：无形资产		1 000 000
借：无形资产	200 000	
贷：年初未分配利润		200 000
借：无形资产	200 000	
贷：管理费用		200 000

(六) 内部权益性投资收益与子公司利润分配项目的抵销

(1) 在纳入合并范围的子公司为全资子公司的情况下，编制抵销分录如下：

借：投资收益

  期初未分配利润

  贷：提取盈余公积

    向投资者分派股利

    未分配利润

【例 2-19】 接【例 2-17】，假定 A 公司 20×4 年度实现净利润 100 万元，年初未分配利润为 100 万元。A 公司本期提取盈余公积 20 万元，分配现金股利 130 万元，未分配利润为 50 万元。

甲公司编制合并财务报表时，应编制的抵销分录如下：

借：投资收益	1 000 000	
期初未分配利润	1 000 000	
贷：提取盈余公积		200 000
向投资者分派股利		1 300 000
未分配利润		500 000

(2) 纳入合并范围的子公司为非全资子公司的情况下，编制抵销分录如下：

借：投资收益

  少数股东收益

  期初未分配利润

  贷：提取盈余公积

    向投资者分派股利

未分配利润

【例 2 - 20】 接【例 2 - 2】，假定 M 公司拥有 A 公司 80%的股份，A 公司 20×4 年度实现净利润 100 万元，年初未分配利润为 100 万元。A 公司本期提取盈余公积 20 万元，分配现金股利 130 万元，未分配利润为 50 万元。

M 公司编制合并财务报表时，应编制的抵销分录如下：

借：投资收益	800 000	
少数股东收益	200 000	
年初未分配利润	1 000 000	
贷：提取盈余公积		200 000
向投资者分派股利		1 300 000
未分配利润		500 000

（七）内部提取盈余公积的抵销

盈余公积是根据公司法的要求由单个企业根据当期实现的净利润提取的，从整个企业集团来说，子公司当期实现的净利润，子公司据以计提了盈余公积，母公司根据包含子公司投资收益的净利润也计提了盈余公积，即整个集团根据子公司当期实现的净利润计提了两次盈余公积。而企业集团计提的盈余公积，并不会因为编制合并报表而消失，但在抵销分录中，已将子公司的盈余公积全额抵销，因此，必须将被抵销的盈余公积再抵销，即予以恢复，调整合并盈余公积的数额。

(1) 在纳入合并范围的子公司为全资子公司的情况下，应当按照子公司提取的盈余公积的数额抵销。

① 调整子公司当期提取的内部盈余公积。

借：提取盈余公积（子公司本期提取的盈余公积）

　　贷：盈余公积

② 调整子公司以前年度提取的内部盈余公积。

借：期初未分配利润（子公司以前年度提取的盈余公积）

　　贷：盈余公积

注意：提取盈余公积不能写成“利润分配——提取盈余公积”，因为抵销分录必须用报表项目，不能用会计科目。

【例 2 - 21】 接【例 2 - 3】，A 公司个别资产负债表中期末“盈余公积”项目的数额为 50 万元，其中本期提取盈余公积的数额为 20 万元，期初盈余公积的数额为 30 万元。

甲公司编制合并财务报表时，应编制的抵销分录如下：

借：提取盈余公积	200 000	
贷：盈余公积		200 000
借：期初未分配利润	300 000	
贷：盈余公积		300 000

(2) 在纳入合并范围的子公司为非全资子公司的情况下，应当按照当期子公司提取

的盈余公积中母公司拥有的数额抵销。

① 调整子公司当期提取的内部盈余公积。

借:提取盈余公积(子公司本期提取的盈余公积×母公司持股比例)

　　贷:盈余公积

② 调整子公司以前年度提取的内部盈余公积。

借:期初未分配利润(子公司以前年度提取的盈余公积×母公司持股比例)

　　贷:盈余公积

母公司直接和间接方式合计拥有、控制被投资企业半数以上权益性资本的抵销。

【例 2-22】 接【例 2-2】,假定 M 公司拥有 A 公司 80%的股份,A 公司个别资产负债表中期末"盈余公积"项目的数额为 50 万元,其中本期提取盈余公积的数额为 20 万元,期初盈余公积的数额为 30 万元。

甲公司编制合并财务报表时,应编制的抵销分录如下:

借:提取盈余公积	160 000(200 000×80%)	
贷:盈余公积		160 000
借:期初未分配利润	240 000(300 000×80%)	
贷:盈余公积		240 000

三、商誉及其处理方法

(一) 商誉概述

对于商誉的准确定义,国内并没有一个统一化的认识。关于商誉本质的认识,在国际上也是一个难题,20 世纪 70 年代,亨德里克森在《会计理论》中提出了商誉的"三元论",即好感价值论、超额收益论和总计价账户论。这是会计界首次对于争论不休的商誉本质进行的一次权威总结。国际会计准则将商誉定义为"由不能分别辨认并单独确认的资产所形成的未来经济利益"。

目前国际上对商誉的本质形成了三点被普遍接受的观点。第一,商誉是可以为企业带来超额盈利的要素和情形;第二,商誉是预期未来超额盈利;第三,商誉是企业总体价值与单个可辨认净资产价值的差额。其中,前两点被称为"超额收益论",第三点被称为"总计价账户论"。再进一步联系到商誉确认角度,超额收益论对应商誉的直接计量法,总计价账户论对应商誉的间接计量法。

直接计量法是在假设企业永续经营的基础上,采用适当资本化率或折现率将超额盈利进行贴现得到商誉,又称为超额收益法;间接计量法是以合并对价减去被合并企业可辨认净资产公允价值中母公司享有的部分作为商誉的价值,又称为割差法。在实务操作中,由于直接计量法含有过多的主观因素,且忽略了其他能形成超额盈利的资产,因此实务中通常采用间接计量法。

商誉依据其来源不同,可以分为自创商誉和外购商誉。自创商誉是由于企业所处地理位置的优势或是由于经营效率高、历史悠久、人员素质高等多种因素,与同行企业比较，可以获得超额利润。外购商誉是指由于企业合并采用购买法进行核算而形成的商誉。但由于国际上对自创商誉的确认没有明确的计量规范，通常只对外购商誉进行讨论和研究。

(二) 商誉减值计量及企业合并下商誉减值的注意事项

企业合并形成的商誉，至少应当在每年年度终了进行减值测试。商誉应当结合与其相关的资产组或资产组组合进行减值测试。

需要注意的是，在对包含商誉的相关资产组或者资产组组合进行减值测试时，如与商誉相关的资产组或资产组组合存在减值迹象的，应当就其可收回金额低于账面价值的部分确认减值损失，减值损失金额应当先抵减分摊至资产组或资产组组合中商誉的账面价值，再根据资产组或者资产组组合中除商誉外其他各项资产的账面价值所占比重，按比例抵减其他各项资产的账面价值。

另外，当存在少数股东权益时，虽然在合并财务报表中反应的商誉，不包括子公司归属于少数股东权益的商誉，但对相关资产组或资产组组合进行减值测试时，应当将归属于少数股东权益的商誉包括在内，进行减值测试。据此计算出的商誉减值损失包括了应由少数股东权益承担的部分，应当将该损失在可归属于母公司和少数股东权益之间按比例进行分摊，以确认归属于母公司的商誉减值损失。

本章综合案例

“江山争夺战”

讨论主题：合并财务报表的合并范围与会计信息真实性①

一、案例概况

中国华源集团有限公司(简称“华源集团”)成立于1992年，在此后的数十年内迅速发展成为中国最大的医药及纺织集团，拥有华源制药、华源发展等多家上市公司。江苏江山制药有限公司(简称“江山制药”)成立于1990年，是我国四大维C生产商之一。“江山争夺战”爆发初期是中国维C产业的黄金时期。在此期间，江山制药的业绩表现十分突出。

2000年，华源集团收购了原江山制药第一大股东——江苏靖江葡萄糖厂91.3%的股份，并将其更名为“江苏华源药业有限公司”(简称“江苏华源”)。同年8月，华源集团与其上市子公司——浙江凤凰化工股份有限公司(简称“凤凰化工”，证券代码600656)签订股权置换协议，将其持有的江苏华源91.3%的股份与凤凰化工持有的股权资产进行置换。凤凰化工随后更名为上海华源制药股份有限公司(简称“华源制药”)。置换完成后，江山制药的股权结构如图2-7所示。

① 周华，吴晶晶，戴德明，等.合并报表的利弊对经济监管规则的潜在影响研究：以江山制药并表权纠纷为例[J].中国软科学，2018(2)：177-185.

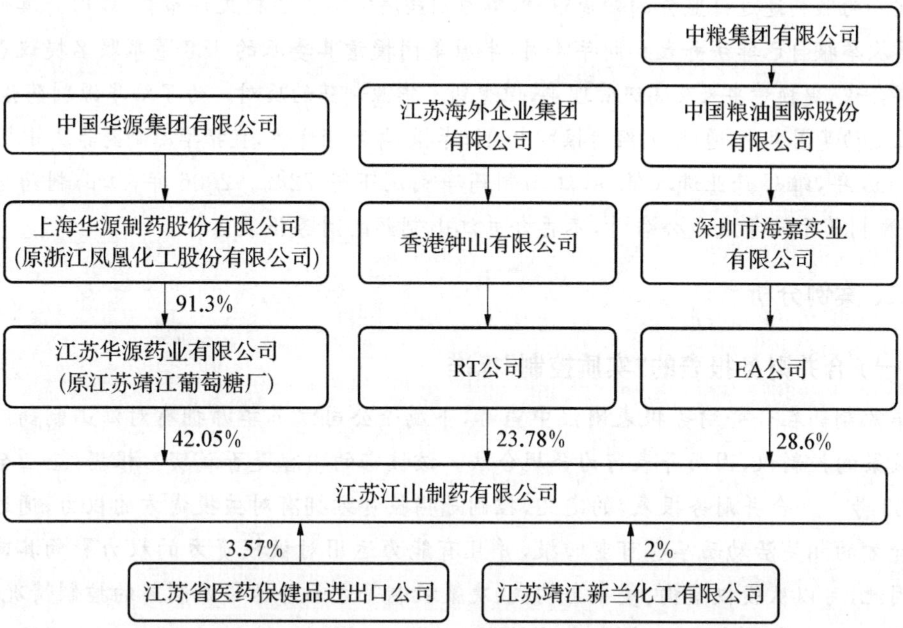

图 2-7 华源集团资产置换完成后江山制药的股权结构图

其中,江苏华源持股42.05%,为第一大股东,RT公司和EA公司分别持股23.78%和28.6%。华源制药持有江苏华源91.3%的股份,是其控股股东。

2001—2005年,江苏华源作为第一大股东,将江山制药的业绩纳入合并报表。华源制药作为江苏华源的控股母公司,亦作此处理。

2001年,安徽丰原集团有限公司(简称"丰原集团")确立了重点发展生化产业的战略方向,收购江山制药是其实现战略转型的关键环节。但江山制药的公司章程规定"任何一方股东转让其全部或部分出资额时,另四方有优先购买权"。因此,丰原集团虽然能够通过收购EA公司和RT公司实际控制江山制药过半股权,但是通过两个公司分别持有的,仍然不是法律意义上的第一大股东。为奠定控制江山制药的法律基础,丰原集团授意EA公司和RT公司股东(分别为中粮集团和江苏海企),提出修改江山制药的公司章程。此举显然削弱了华源制药对江山制药的实际控制力,但为了使中粮集团和江苏海企认可其合并江山制药财务业绩的行为,华源制药同意修改章程。

2002年8月,江山制药召开三届九次董事会,会议通过了《关于同意修改合营公司合同、章程的决议》和《关于江苏华源并表问题的内部协议》(以下简称《并表协议》)。修改后的章程规定"股东之间以不低于合营公司净资产的价格转让全部或部分股权时,其他各方相互放弃购买权"。《并表协议》声明"董事会同意江苏华源合并江山制药的财务报表,但江苏华源的权利仅限于合并财务报表,不包括超过合同和章程规定之外的权利"。丰原集团迅速收购了EA公司和RT公司,实际控制江山制药52.38%的股权。得知该消息后的华源制药积极游说监管部门,试图阻挠章程修改文件的审批。丰原集团则联合江山制药的股东予以反击,声明华源制药非法合并江山制药的财务报表。

2003年3月,华源制药董事会通过了《关于公司本次配股发行方案的预案》,积极筹备配股事宜。为顺利通过证监会的融资审核，华源制药决定不再阻挠文件审批，以防止其他四方股东再次举报自己非法并表。同年4月，丰原集团授意其委派的4名董事联名提议召开临时董事会议，更换董事长及高级管理层，但遭到了华源制药的反对。为了给华源制药施压，丰原集团发动新闻舆论，通过《财经时报》《中国证券报》等财经媒体，直指华源制药非法并表。

2005年，维C产业进入低谷，江山制药净利润下降72%。2006年，江山制药全面亏损，华源制药于同年发布公告称，不再合并江山制药的财务报表。

二、案例分析

（一）合并财务报表的"实质控制"标准

华源制药在合并财务报表附注中声称，下属子公司江苏华源拥有对江山制药经营和财务政策的控制权，因而并表行为合规合法。该披露的内容是否属实？根据《企业会计准则第33号——合并财务报表》的定义，控制是指投资方拥有对被投资方的权力，通过参与被投资方的相关活动而享有可变回报，并且有能力运用对被投资方的权力影响其回报金额。因此，可以从股权结构、董事会构成、决策机制等方面评估华源制药的控制情况，以探究其是否存在滥用"实质控制"标准的行为。

1. 股权结构

如图2-8所示，江苏华源为第一大股东，但不是控股股东。华源制药通过江苏华源仅持有42.05%的股权，而丰原集团通过EA公司和RT公司持有52.38%的股权。

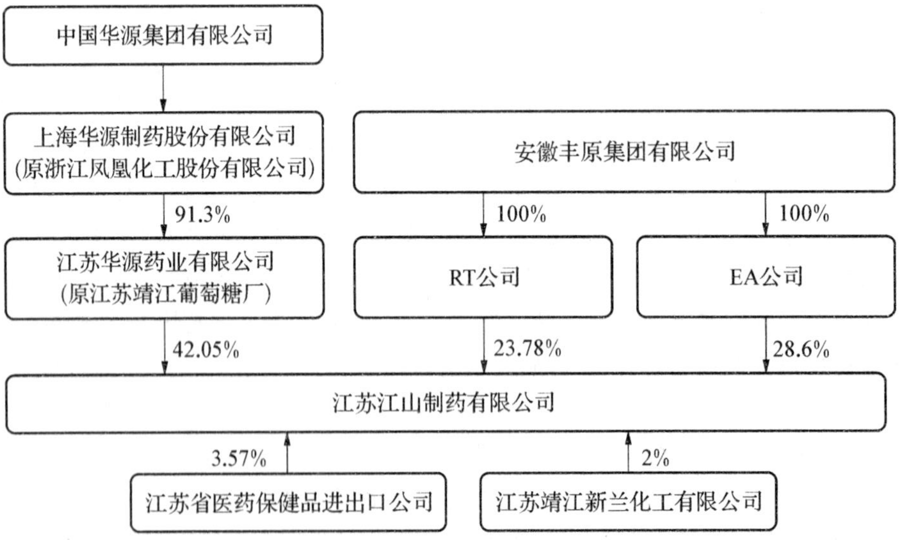

图2-8 丰原集团收购EA公司和RT公司后江山制药的股权结构图

2. 董事会构成

从董事会席位的绝对数和对董事的实际控制来看，华源制药无法对江山制药董事会实施有效控制。江山制药属于中外合资经营企业，适用《中华人民共和国中外合资经营企业法实施条例》(以下简称《实施条例》)。《实施条例》第30条指出,“董事会是合营企业的最高权力机构,决定合营企业的一切重大问题”。从董事会的组成来看,江山制药董事会共有8名董事,江苏华源占3席,未过半数,而丰原集团实际控制了4席。从对董事的控制力来看,江苏华源与其委派的董事在“江山争夺战”爆发期间存在严重的利益冲突,导致前者无法有效地控制后者。在江苏华源委派的3名董事中,有两名董事是江山制药的高级管理人员,持有江山制药2%的股权。华源集团把江山制药装进上市公司的做法,打乱了江山制药的上市计划,损害了管理层的利益。管理层为重新启动上市计划,同意引入丰原集团来制衡华源集团。在江山制药三届九次董事会上,包括这两名董事在内7名董事均同意修改公司章程,仅江苏华源董事长表示反对。

3. 决策机制

合营企业的决策方式和董事会的内部斗争,导致华源制药难以控制江山制药的经营管理决策。根据《实施条例》第33条和江山制药章程的规定,公司的中止、解散、合并、分立,章程的修改,注册资本的增减,以及经营方针、发展规划、利润分配方案等几乎所有的重大事项,均需由出席董事会会议的董事一致通过方可作出决议。由于董事会成员分别由各方股东委派,因此在理论上,任何一方股东均无法单独决定公司的重大事项。合营企业为避免董事会决策出现僵局,通常会将经营管理决策权授予总经理。在本案中,江苏华源与其他四方股东存在难以调和的矛盾,江山制药董事会会议多次被推迟,董事会决议机制难以正常运行。这些事实表明,华源制药的控制力较弱,而管理层的控制力加强。

事实上,华源制药曾在其他四方股东不知情的情况下,伪造了一份关于董事会同意江苏华源并表的协议,以应对外部审计师对合并范围的质疑。这表明,华源制药明确知道并表行为不符合“实质控制”标准,但依然利用该标准的弹性和模糊性,对外声称拥有控制权。

(二) 合并财务报表的合并范围

以控制为基础的合并范围标准具有一定弹性,赋予了企业较多的职业判断空间。它允许报表编制者在参考各类因素后作出综合判断,导致合并范围的确定常常取决于投资方的意图。因此,华源制药在不拥有控制权的情况下依然能够长期合并江山制药的财务报表。

《企业会计准则第33号——合并财务报表》实际上把“控制”的判断归结为两种情形——半数以上表决权标准和实质控制标准。

第一,拥有“半数以上的表决权”的情形。对于被投资方是股份有限公司的情形,《公司法》有明确的规定,拥有被投资方“半数以上的表决权”,即意味着“控制”,对于有限责任公司亦然。但实践中,却出现了利用该规则调节合并范围的现象。某控股公司曾在一年之内将持股比例先是从51%调到49%,之后又调回51%。

第二,不拥有被投资方“半数以上的表决权”但拥有实质控制能力的情形。在这种情形下,由于举证困难,很难确定投资方是否对被投资方拥有控制能力。例如,《企业会计准则第33号——合并财务报表》列举了构成控制的四种情况,其中,第一种情况是“通过与被投资单位其他投资者之间的协议，拥有被投资单位半数以上的表决权”很难被证实，是否出示该协议，取决于缔约方的意思。依合同法原理，合同仅对缔约各方具有拘束力，而外界无法得知该合同是否存在。这不可避免地导致合并范围的确定有时最终取决于母公司的“想法”。在实践中，某些企业的控制主体不是大股东，甚至不是股东。

之所以难以合理地界定合并范围，是因为企业集团本身并不是独立的经营主体，也不是法律上承认的民事主体，因此，没有法律证据能够确切地划定企业集团的边界。《企业集团登记管理暂行规定》指出，企业集团是“企业法人联合体”，事业单位法人、社会团体法人也可以成为企业集团成员。《企业会计准则第33号——合并财务报表》所称的“子公司”含义更广，不仅包括企业法人，还包括基金、信托、特殊目的实体等成员单位。因此，合并财务报表很难准确反映“企业集团”的财务状况和经营业绩。

首先，合并范围的模糊性，使得江山制药并表权的归属，不再由真实的控制情况和会计准则决定，而成为各方股东协商和博弈的结果。“江山争夺战”初期，华源制药与江山制药前股东——中粮集团和江苏海企达成利益交换协议，即华源制药同意修改公司章程，作为回报，其他股东许可华源制药合并江山制药的财务报表。后来，处于配股审核关键期的华源制药找丰原集团协商，声称同意丰原集团控股江山制药，但希望对方能在自己配股工作完成前让出并表权。

其次，会计规则弹性有助于掩盖审计合谋，扩大报表编制者和审计师的谈判空间。在本案中，负责审计的东华会计师事务所曾对华源制药的合并范围提出质疑，但当华源制药向其出示《并表协议》后，便立即认可了并表行为。从内容上看，该决议明确指出“江苏华源的权利仅限于合并江山制药的财务报表，不包括合同和章程规定之外的权利”。从签订过程上看，该决议的签署是以华源制药同意修改章程、转让股权等一系列的妥协为代价的。其本质是“以控制权换并表权”，标志着华源制药的控制力进一步下降。可见，《并表决议》无法为华源制药的控制权提供直接证据，但外部审计师依然为其合并报表出具了无保留意见。

（三）合并财务报表与企业并购

“江山争夺战”爆发期间，华源制药不顾各方股东的强烈反对，始终坚持将江山制药纳入合并报表。胡杰武(2016)指出，我国资本市场上普遍存在以盈余管理为目的的报表式重组，即上市公司通过并购重组在短期内提升账面业绩，以迎合监管要求。以合并财务数据为基础的再融资制度，使得企业有强烈的动机美化合并业绩①。华源集团深谙资本运作之道，形成了“上市—并购—重组—再融资”的扩张模式。具体而言，华源集团利用上市子公司的平台进行融资，并将融资所得的资金用于兼并收购，然后通过资产重组将并购所得的优质资产注入上市子公司，美化上市公司业绩，上市公司凭借良好业绩进行再融资，为下一轮的并购重组提供资金。华源集团收购江苏华源正是这一资本循环过程的重要环

① 证监发〔1999〕12号和证监发〔2002〕55号规定，申请配股融资的上市公司最近3个会计年度的净资产收益率平均不低于10%，且最近1个会计年度的净资产收益率不低于10%。根据《公开发行证券的公司信息披露内容与格式准则第2号〈年度报告的内容与格式〉》的要求，编制合并财务报表的公司应当按合并财务数据填列相关数据、计算财务指标。

节。华源集团在收购江苏华源后，迅速通过股权置换将其转入华源制药旗下。显然，此次收购的目的之一，就是把江苏华源下属的江山制药装进上市公司中，通过合并江山制药的良好业绩来美化华源制药的财务报表，从而为配股融资做准备。表2-20列示了华源制药合并江山制药前后的部分财务数据。2001年以前，华源制药净资产收益率均低于10%。但在合并江山制药的财务业绩后，各项指标均呈现明显增长。2000—2002年，净资产收益率分别为9.75%、12.8%和12.14%，加权平均收益率超过10%。

表2-20 华源制药1999—2002年的主要财务指标

财务指标	1999年	2000年	2001年	2002年
主营业务收入(万元)	33 113.48	26 444.57	61 377.74	88 798.94
净利润(万元)	1 097.23	1 380.18	1 886.86	2 026.22
总资产(万元)	78 489.62	40 515.88	120 888.68	137 464.65
净资产收益率(%)	8.55	9.75	12.80	12.14

上市公司在配股或公开增发新股前会通过盈余管理来美化业绩，以提高股票发行价格(陈小悦等，2000)。是否编制合并报表，虽不影响华源制药净利润的数额，却影响净利润的构成。若编制合并报表，则江山制药的财务业绩属于主营业务利润；若采用权益法，则该项收益属于投资收益。表2-20显示，华源制药的主营业务收入，在2001年以前呈现下降趋势，但在合并江山制药后实现了132%的增长。华源制药2003年6月发布的公告也表明，2001—2003年第1季度，江山制药对其主营业务收入的贡献率高达50%。可见，产销两旺的江山制药是华源制药医药产业的核心资产。把江山制药纳入合并报表，有助于塑造一个优秀医药企业的形象，从而为配股宣传造势。而随着江山制药2006年的业绩大幅下滑，华源制药主动终止并表行为，更加印证了其通过合并报表粉饰财务业绩的行为。

由此可见，合并财务报表由于其自身的制度弹性，容易被企业用于美化账面业绩。利用合并财务报表做大规模和利润，迎合“并表”监管制度，成为促使上市公司积极参与并购重组的重要动机。

(四) 合并财务报表的会计信息真实性

合并财务报表应当反映集团整体的财务状况和经营成果。然而，对于华源制药而言，并表权事关集团的配股融资计划，合并报表是其用于美化业绩、融资圈钱的工具。在配股审核的关键期，江山制药对华源制药主营业务收入的贡献率超过50%，对合并净利润的贡献率高达70%。如果没有合并江山制药，华源制药的核心业务不突出，账面业绩难以满足配股要求。后续事实表明，失去江山制药并表权后，华源制药很快因为经营困难、财务造假等问题而被证监会实施退市风险警示。可见，合并财务报表不仅没有反映企业的财产权利和经营成果，反而被用于掩盖真实的经营状况。对于丰原集团而言，对江山制药的控制权事关集团的战略转型，而“并表权”只是帮助其取得控制权的工具。

由此可见，在实务中，合并财务报表容易沦为资本斗争的附庸和利益交换的筹码。合并财务报表的合并范围，不再依据会计规则和经济实质来确定，而成为参与控制权斗争的双方进行利益交换的结果。由此生成的合并财务信息，其真实性和有用性值得质疑，并将损害证券市场上的会计监管的有效性。

三、案例启示

第一，真实可靠的证券披露信息是保证经济金融监管有效性、防范金融风险的重要基石，应当从信息真实性出发完善证券信息披露制度，审慎分析弹性化的会计规则。要求企业在对外披露合并财务报表时进行风险提示。此外，证券监管制度应当调整过分倚重合并财务报表数据的并表监管理念，综合运用财务和非财务信息进行监管与治理。

第二，应加紧完善国有资本收益和国有资产保值增值的评价考核体系。鉴于合并报表缺乏证据力和公信力，对中央企业的业绩考核需要审慎看待合并报表信息的有用性。一方面，要注重发挥个别会计报表的作用，避免过度依赖合并财务报表，从而为国有企业收益考核和国有资本保值增值提供真实可靠的信息。另一方面，要按照国有企业的功能分类，丰富考核内涵，完善分类监管制度。

本章思考题

1. 为什么对投资性主体母公司进行特殊规定？

2. 投资性主体相关规定中，为什么提供相关服务的子公司例外？

本章练习题

1. 华兴公司20×2年2月2日从其拥有80%股份的被投资企业华达公司购进其生产的设备一台。华达公司销售该产品的销售成本为84万元，销售价款为120万元，销售毛利率为30%。华兴公司支付价款总额为135.6万元(含增值税)，另支付运杂费1万元、保险费0.6万元、发生安装调试费用8万元，于20×2年5月20日竣工验收交付使用。华兴公司采用直线法计提折旧，该设备用于行政管理，使用年限为3年，预计净残值为原价的4%(注：抵销该固定资产包含的未实现内部销售利润时不考虑净残值)。

要求：

(1) 计算确定华兴公司购入该设备的入账价值；

(2) 计算确定华兴公司该设备每月应计提的折旧额；

(3) 假定该设备在使用期满时进行清理，编制华兴公司20×2年度、20×3年度、20×4年度、20×5年度合并财务报表时有关购买、使用该设备的抵销分录；

(4) 假定该设备于20×4年5月10日提前进行清理，在清理中发生清理费用5万元，设备变价收入74万元(为简化核算，有关税费略)。编制华兴公司20×4年度合并财务报表时有关购买、使用该设备的抵销分录。(答案以万元为单位)

2. 甲上市公司(以下简称甲公司)20×4年至20×6年发生的有关交易或事项如下：

(1) 20×4 年 8 月 30 日,甲公司公告购买丁公司持有的乙公司 60%股权。购买合同约定,以 20×4 年 7 月 31 日经评估确定的乙公司净资产价值 52 000 万元为基础,甲公司以每股 6 元的价格定向发行 6 000 万股本公司股票作为对价,收购乙公司 60%股权。

12 月 26 日,该交易取得证券监管部门核准;12 月 30 日,双方完成资产交接手续;12 月 31 日,甲公司向乙公司董事会派出 7 名成员,能够控制乙公司的财务和经营决策;该项交易后续不存在实质性障碍。

12 月 31 日,乙公司可辨认净资产以 7 月 31 日评估值为基础进行调整后的公允价值为 54 000 万元(有关可辨认资产、负债的公允价值与账面价值相同)。当日,乙公司股本为 10 000 万元,资本公积为 20 000 万元,盈余公积为 9 400 万元,未分配利润为 14 600 万元;甲公司股票收盘价为每股 6.3 元。

20×5 年 1 月 5 日,甲公司办理完毕相关股份登记,当日甲公司股票收盘价为每股 6.7 元,乙公司可辨认净资产公允价值为 54 000 万元;1 月 7 日,完成该交易相关验资程序,当日甲公司股票收盘价为每股 6.8 元,期间乙公司可辨认净资产公允价值未发生变化。

该项交易中,甲公司为取得有关股权以银行存款支付评估费 100 万元、法律费 300 万元,为发行股票支付券商佣金 2 000 万元。

甲、乙公司在该项交易前不存在关联关系。

(2) 20×5 年 3 月 31 日,甲公司支付 2 600 万元取得丙公司 30%股权并能对丙公司施加重大影响。当日,丙公司可辨认净资产的账面价值为 8 160 万元,可辨认净资产公允价值为 9 000 万元,其中,有一项无形资产公允价值为 840 万元,账面价值为 480 万元,该无形资产预计仍可使用 5 年,预计净残值为零,采用直线法摊销;一项固定资产公允价值为 1 200 万元,账面价值为 720 万元,预计仍可使用 6 年,预计净残值为零,采用年限平均法计提折旧。假定上述固定资产或无形资产均自甲公司取得丙公司 30%股权后的下月开始计提折旧或摊销。

丙公司 20×5 年实现净利润 2 400 万元,其他综合收益减少 120 万元,假定有关利润和其他综合收益在年度中均匀实现。

(3) 20×5 年 6 月 20 日,甲公司将本公司生产的 A 产品出售给乙公司,售价为 300 万元,成本为 216 万元。乙公司将取得的 A 产品作为管理用固定资产,取得时即投入使用,预计使用 5 年,预计净残值为零,采用年限平均法计提折旧。至 20×5 年年底,甲公司尚未收到乙公司购买 A 产品的价款。甲公司对账龄在 1 年以内的应收账款(含应收关联方款项)按照账面余额的 5%计提坏账准备。

(4) 乙公司 20×5 年实现净利润 6 000 万元,其他综合收益增加 400 万元。乙公司 20×5 年 12 月 31 日股本为 10 000 万元,资本公积为 20 400 万元,盈余公积为 10 000 万元,未分配利润为 20 000 万元。

(5) 甲公司 20×5 年向乙公司销售 A 产品形成的应收账款于 20×6 年结清。

其他有关资料:甲、乙公司均为增值税一般纳税人,适用的增值税税率均为 13%,本题不考虑除增值税外的其他相关税费;售价均不含增值税;本题中有关公司均按净利润的 10%提取法定盈余公积,不提取任意盈余公积。

要求：

（1）确定甲公司合并乙公司的购买日，并说明理由；计算该项合并中应确认的商誉，并编制相关会计分录。

（2）确定甲公司对丙公司投资应采用的核算方法，并说明理由；编制甲公司确认对丙公司长期股权投资的会计分录；计算甲公司 20×5 年持有丙公司股权应确认的投资收益，并编制甲公司个别财务报表中对该项股权投资账面价值调整相关的会计分录。

（3）编制甲公司 20×5 年 12 月 31 日合并乙公司财务报表相关的调整和抵销分录。

（4）编制甲公司 20×6 年 12 月 31 日合并乙公司财务报表时，抵销上年双方未实现内部交易对期初未分配利润影响的会计分录。

本章主要参考文献

[1] APB 16：Business Combinations，1970.

[2] IASB. International Financial Reporting Standard NO. 10：Consolidated Financial Statements，2012.

[3] FASB. Proposed Statement of Financial Accounting Standards：Business Combinations and Intangible Assets，1999.

[4] FASB. Statement of Financial Accounting Standards NO.141：Business Combinations，2001.

[5] FASB. Proposed Statement of Financial Accounting Standards：Business Consolidated Financial Statements：Policy and Purpose，1995.

[6] 陈少华. 财务会计研究[M]. 北京：中国金融出版社，2007.

[7] 陈小悦，肖星，过晓艳. 配股权与上市公司利润操纵[J]. 经济研究，2000，35(1)：30－36.

[8] 邓小洋. 高级财务会计学[M]. 上海：立信会计出版社，2009.

[9] 傅荣. 合并理论与少数股权计量约制："全部商誉法"引发的思考[J]. 东北财经大学学报，2007(3)：77－80.

[10] 胡杰武. 中联重科并购 CIFA 获得了什么？：5 周年之后的回顾与反思[J]. 中国软科学，2016(4)：150－165.

[11] 季晓云. 论我国合并会计报表的合并理论[J]. 会计之友，2006(11)：25－26.

[12] 李广威，李玉菊，吴思远，等. 商誉直接计量法与间接计量法的评价及选择分析[J]. 中国市场，2016(50)：200－201.

[13] 王富炜. 资产评估与管理[M]. 北京：中国林业出版社，2000.

[14] 梁爽. 关于合并报表中期初未分配利润调整分录的探讨[J]. 财务与会计，2009(19)：41－42.

[15] 刘永泽，傅荣. 高级财务会计[M]. 2 版. 大连：东北财经大学出版社，2009.

[16] 汤湘希. 高级财务会计[M]. 北京：经济科学出版社，2008.

[17] 投资性主体：应用合并豁免(征求意见稿)[Z]. 中国财政部，2014.

[18] 王华. 财务会计研究前沿[M]. 北京：机械工业出版社，2008.

[19] 王立章，王咏梅，王志诚. 控制权、现金流权与股价同步性[J]. 金融研究，2016(5)：97－110.

[20] 王则斌. 高级财务会计专题[M]. 上海：复旦大学出版社，2007.

[21] 王征寒. 基于仁和药业年报看合并资产负债表的解读重点[J]. 会计师，2015(5)：35－37.

[22] 徐泓泉. 试论合并会计报表的局限性及对策[J]. 财务与会计，1997(7)：41－42.

[23] 徐丽军，王静. 新合并会计报表准则合并范围变化及国际比较[J]. 中国集体经济，2015(15)：122－123.

[24] 闫春旭. 新旧合并财务报表准则变化相关问题探讨[D]. 北京：首都经济贸易大学，2015.

[25] 杨绮. 合并财务报表会计准则研究[D]. 厦门：厦门大学，2001.

[26] 杨智勇. 论企业合并理论框架对会计实务的影响[J]. 财务与金融，2009(3)：43－46，57.

[27] 张竑天. 关于结构化主体和投资性主体的辨析[J]. 商场现代化，2014(28)：221－222.

[28] 张华. 少数股东权益计量方法浅析[J]. 财会月刊，2008(10)：16－17.

[29] 中国注册会计师协会. 会计[M]. 北京：中国财政经济出版社，2017.

[30] 中华人民共和国财政部. 企业会计准则：2017 年版[M]. 企业会计准则编审委员会. 上海：立信会计出版社，2017.

[31] 周华，吴晶晶，戴德明，等. 合并报表的利弊对经济监管规则的潜在影响研究：以江山制药并表权纠纷为例[J]. 中国软科学，2018(2)：177－185.

[32] 宗新新，华晓莉. 合并财务报表目标的理论分析[J]. 中国经贸，2011(10)：242.

第三章　外币业务核算

导入案例

自 2008 年中信泰富(00267.HK)巨亏事件引发“澳元门”后，外汇风险管理的重要性日益凸显。跨国经营的企业，一般都面临外币交易和外币报表折算的问题，同样也面临较大的外汇风险。东方航空(600115.SH)作为中国国有控股三大航空公司之一，主要业务范围为国内和经批准的国际、地区航空客、货、邮、行李运输业务及延伸服务。飞机的购买租赁、日常运营以及部分国际航线业务包含大量外币交易，以美元为主。东方航空在 2015 年和 2016 年的合并净利润分别只有 50.47 亿元和 47.65 亿元，而净汇兑损失分别达到 49.87 亿元和 35.43 亿元，从图 3－1 中可看出，人民币对美元的大幅贬值似乎是主要原因。尤其是第四季度人民币的加速贬值，似乎让东方航空陷入了第四季度的“亏损魔咒”。

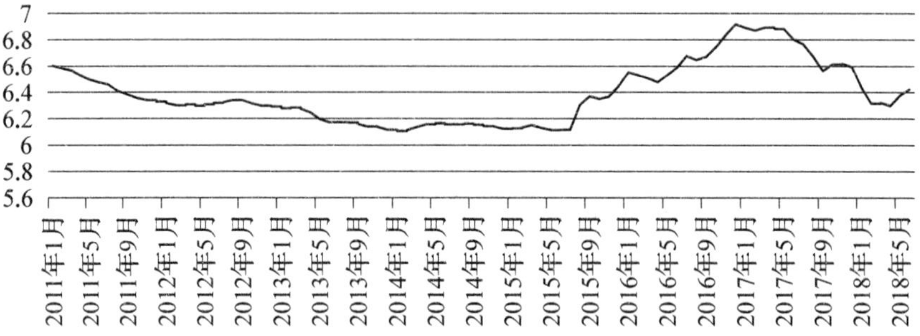

图 3－1　美元对人民币汇率变化趋势图

通常来说，汇率会影响商品在国际上的相对价格，从而影响市场均衡。对于钢铁、纺织等出口导向的企业，人民币贬值可能会刺激其业绩增长。那么，人民币的贬值究竟是如何引起东方航空公司的“亏损魔咒”的？企业应当如何对外币交易进行处理？如何对境外经营机构(包括子公司、合营企业、联营企业和分支机构)的外币财务报表进行折算？国际金融市场的波动究竟会给企业带来哪些外汇风险？企业可以采取哪些外汇风险管理方法？在接下来的两章中，我们将对这些问题进行详细阐述。

内容提要

全球化进程不断加快，国际贸易日益增长，跨国企业在世界市场纵横逐利的同时也面临着外汇风险。随着汇率波动不断扩大的外汇风险对于跨国公司的生产、经营、筹资乃至企业的价值形成和信誉的确立等诸多方面产生越来越复杂而深远的影响。

本章将以金融学、经济学相关知识为基础，从会计角度系统阐述外币交易的处理，介绍外汇风险管理的基本方法，并讨论相关理论的未来发展方向，为读者更深刻、更全面地理解和解决上述问题提供一定的参考和启示。

通过本章的学习，应达到以下目标：

1. 理解外币业务的基本概念；
2. 理解外币业务的经济学及会计学理论基础；
3. 掌握外币业务的会计处理；
4. 了解我国准则与美国准则、国际准则的相关差异及未来发展方向。

第一节　外币业务概述

一、外币、外汇及外汇市场

（一）外币与外汇

世界上大多数国家都有自己的货币，货币本质上是所有者之间关于交换权的契约，因此不同形式的货币在本质上是统一的。国际贸易中常涉及不同货币间的兑换，比如，中国企业向美国企业购买商品或服务时，需要将人民币兑换成美元。在金融学中，除了本国货币以外的其他国家或地区的货币统称为外币，美元对于中国来说就是一种外币。

外币在会计学中的定义有别于金融学。我国现行《企业会计准则第 19 号——外币折算》（简称 19 号准则）中规定，外币是指记账本位币以外的货币。记账本位币是指企业经营所处的主要经济环境中的货币。主要经济环境，通常是指企业主要产生、支出现金的环境，使用该环境中的货币最能反映企业主要交易的经济结果。我国大多数企业主要产生和支出现金的环境在国内，通常应选择人民币作为记账本位币。

在国际经济交易中，被普遍接受并广泛使用的可自由兑换货币、欧洲货币、复合货币、区域货币等，一般称为国际货币。各国中央银行在维持国际收支平衡和货币价格稳定时，可以通过在外汇市场上买卖货币来达成目标。这就涉及与外币联系紧密的另一个概念——外汇。

国际货币基金组织(IMF)①规定:外汇是指货币行政管理当局以银行存款、国库券、长短期政府债券等形式保有的在国际收支逆差时可以使用的债权。IMF 对外汇的概念从静态和动态两个方面进行解释。从静态角度考虑,外汇是以外币表示的能用于国际结算的支付手段;从动态角度考虑,外汇是将一国的货币兑换成另一国的货币,以清偿国际债权债务关系的一种支付行为。

我国《外汇管理暂行规定》中定义:外汇是指以外币表示的用于国际结算的支付手段以及可用于国际支付的特殊债券和其他货币资产。具体有:外国货币,包括纸币、铸币;外币有价证券,包括政府公债、国库券、公司债券、股票、息票等;外汇收支凭证,包括票据、银行存款凭证、邮政储蓄凭证等和其他外汇资金。

外汇具有两个特征:第一,必须是以外币表示的国外资产;第二,必须是可以自由兑换成其他形式支付手段的外币资产,凡不能兑换成其他国家货币及支付手段的外国货币不能视为外汇。外汇是一种特殊的商品,在外汇市场上可以按一定的价格买入或卖出。外汇作为国际结算的支付手段,是国际间经济交流不可缺少的工具,且以外汇清偿国际间债权、债务关系,可以节省运送现钞的费用、避免运送风险、加速资金周转,从而促进国际间商品交换和资本流动的发展。

显然,外币并不等于外汇。从概念上来说,外汇指一切以外币表示的资产和可用于国际间债权债务结算的各种支付手段,一般来说,只有可以自由兑换的外币才是外汇,若某种货币不能自由兑换,它就不能成为国际支付手段,只能称为现钞。现钞一般不会在国际上流通,也很少跨越国际边界。因此外汇包含外币,外币属于外汇的一种。从价格上来说,由于现钞(不属于外汇)必须由银行运至国外的清算银行,才能变成真正可使用的外汇资金,因此客户需要承担银行保管及运输的费用,而现汇只是账面划转,不存在保管和运输费。这种费用一般体现在交易价差中,因此在兑换时,外汇通常比外币贵。比如中国银行②在 2023 年 6 月 30 日 5∶30 AM 发布的外汇牌价,现汇买入价为 \$1=￥7.236 9,现钞买入价 \$1=￥7.178 0,此处的买入是从银行角度来说的。从用途上来说,国际间汇兑必须使用外汇,外汇可以用于国际贸易和清算,可以用来调剂国际间资金余缺,还可以作为一个国家的重要国际储备资源。而外币的主要用途就是用于商品支付和货币交换。

(二) 外汇市场

不同货币和以不同货币计价的银行存款的交易是在外汇市场中进行的。外汇市场一般是指位于金融中心,相互进行外币交易以便在将来某一日期交割的商业银行。按外部形态,外汇市场可以分为有形外汇市场和无形外汇市场。

有形外汇市场,也称具体外汇市场,是指有具体的固定场所的外汇市场。这种市场最初流行于欧洲大陆,故其组织形式被称为大陆方式。有形外汇市场的主要特点是:固定场

---

① 国际货币基金组织(International Monetary Fund,简称 IMF)是根据 1944 年 7 月在布雷顿森林会议签订的《国际货币基金协定》,于 1945 年 12 月 27 日在华盛顿成立的。与世界银行同时成立,并列为世界两大金融机构之一,其职责是监察货币汇率和各国贸易情况,提供技术和资金协助,确保全球金融制度运作正常。中文主页:http://www.imf.org/external/chinese/

② 汇率数据来源:中国银行官方网站,http://www.boc.cn/sourcedb/whpj/

所(一般是外汇交易所)通常位于世界各国金融中心;从事外汇业务经营的双方都在每个交易日的规定时间内进行外汇交易,在自由竞争时期,西方各国的外汇买卖主要集中在外汇交易所。但进入垄断阶段后,银行垄断了外汇交易,致使外汇交易所日渐衰落。无形外汇市场,也称抽象外汇市场,是指没有固定、具体场所的外汇市场。这种市场最初流行于英国和美国,故其组织形式被称为英美方式。无形外汇市场的主要特点是:没有确定的开盘与收盘时间;外汇买卖双方无须进行面对面的交易,外汇供给者和需求者凭借电报、电话等通信设备进行与外汇机构的联系;各主体之间有较好的信任关系,否则,这种交易难以完成。目前,除个别欧洲大陆国家的一部分银行与顾客之间的外汇交易还在外汇交易所进行外,世界各国的外汇交易均通过现代通信网络进行,无形外汇市场已成为今日外汇市场的主导形式。

截至目前,全球大约有 30 多个主要的外汇市场,它们遍布于世界各大洲的不同国家和地区,其中最重要的有亚洲的东京、新加坡和中国香港地区,欧洲的伦敦、法兰克福、苏黎世和巴黎,美洲的纽约和洛杉矶,澳洲的悉尼等。在这些市场上买卖的外汇货币主要有美元、欧元、日元、英镑、瑞士法郎、加元、澳元、纽元等十多种货币。中华人民共和国管理外汇的机关为国家外汇管理总局及其分局,中华人民共和国经营外汇业务的专业银行为中国银行。非经国家外汇管理总局批准,其他任何金融机构都不得经营外汇业务。

虽然各外汇市场每天只开放数小时,但随着经济全球化发展和世界电讯网络的互联互通,全球各外汇市场能够按照世界时区的差异,相互衔接,从而产生全球性的、24 小时不间断的连续外汇交易。通常情况下,第一个开市的是惠灵顿市场,最后一个闭市的是纽约市场,不同市场的交易时间存在重叠。每年 11 月份到次年 3 月份为冬令时,惠灵顿的开市时间为北京时间 4:00AM,纽约的闭市时间为北京时间次日 4:00AM。对中国来说,全球外汇市场每周的交易时间就是北京时间的周一早上 4 点到周六早上 4 点。

外汇市场的功能主要表现在以下三个方面。

1. 实现购买力的国际转移

国际贸易和国际资金融通至少涉及两种货币,这就要求将本国货币兑换成外币来清理债权债务关系,使购买行为得以实现。外汇市场所提供的就是这种购买力转移交易得以顺利进行的经济机制,它的存在使各种潜在的外汇售出者和外汇购买者的意愿能联系起来。同时,由于发达的通信工具已将外汇市场在世界范围内连成一个整体,使得货币兑换和资金汇付能够在极短时间内完成,购买力的转移变得更加迅速、方便。

2. 提供资金融通

外汇市场为国际贸易提供了保证,当进口商没有足够的现款提货时,出口商可以向进口商开出汇票,允许延期付款,同时以贴现票据的方式将汇票出售,拿回货款。外汇市场便利的资金融通功能也促进了国际借贷和国际投资活动的顺利进行。

3. 提供外汇保值和投机的机制

在以外汇计价成交的国际经济交易中,交易双方都面临外汇风险。由于市场参与者对外汇风险的判断和偏好的不同,有的参与者愿意花费一定的成本来转移风险,而有的参与者则愿意承担风险以实现预期利润，由此产生了外汇保值和外汇投机两种不同的行为。在浮动汇率制度下，外汇市场既为套期保值者提供了规避外汇风险的场所，也为投机者提供了承担风险、获取利润的机会。

二、记账本位币的确定与变更

我国《会计法》第十二条规定，会计核算以人民币为记账本位币。业务收支以人民币以外的货币为主的单位，可以选定其中一种货币为记账本位币，但是对外编报的财务报告应当折算为人民币。企业编制财务报表时所采用的货币称为列报货币。同一企业的记账本位币与列报货币可能一致，也可能不一致。

（一）境内经营记账本位币的确定

境内经营企业选定记账本位币时应当考虑的因素包括：

（1）从日常活动收入的角度看，所选择的货币能够对企业商品和劳务销售价格起主要作用，通常以该货币进行商品和劳务销售价格的计价和结算。

（2）日常活动支出的角度看，所选择的货币能够对商品和劳务所需人工、材料和其他费用产生主要影响，通常以该货币进行这些费用的计价和结算。

（3）融资活动获得的资金以及保存从经营活动中收取款项时所使用的货币。即视融资活动获得的资金在其生产经营活动中的重要性，或者企业通常留存销售收入的货币而定。

在确定企业的记账本位币时，上述因素的重要程度因企业具体情况不同而不同，需要企业管理当局根据实际情况进行判断。一般情况下，综合考虑前两项即可确定企业的记账本位币，第三项为参考因素，视其对企业收支现金的影响程度而定。在综合考虑前两项因素仍不能确定企业记账本位币的情况下，第三项因素对企业记账本位币的确定起重要作用。

【例 3 - 1】 现有一外商投资企业，请根据以下情况判断它应当选择的记账本位币。

（1）该企业超过 90%的营业收入来自商品出口，销售价格一般以美元结算，主要受美元的影响；

（2）在（1）的基础上，该企业的厂房以及 20%的人工成本发生在国内，原材料及其他成本均来自美国投资者以美元在国际市场的采购；

（3）在（1）的基础上，该企业的人工成本、原材料及相应的厂房设施、机器设备等 95%以上在国内采购并以人民币计价；

（4）在（3）的基础上，该企业取得的美元营业收入在汇回国内时可随时换成人民币存款。

答：（1）从影响商品和劳务销售价格的角度看，该企业应选择美元作为记账本位币。

（2）从影响成本和费用的角度来看，可进一步确定该企业的记账本位币是美元。

（3）此时无法确定该企业的记账本位币。

（4）从保管经营收入所使用的货币来看，应当使用人民币作为该企业的记账本位币。

（二）境外经营记账本位币的确定

境外经营是指企业在境外的子公司、合营企业、联营企业、分支机构；或者位于境内的采用不同于该企业记账本位币的子公司、合营企业、联营企业、分支机构。区分某实体是否为该企业的境外经营的关键有两项：一是该实体与企业的关系，是否为企业的子公司、合营企业、联营企业、分支机构；二是该实体的记账本位币是否与企业记账本位币相同，而不是以该实体是否在企业所在地的境外作为标准。

境外经营的企业在选定记账本位币时除了上述因素外，还应当考虑的因素包括：

（1）境外经营对其所从事的活动是否拥有很强的自主性。如果境外经营所从事的活动是视同企业经营活动的延伸，该境外经营应当选择与企业记账本位币相同的货币作为记账本位币；如果境外经营所从事的活动具有极大的自主性，应根据所处的主要经济环境选择记账本位币。

（2）境外经营与企业的交易是否在境外经营活动中占有较大比重。如果境外经营与企业的交易在境外经营活动中所占的比例较高，境外经营应当选择与企业记账本位币相同的货币作为记账本位币；反之，应根据所处的主要经济环境选择记账本位币。

（3）境外经营活动产生的现金流量是否直接影响企业的现金流量、是否可以随时汇回。如果境外经营活动产生的现金流量直接影响企业的现金流量，并可随时汇回，境外经营应当选择与企业记账本位币相同的货币作为记账本位币；反之，应根据所处的主要经济环境选择记账本位币。

（4）境外经营活动产生的现金流量是否足以偿还其现有债务和可预期的债务。如果境外经营活动产生的现金流量在企业不提供资金的情况下，难以偿还现有债务和正常情况下可预期的债务，境外经营应当选择与企业记账本位币相同的货币作为记账本位币；反之，应根据所处的主要经济环境选择记账本位币。

（三）记账本位币的变更

企业根据实际情况选择的记账本位币一经确定，不得改变，除非与确定记账本位币相关的企业经营所处的主要经济环境发生重大变化。

企业因经营所处的主要经济环境发生重大变化，确需变更记账本位币的，应当采用变更当日的即期汇率将所有项目折算为变更后的记账本位币，折算后的金额作为新的记账本位币的历史成本。由于采用同一即期汇率进行折算，因此，不会产生汇兑差额。但是，企业需要提供确凿的证据证明企业经营所处的主要经济环境确实发生了重大变化，并应当在附注中披露变更的理由。

企业记账本位币发生变更的，其比较财务报表应当以可比当日的即期汇率折算所有资产负债表和利润表项目。

三、外币业务的基本类型

外币业务可以分为外币交易和外币财务报表的折算两大类。

(一) 外币交易

外币交易是指企业以外币计价或者结算的交易。具体包括:买入或者卖出以外币计价的商品或者劳务;借入或者借出外币资金及其他以外币计价或者结算的交易。

(二) 外币财务报表的折算

外币财务报表的折算是指为了特定的目的把用一种货币表述的财务报表换用另外一种货币来表述。

第二节　外币交易基本理论

一、外币交易的金融学理论

(一) 汇率

1. 汇率的概念

由于大多数国家都有自己的货币,因此国际贸易常常会涉及不同货币间的兑换。例如,中国企业想要购买美国的产品或服务等,一般需要将人民币兑换成美元。若购买10 000美元的商品需要63 759人民币,我们便可以将其表示为＄1=￥6.375 9。这种以一种货币衡量另外一种货币的价格被称为汇率,也称兑换率或外汇牌价。

2. 汇率的标价方法

汇率标价的方法可以分为直接标价法和间接标价法两种。上述的1美元可以兑换6.375 9元人民币(＄1=￥6.375 9)就是直接标价法,它是用一定单位的外国货币为标准来计算应折合若干单位本国货币的方法。相反,间接标价法则是以一定单位的本国货币来计算应折合若干单位的外国货币,如1元人民币可兑换0.156 8美元(＄0.156 8=￥1)。

直接标价法是国际通行的惯例。除英、美外,其余国家均采用直接标价法。我国国家外汇管理局对外公布的外汇牌价,采用的就是直接标价法。英国一直采用间接标价法。美国以前也采用直接标价法,但后来由于美元在国际贸易中作为计价标准的交易较多,纽约外汇市场从1978年9月1日开始也改用间接标价法,但对英镑的汇率仍沿用直接标价法。

3. 汇率的重要性

因为汇率会影响国内外商品的相对价格,所以在国际关系中相当重要。比如,中国企业要购买美国商品,那么对于中国企业来说,美国商品的价格取决于两个因素:美国商品的美元价格和美元与人民币的汇率。假设中国A企业需要向美国购买一项技术,标价10万美元,此时的美元与人民币的汇率为＄1=￥6.375 9,则A企业的购买成本为637 590元人民币。如果A企业在一个月后才购买,在这一个月期间,人民币对美元贬值,汇率变为＄1=￥6.411 5,技术的价格仍为10万美元,则购买成本上升至641 150元人民币。美元对人民币的升值提高了美国商品在中国的价格，同理也降低了中国商品在美国的价格。

因此，我们可以推论：如果一国货币升值(相对于其他货币价值上升)，该国商品在国外价格上涨，而外国商品在该国价格下跌；反之，一国货币相对贬值，则该国商品在国外价格下跌，而外国商品在该国价格上涨。

货币升值与贬值，哪个更有利呢？从国内制造商的角度来看，本国货币贬值有助于提高其商品在海外的竞争力，同时，外国商品在国内市场的竞争力也会有所下降。但从国内消费者的角度来看，本国货币的贬值使得外国商品更加昂贵了，因此损害了消费者的利益。

4. 汇率的分类

汇率有许多不同的分类标准。比较常见的有如下几种：

按银行外汇买卖的角度分为买入汇率、卖出汇率和中间汇率。此处的买入和卖出是从经营外汇的银行或经纪人的角度来讲的。买入汇率也称买入价，是指银行向同业或客户买入外汇时所使用的汇率，卖出汇率即银行向同业或客户卖出外汇时所使用的汇率。采用直接标价法时，外币折合本币数较多的那个汇率是卖出价，采用间接标价法时则相反。买入卖出之间的差价即为银行买卖外汇的收益，一般为1%～5%。银行同业之间买卖外汇时使用的买入汇率和卖出汇率也称同业买卖汇率，即外汇市场买卖价。中间汇率是买入价与卖出价的平均数。例如，2023 年 6 月 30 日 5：30AM 中国银行外汇牌价中，美元兑人民币的外汇牌价为：现汇买入价为 \$1＝￥7.236 9，现汇卖出价为 \$1＝￥7.267 5，两者的差额为￥0.030 6，中间价为 \$1＝￥7.220 8。

按国际汇率制度分为固定汇率、浮动汇率和多重汇率。固定汇率也称法定汇率或官方汇率，是指政府为稳定外汇市场而规定的外汇汇率。在对外汇进行管制的国家，固定汇率通常表现为国家公布的外汇牌价。固定汇率是相对概念，某些时候，政府会根据特定的情况分别制定不同的固定汇率，例如，对某些商品的进口规定较低的固定汇率，而对另一些商品的进口采用较高的汇率，这就是所谓的多重汇率。浮动汇率也叫市场汇率，是指由外汇市场的供求变化来决定的汇率。可自由浮动汇率的货币，必须进入国际外汇市场挂牌交易，并可自由兑换，如美元、日元等。

按买卖成交后交割时间的长短分为即期汇率和远期汇率。外汇市场有现汇市场和期汇市场两种，对应的交易为现汇交易和期汇交易，汇率也有即期汇率和远期汇率之分。即期汇率也称现汇汇率，是指在现汇交易中所使用的汇率，即期外汇交易通常隔两个营业日交割。远期汇率是指在期汇交易中所使用的汇率。期汇交易，也称远期外汇交易，是指在外汇买卖成交后，先由买卖双方订立合同，规定外汇买卖的数量、交割日期以及汇率等条款，到合同约定日再行办理交割的一种外汇交易。期汇交易的交割期，大多为 30 天、60 天、90 天或 180 天，但也可以约定其他的到期日。从事期汇交易，无论汇率发生何种变化，都应按期汇合同约定的汇率，在约定的期限到期时进行交易。因此，期汇交易常被进出口商和外汇债权债务人用作规避外汇风险的一种手段。

按与资产负债表编制日的关系分为现行汇率、历史汇率和平均汇率。现行汇率是指资产负债表编制日以单位本国货币兑换成外币金额的比率。历史汇率是和现行汇率相对应的术语。当取得外币资产或承担外币负债之日就是资产负债表编制之日时，现行汇率和历史汇率实际上是指同一汇率。在记录外币原始交易之日，使用的折算汇率是现行汇率，但只要过了此日，这一汇率就是历史汇率。所以，现行汇率和历史汇率是相对于资产负债表编制日而言的。

按汇率的计算方法可分为即期汇率和即期汇率的近似汇率。即期汇率，通常是指中国人民银行公布的当日人民币外汇牌价的中间价。企业发生的外币兑换业务或涉及外币兑换的交易事项，应当按照交易实际采用的汇率(即银行买入价或卖出价)折算。即期汇率的近似汇率，是指按照系统合理的方法确定的、与交易发生日即期汇率近似的汇率，通常采用当期平均汇率或加权平均汇率等。加权平均汇率需要采用外币交易的外币金额作为权重进行计算。确定即期汇率的近似汇率的方法应在前后各期保持一致。如果汇率波动使得采用即期汇率的近似汇率折算不适当时，应当采用交易发生日的即期汇率折算。至于何时不适当，需要企业根据汇率变动情况及计算近似汇率的方法等进行判断。

其他的汇率分类还有：按纸币制度下汇率是否经通货膨胀调整分为名义汇率和实际汇率；按汇率制定的方法分为基础汇率和套算汇率；按外汇使用范围分为贸易汇率和金融汇率；按外汇管制程度分为官方汇率和市场汇率；按外汇交易支付方式分为电汇汇率、信汇汇率和票汇汇率。

(二) 国际货币制度演变

基于汇率在国际贸易中的重要性，作为公共政策的重要领域，国际货币关系的变化一直被广泛关注。迄今为止，国际货币制度经历了从国际金本位制到布雷顿森林体系再到牙买加体系的演变过程。

1. 国际金本位制

世界上首次出现的国际货币制度是国际金本位制，1880—1914 年的 35 年间是国际金本位制的鼎盛时代。在这种制度下，黄金充当国际货币，各国货币之间的汇率由它们各自的含金量比例决定，黄金可以在各国自由输出输入，在“黄金输送点”的作用下，汇率相对平稳，国际收支具有自动调节的机制。1914 年第一次世界大战爆发，各参战国纷纷禁止黄金输出，纸币停止兑换黄金，国际金本位制受到严重削弱。在 1929—1933 年的经济大危机冲击下，国际金本位制终于瓦解，随后，国际货币制度一片混乱，直至 1944 年重建新的国际货币制度——布雷顿森林体系。

2. 布雷顿森林体系

1944 年 7 月在美国新罕布什尔州的布雷顿森林召开由 44 国参加的“联合国联盟国家国际货币金融会议”，通过了以“怀特计划”为基础的《国际货币基金协定》和《国际复兴开发银行协定》，总称《布雷顿森林协定》。这个协定建立了以美元为中心的资本主义货币体系。布雷顿森林体系的主要内容是：① 以黄金作为基础，以美元作为最主要的国际储备货币，实行“双挂钩”的国际货币体系，即美元与黄金直接挂钩，其他国家的货币与美元挂钩。② 实行固定汇率制。③ 国际货币基金组织通过预先安排的资金融通措施，保证向会员国提供辅助性储备供应。④ 会员国不得限制经常性项目的支付，不得采取歧视性的货币措施。

3. 浮动汇率制度

以美元为中心的布雷顿森林体系，对第二次世界大战后资本主义经济发展起过积极作用。但是随着时间的推移，该体系的种种缺陷也渐渐暴露。20 世纪 60 年代以后，美国外汇收支逆差大量出现，黄金储备大量外流，导致美元危机不断发生。1971 年 8 月 15 日美国公开放弃金本位，同年 12 月美国又宣布美元对黄金贬值，1972 年 6 月到 1973 年年初，美元又爆发两次危机，1973 年 3 月 12 日美国政府再次将美元贬值。1974 年 4 月 1 日起，国际协定正式排除货币与黄金的固定关系，以美元为中心的布雷顿森林体系彻底瓦解。1976 年 1 月，国际货币基金组织"国际货币制度临时委员会"在牙买加举行会议，达成了著名的"牙买加协定"。同年 4 月，国际货币基金组织理事会通过《国际货币基金协定第二次修正案》，并于 1978 年 4 月 1 日正式生效，从而形成了新的国际货币制度——牙买加体系。其核心思想是：汇率安排多样化，黄金非货币化，国际储备多元化，国际收支调节机制多样化。

在浮动汇率下，诸如通货膨胀、利率和国际贸易收支情况等因素都能对汇率产生影响，因此汇率波动的幅度和频率很难预计，从而给有外币收支业务的企业尤其是跨国公司的外汇管理和外币会计带来前所未有的问题，也使外币折算的程序变得更为复杂和困难。

（三）汇率决定理论

汇率决定理论是国际金融理论的核心内容之一，主要分析汇率受什么因素决定和影响。汇率决定理论随经济形势和西方经济学理论的发展而发展，并为一国制定汇率政策提供理论依据。汇率决定理论主要有国际借贷学说、购买力平价学说、利率平价学说、国际收支说、资产市场说。

1. 国际借贷学说

该学说出现和盛行于金本位制时期，理论渊源可追溯到 14 世纪并于 1961 年由英国学者 G.I.Goschen 较为完整地提出。该学说认为，汇率由外汇市场上的供求关系决定，而外汇供求又源于国际借贷。国际借贷分为固定借贷和流动借贷两种。前者指借贷关系已形成，但未进入实际支付阶段的借贷；后者指已进入支付阶段的借贷，只有流动借贷的变化才会影响外汇的供求。这一理论的缺陷是没有明确哪些因素会具体影响外汇供求。

2. 购买力平价学说

该学说理论渊源可追溯到 16 世纪。1914 年，第一次世界大战爆发，金本位制崩溃，各国货币发行摆脱羁绊，导致物价飞涨，汇率出现剧烈波动。1922 年，瑞典学者 Cassel 出版了《1914 年以后的货币和外汇》一书，系统地阐述了购买力平价学说。该学说认为，两种货币间的汇率决定于两国货币各自所具有的购买力之比（绝对购买力平价学说），汇率的变动也取决于两国货币购买力的变动（相对购买力平价学说）。假定 A 国的物价水平

为 P_A，B 国的物价水平为 P_B，e 为 A 国货币的汇率（直接标价法），则依据绝对购买力平价学说：$e=P_A/P_B$。

购买力平价学说虽然指出了汇率的长期决定因素，但也存在缺陷：只考虑了可贸易商品，而没有考虑不可贸易商品，且忽视了贸易成本和贸易壁垒；没有考虑到越来越庞大的资本流动对汇率产生的冲击；存在一些技术性问题，如一般物价水平（物价指数）很难计算，是选择居民消费价格指数（CPI）还是 GDP 平减指数并无统一标准。

3. 利率平价学说

该学说理论渊源可追溯到 19 世纪下半叶并于 1923 年由凯恩斯系统地阐述。该理论认为两国之间的即期汇率与远期汇率的关系与两国的利率有密切的联系，主要出发点是投资者投资于国内所得到的短期利率收益应该与按即期汇率折成外汇在国外投资并按远期汇率买回本国货币所得到的短期投资收益相等。一旦出现由于两国利率之差引起的投资收益的差异，投资者就会进行套利活动，其结果使远期汇率固定在某一特定的均衡水平。与即期汇率相比，利率低的国家的货币的远期汇率会下跌，而利率高的国家的货币的远期汇率会上升。远期汇率同即期汇率的差价约等于两国间的利率差。

利率平价学说从资金流动的角度指出了汇率与利率之间的密切关系，有助于正确认识现实外汇市场上汇率的形成机制，有特别的实践价值，它主要应用于短期汇率的决定。但是利率平价学说也有一定的缺陷：忽略了外汇交易成本；假定不存在资本流动障碍，实际上，资本在国际间流动会受到外汇管制和外汇市场不发达等因素的阻碍；假定套利资本规模是无限的；假定投资者追求在两国的短期投资收益相等，而现实世界中有大批热钱追求汇率短期波动带来的巨大超额收益。

4. 国际收支说

1944—1973 年布雷顿森林体系实行期间，各国实行固定汇率制度。这一期间的汇率决定理论主要是从国际收支均衡的角度来阐述汇率的调节，这些理论统称为国际收支说。它的早期形式就是国际借贷学说，其中有影响的理论主要有局部均衡分析的弹性论、一般均衡分析的吸收论、内外均衡分析的蒙代尔-弗莱明模型以及注重货币因素在汇率决定中重要作用的货币论。

国际收支说分析了影响国际收支的主要因素如何通过国际收支作用于汇率，是关于汇率决定的流量理论，指出了汇率与国际收支之间存在的密切关系，有利于全面分析短期内汇率的变动和决定。但是国际收支说并没有对影响国际收支的众多变量之间的关系及其与汇率之间的关系进行深入分析，也没有得出具有明确因果关系的结论。

5. 资本市场说

1973 年布雷顿森林体系解体，固定汇率制度崩溃，浮动汇率制度开始施行，汇率决定理论有了更进一步的发展。资本市场说在 20 世纪 70 年代中后期成为汇率决定理论的主流。与传统理论相比，汇率的资本市场说更强调资本流动在汇率决定中的作用，汇率被看作资产的价格，由资产的供求决定。一国居民可持有三种资产，即本国货币、本国债券和外国债券，其总额应等于本国所拥有的资产总量。当各种资产供给量发生变动，或者居民对各种资产的需求量发生变动时，原有的资产组合平衡就被打破，这时居民就会对现有资产组合进行调整使其符合自己的意愿持有量，达到新的资产市场均衡。在对国内外资产持有量进行调整的过程中，本国资产与外国资产之间的替换就会引起外汇供求量的变化，从而带来外汇汇率的变化。

(四) 外汇风险及管理

1. 外汇风险

对企业而言，外汇风险是指在一定时期内，以外币表示的资产与负债因未预料的外汇汇率的变动而引起的价值的增加或减少的可能性。企业外汇风险可分为以下三类：

(1) 交易风险，是指运用外币计价收付的交易中，经济主体因外汇汇率变动而蒙受损失的可能性。交易风险主要发生在以下几种情况中：商品劳务进口和出口交易中的风险，资本输入和输出的风险，外汇银行所持有的外汇头寸的风险。

(2)折算风险，又称会计风险，指在会计期末按期末汇率调整企业所有外币账户余额时，折算为记账本位币后与原来账面金额之间的差异给企业带来损失的风险。

(3) 经济风险，又称经营风险，指意料之外的汇率变动通过影响企业的生产销售数量、价格、成本等，引起企业未来一定期间收益或现金流量减少的一种潜在损失。

2. 外汇风险管理

外汇风险管理是指外汇资产持有者通过风险识别、风险衡量、风险控制等方法，预防、规避、转移或消除外汇风险，从而减少或避免可能的经济损失，实现在风险一定条件下的收益最大化或收益一定条件下的风险最小化。

一般来说，交易风险可以采取提前与延后收付、设立再结算中心、加入外汇保值条款等操作性策略来分散；折算风险可以采取套期保值策略来分散；经济风险主要通过生产经营和融资币种来分散。

最基本的套期保值工具有远期、期货、期权和互换，但是，对折算风险本身采取的保值措施可能会增加交易风险，因此保值策略更多地被用于管理交易风险，而折算风险则主要通过操作性策略来加以管理。

具体来说，折算风险管理有以下两种基本方法：

一是调整外汇净受险资产，以达到避免外汇风险的目的。跨国企业总公司与国外分公司之间以及国外各分公司之间通常有很多的资金往来，可以通过提前或延缓支付的方式调整外汇受险额。提前或延缓支付的基本原则是：当预计某种外币即将贬值时，应加速收款而延缓付款；当预计某种货币即将升值时，应推迟收款而加速付款。

二是采用资产负债表保值方法以轧平净受险资产，基本原理就是使公司合并资产负债表中的外币风险资产与外币风险负债相等，即净受险资产等于零，那么汇率变化引起的风险资产价值变化恰好被风险负债的价值变化抵消。在实务操作中，如果公司预测今后一定时期内汇率将发生变动，而公司的资产负债表存在净受险资产时，就可以通过分别调整国外资产和负债来进行资产负债表保值。

当然，上述风险管理方法也存在管理成本，主要是利润与利息收入下降、货币利息成本(机会成本)上升、对企业形象有负面影响等。因而企业需要根据成本效益原则并结合自身实际情况正确选择使用,以有效地管理外汇风险。

二、外币交易的会计学理论

(一) 汇兑损益

1. 汇兑损益的概念

如果企业对外币业务的会计处理只是单一的采用历史汇率,而且外汇汇率是稳定不变的,那么外币业务的结算和兑换就非常简单,也不会发生由于汇率的不同而产生的损益。但是在浮动汇率的环境下,外汇汇率瞬息万变,使企业的外币交易变得十分复杂。由于汇率变动,企业的外币债权债务在发生日、资产负债表日、结算日折合为记账本位币的金额就会不相等,从而产生差额,该差额应作为汇兑损益处理。

汇兑损益是指发生的外币业务折合为记账本位币记账时,由于业务发生的时间不同,所采用的汇率不同而产生的记账本位币的差额;或者是不同货币兑换,由于两种货币采用的汇率不同而产生的折合为记账本位币的差额。汇兑损益会给企业带来收益或者损失,是衡量企业外汇风险的一个指标。

2. 产生汇兑损益的情形

通常,产生汇兑损益的情形包括:① 债权债务的结算:在发生以外币计价的交易业务时,因收回或偿付债权、债务而产生的汇兑损益。② 货币兑换:在发生外币与记账本位币或一种外币与另一种外币进行兑换时产生的汇兑损益。③ 资产负债表日按期末汇率进行调整:在现行汇率制下,会计期末将所有外币性债权、债务和外币性货币资金账户,按期末汇率进行调整而产生的汇兑损益。④ 外币财务报表折算:会计期末为了合并会计报表或为了修正会计记录和重编会计报表,而把外币计量单位的金额转化为记账本位币计量单位的金额,在此过程中产生的汇兑损益。

企业除了上述四种正常经营期间内发生的一般外币业务汇兑损益以外,还有非正常经营期间发生的汇兑损益和经营期间特殊外币业务发生的汇兑损益。如企业开办期间收到外币性投资而产生的资本折算差额的汇兑损益;企业筹建期间由于外币收付业务产生的汇兑损益;企业清算期间由于企业各项资产及外币性长短期债权、债务的调整和结算处理而产生的汇兑损益。企业经营期间发生的特殊外币业务,如外币长期投资、外币长期负债、外币风险规避措施等也会产生汇兑损益。

3. 汇兑损益的分类

按照业务归属分类,汇兑损益可分为外币交易损益和报表折算损益。按照汇兑损益在当期是否已经实现分类,汇兑损益可分为已实现的汇兑损益和未实现的汇兑损益。

已实现的汇兑损益是指通过新的外币业务的开展,正式得以实现的汇兑损益。这种损益一般不会再随汇率的变化而变化,是已定的收益或损失,如应收的债权已经收回,应付的债务已经偿付,外币兑换过程已经结束等。未实现的汇兑损益是指由于汇率变动在账户中已经产生，但一直没有实现的汇兑损益。如果汇率发生新的变化，这部分汇兑损益还会随之变化，与此有关的损益尚未最终确定，如资产负债表日的调整和报表折算时产生的汇兑损益，一般是由于在期末对外币账户余额与报表项目进行折算形成的，实际上本期并没有由于会计处理而使企业获得显示的收益或受到损失，因此是未实现的汇兑损益。而外币交易汇兑损益中的折算损益，如果应收的债权尚未收回或者应付的债务尚未支付，此时记录在账上的汇兑损益也是未实现的汇兑损益。

（二）外币交易会计处理的两种观点

企业的外币交易由于发生和结算时采用不同的汇率，折算成记账本位币时金额存在差异，究竟应确认汇兑损益，还是应调整原来业务的对应账户，则取决于如何看待外币债权债务的“发生”与“结算”之间的关系，即所谓的一笔交易观（一项交易观）和两笔交易观（两项交易观）。

1. 一笔交易观

所谓一笔交易观，又称一项交易观，是指将交易的发生与以后相应款项结算视为同一交易的两个阶段。持这种观点的人认为，结算时出现的汇兑损益源于以往发生的交易（购销）业务。因此，汇兑损益不应该单独反映，而是应该追溯调整原购销业务的采购成本或销售收入。采取一笔交易观时，到最后结账时才决定交易业务的交易额。因此，买卖业务发生时的入账金额只是一个估计值，待款项结算时由当日的汇率确定销售收入或购货成本。该观点与国际上公认的销售收入应在销售成立时确认的原则相悖，且提供的会计信息不能反映外币风险程度。

2. 两笔交易观

所谓两笔交易观，又称两项交易观，是指将交易的发生与以后相应款项结算视为两笔相互独立的业务。交易产生的销售收入或购货成本应当由交易当日的汇率决定，以后不再因为汇率变动而予以调整，汇率变动的风险由因交易产生的应收或应付款承担。持这种观点的人认为，结算时出现的汇兑损益应单独反映，不应用于调整原来已入账的销售收入或采购成本。而在两笔交易观下，对于汇兑损益的确认存在两种观点。

一种观点认为对于计入本期损益的汇兑损益应以收付实现制为核算基础，即本期实现的汇兑损益应确认为本期损益，本期未实现的汇兑损益不能确认为本期损益，需递延至外币交易结算的当期确认。这种处理方法考虑了汇率的反向变动情况，但将会造成前后两期净利润发生扭曲。而且企业其他业务都采用权责发生制核算基础，唯独外币业务采用收付实现制，有悖于一致性原则。

另一种观点认为对于计入本期损益的汇兑损益应以权责发生制为核算基础，即已实现的和未实现的汇兑损益都应计入本期损益，只要汇率发生变动，就应确认其汇兑损益已经实现。因此期末应对各项外币性债权债务和货币资金按现行汇率调整所有外币账户的余额，产生的汇兑损益不管是否在本期内实现，均应计入本期损益。这种处理方法与两项交易观的处理一致，是我国和大多数国家采用的方法。但是在汇率波动较大或汇率持续单向变动时，账面所反映的损益会长期虚增或虚减，直接影响企业的利润分配，虚增时会超额分配利润；虚减时会影响企业的盈利能力和信用度。所以有人认为，基于谨慎原则，未实现的汇兑损失应予确认，未实现汇兑收益应予递延。

【例 3－2】 20×2 年 10 月 20 日，甲公司销售产品一批，售价为 1 000 美元，货已发出。当天的汇率为 1 美元＝6.61 元人民币；12 月 31 日的汇率为 1 美元＝6.53 元人民币；结算日为 20×3 年 2 月 16 日，当天的汇率为 1 美元＝6.34 元人民币。双方约定以美元结算，甲公司的记账本位币为人民币。

表 3－1　不同交易观下的会计处理

日期	一笔交易观	两笔交易观	
		按全部数确认	按实现数确认
20×2 年 10 月 20 日	借：应收账款 6 610(1 000×6.61) 贷：主营业务收入 6 610	借：应收账款 6 610(1 000×6.61) 贷：主营业务收入 6 610	借：应收账款 6 610(1 000×6.61) 贷：主营业务收入 6 610
20×2 年 12 月 31 日	借：主营业务收入 80[1 000×(6.61－6.53)] 贷：应收账款　80	借：财务费用——汇兑差额 80[1 000×(6.61－6.53)] 贷：应收账款　80	借：递延收益——汇兑差额 80[1 000×(6.61－6.53)] 贷：应收账款　80
20×3 年 2 月 16 日	借：主营业务收入 190[1 000×(6.53－6.34)] 贷：应收账款　190 同时， 借：银行存款　6 340 贷：应收账款　6 340	借：财务费用——汇兑差额 190[1 000×(6.53－6.34)] 贷：应收账款　190 同时， 借：银行存款　6 340 贷：应收账款　6 340	借：递延收益——汇兑差额 190[1 000×(6.53－6.34)] 贷：应收账款　190 同时， 借：银行存款　6 340 贷：应收账款　6 340 借：财务费用　270 贷：递延收益——汇兑差额　270

从上例可以看到，两种观点下三种处理方法的差异主要体现在对折算差额的处理方面。一笔交易观，是将外币折算差额作为对销售收入和购货成本的调整；两笔交易观下，无论是按全部数确认或是按实现数确认，所发生的外币折算差额都作为汇兑损益入账，只是入账的时间不同，前者当期作为损益实现，后者递延到后期实现。但是，上述两种观点在不同货币之间的直接兑换业务处理上的做法是相同的，都可以单独确认汇兑损益，并计入当期损益。

由于两笔交易观点在思路上比较清晰，方法简便，所以实务中大多采取两笔交易观。而对于按全部数确认与按实现数确认的选择，如果未实现汇兑损益金额不大、时间跨度较小，这两种方法的差异产生的影响不大。相比较而言，全部数确认法更为简单，它使当期会计报表能及时反映汇率变动对企业财务状况的潜在影响。但若未实现汇兑损益金额较大、时间跨度较长，这种方法可能会影响企业经营成果的真实性，误导投资者。因此，对于长期性外币项目的未实现汇兑损益，选择按实现数确认更为合理。

目前，大多数国家都采用两笔交易观，且其中按全部数确认汇兑损益的较多。国际会计准则理事会(IASB)在第21号准则《汇率变动的影响》(以下简称IAS第21号)中建议采用两笔交易观处理外币业务,美国财务会计准则委员会(FASB)在第52号公告《外币折算》(以下简称SFAS第52号)中也建议采用两笔交易观,并要求采用全部数确认,我国现行做法也是如此。

第三节 外币交易的会计处理

一、外币交易的核算程序

(一) 外币交易的记账方法

外币交易的记账方法有外币统账制和外币分账制两种。外币统账制是指企业在发生外币交易时,即折算为记账本位币入账。外币分账制是指企业在日常核算时按照不同币种记账,资产负债表日按照货币性项目和非货币性项目进行调整:货币性项目按资产负债表日即期汇率折算,非货币性项目按交易日即期汇率折算,产生的汇兑差额计入当期损益。

从我国当前情况看,绝大多数企业采用外币统账制,只有银行等少数金融企业由于外币交易频繁,涉及外币币种较多,可以采用分账制记账方法进行日常核算。采用分账制记账方法或统账制记账方法,虽然财务处理的程序不同,但产生的结果应当相同,即计算出的汇兑损益差额相同,相应的会计处理也相同。本章主要介绍外币统账制下的账户设置及其会计核算程序。

(二) 账户设置

外币统账制方法下,对外币交易的核算不单独设置科目,对外币交易金额因汇率变动而产生的差额可在“财务费用”科目下设置二级科目“汇兑差额”反映。该科目借方反映因汇率变动而产生的汇兑损失,贷方反映因汇率变动而产生的汇兑收益。期末结转入“本年利润”科目后一般无余额。

(三) 会计核算的基本程序

企业发生外币交易时,其会计核算的基本程序为:

(1) 将外币金额按照交易日的即期汇率或即期汇率的近似汇率折算为记账本位币金额,按照折算后的记账本位币金额登记有关账户;在登记有关记账本位币账户的同时,按照外币金额登记相应的外币账户。

(2) 期末,将所有外币货币性项目的外币金额,按照期末即期汇率折算为记账本位币金额,并与原记账本位币金额相比较,其差额计入“财务费用——汇兑差额”科目。

(3) 结算外币货币性项目时,将其外币结算金额按照当日即期汇率折算为记账本位币金额,并与原记账本位币金额相比较,其差额计入“财务费用——汇兑差额”科目。

二、外币交易的会计处理

(一) 外币交易的初始确认原则

外币交易初始计量应采用交易发生日的即期汇率将外币金额折算为记账本位币金额,也可以采用按照系统合理的方法确定的、与交易发生日即期汇率近似的汇率折算。即期汇率是相对于远期汇率而言的。远期汇率是在未来某一日交付时的结算价格。无论买入价还是卖出价,均是立即交付的结算价格,都是即期汇率。为了方便核算,企业用于记账的即期汇率一般指当日中国人民银行公布的人民币汇率的中间价。但是,在企业发生单纯的货币兑换交易或涉及货币兑换的交易时,仅用中间价不能反映货币买卖的损益,需要使用买入价或卖出价折算。

企业发生的外币交易只涉及人民币与美元、欧元、日元、港元等之间折算的,可直接采用中国人民银行每日公布的人民币汇率的中间价作为即期汇率进行折算;企业发生的外币交易涉及人民币与其他货币之间折算的,应按照国家外汇管理局公布的各种货币对美元折算率采用套算的方法进行折算,发生的外币交易涉及人民币以外的货币之间折算的,可直接采用国家外汇管理局公布的各种货币对美元折算率进行折算。

(二) 不同外币交易的会计处理

1. 外币兑换

卖出外币时,将实际收取的记账本位币(按银行买入价折算)登记入账,同时将付出的外币折合按当日即期汇率折算为记账本位币;两者的差额作为汇兑损益,计入财务费用。买入外币时,将实际支付的记账本位币(按银行卖出价折算)登记入账,同时将收到的外币按当日即期汇率折算为记账本位币;两者的差额作为汇兑损益,计入财务费用。

【例 3-3】 甲公司以人民币为记账本位币,对外币交易采用交易日的即期汇率折算。20×3 年 3 月 1 日,甲公司将 1 000 美元出售给银行,当日银行买入价为 1 美元等于 6.29 元人民币;当日即期汇率(中间价)为 1 美元等于 6.33 元人民币。3 月 8 日,甲公司向银行购买 1 000 美元,当日银行卖出价为 1 美元等于 6.35 元人民币;当日即期汇率(中间价)为 1 美元等于 6.32 元人民币。

本例中,企业与银行发生货币兑换,兑换所用汇率为银行的买入价,而通常记账所用的即期汇率为中间价,由于汇率变动而产生的汇兑差额计入当期财务费用。

有关会计分录如下:

(1) 20×3 年 3 月 1 日:

借:银行存款——人民币	6 290(1 000×6.29)	
财务费用——汇兑差额	40	
贷:银行存款——美元		6 330(1 000×6.33)

(2) 20×3 年 3 月 8 日:

借:银行存款——美元	6 320(1 000×6.32)	
财务费用——汇兑差额	30	

贷:银行存款——人民币　　　　6 350(1 000×6.35)

2. 外币购销

企业以外币购入原材料和固定资产,按当日即期汇率将支付(或应付)的外币折算为记账本位币,以确定购入货物及债务的入账价值,同时按照外币的金额登记有关外币账户。

企业出口商品,按照即期汇率将外币销售收入折算为人民币;对于取得的款项或发生的外币债权,按照折算为人民币的金额入账,同时按照外币金额登记有关外币账户。

【例3-4】 20×3年3月1日,甲公司从境外购入一台设备,设备价款和境外运费共100万美元(款项未付);关税及境内运费共15万元人民币(已用人民币支付)。当日即期汇率为1美元等于6.33元人民币。3月11日,甲公司出口商品一批,共50万美元(款项已收),当日即期汇率为1美元等于6.34元人民币。假设不考虑相关税费。

会计处理如下:

(1) 20×3年3月1日:

借:固定资产　　　　6 480 000

　贷:应付账款——美元　　　　6 330 000(1 000 000×6.33)

　　银行存款　　　　150 000

(2) 20×3年3月11日:

借:银行存款——美元　　　　3 170 000(500 000×6.34)

　贷:主营业务收入　　　　3 170 000

3. 外币借款

借款发生时,以当日的即期汇率入账。期末,以当日的即期汇率计算并计提利息,并计算外币借款本金及利息的汇兑损益。

【例3-5】 甲公司20×3年1月1日以面值发行美元公司债5 000美元,年利率为8%,期限为2年,合同约定,每年1月1日支付利息,到期还本。甲公司的记账本位币为人民币,外币业务采用业务发生当日的即期汇率折算。已知20×3年1月1日市场汇率为1美元=6.93元人民币。20×3年12月31日,市场汇率为1美元=6.53元人民币。

会计处理如下:

(1) 20×3年1月1日:

借:银行存款——美元　　　　34 650(5 000×6.93)

　贷:应付债券——美元　　　　34 650

(2) 20×3年12月31日:

① 计提利息。

借:财务费用　　　　2 612

　贷:应付利息——美元　　　　2 612(5 000×8%×6.53)

② 计算汇兑损益。

外币债券本金及利息汇兑损益=5 000×(6.53-6.93)+400×(6.53-6.53)

=-2 000(元)

借：应付债券——美元　　2 000

　　贷：财务费用　　2 000

4. 接受外币投资

企业收到投资者以外币投入的资本，无论是否有合同约定汇率，均不采用合同约定汇率和即期汇率的近似汇率折算，而是采用交易日即期汇率折算，这样，外币投入资本与相应的货币性项目的记账本位币金额相等，不产生外币资本折算差额。

【例 3-6】 甲公司 20×2 年 9 月 1 日与美国 A 公司签订投资合同，A 公司将向甲公司出资 50 万美元，占甲公司注册资本的 20%；A 公司的出资款将在合同签订后一年内分两次汇到甲公司账上，合同约定汇率为 1 美元＝6.60 元人民币。当日的即期汇率为 1 美元＝6.59 元人民币。20×2 年 12 月 10 日，甲公司收到 A 公司汇来的第一期出资款 30 万美元，当日的即期汇率为 1 美元＝6.62 元人民币。20×3 年 5 月 10 日，甲公司收到 A 公司汇来的第二期出资款 20 万美元，当日的即期汇率为 1 美元＝6.37 元人民币。

有关会计分录如下：

(1) 20×2 年 12 月 10 日：

借：银行存款——美元　　1 986 000(300 000×6.62)

　　贷：实收资本　　1 986 000

(2) 20×3 年 5 月 10 日：

借：银行存款——美元　　1 274 000(200 000×6.37)

　　贷：实收资本　　1 274 000

(三) 外币交易的后续确认原则

资产负债表日，外币交易的余额要区分货币性项目和非货币性项目分别进行处理。

1. 外币货币性项目的处理

货币性项目是企业持有的货币和将以固定或可确定金额的货币收取的资产或者偿付的负债。货币性项目分为货币性资产和货币性负债，货币性资产包括现金、银行存款、应收账款、其他应收款、长期应付款等，货币性负债包括应付账款、其他应付款、短期借款、应付债券、长期借款、长期应付款等。期末或结算货币性项目时，应以当日即期汇率折算外币货币性项目，该项目因当日即期汇率不同于该项目初始入账时或前一期末即期汇率而产生的汇兑差额计入当期损益。

企业为构建或生产符合资本化条件的资产而借入的专门借款为外币借款时，在借款费用资本化期间内，由于外币借款在取得日、使用日及结算日的汇率不同而产生的汇兑差额，应当予以资本化，计入固定资产成本。

【例 3-7】 甲公司于 20×2 年 1 月 1 日，为建造某固定资产借入专门借款 10 000 美元，期限为 3 年，年利率为 6%，每年年初支付利息，到期还本。20×2 年 1 月 1 日的即期汇率为 1 美元＝6.93 元人民币，20×2 年 12 月 31 日的即期汇率为 1 美元＝6.53 元人民币。假定不考虑相关税费的影响。

(1) 20×2 年 12 月 31 日，该公司计提当年利息应编制如下会计分录：

借:在建工程　　　　　　　　3 918(10 000×6%×6.53)

　贷:应付利息——美元　　　　　　　　3 918

(2) 20×2 年 12 月 31 日.该公司美元借款本金由于汇率变动产生的汇兑差额,应编制如下会计分录:

借:长期借款——美元　　　　4 000[10 000×(6.93−6.53)]

　贷:在建工程　　　　　　　　　　　4 000

(3) 20×3 年 1 月 1 日,该公司支付 20×2 年利息,该利息由于汇率变动产生的汇兑差额应当予以资本化,计入在建工程成本。20×3 年 1 月 1 日的即期汇率为 1 美元=6.52 元人民币,相应的会计分录为:

借:应付利息——美元　　　　　　　3 918

　贷:银行存款　　　　　　　　　　　3 912

　　在建工程　　　　　　6[10 000×6%×(6.52 − 6.53)]

2. 外币非货币性项目的处理

非货币性项目是指货币性项目以外的项目。非货币性项目包括预付账款、预收账款、存货、长期股权投资、交易性金融资产、固定资产、无形资产等。资产负债表日,外币非货币性项目的处理具体可分为以下四类:

(1) 对于以历史成本计量的外币非货币性项目,仍采用交易发生日的即期汇率折算,资产负债表日不改变其记账本位币金额,不产生汇兑差额。

(2) 以成本与市价孰低计量的存货,如果其可变现净值以外币确定,则在确定存货的期末价值时,应先将可变现净值折算为记账本位币,再与以记账本位币反映的存货成本进行比较。

【例 3-8】 甲公司 20×3 年 3 月 1 日从法国购买 A 商品 1 000 件,每件价格为 100 欧元,当日即期汇率为 1 欧元=7.26 元人民币。20×3 年 12 月 31 日,尚有 200 件 A 商品未售出。由于同类商品的出现,A 商品在国际市场的价格下降至 70 欧元。12 月 31 日的即期汇率是 1 欧元=7.80 元人民币。假定不考虑相关税费。

会计处理如下:

(1) 20×3 年 3 月 1 日:

借:库存商品——A 商品　　　　　　726 000

　贷:银行存款——欧元　　　　　　　726 000

(2) 20×3 年 12 月 31 日:

200×100×7.26−200×70×7.80=36 000 元(人民币)

借:资产减值损失　　　　　　　　36 000

　贷:存货跌价准备　　　　　　　　　36 000

(3) 以公允价值计量的股票、基金等非货币性项目,如果期末的公允价值以外币反映,则采用公允价值确定当日的即期汇率将外币折算成记账本位币,再将其与原记账本位币金额的差额作为公允价值变动损益,计入当期损益。

【例 3-9】 甲公司的记账本位币为人民币。20×2 年 12 月 5 日以每股 3.5 港元的价格购入乙公司的 H 股 10 000 股作为交易性金融资产，当日汇率为 1 港元＝0.84 元人民币，款项已支付。20×2 年 12 月 31 日，当月购入的乙公司 H 股的市价变为每股 3 港元，当日汇率为 1 港元＝0.83 元人民币。20×3 年 2 月 7 日，甲公司将所购乙公司 H 股按当日市价每股 4 港元全部售出，所得价款为 40 000 港元，当日汇率为 1 港元＝0.80 元人民币。假定不考虑相关税费的影响。

会计处理如下：

(1) 20×2 年 12 月 5 日：

借：交易性金融资产——成本　　29 400(3.5×10 000×0.84)

　贷：银行存款——港元　　29 400

(2) 20×2 年 12 月 31 日：

借：公允价值变动损益　　4 500(3.5×0.84×10 000－3×0.83×10 000)

　贷：交易性金融资产——公允价值变动损益　　4 500

(3) 20×3 年 2 月 7 日：

借：银行存款——港元　　32 000

　交易性金融资产——公允价值变动　　4 500

　贷：交易性金融资产——成本　　29 400

　　投资收益　　7 100

(4) 可供出售外币货币性金融资产形成的汇兑差额，应该计入当期损益；可供出售外币非货币性金融资产形成的汇兑差额，与其公允价值变动一并计入其他综合收益。但是，采用实际利率法计算的可供出售金融资产的外币利息产生的汇兑差额，应该计入当期损益，可供出售权益工具投资的外币现金股利产生的汇兑差额，应该计入当期损益。

【例 3-10】 甲公司的记账本位币为人民币。20×3 年 3 月 1 日以每股 10 港元的价格购入乙公司 H 股 10 000 股作为可供出售金融资产，当日汇率为 1 港元＝0.87 元人民币，款项已付。20×3 年 12 月 31 日，由于市价变动，购入的乙公司 H 股的市价变为每股 18 港元，当日汇率为 1 港元＝0.83 元人民币。假定不考虑相关税费的影响。

会计处理如下：

(1) 20×3 年 3 月 1 日：

借：可供出售金融资产　　87 000(10×10 000×0.87)

　贷：银行存款——港元　　87 000

(2) 20×3 年 12 月 31 日：

借：可供出售金融资产　　62 400(18×10 000×0.83－10×10 000×0.87)

　贷：其他综合收益　　62 400

这里的“其他综合收益”既包含甲公司所购乙公司 H 股股票公允价值变动的影响，又包含人民币与港元之间汇率变动的影响。在以后年度该金融资产终止确认时转出，计入当期损益。

第四节　外币交易的国际比较与未来发展方向

一、外币交易的国际比较

(一) 与美国会计准则的比较

1. 外币的概念

1975 年 3 月,FASB 发布了第 8 号财务会计准则公告《外币交易折算会计和报告》(以下简称 SFAS 第 8 号),其主要内容就是要求采用时态法折算外币报表。1981 年 FASB 发布了 SFAS 第 52 号,它是以 SFAS 第 8 号为基础的较大规模的折衷修改,加入了现行汇率法的运用,并引入了功能货币的概念。

功能货币,是指某一国外主体从事经营活动和创造现金流量的主要经营环境的通货,外币则为“功能货币”以外的货币。如果国外主体的经营活动相对来说是自主的,并形成了一个独立的整体,它的功能性货币通常是当地货币,这一货币观点可称为“子公司观点”。相反,如果国外主体的营业活动只不过是母公司的营业活动在国外的扩展,就像母公司直接在国外从事这项营业活动一样,它的功能性货币就可能是母公司所在国货币,这一货币观点可称为“母公司观点”。确定功能性货币是决定选择何种折算方法和如何处理折算差额的关键。

2. 外币交易的处理

(1) 外币交易的初始确认:企业发生外币业务,折算汇率应采用业务发生日的汇率或接近业务发生日的汇率。

(2) 外币交易的后续处理:如果在业务发生日和结算日之间编制资产负债表,外币业务涉及的账户余额应按照编表日的当日汇率调整,不区分货币性项目和非货币性项目,产生的汇兑损益应确认为损益。除非该交易涉及:① 对国外实体投资的套期保值;② 具有长期投资性质的关联企业间交易,此时与业务有关的汇兑损益应确认为权益。

(3) 汇兑损益的处理:未实现的汇兑损益应按照全部数确认,计入当期损益,列入当期利润表。

(二) 与国际会计准则的比较

为了规范涉及外币活动的会计处理,国际会计准则委员会(IASC)在 1983 年 7 月发布了《国际会计准则第 21 号——汇率变动的影响》(以下简称 IAS 第 21 号),该准则于 1985 年 1 月起生效。1989 年,IASC 在指定的“财务报表的可比性”项目中,决定对 IAS 第 21 号进行修改。1992 年 5 月,IASC 发布了第 44 号征求意见稿“汇率变动的影响”。1993 年 11 月,IASC 发布了经过重新修订的 IAS 第 21 号“汇率变动的影响”,该准则于

1995年1月起生效。1998年,IAS第21号第2段被修改,提到了国际会计准则第39号(IAS第39号)“金融工具:确认和计量”。1999年,IAS第21号第46段又略做修改。2001年4月理事会(IASB)成立并正式运作,启动了“改进国际会计准则”项目,IAS第21号的改进就是项目内容的一部分。2003年12月,IASB发布改进后的IAS第21号,对自2005年1月1日或以后开始的报告期的年度财务报表有效。

IAS第21号适用于外币交易和余额的会计核算,以及对那些通过合并或权益法包含在主体财务报告中的国外经营成果和财务状况所进行的折算。IAS第21号并未涉及外币项目套期会计的处理,外币衍生工具的会计处理,主要通过IAS第39号“金融工具:确认和计量”进行规范,但是在IAS第39号规范范围之外的外币衍生工具,仍适用IAS第21号的规定。

1. 外币的概念

IAS第21号几乎完全采纳了SFAS第52号有关功能货币的规定,将“报告货币”的概念划分为“功能货币”和“列报货币”,并取消了对“构成报告企业经营整体组成部分的国外经营”和“国外实体”的区分。

功能货币是指主体经营所处的基本经济环境的货币,而外币是指主体功能货币以外的货币。主体应区分“国外经营”和“国外经营净资产”,国外经营,是指经营活动所在国家或采用货币与报告主体不同的子公司、联营主体、合营主体或分支机构。国外经营净资产是指报告主题在国外实体净资产中所享有的份额。

2. 外币交易的处理

(1) 外币交易的初始确认:外币交易在初次确认时,应当以功能货币进行记录,外币金额按交易日功能货币和外币的即期进行折算。

(2) 外币交易的后续确认:在每一个资产负债表日,① 外币货币性项目应以期末汇率予以报告。② 以外币历史成本计价的非货币性项目应采用交易日汇率予以报告。③ 以外币公允价值计价的非货币性项目应采用确定价值时存在的汇率予以报告。各项目的入账金额要结合其他相关准则加以考虑,无论以何种方式计量,如果涉及外币,都要按本准则的要求折算成功能货币。

(3) 汇兑损益的处理:构成报告主体对国外经营净投资的货币性项目产生的汇兑损益,应确认为损益,在包括国外经营和报告主体的财务报表(当国外经营为报告主体的子公司时即为合并财务报表)中,该汇兑损益应作为一个所有者权益的单独组成部分加以初始确认,并在处置该项净投资时确认为损益。

对于非货币性项目按照其他准则规定进行重估产生的利得或损失而发生的汇兑损益,则应区分以下两种情况:① 若非货币性项目的利得或损失在权益中确认,则该汇兑损益在权益中确认;② 若非货币性项目的利得或损失在损益中确认,则该汇兑损益在损益中确认。例如,交易性金融资产的利得损失计入“交易性金融资产——公允价值变动”,在“公允价值变动损益”科目中确认,而该科目为损益类科目,所以非货币性项目的利得损失在损益(公允价值变动损益)中确认;可供出售金融资产的利得损失计入“可供出售金融资产——公允价值变动"，在"其他综合收益"中确认，该科目为权益类科目，所以外币非货币性金融资产的汇兑差额在权益(其他综合收益)中确认。

另外，未实现的汇兑损益应按照全部数确认，计入当期损益，列入当期利润表。

表3-2 外币交易准则的比较

比较项目	我国准则	美国准则	国际准则
外币的概念	区分记账本位币和外币	区分功能货币和外币	区分功能货币和外币
外币交易的处理	初始确认采用交易日的汇率；资产负债表日区分货币性项目和非货币性项目分别调整；未实现的汇兑损益应按照全部数确认计入当期损益	初始确认采用交易日的汇率；资产负债表日按当日汇率调整；未实现的汇兑损益应按照全部数确认计入当期损益	初始确认采用交易日的汇率；资产负债表日区分货币性项目和非货币性项目分别调整；未实现的汇兑损益应按照全部数确认计入当期损益

二、未来发展方向

尽管我国企业会计准则实现了与国际会计准则的趋同，但是在外币交易和外币报表折算中依然存在很多差异和争论。对于外币准则的未来发展方向，实务界和理论界都在进行积极探讨。有学者认为，有些企业在处理外币业务时随意性较大，不利于会计信息的可比，同时也隐含了账务风险，因此，汇兑损益的处理方法应遵循一致性原则，便于比较、分析不同时期的汇兑损益对企业经济效益的影响程度，便于管理层采取相应措施，减少不必要的损失，同时也有利于提高会计信息质量。

(一) 设置固定汇率

对于汇率变动频繁且外币业务比较多的企业，为了方便核算，在具体操作时，类似于材料采购采用的计划价格，可以在平时核算时采用计划汇率，等到会计期末再用期末汇率进行调整。当计划汇率与实际汇率偏离程度较大时，就对计划汇率实施修订。

(二) 分别列示本期已实现和未实现的汇兑损益

以收付实现制和权责发生制为核算基础确认的汇兑损益均有不足之处，更可行的办法是对本期已实现的汇兑损益计入本期损益，对未实现的汇兑损益，则开设递延账户或先计入待摊费用，在以后的实现期内摊销并计入损益，使各期反映的经营成果和财务状况比较接近实际情况。

(三) 减少汇兑损失，防范汇率风险，提高企业经济效益

企业在具体进行外币业务时应选择合适的结算方式，并使资产结构多元化，选择两种以上的外币存款以分散风险，并积极参加金融市场交易业务，利用各种金融工具包括衍生金融工具等手段进行交易，降低金融风险，减少损失，增加收入。

本章综合案例

东方航空"亏损魔咒"

讨论主题:外汇风险的产生与管理

一、案例概况

随着经济全球化水平不断提高,人民币汇率逐渐成为影响中国企业竞争力的重要因素。近几年来,国家实施浮动汇率制度,从美元对人民币汇率走势来看,人民币在2015第三季度到2016第四季度出现了大幅度的贬值。对于大量依赖进口的企业,或者是与出境游密切相关的企业,人民币贬值可能会给其带来不利的影响。比如三大航空公司,在2015年和2016年第四季度似乎都陷入了"亏损魔咒",很大程度上是由于这两年人民币对美元汇率大幅贬值,尤其是每逢第四季度便加速贬值。除此之外,可能还有油价和需求的作用。

东方航空公司是中国国有控股三大航空公司之一①。公司于1997年分别在纽约证券交易所、香港证券交易所、上海证券交易所成功挂牌上市,是中国民航首家三地上市的航空公司。截至2017年年末,公司运营着637架客运飞机(其中包括托管公务机10架)组成的现代化机队,主力机型平均机龄约5.5年,是全球大型网络航企中最年轻、最精简的机队之一。公司航线网络通达全球177个国家、1 074个目的地,2017年旅客运输量超过1.1亿人次。

公司主要业务范围为国内和经批准的国际、地区航空客、货、邮、行李运输业务及延伸服务。此外,公司还获准开展以下业务经营:通用航空业务;航空器维修;航空设备制造与维修;国内外航空公司的代理业务;与航空运输有关的其他业务;保险兼业代理服务;电子商务;空中超市;商品批发、零售。

在2015年和2016年,公司的合并净利润分别为50.47亿元和47.65亿元,营业利润分别为2.08亿元和9.16亿元,而净汇兑损失却达到49.87亿元和35.43亿元,人民币的贬值给公司带来了巨大的冲击。

二、案例分析

(一) 外币业务

公司的外币业务占总业务的比重,决定了公司会在多大程度上受汇率波动影响。东方航空在2015年和2016年发生的主要外币业务有以下几种。

1. 进行飞机购买或租赁

2015年5月5日,本公司与东航租赁拟定协议,以融资租赁方式承租不超过23架飞

---

① 相关数据来源:东方航空年度报告。

机。2016 年,公司新引进经营性租赁飞机 18 架,退出经营性租赁飞机 15 架,受市场环境、物价水平等因素影响,新引进的飞机较退出的飞机租金标准有所提高,经营性租赁费用增加。同时,自购及融资租赁新增了飞机 54 架,飞机及发动机数量增加导致固定资产原值增加,折旧相应增加。

2. 以外币支付修理费用

2016 年公司净增宽体机 7 架、窄体机 39 架,导致飞机及发动机修理费用增加;同时对 A330 飞机进行增设空中 Wi-Fi 和机载导航系统(RNP)等设备的改装,修理费用增加。

3. 国际航线的拓展使得外币收入规模增加

国际航线方面,公司航线网络可直接通达日韩、东南亚的主要知名城市和旅游目的地以及欧洲、美洲的知名国际都市。此外,公司还通过加强与天合联盟内外成员的合作以增加联程中转机会。从运营数据来看,2015 年,国际航线旅客运输周转量为438.49亿客公里,同比增长 24.60%;收入为人民币 236.31 亿元,同比增长 18.31%,占客运收入的30.14%。2016 年,国际航线旅客运输周转量为 56 821.42 百万客公里,同比增长29.6%;收入为人民币 262.22 亿元,同比增长 10.96%,占客运收入的 31.50%。由于外币收入规模的增加,使得收入受汇率波动的影响进一步扩大。

4. 发行 H 股

2015 年 9 月 9 日,本公司完成向达美航空发行 H 股普通股 465 910 000 股,发行价格为每股 7.49 港元,每股面值人民币 1 元。

5. 发行韩元债券

该债券采用单利按年计息,为固定利率,利息每年支付一次。其中,韩元 1 200 亿元债券为银行担保私募债券,由韩国产业银行提供担保。韩元 550 亿元债券为优先私募债券。2016 年 9 月 28 日,本公司完成韩元债券发行。2017 年 3 月 28 日,本公司支付了韩元债券自 2016 年 9 月 28 日至 2017 年 3 月 27 日期间的利息。

(二) 会计处理

针对以上外币业务,公司遵循《企业会计准则》的规定:公司记账本位币和编制财务报表所采用的货币均为人民币。集团下属子公司、合营企业和联营企业,根据其经营所处的主要经济环境自行决定其记账本位币,编制财务报表时折算为人民币。

公司对于发生的外币交易,将外币金额折算为记账本位币金额。外币交易在初始确认时,按交易发生日的即期汇率将外币金额折算为记账本位币金额。于资产负债表日,外币货币性项目采用资产负债表日的即期汇率折算为记账本位币。由此产生的结算和货币性项目折算差额,除属于与购建符合资本化条件的资产相关的外币专门借款产生的差额按照借款费用资本化的原则处理之外,均计入当期损益。以历史成本计量的外币非货币性项目,仍采用交易发生日的即期汇率折算,不改变其记账本位币金额。

对于境外经营,公司在编制财务报表时将其记账本位币折算为人民币:对资产负债表中的资产和负债项目,采用资产负债表日的即期汇率折算,股东权益项目除"未分配利润"

项目外，其他项目采用发生时的即期汇率折算；利润表中的收入和费用项目，采用交易发生当期平均汇率折算。按照上述折算产生的外币财务报表折算差额，确认为其他综合收益。处置境外经营时，将与该境外经营相关的其他综合收益转入处置当期损益，部分处置的按处置比例计算。

外币现金流量，采用现金流量发生日的即期汇率折算。汇率变动对现金的影响额作为调节项目，在现金流量表中单独列报。如上述自购飞机业务，假设从购买日到实际交付日人民币持续贬值：

(1) 如果采用一笔交易观，会计处理有什么不同？

(2) 两笔交易观的两种处理方法有什么差别？

如表 3－3 所示，两种观点下三种处理方法的差异主要体现在对折算差额的处理方面。一笔交易观，是将外币折算差额作为对主营业务成本和应付账款的调整；两笔交易观下，无论是按全部数确认或是按实现数确认，所发生的外币折算差额都作为汇兑损益入账，只是入账的时间不同，前者当期作为损益实现，后者递延到后期实现。但是，上述两种观点在不同货币之间的直接兑换业务处理上的做法是相同的，都可以单独确认汇兑损益，并计入当期损益。

表 3－3

汇兑日期	一笔交易观	两笔交易观	
		按全部数确认	按实现数确认
购买日	借：主营业务成本 　贷：应付账款	借：主营业务成本 　贷：应付账款	借：主营业务成本 　贷：应付账款
资产负债表日	借：主营业务成本 　贷：应付账款	借：财务费用——汇兑差额 　贷：应付账款	借：递延收益——汇兑差额 　贷：应付账款
实际交付日	借：主营业务成本 　贷：应付账款 同时， 借：应付账款 　贷：银行存款	借：财务费用——汇兑差额 　贷：应付账款 同时， 借：应付账款 　贷：银行存款	借：递延收益——汇兑差额 　贷：应付账款 同时， 借：应付账款 　贷：银行存款 借：财务费用 　贷：递延收益——汇兑差额

(三) 外汇风险

东方航空与其他航空公司一样，都面临着较大的外汇负敞口，尤其是美元。

从折算风险来看，航空公司属于资本负债率较高的资本密集型行业，东方航空的资产负债率高达 81%。公司年末外币负债通常大于外币资产，外币负债主要源于以美元计价和结算的购买和租赁飞机以及为此而进行的融资。2015 年和 2016 年，公司的美元带息债务分别为 872.85 亿元和 528.66 亿元，占总带息债务的 73.28%和 44.89%。因此，人民币贬值会导致外币负债的增加远大于外币资产的增加，给企业带来极大损失。

从交易风险来看，公司的业务跨越多个国家和地区，取得的收入包含美元、日元及欧元等多种货币，但国际航线多集中于日韩和东南亚，因此美元收入相对较少。但汇率波动影响集团自境外采购飞机、航材、航油及机场起降费等成本，美元支出较多。因此，公司具有较大的美元外汇负敞口。一旦美元升值，公司业绩会受到不利影响。据公司年报分析，如果美元对人民币汇率升值1%，公司 2015 年和 2016 年的净利润分别会减少 5.81 亿元和 3.77 亿元。

从经济风险来说，人民币显著贬值会导致内地居民出境游的热情降低，可能会使东航公司未来现金流减少。

东航公司在人民币极速贬值时遭遇“亏损魔咒”，可能归于以下原因：一是资本结构不合理，资产负债率过高，财务风险过大。二是债务结构不合理，极高的外币负债意味着汇率轻微的变动就会引起汇兑损益的极大变化，这也是亏损最主要的原因。三是套期保值机制的有效性还不足以应对汇率风险。

(四) 风险管理

1. 调整资本及债务结构

为了降低汇率波动对公司经营的不利影响，东方航空公司通过发行超短期融资券、人民币贷款等方式开展人民币融资，积极优化公司债务币种结构。2016 年 1 月，为进一步优化公司债务结构，降低汇率波动风险，经与相关金融机构友好协商，公司偿还美元债务本金 10 亿美元。截至 2016 年 12 月 31 日，美元债务占公司带息债务比重从 2015 年的 73.28%降至 44.89%，有效降低债务币种结构带来的汇率风险。除了债务之外，企业还可以通过自有资金和股权融资来调整资本结构。2016 年 1 月 8 日，证监会通过了公司非公开发行不超过 2 329 192 546 股 A 股股票。

如图 3－2 所示，通过一系列调整资本及债务结构的措施，公司在降低美元负敞口风险上有了显著成效。

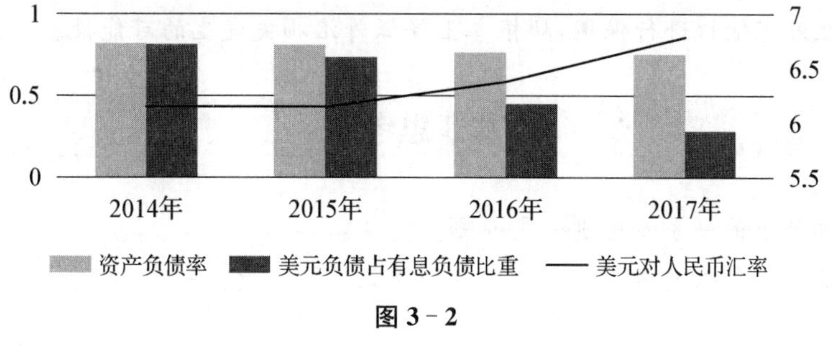

图 3－2

2. 外汇远期合约

外汇远期合约又称期汇交易，是指买卖外汇双方先签订合同，规定买卖外汇的数量、汇率和未来交割外汇的时间，到了规定的交割日期双方再按合同规定办理货币收付的外汇交易。东方航空公司通过外汇远期合约来降低机票销售外汇收入及需以外汇支付的费用相关的汇率波动风险。签订的外汇远期合约符合套期会计的运用条件。其中部分合约是以固定汇率卖出日元及买入美元，属于现金流量套期。若交割日的即期日元兑换美元汇率低于合同列明的某一特定汇率，则按约定的汇率卖出日元以购入更多美元。截至2016年12月31日，公司持有尚未交割的外汇远期合约的名义金额约为美元440百万元，折合人民币3 052百万元(2015年12月31日：美元12百万元，折合人民币78百万元)，并将于2017年到期。由于公司外币债务结构以美元和日元为主，而美元价值保持相对稳定，因此该外汇期权的运用能够有效防范日元汇率下跌风险。期权合同在美元稳定的外汇环境下起到一定的外汇风险防范作用。

3. 交叉货币互换合约

交叉货币互换是指境内交易与境外在双方达成交易同时包含的名义本金、利息、手续费、固定利率、浮动利率的相互之间的互换。

公司通过交叉货币互换合约来规避汇率和利率风险，签订的交叉货币互换合约符合套期会计的运用条件。该部分合约是将与伦敦银行同业折借利率(简称LIBOR)相关的浮动利率转换为欧元银行同业折借利率相关的浮动利率(简称EURIBOR)，属于现金流量套期。上述合约于2016年度内已全部交割。于2016年度，公司交叉货币互换合约产生的净现金流入计人民币5百万元(2015年度：无)。截至2016年12月31日，本集团无持有的尚未交割的交叉货币互换合约(2015年12月31日：美元38百万元，折合人民币244百万元)。

三、启示与建议

近些年人民币汇率处在较大的波动中，2018年6月，人民币又出现大幅贬值，航空股集体下跌。当汇率环境变化巨大时，想要对冲外汇风险，仅通过单一期权组合或者交叉货币互换合约远远不够，同时，期权费用的存在也会增加管理成本。因此为了应对多样化的汇率风险，需要更切实有效的对外汇敞口进行套期保值。企业引入外汇套期工具的根本目的不是为了获得汇率变动的收益，而是通过执行与企业外汇敞口相反的外汇衍生品操作从而对企业外汇敞口进行保值，从根本上降低外汇损失发生的可能性。

本章思考题

1. 外币和外汇的联系及区别分别有哪些?

2. 企业的外汇风险有哪几种? 如何管理外汇风险? 选择一个你感兴趣的行业并进行分析。

3. 我国对外币交易采用的是一笔交易观还是两笔交易观? 它比起另一种有何优点? 在这种观点下，汇兑损益一般是如何处理的?

本章练习题

甲股份有限公司(以下简称甲公司)外币业务采用即期汇率的近似汇率进行折算,假定每月月初的市场汇率与交易发生日的即期汇率近似,按季核算汇兑损益。20×2 年 3 月 31 日有关外币账户余额如下表所示:

项目	外币金额(万英镑)	折算汇率	折算人民币金额(万元)
银行存款(借方)	300	8.61	2 583
应收账款(借方)	250	8.61	2 152.5
长期借款(贷方)	1 000	8.61	8 610
应付利息(贷方)	30	8.61	258.3

长期借款 1 000 万英镑,系 20×2 年 9 月借入的一般借款,建造某生产线使用了该外币借款,借款期限为 24 个月,年利率为 10%,按季计提利息,每年 1 月和 7 月支付半年的利息。至 20×3 年 3 月 31 日,该生产线正处于建造过程之中,已使用外币借款 600 万英镑,预计将于 20×3 年 12 月完工。20×3 年第二季度各月月初、月末市场汇率如下表所示:

日期	市场汇率
4 月 1 日	1 英镑=8.61 元人民币
4 月 30 日	1 英镑=8.89 元人民币
5 月 1 日	1 英镑=8.89 元人民币
5 月 31 日	1 英镑=8.80 元人民币
6 月 1 日	1 英镑=8.77 元人民币
6 月 30 日	1 英镑=8.81 元人民币

20×3 年 4 月至 6 月,甲公司发生如下外币业务(假定不考虑增值税等相关税费):①4 月1 日,为建造该生产线进口一套设备,并以外币银行存款 80 万英镑支付设备购置价款。设备于当月投入安装。②4 月 20 日,将 60 万英镑兑换为人民币,当日银行英镑买入价为 1 英镑=8.53 元人民币,卖出价为 1 英镑=8.87 元人民币。兑换所得人民币已存入银行。③5 月 1 日,以外币银行存款向外国公司支付生产线安装费用 90 万英镑。④5 月 15 日,收到第 1 季度发生的应收账款 150 万英镑。⑤6 月 30 日,计提外币专门借款利息。

要求:

(1) 编制 20×3 年第二季度外币业务的会计分录;

(2) 计算 20×3 年第二季度的汇兑净损益;

(3) 编制与期末汇兑损益相关的会计分录。

本章主要参考文献

[1] BEAVER W H，WOLFSON M A. Foreign currency translation and changing prices in perfect and complete markets[J]. Journal of Accounting Research，1982，20(2)：528.

[2] BEAVER W H，WOLFSON M A. Foreign currency translation gains and losses：what effect do they have and what do they mean? [J]. Financial Analysts Journal，1984，40(2)：28 - 36.

[3] 弗洛伊德・A. 比姆斯. 高级会计学[M]. 储一昀，译. 上海：上海财经大学出版社，2002：505 -592.

[4] 弗雷德里克・S・米什金. 货币金融学[M]. 郑艳文，荆国勇，译. 北京：中国人民大学出版社，2016.

[5] 梁莱歆. 高级财务会计[M]. 3 版. 北京：清华大学出版社，2011：181 - 238.

[6] 刘燕. 会计法[M]. 2 版. 北京：北京大学出版社，2009.

[7] 理查德・刘易斯，戴维・彭迪尔. 高级财务会计[M]. 7 版. 钱爱民，译. 北京：中国人民大学出版社，2006.

[8] 迈克尔・梅尔文，斯蒂芬・C. 诺尔宾. 国际货币与金融[M]. 何青，译. 北京：中国人民大学出版社，2016.

[9] 企业会计准则编审委员会. 企业会计准则操作实务[M]. 上海：立信会计出版社，2007.

[10] 沈坤荣，耿强，付文林. 宏观经济学教程[M]. 2 版. 南京：南京大学出版社，2010：274 - 299.

[11] 沈颖玲. 国际财务报告准则：阐释与应用[M]. 上海：立信会计出版社，2007：308 - 319.

[12] 王跃堂，陈丽花. 财务会计[M]. 2 版. 南京：南京大学出版社，2007：237 - 298.

[13] 王跃堂. 高级财务会计[M]. 南京：南京大学出版社，2013.

[14] 中华人民共和国财政部. 企业会计准则[M]. 北京：经济科学出版社，2006.

[15] 中国注册会计师协会. 会计[M]. 北京：中国财政经济出版社，2017.

[16] 中国国务院. 中华人民共和国外汇管理条例[M]. 北京：人民出版社，2008.

第四章　外币报表折算

导入案例

20 世纪初期，我国的企业开始走上国际。网易、腾讯、阿里巴巴、爱奇艺等公司纷纷奔赴美国上市。华为、中兴等大型跨国公司的海外业务也不断发展壮大，以中兴为例，2014 年海外地区的营业收入占比达到 50.2%。但是与此同时，中兴也面临着巨大的折算风险，其主要来自将各个地区的子公司的外币报表折算成人民币为基础计量的财务报告时所产生的汇兑损益。

在经济全球化的背景下，随着我国跨国公司业务的壮大以及海外上市公司的增加，越来越多的企业将面临外币报表折算的问题，随之而来的折算风险也将成为企业风险管理中日益重要的组成部分。那么，企业应当如何对境外经营机构(包括子公司、合营企业、联营企业和分支机构)的外币财务报表进行折算？国际金融市场的剧烈动荡究竟会给企业带来哪些外汇风险？企业该如何有效地进行外汇风险管理？

内容提要

随着中国经济的迅猛发展，一些企业积极参与国际市场的竞争，纷纷出国上市或在国外设立分公司或子公司。这些分公司、子公司其经营活动在国外，因此，应遵循所在国的法律法规，并执行所在国的会计准则和会计制度，其会计报表的编制也很可能不会使用母公司的报告货币，而以所在国的货币单位进行计量和编报。这便产生了为编制企业集团合并会计报表时需对国外分支机构的外币报表按母公司报告货币重新表述的外币报表折算问题。对于跨国企业而言，外币报表折算风险对其总体外汇风险有极为重要的影响。

本章将从会计角度系统阐述外币报表折算的处理，并讨论相关理论的未来发展方向，为读者更深刻、更全面地理解和解决上述问题提供一定的参考和启示。

通过本章学习，应达到以下目标：

1. 理解外币报表折算的基本概念；
2. 理解外币报表折算的经济学及会计学理论基础；
3. 掌握外币报表折算的会计处理；
4. 了解我国准则与美国准则、国际准则的相关差异及未来发展方向。

第一节　外币报表折算概述

本节将介绍外币报表折算中的一些基本概念，包括外币报表和外币报表折算的概念、外币报表折算的必要性、记账本位币与功能货币的概念、外币报表折算的关键问题等，为进行外币报表的折算打下基础。

一、外币报表折算的相关概念

（一）外币报表与外币报表折算

美国财务会计准则委员会第52号公告对外币会计报表所下的定义为：运用不属于企业报告货币的记账本位币作为计量单位的会计报表。

在将企业的境外经营通过合并、权益核算等纳入企业的财务报表中时，需要将企业境外经营的财务报表折算为以企业记账本位币反映的财务报表，这一过程就是外币报表折算的一种情况。外币报表的折算是指为了特定的目的把用一种货币表述的财务报表换用另外一种货币来表述。根据1995年发布的《合并会计报表暂行规定》，外币会计报表的折算，是指将以母公司记账本位币以外的货币揭示的子公司会计报表折算为以母公司记账本位币揭示的会计报表。

（二）外币报表折算与外币兑换、外币折算差异对比

外币报表折算不同于外币兑换和外币折算。外币兑换是将一种货币兑换成另一种货币，是实际货币的等值交换，且其发生的汇兑损益是已经实现的；外币折算指将不同的外币金额换算成统一的本国货币（或特定的外币）等值的过程。而外币报表折算并不涉及不同货币的实际交换，而是将报表各项目的表述语言从一种货币换用为另外一种货币，其发生的报表折算损益并未实际发生。

（三）功能货币

1.功能货币概念与确认

对于国际上目前流行的外币报表折算惯例来说，功能货币是一个重要的概念，一个主体的功能货币是指它所经营的主要经济环境中的货币。通常这种货币就是该主体收支现金所主要采用的货币。功能货币的概念适用于任何主体。需要注意的是功能货币未必是企业的记账货币，企业可以选用非功能货币作为记账货币。

功能货币是SFAS第52号中“外币折算”所阐述的一种货币理念，即一项资产或负债可以用同一种货币计量和标示，也可以用一种货币计量而用另一种货币标示。由这一理念进一步引申出，会计系统中的货币具有两种功能：计量功能和标示功能。在单一货币环境下，货币的计量功能和标示功能是合二为一的，而在非单一货币环境下，两者往往相互分离。功能货币特指充当计量尺度的货币，由于不同货币之间的比价关系经

常发生变动，功能货币的不同选择就可能导致计量结果的迥异。国际会计准则理事会随后发布了改进后的 IAS 第 21 号，IAS 第 21 号几乎完全采纳了 SFAS 第 52 号有关功能货币的规定，将原"报告货币"的概念划分为"功能货币"和"列报货币"。IAS 第 21 号将"功能货币"定义为"主体经营所处的基本经济环境的货币"，并且提供了如何确定功能货币的详细指南，将与"功能货币"相对应的"列报货币"直接定义为"列报财务报表的货币"。

一般来说，独立的公司和国外经营的公司的功能货币是客观存在的事实，很容易确定，IAS 第 21 号为确定功能货币提供了一些参考标准。

(1) 该货币会对公司销售商品、提供劳务的价格产生主要影响，通常以该货币作为销售商品、提供劳务的计量和结算币种。

(2) 该货币会对人工、原材料或其他与销售商品、提供劳务相关的成本产生主要影响，通常以该货币作为上述成本的计量和结算币种。

需要特别说明的是国外经营的功能货币确认问题。如果一个国外经营主体在其东道国的经营基本上是自成一体、独立于其母公司的话，那么其功能货币往往是东道国货币。如果主体在其东道国的经营活动是母公司经营活动的延伸，它的功能货币一般就是母公司的功能货币。尽管一个主体的功能货币往往很容易客观确定，但是也存在一些复杂情况。例如，如果一个主体的大量经营活动涉及多个币种，就较难确认功能货币。在这种情况下，管理层需要运用其判断将最能真实反映主体的交易、事项和情况的货币确认为功能货币。

主体的功能货币反映了其交易、事项和情况的经济影响，因此功能货币一旦确定就应该持续使用，除非企业的交易、事项和情况已经发生改变，才能表明功能货币的改变。

2. 功能货币法

外币报表折算常常是出于编制跨国公司合并会计报表的需要而折算国外子公司、分支机构的外币报表。而针对功能货币这一概念，产生了一种目前在国际上较流行的外币报表折算方法——功能货币法。这种方法的主要内容如下：在折算国外子公司或国外联营企业的外币报表之前，首先确定国外实体的功能货币。在经营上相对独立的国外实体的功能货币常常是东道国的货币，母公司或投资公司在折算外币报表时应采用子公司货币观，以现行汇率法折算外币报表。反之，作为母公司经营的延伸的国外实体的功能货币就是母公司或投资公司的呈报货币，母公司或投资公司在折算外币报表时应采用母公司货币观，以时态法折算外币报表。图 4－1 示范了对于外币报表折算方法选择的流程图。

3. 功能货币与记账本位币辨析

从概念定义上看，二者均为企业经营所处的主要经济环境中的货币，但是实质上二者仍然有一定差别。根据国际会计准则，货币应具有计量和列报两种功能。并且国际会计准则将此两项功能分开，将功能货币与计量功能对应，列报货币与列报功能对应。列报货币可以是一种货币，也可以是几种货币，并且列报货币可以和主体的功能货币相同，也可不同。同样的,美国准则也将货币的计量列报功能分开,且将货币的计量功能包含在功能货币的概念中。而在我国准则中,记账本位币则涵括了计量与列报两种功能,计量货币是记账本位币,列报货币也是记账本位币。

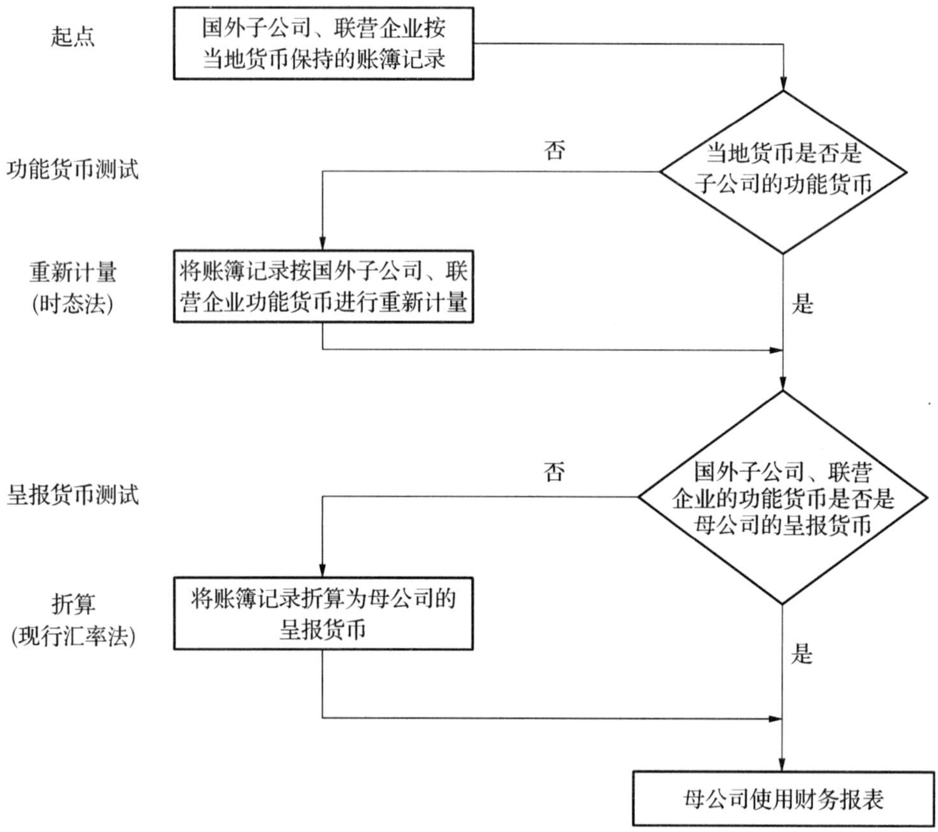

图 4-1

二、外币报表折算的必要性

具体来说,需要进行外币报表折算的事项主要有:

(1) 编制跨国公司合并会计报表的需要。由于编制合并报表的主要目的是为了满足母公司股东和债权人等的需要,因而合并报表通常应以母公司报表所用货币来表述。

(2) 母(总公司)公司为了考核、评价国外子公司(分支机构)的财务状况、经营成果以及现金流量情况,也需要将国外子公司用外币表述的报表转换为按母公司(总公司)所用货币表述的报表。

(3) 在国外资本市场有证券上市交易的公司,必须按上市地区的货币对外报告,或有义务向其他国家的投资者和债权人报告财务信息。

三、外币报表折算的关键问题

外币报表折算的困难源于汇率的变动。由于当今世界各国包括我国大多数采用浮动汇率制,汇率一直在不断变化,这就存在历史汇率、现行汇率和平均汇率等多种汇率。也就意味着我们在进行报表折算的过程中,需要对汇率进行选择。而不同的报表项目对汇率的反应程度不尽相同,所以我们在选择汇率的过程中,还需要考虑该汇率是否会对报表项目的计量属性造成影响,这是一个十分复杂的过程。

另外,会计期末为了合并会计报表或为了修正会计记录和重编会计报表,而把外币计量单位的金额转化为记账本位币计量单位的金额的过程中,会产生一定的差额。而对于外币报表折算形成的损益如何处理也是具有较大分歧的。目前国际主流有两种观点,一种认为外币报表折算差额只是将以外币表示的资产和负债项目以母公司的记账本位币重新计算所产生的调整数额,而不是已经实现的损益,在这种情况下折算损益不能进入本期损益。另一种观点则认为外币报表折算差额应进入本期损益,只要汇率发生变动,就应确认其汇兑损益已经实现。

综上,外币报表折算主要解决两个主要问题:一是外币报表各项目折算汇率的选择,二是折算汇率与原入账汇率不同所产生的外币折算损益的处理。对这两个问题的探讨将贯穿整章的学习。

第二节 外币报表折算相关理论

一、外币报表折算方法相关理论

(一) 母公司理论

根据母公司理论,国外附属公司、分支机构都被认为是母公司的延伸,国外经营所进行的以当地货币计价的交易就如同母公司自己在进行这些交易。母公司理论认为母公司的股东更关心那些被母公司所控制的国外子公司的资源在母公司国内产生的效用,而非在子公司所在国产生的效用。这样,交易自然都应以母公司所在国的货币计量和报告。因此,对国外子公司的所有交易的折算应达到这样的效果:仿佛国外子公司在进行这些交易时就已经按母公司的货币计量。

在母公司理论下,外币折算只是一种计量变换程序,是对按外币计量的既定价值的重新表述。外币折算并不改变被计量项目的计量属性,而只是将计量的货币单位改成以本国货币单位计量。因此应根据资产负债表上各项目发生的时态来选择采用的汇率。如果资产或负债的计量属性反映的是现行价值,就应选择现行汇率作为折算汇率,相反,如果资产或负债的计量属性反映的是历史成本,就应该选择历史汇率作为折算汇率。比如,如果非货币性资产是按历史成本计量的,那么合适的折算汇率就是取得该资产时日的即期汇率，即历史汇率。在这里按历史成本折算可以达到两种效果，一是保持该非货币性资产的历史成本计量属性，二是可以将外币报表的计量单位从外币转换为母公司的货币。这样母公司的非货币性资产就可以和国外子公司的非货币性资产在同样的历史成本计量基础上以母公司货币为计量单位进行合并。

母公司货币观的缺点是，它仅确认汇率变动对货币性项目净额的影响，而完全无视汇率变动对非货币性项目的影响。批评者指出，国外子公司的房屋和土地等固定资产可视为正在变为货币性资产的非货币性资产。在大多数情况下，非货币性资产能够创造现金流，汇率的波动仍然使非货币性资产所创造的现金流量按母公司货币表述的价值变得更高或更低。因此，忽视汇率波动对国外子公司的非货币性项目的影响是不符合经济现实的。

符合母公司货币观的折算方法是时态法。因此，时态法适用于国外经营是母公司经营活动的延伸的情形，折算过程强调保持外币报表原来的计量属性。

(二) 子公司理论

子公司理论认为大多数的国外子公司是自主经营的国外实体，子公司的管理者可自行决定有关经营和财务决策、利用所在国的货币发生成本和费用、收取货款以及安排借款、决定未分配利润的使用。母公司对子公司中主要利益获取形式是每年的股利分配，如果分红令母公司股东满意，他们就不会去关心子公司的财务状况和经营成果。

因此，根据子公司理论，在折算过程中国外子公司的报表项目间的关系必须保留下来。为了保留报表项目间的关系，子公司报表的所有资产和负债项目就只能乘以一个单一的汇率，基于可靠性的考虑，这个单一汇率的最合理选择就是资产负债表的即期汇率。这样处理，就能全面反映汇率变动对子公司货币性项目和非货币性项目的影响，即对子公司的净资产的影响。

对于子公司理论的批评与质疑在于，根据其折算出来的资产或负债的母公司货币金额代表的究竟是该资产或负债的历史成本还是某种公允价值？这很可能导致一个以历史成本计价的资产按期末汇率折算产生一个毫无经济意义的折算结果。

符合子公司理论的折算方法是现行汇率法，适用于国外经营独立于母公司的情况，折算强调保持外币报表项目之间原来的关系。

二、外币报表折算损益处理方法相关理论

国际上对折算损益的会计处理与折算程序一样存在多种方法。折算损益的会计处理观点涉及从“递延”到“非递延”法和位于这两种方法之间的各种混合方法。

(一) 递延法

帕克森提出了支持递延法的理由：外币报表折算损益涉及母公司对国外子公司的长期投资，也许是永久性投资；在国外子公司被关闭并且其全部净资产被返还给母公司之前，这些利得或损失没有真正实现；到那时或者在那时之前，汇率也许已经发生了相反的变化，也就不会再实现任何利得或损失。在此期间按照货币重估价记录的经营成

果(且按照现行汇率折算)标志着国外经营价值的增加或减少,而在这样的环境中没有必要在利润表中记录那些转瞬即逝的利得或损失——事实上这种记录会使人误解。

将折算损益排除在当期收益之外的做法得到了普遍拥护,因为,这些调整额仅仅是重编报表的产物。一个国外子公司净资产的本国货币等值变化不是真正实现的变化,对国外主体带来的当地货币现金流量没有任何影响。所以,将这些调整包括在当期收益中会产生误导。在这样的环境下,折算调整额应该分开累计,并作为合并权益的一部分。然而,递延法也遭到了反对,因为汇率不会自己发生逆转。即使汇率能够逆转,进行外汇调整的递延也是以对汇率的预测为前提的,而这恰恰是实务中最大的问题。递延折算损益在一定程度上掩盖了汇率变动的真相,根据 SFAS 第 8 号的规定,“汇率是变动的,不应该通过会计信息的列报让人感到它是稳定的”。

(二) 递延和摊销

一些学者主张递延折算损益并且在相关的资产负债表项目的寿命周期内摊销这些调整额。例如,假设企业通过借债筹资购置固定资产,可以认为,归还借款本金和支付利息的资金来自固定资产使用期内产生的现金流量。因此,与借款相联系的折算损益应该在固定资产存续期限内摊销,也就是说,以和折旧费用相同的方式计入相关期间的收益。另一个可选择的做法是,将负债中产生的折算损益递延并在负债余额的偿还期限内作为利息费用的调整。

但是这样的处理可能遭到理论和实务上的批评。例如,根据财务理论,关于固定资产投资的资本预算决策是解决如何筹措资金的独立决策。而如果将筹资与折算损益摊销联系在一起,更像是一种拉平收益的技巧,而且调整利息的做法也是值得怀疑的。本国借款成本的确没有因为市场利率变动或负债公允市价变动而进行调整,外币价值的变动会产生这样的影响吗?

(三) 部分递延

进行折算损益会计处理的第三种选择是,损失在发生时立即确认,而利得则在真正实现时才确认。尽管这样处理比较稳健,但仅仅因为折算利得是“利得”就递延处理的做法否认了汇率的变动。此外,在递延折算利得的同时确认折算损失是自相矛盾的,这种做法也缺乏确认折算利得实现时间的明确标准,对于递延折算的利得如何确定递延金额也并无确定的方法。过去,从当期折算利得中扣除前期的折算损失而将其差额予以递延,但是这种做法意味着折算利得和损失不是期间项目,它们将在公司的较长时期内被摊销。如果是这样,递延在实务中就会产生各种问题。

(四) 不予递延

最后一个选择是不予递延,立即在利润表中确认折算利得和损失。任何类型的递延都被认为是粉饰或误导,递延的标准因不一致和实施上的不可行而经常受到抨击。将本期发生的外币报表折算损益全部计入本期利润表,因为汇率的变动是客观存在的,汇率变动已引起资产负债折算后价值的改变,使资产净值发生变动。而利润可界定为净资产的增加,因此将折算产生的调整额作为本期损益合乎情理。但是,在当期收益中包含折算损益会在收益中引入一个包含随意性的“账面”利得和损失，从而误导报表使用者，因为这些调整不能提供与汇率变动对企业现金流量预期经济影响相一致的信息。

在四种外币报表折算方法中，流动与非流动法主张对折算损失当期确认，折算利得予以递延；货币与非货币法和时态法则采用当期确认法；现行汇率法则主张采用递延法。

第三节　外币报表折算处理方法

一、外币报表折算方法的历史演进与介绍

外币报表折算主要解决两个主要问题：一是外币报表各项目折算汇率的选择，二是折算汇率与原入账汇率不同所产生的外币折算损益的处理。折算目的不同，其相应的折算方法也各不相同。从目前世界各国外币财务报表折算的情况来看，基本上可以划分为单一汇率法和多种汇率法两大类。单一汇率法主要是现行汇率法；多种汇率法主要包括流动与非流动法、货币与非货币法、时态法等三种折算方法。

（一）流动与非流动法

流动与非流动法是早期普遍采用的方法。美国注册会计师协会（AICPA）会计程序委员会（CAP）早在1939年的第4号会计研究公报（ARB）《国外经营活动与外汇利得》中就推荐使用流动与非流动法。

采用流动与非流动法，首先要将被折算的国外子公司或附属公司资产负债表各项目划分为流动和非流动两大类，对流动资产和流动负债各项目的外币金额，应按编报日的现行汇率折算成国内母公司或总公司的记账本位币金额。对非流动资产和非流动负债各项目，则按取得资产或承担债务时日的历史汇率折算。对公司的实际资本或股本项目，按实际收到资本或发行股本时日的历史汇率折算。留存收益项目，则为报表折算的轧差平衡数。损益表项目，其中的折旧费和摊销费按取得有关资产时的实际历史汇率折算，其余的收入、费用项目均按编报期间的平均汇率进行折算。至于汇率变动的影响，上述美国第4号会计研究公报出于稳健性的考虑要求将折算净损失计入损益，折算净利得应予递延。

随着该方法在实务中的广泛应用，其缺陷日益暴露。现行成本学说的代表Chambers指出，把存货列为流动项目按现行汇率折算，将导致折算结果与事实不符。因为存货与现金相比，受汇率变动的影响程度不同，汇率变动可使现金贬值或升值，但它不会直接影响存货价值，除非存货被出售。另外，按历史汇率折算属于非流动资产的长期应收款和非流动的长期应付款、长期借款等项目，由于它们按外币表述的金额是固定的，实际上也承受汇率变动的风险，因而以历史汇率折算也不合理。

因此，1965年美国注册会计师协会会计原则委员会（APB）发布第6号意见书对此做

了修正，将长期应收款和长期应付款改为以现行汇率折算。但这样做又违背了根据流动与非流动项目来选择折算汇率的原则。

流动性与非流动性法因为缺乏概念依据而逐渐被放弃，现在已经很少有国家采用它作为外币报表折算方法。

（二）货币与非货币法

在会计界逐渐放弃流动与非流动法后，取而代之的是另一种外币报表折算方法——货币与非货币法。这种方法最早在1957年由美国密治安大学教授Samuel Hepworth提出，他认为应从汇率变动对资产和负债项目的不同影响入手，将资产和负债项目区分为货币性和非货币性项目，即货币与非货币法，此法亦得到了全美会计师协会（The National Association of Accountants）的支持，后由美国会计原则委员会在第6号APB意见书中正式推荐采用。

采用货币与非货币法，首先需要根据资产负债表中各项目所代表的货币量是否固定不变为标准，分为货币性项目和非货币性项目两大类。货币性项目表示将在未来收到或付出一笔固定的外币金额的权利或责任，如现金、应收账款、应付账款、长期应付款等，它们的特性是一旦汇率发生波动，其外币金额的本国货币等值即发生变化，因此货币性项目应按编报日现行汇率折算。对于非货币性项目和所有者权益项目，按原入账时的历史汇率计算。损益表项目中折旧费和摊销费应按取得有关资产时日的历史汇率折算，其他收入和费用项目均按报告期平均汇率折算。但销售成本中的存货成本则应按历史汇率折算。对于报表折算过程中形成的折算损益，在货币与非货币法下一般不予递延，而是计入当期损益。

货币与非货币法同流动与非流动法相比，更恰当分析了汇率变动对资产和负债项目的影响，然而仍有缺陷，它依然没有跳出基于资产负债表的某种分类来选择汇率的框架，因此无法触及外币报表折算的实质。外币报表折算涉及的是会计计量问题而不是简单的分类问题，SFAS第8号中认为单从货币性与非货币性项目的区分中不能推导出折算的全面原则；在不同情况下，非货币性资产和负债是根据不同基础计量的，均按历史汇率折算不恰当。比如，如果存货是按现行成本计价的话，由于它属于非货币性项目，也必须按历史汇率折算。其结果是折算后的存货金额既不能代表存货的历史成本本国货币等值，也不能代表重置存货的现行成本本国货币等值，折算金额仍然是没有意义的。

由于存在上述缺陷，货币与非货币法也逐渐被实务界摒弃，而由更为完善的时态法所取代。目前仍使用货币与非货币法的国家和地区主要有瑞典、韩国、菲律宾、中国台湾地区、哥斯达黎加、尼加拉瓜等。

（三）时态法

时态法是在货币与非货币法的基础上发展起来的，是对报表各项目进行计量属性区分并加以选择不同的汇率，实际上是对货币与非货币法的提高。时态法也叫时间度量法，是由美国注册会计师协会的研究人员列奥纳德·洛伦森于1972年在其研究报告中针对货币与非货币法的不足而提出来的，并于1975年为美国财务会计准则委员会的

SFAS 第 8 号所采用。该法的理论依据在于，外币报表折算的过程，实际上是将以外币表述的报表转换成另一种货币单位重新表述的过程。在这一过程中，只应改变计量单位，而不应改变其计量基础。因此应根据资产负债表上各项目发生的时态来选择采用的汇率。

在时态法下，外币会计报表的现金、应收项目和应付项目等货币性项目采用现行汇率折算；对于按历史成本反映的非货币性资产，采用历史汇率折算；对于按现行成本反映的非货币性资产，采用现行汇率折算；所有者权益中除未分配利润以外的其他项目均采用历史汇率折算，未分配利润项目则为轧算的平衡数额；对收入、费用项目，采用交易发生时的实际汇率或当期加权平均汇率(业务频繁时)折算；对于折旧费用和摊销费用，按照取得有关资产时的历史汇率折算；对于销货成本，则要在对期初存货、当期购货、期末存货等项目按不同的适用汇率分别折算后的基础上计算确定。至于损益，SFAS 第 8 号认为它与外币交易的汇兑损益一样都是对历史事实的客观计量，因此应该在汇率发生变化的当期进行反映，即计入当期损益。

时态法的实质在于，折算后的财务报表各项目应当保持该资产和负债项目在子公司原外币财务报表中的计量属性。由于合并报表是母子公司作为一个完整的实体，而不是单个企业的集合来编制的。因此，国外附属公司、分支机构都被认为是母公司的延伸，这样，交易自然都应以母公司所在国的货币计量和报告。

时态法是对货币与非货币法的进一步完善。时态法的优点主要表现在其所依据的会计计量概念在概念基础上来说是十分合理的，而且具有较强的灵活性、较大的兼容性。会计的核心问题无外乎确认和计量，而会计计量的核心又主要表现在会计计量属性的选择上，对会计计量属性的不同选择势必导致会计模式也将随之变更。时态法以报表项目的计量属性作为选择折算汇率的依据，因而能够适用于任何一种会计模式，并且保证这种会计模式在折算前后的一致性。时态法的兼容性表现在当整个会计模式发生改变或某个报表项目的计量属性由历史成本转为公允价值时，时态法将会自动做出调整。时态法的这一优越性还表现在编制合并报表时，对母公司与国外子公司因采用不同的会计政策而做的调整上。

但是，尽管时态法具有概念上的优势，这种折算方法也存在争议。比如，有些项目的时态难以确定，会影响如何正确选择汇率；当子公司都以各自公司的利益为基础来决定汇率的选择时，各子公司选择的折算汇率各不相同，据此编制的合并财务报表将缺乏一致性。而对时态法的主要指责还是针对其将折算差额记入当期合并损益而言的。许多会计师认为折算差额仅仅是对国外子公司外币报表按母公司报告货币重新加以表述产生的调整额，是在当前复式记账法下出于借贷平衡考虑的机制产物，并不能代表或计量公司实际或潜在的现金流量的变化。它们和国外子公司的生产经营、融资决策无关，对母公司来说并不是一笔真正意义上的利得或损失。这种处理方式对母公司的效益会产生不利的影响，因而会引起母公司管理层的不满，因为对于独立经营的海外子公司，他们并没有能够实际参与其经营管理，而其外币报表折算损益却必须计入当期合并净收益，管理层的薪酬通常都与企业的业绩挂钩，经营成果受到折算差额的拖累，管理层的切身利益也会受到影响。更重要的是，对于上市公司而言，企业合并报表的数据受到折算差额的影响，如果这种影响是消极的，必会降低投资者对该公司的投资积极性，导致公司股票价格下跌。

(四) 现行汇率法

现行汇率法又称期末汇率法或单一汇率法，是指将外币报表中的所有资产和负债项目都按期末的现行汇率进行折算。它是所有外币报表折算方法中最简便也是实务中采用较普遍的一种方法。

现行汇率法是1967年英镑贬值后，由英格兰和威尔士特许会计师协会在1968年的会计实务公告中提出来的，并得到"帕金森研究报告"的推崇。但在折算方法的发展过程中，该法同时态法一度处于对立局面。FASB在1975年发布的SFAS第8号中，以时态法为唯一的折算原则；而英国等主要西欧国家则流行使用现行汇率法。随着经济的发展，国外子公司成为独立的经营实体时，母子公司之间主要只是投资关系，汇率变动对子公司净资产的影响越来越受到重视，现行汇率法也就得到更广泛的认可。1981年FASB发布的SAFS第52号(用以取代SFAS第8号)从适用性角度出发，同时推荐时态法和现行汇率法，2003年12月，IASB发布改进后的IAS第21号，推荐使用现行汇率法。

在现行汇率法下，以编报日的现行汇率折算所有的资产、负债、收入和费用项目。只有公司的实收资本或股本项目，仍按收到资本或发行股份时的历史汇率折算。但是，如果收入和费用的发生是大量的，为简化起见，通常也可以按照编报当期的加权平均汇率折算。因报表折算产生的折算损益，应在资产负债表的股东权益中以单独项目予以列示，而不把其计入当期损益。

采用现行汇率法，实际上是将外币报表的资产和负债项目乘上一个常数，只是改变了外币报表的表现形式，而没有改变资产和负债的内部结构，因而采用这一方法能够保持国外子公司个别会计报表原来的内容结构和比例关系。支持现行汇率法的人却认为现行汇率法除保留了国外子公司外币报表上原有财务比率不变和便于对子公司进行业绩评价的优点外，还更具可操作性和可理解性。

但是这种方法存在一个明显缺陷，即假设子公司的所有资产和负债项目都暴露在外币汇率的风险之下，这与子公司存货、固定资产等的价格在一定程度上不受汇率变动影响的经济现象不符。因为存货、固定资产等价格可能在一定程度上随本国货币的升贬值而自由变动，从而在一定程度上抵消了汇率变动对它们产生的影响。再者，在现行汇率法下对按历史成本计量的存货、固定资产等按期末现行汇率折算，违反了传统的历史成本会计模式，改变了折算项目的计量属性，使得折算后的结果成为历史成本与期末现行汇率这两个不相关时点上数字的简单乘积。既不是现行重置成本，也不是现行市价，因而缺乏经济意义。

尽管存在诸多反对意见，现行汇率法仍然是当今世界各国的会计准则中主流的折算方法，我国采用的就是现行汇率法。

二、外币报表折算方法对比

(一) 使用国家和地区对比

目前国际上被广泛使用的方法主要是时态法与现行汇率法，主要使用的国家有美国等发达国家。流动与非流动法目前只有少数国家仍使用该法，如新西兰、萨尔瓦多、巴基斯坦、赞比亚、伊朗、南非等。同样的货币与非货币法也只被瑞典、韩国等少数国家使用。

表 4－1　外币报表折算方法使用国家和地区对比

折算方法	使用国家和地区
流动与非流动法	新西兰、萨尔瓦多、巴基斯坦、赞比亚、伊朗、南非等
货币与非货币法	瑞典、韩国、菲律宾、中国台湾地区、哥斯达黎加、尼加拉瓜等
时态法	美国、加拿大、奥地利、阿根廷、智利
现行汇率法	美国、英国、澳大利亚、哥伦比亚、丹麦、德国、法国、日本、新加坡、荷兰、瑞士、中国香港地区

(二) 资产负债表与利润表所用汇率对比

表 4－2 列示了不同的外币报表折算方法下，对特定的资产负债项目所选用的汇率。

表 4－2　不同折算方法下折算资产负债表各项目所用汇率

资产负债表项目	流动与非流动法	货币与非货币法	时态法	现行汇率法
货币资金	C	C	C	C
应收账款	C	C	C	C
存货				
按成本	C	H	H	C
按市价	C	H	C	C
投资				
按成本	H	H	H	C
按市价	H	H	C	C
固定资产	H	H	H	C
其他资产	H	H	H	C
应付账款	C	C	C	C
长期借款	H	C	C	C
实收资本/股本	H	H	H	H
未分配利润	※	※	※	※

说明：C＝现行汇率；H＝历史汇率；※＝剩余的平衡数，代表连续使用现行汇率的综合结果。

表 4－3 列示了不同的外币报表折算方法下，对特定的资产负债项目所选用的汇率。

表 4－3　不同折算方法下折算利润表各项目所用汇率

利润表项目	流动与非流动法	货币与非货币法	时态法	现行汇率法
收入和费用	平均汇率	平均汇率	平均汇率	平均汇率
折旧费用和摊销费用	历史汇率	历史汇率	历史汇率	历史汇率
主营业务成本	平均汇率	平均汇率	存货适用汇率	平均汇率

(三) 外币报表折算损益处理对比

表 4－4　不同折算方法下折算损益处理对比

方法	折算损益处理
流动与非流动法	折算净损失计入损益，折算净利得应予递延
货币与非货币法	折算净损失与净利润不予递延，均计入当期损益
时态法	折算净损失与净利润不予递延，均计入当期损益
现行汇率法	在资产负债表的股东权益中以单独项目予以列示，不计入当期损益

三、我国外币报表折算方法的规定与实务

从国际上看，对外币报表折算方法的具体应用主要有两种模式，一种是根据国外子公司的经营特征分别采用现行汇率法和时态法，一种是采用单一外币报表折算方法，即只使用时态法或现行汇率法。

我国准则中虽然没有明确指出，但是从原则判断，应该是现行汇率法。在对企业境外经营财务报表进行折算前，应当调整境外经营的会计期间和会计政策，使之与企业会计期间和会计政策相一致，根据调整后的会计政策及会计期间编制相应货币(记账本位币以外的货币)的财务报表，再按照准则对境外经营财务报表进行折算。

(一) 我国准则规定外币报表折算的原则

1. 资产负债表项目的折算

(1) 资产和负债项目应采用资产负债表日的即期汇率折算。

(2) 所有者权益项目除“未分配利润”项目外，其他项目采用发生时的即期汇率折算。具体处理如下：实收资本(或股本)采用发生时的汇率(历史汇率)折算；资本公积采用发生时的汇率(历史汇率)折算；期初盈余公积为以前年度计提的盈余公积按相应年度平均汇率折算后金额的累计，当期计提的盈余公积采用当期平均汇率折算；期初未分配利润记账本位币金额为以前年度未分配利润记账本位币金额的累计，期末未分配利润为其他项目折算后加减计算数。

(3) 外币财务报表折算差额：在资产负债表中所有者权益项目下单独列示，其中属于少数股东权益的部分，并入少数股东权益。比较财务报表的折算比照上述规定处理。

2. 利润表项目的折算

收入和费用项目应当采用交易发生日的即期汇率折算，也可以采用按照系统合理的方法确定的、与交易发生日即期汇率近似的汇率折算。

3. 现金流量表项目的折算

外币现金流量以及境外子公司的现金流量采用现金流量发生日的即期汇率折算，也可以按照系统合理的方法确定的、与现金流量发生日即期汇率近似的汇率折算。汇率变动对现金的影响额应当作为调节项目，在现金流量表中单独列报。

4. 特殊项目的处理

实质上构成对境外经营净投资的外币货币性项目产生的汇兑差额的处理：母公司含有实质上构成对子公司(境外经营)净投资的外币货币性项目的情况下，在编制合并财务报表时，应按照以下两种情况编制抵销分录：

(1) 实质上构成对子公司净投资的外币货币性项目以母公司或子公司的记账本位币反映，则应在抵销长期应收应付项目的同时，将其产生的汇兑差额转入“其他综合收益”项目。

(2) 实质上构成对子公司净投资的外币货币性项目以母、子公司的记账本位币以外的货币反映，则应将母、子公司此项外币货币性项目产生的汇兑差额相互抵销，差额转入“其他综合收益”项目。如果合并财务报表中各子公司之间也存在实质上构成对另一子公司(境外经营)净投资的外币货币性项目，在编制合并财务报表时应比照上述编制相应的抵销分录。

5. 境外经营的处置

企业在处置境外经营时，应当将已列入合并后的资产负债表中所有者权益项目性的、与该境外经营相关的外币财务报表折算损益，自所有者权益项目转入处置当期损益；部分处置境外经营的，应当按处置的比例计算处置部分的外币财务报表折算损益，转入处置当期损益。

(二) 恶性通货膨胀的影响

1. 恶性通货膨胀经济的判断

当一个国家经济环境显示出(但不局限于)以下特征时，应当判断该国处于恶性通货膨胀经济中：① 三年累计通货膨胀率接近或超过 100%；② 利率、工资和物价与物价指数挂钩；③ 一般公众不是以当地货币而是以相对稳定的外币为单位作为衡量货币金额的基础；④ 一般公众倾向于以非货币性资产或相对稳定的外币来保存自己的财富，持有的当地货币立即用于投资以保持购买力；⑤ 即使信用期限很短，赊销、赊购交易仍按补偿信用期预计购买力损失的价格成交。

2. 恶性通货膨胀经济中境外经营财务报表的折算

通货膨胀水平是决定汇率的重要因素之一，在恶性通货膨胀下，外币报表折算既要消除通货膨胀对会计信息的影响，又要选择适当的折算方法将国外主体会计报表折算为母公司报告货币。为此，国际上形成了两种不同的折算观点。

(1) 先调整后折算法。先按各子公司所在国的通货膨胀影响进行调整，对当地货币进行重新表述，然后再折算为母公司的报告货币。此方法是从子公司的角度出发，调整子公司所在国通货膨胀的影响，强调了子公司所在国环境的影响，与实体理论相一致，此方法与现行汇率法相配合。

(2) 先折算后调整法。先将各子公司的当地货币报表换算为母公司报告货币，然后再根据母公司所在国的通货膨胀率对换算后的报表进行调整。此方法是从母公司货币观出发的，相当于报表各项目按交易发生时的汇率折算为母公司的报告货币，母公司的货币理应按母公司所在国的物价指数来进行调整，与母公司理论相一致，故此法宜与时态法相配合。

3. 我国准则的规定

企业在通过合并或权益法核算将处于恶性通货膨胀经济中境外经营的财务报表纳入本企业财务报表时，需要先对财务报表进行重述：对资产负债表项目运用一般物价指数予以重述，对利润表项目运用一般物价指数变动予以重述，然后按照重述后的财务报表进行折算。在境外经营不再处于恶性通货膨胀经济中时，应当停止重述，按照停止之日的价格水平重述的财务报表进行折算。

具体重述的方法如下：

(1) 资产负债表项目的重述。在对资产负债表项目进行重述时，由于现金、应收账款、其他应收款等货币性项目已经以资产负债表日的计量单位表述，因此不需要对其进行重述；通过协议与物价变动挂钩的资产和负债，应根据协议约定进行调整；非货币项目中，有些是以资产负债表日的计量单位列示的，如存货如果已经以可变现净值列示，资产负债表日就不需要进行重述。其他非货币性项目，如固定资产、无形资产等，应自购置日起以一般物价指数变动予以重述。

(2) 利润表项目的重述。在对利润表项目进行重述时，所有项目金额都需要自其初始确认之日起，以一般物价指数变动进行重述，以使利润表的所有项目都以资产负债表日的计量单位表述。由于上述重述而产生的差额计入当期净利润。

对资产负债表和利润表项目进行重述后，再按资产负债表日的即期汇率对资产负债表项目和利润表项目折算为记账本位币报表。

【例 4－1】 国内甲公司的记账本位币为人民币，该公司在境外有一子公司乙公司，乙公司确定的记账本位币为美元。根据合同约定，甲公司拥有乙公司 70%的股权，并能够控制乙公司。甲公司采用当期平均汇率折算乙公司利润表项目。乙公司的有关资料如下：20×3 年 12 月 31 日的汇率为 1 美元＝6.2 元人民币，20×3 年的平均汇率为 1 美元＝6.4 元人民币，实收资本(股本)、资本公积发生日的即期汇率为 1 美元＝7 元人民币。20×2 年 12 月 31 日的股本为 500 万美元，折算为人民币 3 500 万元；累计盈余公积为 50 万美元，折算为人民币 345 万元；累计未分配利润为 120 万美元，折算为人民币 835 万元。甲、乙公司均在年末提取盈余公积，乙公司当年提取的盈余公积为 70 万美元。

表 4－5 利润表

编制单位：乙公司　　20×3 年　　单位：万元

项目	期末数(美元)	折算汇率	折算为人民币金额(人民币)
一、营业收入	2 000	6.4	12 800
减：营业成本	1 500	6.4	9 600
营业税金及附加	40	6.4	256
管理费用	100	6.4	640
财务费用	10	6.4	64
加：投资收益	30	6.4	192
二、营业利润	380	—	2 432
加：营业外收入	40	6.4	256
减：营业外支出	20	6.4	128
三、利润总额	400	—	2 560
减：所得税费用	120	6.4	768
四、净利润	280	—	1 792
五、每股收益	—	—	—
六、其他综合收益			
七、综合收益总额			

表 4－6 所有者权益变动表

编制单位：乙公司　　20×3 年　　单位：万元

	实收资本			盈余公积			未分配利润		外币报表折算差额	所有者权益合计
	美元	折算汇率	人民币	美元	折算汇率	人民币	美元	人民币		人民币
一、本年年初余额	500	7	3 500	50		345	120	835		4 680
二、本年增减变动金额										
(一) 净利润							280	1 792		1 792
(二) 其他综合收益										−582
其中：外币报表折算差额									−582	−582
(三) 利润分配										

续 表

	实收资本			盈余公积			未分配利润		外币报表折算差额	所有者权益合计
	美元	折算汇率	人民币	美元	折算汇率	人民币	美元	人民币		人民币
其中：提取盈余公积				70	6.4	448	−70	−448		0
三、本年年末余额	500		3 500	120		793	330	2 179	−582	5 890

表 4-7 资产负债表

编制单位：乙公司　　20×3 年 12 月 31 日　　单位：万元

资产	期末数（美元）	折算汇率	折算为人民币金额	负债和所有者权益（或股东权益）	期末数（美元）	折算汇率	折算为人民币金额
流动资产：				流动负债：			
货币资金	190	6.2	1 178	短期借款	45	6.2	279
应收账款	190	6.2	1 178	应付账款	285	6.2	1 767
存货	240	6.2	1 488	其他流动负债	110	6.2	682
其他流动资产	200	6.2	1 240	流动负债合计	440	—	2 728
流动资产合计	820	—	5 084	非流动负债：			
非流动资产：				长期借款	140	6.2	868
长期应收款	120	6.2	744	应付债券	80	6.2	496
固定资产	550	6.2	3 410	其他非流动负债	90	6.2	558
在建工程	80	6.2	496	非流动负债合计	310	—	1 922
无形资产	100	6.2	620	负债合计	750		4 650
其他非流动资产	30	6.2	186	股东权益：			
非流动资产合计	880	—	5 456	实收资本	500	7	3 500
				盈余公积	120		793
				未分配利润	330		2 179
				外币报表折算差额			−582
				股东权益合计	950		5 890
资产合计	1 700		10 540	负债和股东权益合计	1 700		10 540

（三）外币业务信息披露

外币报表折算需要披露的信息包括：

（1）企业及其境外经营选定的记账本位币及选定的原因，记账本位币发生变更的，说明变更理由。

(2) 采用近似汇率的，近似汇率的确定方法。

(3) 计入当期损益的汇兑差额。

(4) 处置境外经营对外币财务报表折算差额的影响。

第四节　外币报表折算的国际比较与未来发展方向

本节主要介绍我国与美国、国际准则对外币报表进行折算的原则和方法的比较，并介绍外币报表折算未来可能的发展方向。

一、与美国会计准则的比较

1. 折算汇率的选择

SFAS 第 52 号综合了时态法和现行汇率法，创造了功能货币法。SFAS 第 52 号将国外公司按其经营所处的环境不同，分为母公司的有机组成部分和自主经营的国外主体两类。如果将国外公司视为公司在境外经营的延伸，其功能性货币通常就是本国货币，那么采用时态法对外币报表进行折算。如果国外公司在经营决策上有较大的自主权，其功能性货币一般就不是本国货币，如其功能性货币为公司所在国的货币，那么就采用现行汇率法对国外公司的外币报表进行折算；如其功能性货币为第三国货币，则先采用时态法将公司的报表按第三国货币折算，再采用现行汇率法折算成以本国货币表述。

(1) 记账货币＝功能货币≠报告货币，则功能货币折算(现行汇率法)为报告货币；

(2) 记账货币≠功能货币≠报告货币，则记账货币重新计量(时态法)为功能货币，再折算(现行汇率法)为报告货币；

(3) 记账货币≠功能货币＝报告货币，则记账货币重新计量(时态法)为功能货币。

这种方法实际上是把国外的子公司或分支机构分为两种类型：对自主经营的国外经济实体采用现行汇率法，对作为母公司经营延伸的国外分支机构采用时态法。这在一定程度上结合了两种方法的优点。

2. 通货膨胀的考虑

当外币报表是在通货膨胀环境中编制时，应将财务报表先调整再进行折算。

二、与国际会计准则的比较

IAS 第 21 号允许主体以任何一种或若干种货币列报其财务报表，只要列报货币和功能货币不同，主体本身以功能货币计量的经营成果和财务状况就需要进行折算。

当主体的功能货币不是恶性通货膨胀经济中的货币时，应采用以下程序折算：资产和负债项目(包括比较期间)，均应按照资产负债表日的期末汇率折算；收益和费用项目(包括比较期间)，均应按照交易日的汇率折算，可以简化采用平均汇率；产生的所有汇兑损益均应作为权益的一个单独组成部分确认。

由此可见，改进后的IAS第21号只保留了一种外币折算方法——现行汇率法，并应用于国外经营报表的折算程序中。现行汇率法是功能货币观念下外币报表折算主要采用的方法之一，IASB认为它能更好地反映国外经营报表的实质差别，也更好地反映了汇率变动的经济影响。

改进后的IAS第21号规定：① 若母公司的报表按其功能货币列报，且国外经营报表的功能货币与母公司的功能货币不一致，则国外经营报表需要以现行汇率法折算；② 若母公司的报表未按其功能货币列报，且国外经营报表的功能货币与母公司的功能货币不一致，则需按现行汇率法将国外经营报表的功能货币折算为母公司的功能货币，并以折算后的会计报表编制合并会计报表；③ 若母公司的报表未按其功能货币列报，且国外经营报表的功能货币与母公司的功能货币相同，则国外经营报表需按现行汇率法折算并采用母公司的列报货币。

当主体的功能货币是恶性通货膨胀经济中的货币时，应采用以下程序折算：① 若列报货币也是一种恶性通货膨胀经济中的货币，则当期和比较期间财务报表中的项目，均应按照最近资产负债表日的期末汇率进行折算；② 若列报货币不是恶性通货膨胀经济中的货币，则当期财务报表中的所有项目均应按照最近资产负债表日的期末汇率进行折算。而比较期间财务报表项目仍采用这些比较信息在相关的以前年度财务报表中所列报的金额，作为当期的比较信息，不考虑这些信息在以前年度列报以后价格水平和汇率的后续变化。

表4-8反映了外币业务与外币报表折算在我国准则、美国准则及国际准则下的比较。

表4-8　不同准则下外币业务与外币报表折算的比较

比较项目	我国准则	美国准则	国际准则
外币报表折算方法的选择	现行汇率法；通货膨胀环境中先调整后折算	综合了时态法和现行汇率法，采用功能货币法；通货膨胀环境中先调整后折算	现行汇率法；通货膨胀环境中先调整后折算

三、未来发展方向

尽管我国企业会计准则实现了与国际会计准则的趋同，但是在外币报表折算中依然存在很多差异和争论。对于外币报表折算的未来发展方向，实务界和理论界都在进行积极的探讨。

(一) 我国外币报表折算环境现状

我国的跨国公司主要以国有大型企业为主，目前这些跨国公司大部分是在国外设置分公司或分支机构，在国外的经济活动主要是销售母公司的出口商品、汇回货款等，实质是属于母公司延伸业务的经营活动，其本身很少存在独立的经济业务，所以这时并不要求着重考核子公司本身的经营业绩，因此现行汇率法可能不太合适，很有必要进行改进。但是随着中国企业实力的不断壮大，海外的投资和兼并活动将不断增加，今后必然会拥有独立经营的海外公司。这是趋势，届时在方法的选择上可能更需要多样化以满足不同的情况。

（二）我国外币报表折算方法的改进尝试

解决外币会计报表折算问题的根本途径，是根据外币报表折算的目标来选用折算汇率，并且要对整个折算方法体系做通盘考虑。对外币报表折算中的两个基本问题（折算汇率的选择和折算损益的处理），不同的折算模式提出了不同的折算目标、概念依据和折算假设。针对当前外币会计报表折算中的诸多问题，西方国家在外币报表折算的会计处理方面进行了一些有益的尝试。

1. 按照不同情况和层次的合并来编制不同的合并报表

如用时态法折算和用现行汇率法折算的国外子公司报表分别合并，这种方法在跨国公司内部经营管理上非常有用。

2. 把特殊情况的子公司报表排除在合并之外

如把在高通货膨胀国家从事经营的子公司排除在合并范围之外，因为这种国家往往会实施外汇管制，它的资金往往不能自由地汇回本国。但这种方法并不能解决上述所有的问题，如它对兼用时态法和现行汇率法所产生的问题就无能为力。

我国的会计学家也提出各种可能的解决方法和有益的尝试。首先有学者认为考虑到我国的经济现状，时态法应是我国企业外币报表折算的最佳方法。另外有学者进一步提出针对我国的跨国公司现状，可以采用改进后的时态法，即保持时态法依照计量属性选择汇率的优势，而对损益处理方式进行改进。对于海外子公司是国内母公司延伸的情况，我们首先遵从时态法的本质，以报表项目的计量属性决定汇率的选择。将由于折算汇率不同造成的外币报表折算差额以“外币报表折算损益”这一新增科目单独列示于利润表内，直接计入当期损益。对于海外子公司独立经营的情况，汇率选择仍然遵从计量属性原则，而由于折算汇率不同造成的外币报表折算差额视为未实现的损益，作为直接计入所有者权益的利得和损失来处理。

通过以上比较可见，我国外币折算会计准则从我国的实际情况出发，尽可能借鉴了国际惯例，充分实现与 IAS 第 21 号的协调和趋同。但是，我国外币折算会计准则与国际准则还有一定的差异，还有许多问题没有解决。从总体上看，我国外币折算会计准则内容相对简单，某些细节上还需要补充和完善。可以预见的是，随着我国经济的发展和国际一体化趋势的加强，我国的外币折算会计准则会更加地丰富和完整。所以，关于外币会计报表折算方法的研究将是一个漫长的过程，需要我们的不断努力，使其更具国际性，为我国在国际贸易的会计核算提供更好的服务。

本章综合案例

以中兴通讯为例探究跨国公司汇率管理问题

讨论主题：外币报表折算风险①

一、我国跨国公司汇率风险现状

20世纪初期我国的企业开始走上国际，一直以来都按照国家选择的固定汇率进行经营活动，随着汇率制度的改革，越来越强调市场化，这对我国跨国企业的经营风险是一个很大的挑战。拥有相应的汇率风险管理制度以及配备资深专业的人才非常重要，它决定跨国企业能否合理规避汇率波动带来的风险，如果不加重视和利用，企业可能会遭受巨大的风险敞口，跨国企业的壮大发展将会受到阻碍。目前我国有一万多家跨国公司且他们的子公司分布在全球范围，掌握着很多一流的技术，销售收入的币种形成也是多样的。因此，我国跨国企业必然会面对更多的政治风险、利率风险、战争风险，汇率风险等。2014年《跨国公司外汇资金集中运营管理规定(试行)》的颁布，对我国跨国企业的外汇风险管理起着不同寻常的作用，将直接影响外汇风险管理的效率和效果。

中兴通讯股份有限公司创立于1985年，它是中国最大的通信设备上市公司，在深圳证券交易所和香港证券交易所成功上市。中兴通讯股份有限公司追求卓越创新，花费巨大的科研成本设立了全球18家研发中心，分别位于全球不同的国家。这些研发机构中包含近3万名国内外研发人员。2007年，公司入选“影响中国十佳上市公司”，国际化战略有了突破，同年公司在国外的主营业务收入占比高达60%以上，是一家名副其实的跨国公司。为规避集团公司面临的外汇风险敞口，公司在内地投资设立外汇管理财务中心、跨国公司资金互换平台等项目。公司通过股东大会决议，在一定限额内使用金融衍生产品进行套期保值业务，从而规避企业的外汇风险。这些业务主要涉及外汇远期、结构性远期，并辅之以外汇掉期和外汇期权。

二、中兴通讯的外汇风险识别

由于中兴通讯公司经常采用外币的方式支付子公司的相关费用支出，企业流入的现金也来自种类多样的外币，导致中兴通讯股份有限公司的交易敞口巨大；与此同时，由于中兴通讯的主要7家子公司对其的利润影响重大，而且这些子公司在计算合并报表时都包含金额较大的折算差异，将导致中兴通讯面临较大的汇率风险。

(一) 经济(交易)风险

中兴通讯作为一家跨国经营的大型企业，2014年该集团实现营业收入814.7亿元，同比增长8.3%，实现归属于母公司的净利润为26.3亿元，较上一年度增长97.4%。2014年

① 李海珍.跨国公司汇率风险管理问题探究：基于中兴通讯的案例[J].财会通讯，2017(35)：108-112.

国内收入为405.8亿元，国外收入高达408.9亿元。可见中兴通讯的国外收入对总收入的重要性较大。表4-9是中兴通讯的国内外收入情况。

表4-9　中兴通讯的国内外收入占比情况

区域	2011年	2012年	2013年	2014年
中国	45.6%	46.9%	47.4%	49.8%
亚洲	18.1%	19.1%	18.4%	14.9%
非洲	12.4%	9.3%	7.8%	7.6%
欧美及大洋洲	23.9%	24.7%	26.4%	27.7%
合计	100%	100%	100%	100%

从表4-9可以看出，公司的出口(海外)收入比例接近50%。其中亚洲的收入平均占比为16%，非洲的收入平均占比为8%，欧洲及大洋洲的收入平均占比为26%，根据上述的指标得到中兴通讯股份有限公司用外币计算的营业收入占比较大，公司可能面对较大的汇率风险敞口。

一是以外币资金为主的短期借款，这类交易可能存在于中兴通讯的各业务模块中。2014年，中兴通讯短期借款共折合人民币10 998 007.00元，而美元短期借款占短期借款的比例为57.31%；2013年中兴通讯短期借款共折合人民币12 589 032.00元，其中美元短期借款占短期借款的比例为58.43%。二是中兴通讯的长期借款中，2014年，美元长期借款占长期借款的比例为67.29%；2013年，美元长期借款占长期借款的比例为52.62%。

中兴通讯股份有限公司的业务链条遍及全球，为160多个国家提供电信相关的服务。由于汇率的波动，跨国公司上下游供应链的销售和采购都会受到很大的影响，这些必然会驱使跨国企业在经营方针上制定一些政策从而长期规避外汇风险的波动。因此，中兴通讯2014年经济风险存在于有交易风险的业务、本币标价的出口业务、存在外国竞争者的国内业务中。

对中兴通讯公司的净利润进行敏感性分析，如表4-10所示。

表4-10　汇率波动的敏感性测试　　单位：千元

年份	美元汇率增加(减少)	利润总额增加(减少)
2013	3%	37 160
	(3%)	(37 160)
2012	3%	31 570
	(3%)	(31 570)
年份	欧元汇率增加(减少)	利润总额增加(减少)
2013	5%	185 118
	(5%)	(185 118)
2012	5%	155 594
	(5%)	(155 594)

(二)折算风险

折算风险主要来自将各个地区的子公司的外币报表折算成人民币为基础计量的财务报告时所产生的汇兑损益。跨国公司的折算风险与企业在国外设立子公司的数量及跨国化程度、所使用的外汇种类以及子公司选择的会计计算方法相关。

1. 在国外经营的程度

如果一家跨国公司的经营目前是全面渗透进行跨国化战略,企业的国外收入占比越高,企业所面临的折算风险就越大。中兴通讯股份有限公司拥有超强的技术和核心竞争能力,在国外的市场占有较强的优势,50%的营业收入由国际市场贡献。表 4-9 显示,公司的出口(海外)收入比例接近 50%。其中亚洲的收入平均占比为 16%,非洲的收入平均占比为 8%,欧洲及大洋洲的收入平均占比为 26%,根据上述指标得到中兴通讯股份有限公司用外币计算的营业收入占比较大。可见中兴通讯股份有限公司的跨国化程度较大,公司的外币折算风险有逐步增强的趋势。

2. 使用外汇的种类

按照国际会计准则,企业所在的主权国家对公司经营纳税进行监管,企业需要使用本土的货币计量方法进行财务报表的编制。因为币种的不同以及历史阶段的不同,汇率会产生不同的波动性,所以,折算风险也会受到国外子公司的所在地的影响。中兴通讯在非洲设有多个子公司,子公司的资产、负债、利润等多以印度卢比计量,而中兴通讯股份有限公司按照我国会计准则的要求,必须编制季度合并报表,需要将子公司的财务报表转化为以人民币为基础的财务报表进行核算。2011—2014 年人民币对印度卢比升值,使得中兴通讯的合并报表出现了较大的折算风险,体现为积极收益。中兴通讯股份有限公司在欧洲也设有子公司并以欧元计量。2011—2014 年人民币兑欧元升值,在计算集团公司合并财务报表的时候,使中兴通讯股份有限公司有很大的正向汇兑收入。与此相反的是,中兴通讯股份有限公司在中国香港地区的子公司以美元计量。2014—2015 年美元兑人民币升值,中兴通讯香港子公司的财务报表转化成以人民币计量的财务报表,出现较大的负面的汇兑损益。

3. 会计方法

在合并财务报表数据时,折算所使用的会计制度、会计方法会极大影响跨国公司折算风险。中兴通讯合并报表中的境外子公司包括中兴香港、美国中兴、英国中兴、意大利中兴、法国中兴、匈牙利中兴、日本中兴、德国中兴、中兴通讯巴基斯坦私人有限公司(巴基斯坦子公司)等。结合公司年报的附注,可以得到公司收入币种结构,汇率风险主要来自美元、欧元和泰铢。报告期内,中兴通讯参股境外的 7 家子公司的经营业绩相较于其他年份的波动较大,对公司的合并财务报表的影响较大。7 家子公司中有 5 家净利润为正,另外 2 家子公司净利润为负,分别是中兴通讯香港子公司亏损 479.7 万元和中兴通讯俄罗斯子公司亏损 196.8 万元。中兴通讯的发展战略是进一步扩大海外资产,公司面临的汇率风险敞口将进一步增加。

表 4-11　公司汇兑损失、外币报表折算差额和净利润数据　单位：百万元

年份	净利润	外币报表折算差额	折算差额/净利润
2011	2 060.20	1 374.20	66.70%
2012	2 840.90	1 650.40	58.09%
2013	1 357.60	2 460	181.20%
2014	2 072.00	2 101	101.40%

从表 4-11 可以看出，公司的汇兑损失占净利润的比例较高，绝对金额较大。其中，2011 年，中兴通讯股份有限公司的净利润为 20 602 000.00 万元，报表折算差额为 13 742 000.00 万元，折算差额占净利润的比值为 66.70%。2012 年，中兴通讯股份有限公司的净利润较上年度增加 800 000 万元，折算差额占净利润的比值为 58.09%。2013 年公司的净利润较上年度降幅高达 100%，但公司的外币报表折算差额高达 24 600 000 万元，折算差额占净利润的比值为 181.20%，2014 年该比值降低为 101.40%。从上述指标可以得出公司的外币折算差额占比较大，折算差额的金额会直接影响企业的盈亏。可见公司的折算风险是巨大的。

三、中兴通讯汇率风险管理的策略

(一) 跨国多元化

中兴通讯股份有限公司可以利用在全球多个国家成立分支机构，利用“分散化”投资理念，将人民币兑某一单独货币的汇率波动转化为人民币兑多种货币的汇率波动，统一结算周期，虽然 A 货币对人民币升值，但是 B 货币对人民币贬值，两者有效地对冲，可以减少或消除汇率波动对公司净利润的影响。中兴通讯股份有限公司充分利用该原理，主要参股 7 家境外子公司，公司在 2015 年仍旧以“发展战略”继续扩大境外子公司的规模。

(二) 债权债务的合理组合

中兴通讯的手机业务一直在美国市场占据很高的市场占有率，该营业收入产生的应收账款金额与美元的汇率波动有关。例如，2015 年 11 月 4 日美元兑人民币的汇率为 6.32，2015 年 12 月 20 日美元兑人民币的汇率 6.47，汇率波动为 2.4%。面对短期的汇率波动风险，中兴通讯采用了债券债务相对组合抵销的方法来规避敞口。因为公司以美元为基础计量的资产较多，公司尽量用同等金额的以美元为基础计量的负债进行冲抵。

(三) 设立风险管理部门及问责制度

中兴通讯股份有限公司将外汇风险管理看作一项非常重要的经营辅助活动，要求风险管理部门的人员充分了解外汇风险管理相关的知识和操作。在公司拟定进行金融套期保值前进行项目的尽职调查，分析拟投资的金融衍生产品的风险、收益、投资可行性和必要性；事中需要风险管理部门随时监测金融衍生产品的市场公允价值，按照设定的风险预警值进行风险提示和警示操作。事后进行该期风险管理项目的总结与经验大会。严格风险管控和问责制度，公司将责任分配到人，谁出问题谁担责，避免责任漏洞。

(四) 积极运用金融衍生品进行外汇保值

中兴通讯及其控股子公司为减少汇率波动对公司资产、负债、盈利水平变动的影响，降低国际业务的外汇风险，2010 年至今，一直积极运用金融机构提供的金融产品开展衍生品投资业务。外汇衍生品的使用降低了中兴通讯公司的外汇风险敞口。正是由于这些金融衍生品的购买，降低企业的净利润对汇率风险变动的敏感度。除了签订利率掉期合约外，中兴通讯股份有限公司还与中国银行、法国巴黎银行、中信银行及其他银行签订了外汇远期利率协议。

本章思考题

1. 外币报表折算过程中存在哪两个关键问题?
2. 关于外币报表折算，历史上出现过哪些方法? 各自的缺陷是什么?
3. 我国目前适用的外币报表折算方法属于哪种方法?
4. 时态法与现行汇率法对折算损益的处理有何不同? 各自会有什么影响?

本章练习题

甲公司持有在境外注册的乙公司 80%股权，能够对乙公司的财务和经营政策实施控制。甲公司以人民币为记账本位币，乙公司以港币为记账本位币，发生外币交易时甲公司和乙公司均采用交易日的即期汇率进行计算。

(1) 20×3 年 10 月 20 日，甲公司以每股 4 欧元的价格购入丙公司股票 100 万股，支付价款 400 万欧元，另支付交易费用 1 万欧元。甲公司将购入的上述股票作为以公允价值计量且其变动计入当期损益的金融资产核算，当日即期汇率为 1 欧元=6.82 元人民币。20×3 年 12 月 31 日，丙公司股票的市价为每股 5 欧元。

(2) 20×3 年 12 月 31 日，除上述金融资产外，甲公司其他有关外币资产、负债项目的期末余额如下表所示。

项目	外币金额(万欧元)	按照 20×3 年 12 月 31 日即期汇率调整前的人民币账面余额(万元)
银行存款	3 000	20 360
应收账款	1 500	10 225
预付款项	500	3 415
长期应收款	7 500	6 465
债券投资	200	1 365
短期借款	100	710
应付账款	1 200	8 144
预收款项	400	2 800

甲公司上述长期应收款实质上构成了对乙公司境外经营的净投资，除长期应收款外，其他资产、负债均与关联方无关。

(3) 20×3 年 1 月 1 日，乙公司净资产账面价值为 10 000 万港元，折合人民币为8 400 万元，20×3 年度，乙公司实现净利润 2 000 万港元，无其他所有者权益变动，即期汇率的平均汇率为 1 港元＝0.85 元人民币。

(4) 20×3 年 12 月 31 日，即期汇率为 1 欧元＝6.80 元人民币，1 港元＝0.86 元人民币。

假定少数股东不承担母公司实质上构成对子公司净投资的长期应收款业务产生的外币报表折算差额。

要求：

(1) 根据资料(2)，判断甲公司 20×3 年 12 月 31 日资产和负债中哪些项目属于外币非货币性项目，并说明理由；

(2) 根据资料(2)，计算甲公司个别财务报表中因上述资产、负债产生的汇兑收益；

(3) 计算甲公司上述业务影响合并财务报表营业利润的金额；

(4) 计算乙公司个别财务报表折算为人民币时产生的“外币财务报表折算差额”；

(5) 计算 20×3 年 12 月 31 日甲公司因上述交易或事项影响其合并财务报表中“其他综合收益”项目的金额。

本章主要参考文献

[1] FASB. Statement of Financial Accounting Standards NO.52: Foreign Currency Translation, 1981.

[2] IASB. International Accounting Standard NO.21: The Effects of Changes in Foreign Exchange Rates, 2005.

[3] 曹伟. 对四种外币报表折算方法的评论[J]. 财会月刊，2004(21)：45-46.

[4] 储一昀. 高级财务会计[M]. 上海：复旦大学出版社，2006.

[5] 杜兴强. 高级财务会计[M]. 厦门：厦门大学出版社，2004.

[6] 弗洛伊德・A. 比姆斯. 高级会计学[M]. 储一昀，译. 上海：上海财经大学出版社，2002.

[7] 郭永昊. 外币报表折算差额之会计处理[J]. 财会月刊，2008(19)：36-37.

[8] 贾灿，王勇. 货币计量观念的新视角：功能货币[J]. 财会月刊，2005(2)：69.

[9] 理查德・刘易斯，戴维・彭迪尔. 高级财务会计[M]. 7 版. 钱爱民，译. 北京：中国人民大学出版社，2006.

[10] 李海珍. 跨国公司汇率风险管理问题探究：基于中兴通讯的案例[J]. 财会通讯，2017(35)：108-112.

[11] 梁莱歆. 高级财务会计[M]. 北京：清华大学出版社，2004.

[12] 沈颖玲. 国际财务报告准则：阐释与应用[M]. 上海：立信会计出版社，2007.

[13] 王跃堂，陈丽花. 财务会计[M]. 2 版. 南京：南京大学出版社，2007.

[14] 杨向东. 跨国公司合并报表中外币报表折算方法选择[J]. 财会通讯，2017(22)：82-85.

[15] 喻立勇，喻立忠. 试论我国外币报表折算的最佳方法[J]. 会计研究，1998(7)：24－29.
[16] 张陶勇. 对功能货币和外币报表折算的理性思考[J]. 财会月刊，2005(10)：39－40.
[17] 中华人民共和国财政部. 企业会计准则[M]. 北京：经济科学出版社，2006.
[18] 朱青. 我国外币报表折算方法选择探讨[J]. 财会月刊，2011(29)：48－50.

第五章　盈余管理

导入案例

有一个老板想要为企业雇用一个财务总监，便在办公室的黑板上写下“1+1=?”，并找来三个备选人进行考察。第一个人是数学家，老板问他黑板上的题目答案是多少，他看了一下不假思索地说：“等于 2。”老板并不满意。第二个进来的人是心理学家，他看了看黑板，又看了看老板的神情，然后说：“在不同人的眼里，这个题目的答案是不一样的，而且和作答者当时的情绪有很大关系。”老板笑了笑，帮他把来回路费报销了。第三个进来的人是会计学家，他看到黑板上的题目后，很严肃地告诉老板：“您想等于几，我就让它等于几。”老板非常开心，表示财务总监一职非他莫属。

这虽然是一个笑话，但是也的确说明了一个事实：会计信息不是客观确定的信息，而是有很多的判断空间、操作空间在其中。从这一点我们引出本章内容——盈余管理，如何运用准则规定内的会计估计与会计政策来调节会计信息，达到使企业盈余信息“变脸”的目的。

内容提要

在现代企业经营中，盈余管理现象普遍存在，而盈余管理的对象——会计盈余信息同时具有信息和管理双重角色。

从信息角色来看，投资者需要利用会计盈余信息预测公司的未来现金流量并评估公司的风险。从管理角色来看，由于上市公司经营权与所有权的分离，经理人作为代理人为全体股东管理公司，作为一个追求自身利益最大化的经济人，经理人的目标与全体股东并不完全一致，因此产生了代理问题，对于股东而言，会计盈余既可以提供监督经理人行为的信息，也可以通过薪酬契约的设计激励经理人使其个人利益与股东利益趋同。

盈余管理的存在，模糊了真实的会计盈余，一方面为经理人及内部股东利益最大化提供了途径，另一方面可能造成外部投资者及政府机构利益的损失。因此，掌握盈余管理的基本理论，不仅有助于了解企业财务会计处理本质，更对企业经理人、内部股东、外部投资者、政府监管机构具有实务意义。

那么，什么是盈余管理？盈余管理产生的原因及动机有哪些？盈余管理主要存在哪些方式和工具？怎样识别盈余管理？本章将对上述盈余管理基本问题进行探讨。

通过本章的学习，应达到以下目标：

1. 了解什么是盈余管理及企业进行盈余管理的原因；
2. 了解企业进行盈余管理的类型与手段；
3. 掌握识别盈余管理的方法。

第一节 盈余管理概述

一、会计信息的真实性

在会计主体的经济活动中，经济业务的发生和货币的收支不是完全一致的，即存在经济活动与现金流动的分离。在权责发生制下，还需要运用一些应计项目如应收、应付、预提、待摊等来记录由相关经济活动形成的资产和负债等会计要素。

在现代经济环境下，现金销售较少，企业的收入大多通过“应收账款”来实现，同时存在一定的退货风险。因此，企业当年实现的利润具有一定的不确切性。特别是应计制下往往会包含着管理者对于企业经营的一些主观的判断和把握，在会计上体现为不同的会计政策选择和会计估计。对于会计政策来说，如存货计价方法的选择、长期股权投资的后续计量、借款费用的处理等，不同的会计政策会对企业的会计盈余产生不同的影响。具体的会计政策选择需要管理人员根据企业所处的特定经营环境和经营状况出发，选择最能恰当反映企业的财务状况、经营成果和现金流量情况的会计处理方法。对于会计估计，如固定资产的折旧年限、无形资产的摊销年限、坏账准备的计提比例等，主观性更强，甚至可能跟企业制定的经营战略存在一定关系。例如，民航飞机的折旧年限一般为15—20年，德国汉莎航空的经营战略为高端商务，飞机成新率较高即被淘汰，因此其折旧年限设定为12年，残值为15%；相反，荷兰皇家航空公司走低成本路线，飞机往往用尽使用寿命，因此其设定的折旧年限为20年，残值为0。要知道飞机折旧是航空公司的重要成本，折旧年限的选择对企业盈余的影响非常之大。

由于会计盈余的主观性，不同的管理人员在会计政策选择和会计估计判断上会存在一定的差异性，并且这一主观性导致会计盈余只可能尽量客观、真实地反映企业的财务状况和经营成果，会计盈余与企业真实的利润间仍可能存在一定的差异。因此，盈余本身就具有一定的操纵和管理空间。

二、盈余管理的理论基础

（一）盈余管理的契约理论解释

美国会计学家詹逊和梅克林（Jensen 和 Meckling，1976）认为企业作为一种组织只是法律上的一种虚构，其职能是为个人之间的一组契约充当联结点，即企业是“一组契约的集合”。这一组契约的参与方包括投资者、债权人、经理人、员工、政府、税收部门、消费者、供应商、社会公众等众多利益相关者。

不同的利益相关者对于企业有着不同的效用函数和利益诉求。例如,投资者关注的是投入的资本是否能够保值增值;经理人关心的是业绩的增加能否给自己带来额外的经济收益。企业的内部交易主要通过利益相关者各方以合同与法律的形式确定权利与义务关系的契约来维系,以划分各方的权、责、利,便形成了如薪酬契约、股利分配契约、债务契约等一系列事先设立的管理契约和规则,以最大程度提升企业价值。在这一系列契约中,会计的作用便是通过计量各相关个体在企业投入的资源价值,以确定他们根据契约所应得的回报。例如,投资者购买企业的股票前,可以借助会计信息预测企业未来的经营表现,进而评估投资的风险与报酬;在投资后,也需要借助会计信息了解其资本保全情况。在债务契约中,债权人在与企业签订债务契约前,也需要借助企业会计信息分析企业的偿债能力与信誉,以决定是否贷款;在契约签订后,为保证企业按时还本付息,债权人依然要根据企业的财务状况和经营成果判断企业是否违反了限定性条款。由于不同利益相关者的利益驱动不同,不同的契约之间不可避免存在矛盾冲突。例如,债务契约要求在支付利息前不得向所有者支付股利,这与所有者的利益是冲突的。这种利益相关者之间的利益冲突为经理人盈余管理提供了动机。

同时,在现实中契约往往是不完备的和刚性的,不能适应现实中企业自身的变化以及变化万千的经济环境,因此,契约与现实需求存在矛盾,产生了"契约摩擦"。这种契约的不完备性为盈余管理创造了条件,企业经理人作为企业资源的实际控制人,有能力并以现行会计准则及会计职业判断和选择为掩护,采取机会主义行为,进行盈余管理,以达到自身利益的最大化。

(二) 盈余管理的委托代理理论解释

现代公司制企业往往存在所有者与经营者的分离,产生了一个基本矛盾便是信息不对称,并在此基础上发展出委托代理理论。公司的发展离不开资本、人力、客户和供应商的合作、政府的支持和社会公众的信赖,因此反过来公司也应该对各个利益相关者负责。但是除了公司的管理者之外,公司的股东、投资人、客户等相关利益群体无法接触到公司日常经营管理的相关信息以及财务资料,只能依靠公司管理人员提供的财务报告来判断企业的经营状况以及发展潜力。这种信息不对称阻碍了信息交流和沟通,使得代理人与委托人之间存在沟通摩擦,这种沟通摩擦会导致经理人的逆向选择与道德风险问题。所以,内部经理人很可能利用自己的信息优势,对盈余信息进行管理,从而掩盖企业真实情况。

三、盈余管理的定义与具体对象

(一) 盈余管理定义

盈余管理是目前国内外经济学与管理学广泛研究的课题。会计学界对于盈余管理的定义存在诸多不同意见。从以下几个权威性的定义可以看出盈余管理的基本含义。

美国会计学家雪珀(Schipper, 1989)最早提出了盈余管理的概念,他将盈余管理定义为:公司管理当局对财务报告处理过程的干涉,其目的是为了获得私利,而不是为了保持财务报告的处理过程的中立性。这一观点强调了盈余管理是为了获取私人利益,他认为盈余管理存在于对外披露过程的任何一个环节,而且采用的形式也是多种多样。美国会计学家斯考特(Scott, 2000)认为盈余管理是在公认会计原则(GAAP)允许的范围内,通过对会计政策的选择使经营者自身利益或市场价值达到最大化的行为。该观点认为盈余管理是一种机会主义行为,它主要是针对会计盈余或利润的控制,是一种典型的"经济收益观",因此也称为"会计政策管理"。美国会计学家希里(Healy, 1999)对盈余管理的定义进行了扩展,将盈余管理定义为:盈余管理发生在管理当局运用职业判断编制财务报告以及管理当局通过构造交易事项变更财务报告时,其目的是为了误导股东对公司内在经济业绩的判断,或者影响那些报告会计数字为基础的契约的博弈结果。美国会计学家罗恩和雅利(Ronen 和 Yarri,2007)对盈余管理的定义是:盈余管理是通过提前确认产品和投资收益的行为,或通过会计选择影响盈余数字以及真实的盈余实现后的解释。盈余管理是一个经理人的决策集合,该集合导致了不报告真实的、短期的、价值最大化的收益。通过以上几个定义,可以看出盈余管理具有以下几个基本特征:

(1) 盈余管理的主体是企业管理当局,包括经理人员和董事会。尽管经理人员和董事会进行盈余管理的动机并不完全一致,但他们对企业会计政策和对外盈余都有重大影响,企业盈余信息的披露由他们各自作用的合力决定。

(2) 盈余管理的客体是企业对外报告的盈余信息。盈余管理不仅指对会计收益的调整和控制,而且包括对其他会计信息披露的管理。

(3) 盈余管理的方法是在公认会计原则(GAAP)允许的范围内综合运用会计和非会计手段来实现对会计收益的控制和调整,主要包括会计政策的选用、应计项目的管理、交易时间的改变等。盈余管理不同于盈余操纵。盈余操纵是违反公认会计原则(GAAP)的,而盈余管理的方法是符合公认会计原则(GAAP)的。

(4) 盈余管理的目的是误导股东对企业内在经济业绩的判断,或者影响那些报告会计数字为基础的契约的博弈结果,最终使得盈余管理主体自身利益的最大化。其中又包括经理人自身利益的最大化和董事会成员所代表的股东利益的最大化。

(5) 盈余管理对投资者的影响是不确定的。一方面,盈余管理可能有助于经理人表达公允信息,帮助投资者评估企业的真实价值;另一方面,盈余管理可能会误导投资者,对资源配置产生不利影响。同时,盈余管理的结果可能反映短期的真实绩效。

综上所述,盈余管理就是企业管理当局在遵循公认会计原则(GAAP)的基础上,通过对企业对外报告的会计盈余信息进行控制或调整,以达到主体利益最大化所采取的行动,盈余管理对投资者的影响是不确定的。

(二) 盈余管理的具体对象

通过上述盈余管理的定义,我们发现盈余管理的具体对象可以分为两类。一类是在准则范围内运用会计手段进行盈余管理,即"会计盈余管理",包括会计政策选择、会计估计判断,主要针对会计中的应计项目,因此也被称为"应计操纵";另一类是通过经营决策,构建真实交易去影响报告盈余，例如，通过提高价格折扣去增加销售、减少可操纵性支出（如研发支出、广告支出等）、进行过量生产去降低销货成本、通过资产销售或股份回购来增加报告盈余等，通常被称为"真实盈余管理"，在实务中被称为"业务盈余管理"。

1. 会计盈余管理

会计盈余管理是指通过会计政策和会计估计的合理选择使会计报表呈现期望的结果。

首先，这类盈余管理手段通常只影响不涉及现金流量的应计项目，而不影响各期实际的现金流量，所以又可称为应计项目管理。例如，利用摊销费用、应收账款变动、存货变动等待摊预提项目和应计项目，经理人可以通过提前确认收入和递延确认费用来调高利润，也可采用相反的方法来调低利润。其次，管理当局要对经济活动中存在的大量未来经济事项做出判断，例如，长期资产的预计使用年限和预计残值、递延税款以及坏账损失等，即使对于同类经济业务，也必须在公认的会计方法中选择其中一种处理方法，如折旧方法中的加速折旧法与直线折旧法，发出存货计价中的先进先出法和加权平均法等，这些不同的判断和方法都会导致不同的会计盈余。

不过，只要是运用会计盈余管理手段，都会发生应计项目倒转现象，即本期增加的盈余数量会等于在未来期间这些应计项目倒转导致的盈余下降数额。从一个足够长的时间段来看，会计盈余管理并不增加或减少企业的实际盈余，只是改变盈余在不同的会计期间的反映和分布。这也就是为什么很多上市公司在前几年勉强扭亏为盈后，在未来的某一年会选择"洗大澡"来冲销之前的正向操纵性盈余。同时，正由于会计盈余管理是对企业一段时间内现有业务的收入、成本费用进行盈余管理，缺乏相应的会计凭证很难虚构出经济业务，因此，与业务盈余管理相比其操纵空间相对有限。此外，会计盈余管理的效果未必理想，同时可能面临处罚。例如，通过修改会计政策进行的盈余管理，在财务报表附注中都要进行披露，这些很容易被投资者发现，暴露盈余管理的动机，当投资者意识到盈余存在水分就会影响公司在市场中的估值。而且根据会计的一贯性要求，企业不能频繁地变动会计政策和会计估计来迎合盈余管理需要。

尽管如此，会计盈余管理仍是使用最多、成本最低、最简洁的盈余管理手段，要求对会计准则有透彻理解，能够灵活运用。

2. 业务盈余管理

业务盈余管理是指公司经理人通过构造具体交易并控制交易发生时间所进行的盈余管理。这一类盈余管理手段通常既影响各期盈余，也影响各期实际的现金流量。并且通常不会增加公司价值，反而在多数情况下还会损害公司价值。例如，放宽信用条件的销售、过度生产、非经常性交易（债务重组、企业合并、资产转让）等都会对会计收益产生较大的影响，并影响公司持续经营能力。而关联方之间的交易，更为盈余管理提供了便捷的手段，特别是与非子公司进行关联交易，由于不必将关联方纳入合并报表，其隐蔽性更强。

相对于会计盈余管理，业务盈余管理方式可在全年度任何时间进行，风险较小。但是业务盈余管理是通过实际经营活动进行操控，成本较高。长此以往会减弱企业的竞争能力，比起应计项目调整，更可能会损害投资者的利益。同时业务盈余管理的实施难度更大，而且也超越了企业财务高管的职权范围，需要公司运营部门和财务部门共同筹划，甚至外部人的配合，运用不当很可能对企业的经营和发展产生负面影响。

四、盈余管理的模式

盈余管理的模式是指由盈余管理内在动机决定的盈余管理对会计盈余的影响方向及程度的大小差异，主要包括洗大澡、利润最小化、利润最大化以及利润平滑四种。

（一）洗大澡

洗大澡是指当企业当年会计盈余不好或必须报告亏损时，经理人将会大幅度压低当年的会计盈余，以提高未来年度盈利可能性。这一盈余管理类型通常发生在企业当年会计盈余低于分红计划规定的盈余下限或者上市公司无法扭亏之时，经理人通常会进行洗大澡，形成一个“利润蓄水池”，为以后年份的盈余做准备。此外，新任经理人刚上任时，也倾向于做差公司盈余，把责任推给前任，轻装上阵。洗大澡常见的手法包括：大规模计提坏账准备、资产减值准备，导致当年业绩大减甚至亏损，在下一年度则恢复正常计提，形成业绩大幅增长的假象。

（二）利润最小化

利润最小化类似于洗大澡，也是一种经理人降低当年会计盈余的手段，但没有洗大澡那么极端。一般而言，受到政治关注的企业在高盈利的年度，会采用利润最小化的方式，防止企业税赋被提高或被增加监管，以降低政治成本。利润最小化采用的常见方式包括费用化广告支出和研究开发支出、改变存货的计价方法等。

（三）利润最大化

与利润最小化相反，利润最大化是指经理人通过盈余管理增加当年会计盈余。这种类型的盈余管理一般被应用在经理人为了获得更多的分红时，若当年的会计盈余高于分红下限时，经理人倾向于增加报告的会计盈余，只要净会计盈余不超过分红计划中规定的盈余上限。与此类似，面临违反借款合同条款规定的企业也会采取这种方式增加会计盈余以避免违反借款合同。利润最大化采用的常见方式包括转回资产减值准备、改变存货的计价方法、资产重组、关联方交易、提前确认收入、推迟结转成本等。

（四）利润平滑

利润平滑是指通过盈余管理，降低期间内企业会计盈余的波动，使企业的会计盈余呈现稳定的趋势或保持在特定的范围内。一方面，显现出稳定的会计盈余可以降低企业的风险，提升企业的市场价值；另一方面，经理人倾向于将企业的会计盈余保持在分红计划的盈余上限与盈余下限之间，当企业的会计盈余超过分红计划的盈余上限时，为了防止超出部分丧失获得红利的机会，经理人倾向于盈余做小，将做小的部分用于增加以后期间的会计盈余。这种类型的盈余管理，企业一般利用其他应收款、其他应付款、应收款项、应付账款等往来账项，以及待摊费用、预提费用、递延资产等账户调节利润。

第二节　盈余管理的利与弊

从上一节的介绍我们看到，如何运用会计准则留下的职业判断空间的选择权在于管理层，因此，盈余管理的影响是正面的还是负面的是不确定的。如果经理人是为了获取私利，或者将外部投资者、监管人员摆在公司的对立面上，那么盈余管理将会成为他们的帮凶。如果经理人是为了传递内部信息，缓解信息不对称，使会计数据包含更多的信息含量，那么盈余管理将会提升公司的经营效率，有利于资本市场的资源配置。

一、盈余管理弊的一面——“投机观”

盈余管理的“投机观”认为，盈余管理可能是源于经理人的机会主义行为。在公司层面上，投机性盈余管理不利于企业价值最大化目标的实现。在宏观层面上，经理人投机性地运用盈余管理，在一定程度上误导财报使用者的判断和决策，导致市场的资源配置能力下降，降低整个社会投资的效率。

（一）损害外部人利益

盈余管理虽然保证了财务数据的相对真实性，但降低了财务报表的可靠性、公允性和可比性。当存在委托代理和信息不对称时，管理层可以通过盈余管理误导外部投资者。对于外部股东而言，企业盈余信息是买卖股票的重要衡量标准，也是股价形成的重要依据；对于债权人来说，会计信息能在一定程度上反映债务人的偿债水平，当公司面临违约时，管理者可以通过盈余管理符合债务契约的要求。而经理人通过盈余管理将使这些投资者产生“不利选择”行为，损害投资人的利益。

此外，盈余管理还会影响政府补贴的决策。从政府财政制度来讲，政府补贴是政府一笔不小的支出，政府为了使有限的补贴资源发挥更大效应，其补贴对象上往往具有选择性，其中会计的盈亏状况是决定补贴的重要因素（陈晓和李静，2001）。

（二）加剧企业经营风险

“投机观”视角下的盈余管理往往只是注重公司的短期收益表现，而非长远利益，甚至是以牺牲未来利益为代价的。例如，公司通过盈余管理调增当期利润，如果没有对生产经营活动进行改善，未来仍可能达不到盈利目标。而为了掩盖过去盈余管理的事实，公司可能会继续“透支未来”，甚至跨越盈余管理与财务造假的界限，最终演变为会计造假。不但导致投资者和债权人对管理层的经营能力和道德品质彻底失去信任，还可能使公司面临股东大规模抛售股票的情况，对企业未来的发展造成负面影响。

二、盈余管理利的一面——“效率观”

盈余管理的“效率观”认为从契约理论和委托代理理论两个角度上，一定程度的盈余管理都可能有正面作用。

(一) 降低契约成本

前面已经提到,在契约理论的观点下,企业是一系列契约的集合体,而会计不仅在签订契约时具有重要的作用,还可以作为评估契约履行情况的依据(Schipper,1989)。由于契约通常是固定、刚性的,而现实往往存在不确定性,因此契约摩擦天然存在。提前在契约中规定好各种可能情况的奖惩情况会带来巨大的契约订立成本。而在契约签订之后,每当新情况出现都去变更契约条款也会带来巨大的成本。因此,当利用会计信息作为衡量契约履行情况的标准时,允许存在某种盈余管理行为的契约较之完全根除盈余管理的契约成本可能更小,适当的盈余管理可以给刚性的契约增添些许灵活性,从而提高企业价值。

(二) 传递内部信息

盈余管理有助于缓解信息不对称的情况。最典型的是管理层拥有内部信息,如新的公司战略、企业竞争地位的改变等,而包括股东在内的其他人并不十分了解或知情。这种信息不对称阻碍了信息的传播和交流,管理层也不可能将掌握的信息全部传递出去,一方面是由于成本十分高昂,且信息的复杂性并不能确保所有人都能理解;另一方面,将内部信息传递出去意味着竞争对手也会获得这些公开信息,丧失公司原有的竞争地位。这时通过盈余管理来传递就是方法之一,比如将报告净收益控制在从长远来看可以实现的水平,可以向资本市场传递这样一个信号,即公司的盈利能力是持续的,发展前景也很乐观。

再比如,公司目前正在研发某项先进的技术,在市场上存在很大的需求,目前没有同类竞争产品,而且该技术很有可能投入使用。在这种情况下,企业如果费用化研发支出,会严重影响利润表现,给市场一种公司未来业绩不佳的猜测。但事实上,因为这个产品,企业的未来一片光明,会计信息就没有传达出经营事实。为减小这种影响,企业可能会选择在附注中明确说明该项技术的市场前景、研发状态,但这将会严重损害企业的先进入者优势。因此,管理者可能会选择资本化研发支出,这样一来既不影响利润表,同时在资产负债表上有一块资本化的研发支出,则向外传达出企业在研产品的实质,向外部投资者传达未来良好前景。因此,当管理者认为未经管理前的盈余信息不能准确反映企业当前或未来经营能力和业绩表现时,就可能选择盈余管理行为,从而传递内部信息,提高会计报告的信息含量。

综上,盈余管理不能盲目认为只有弊端,其也存在利的一面。恰当的盈余管理有助于解决信息不对称的问题,能反映企业的发展前景。

第三节　盈余管理动机

盈余管理动机是盈余管理产生的决定性因素。根据国内外学者的研究成果,盈余管理产生的动机包括契约动机、政治成本动机、避税动机、满足投资者预期以及资本市场动机。

一、契约动机

会计是契约履行的重要衡量标准，如报酬契约、股权契约、债务契约等都是如此。由于契约的不完备性，会计准则制定机构也只是对公用、一般的交易或事项做出规范，并且这部分规范也并不是完备的。这就为管理者进行盈余管理提供了客观空间。

（一）薪酬契约动机

薪酬契约的目的是有效缓解公司所有者和代理人的利益冲突，促使企业管理人员在追求个人利益最大化的同时实现公司和股东财富最大化。但是，高管薪酬契约也激发了管理层盈余管理问题，与盈余相挂钩的薪酬契约往往会导致公司高管有意进行盈余管理，来最大化自己的薪酬。

Healy(1985)最早研究了薪酬计划只以本期报告净收益为基础的公司，提出了分红计划假设——当管理层的分红计划只以本期报告净收益为基础时，管理层普遍存在利用应计利润来最大化红利的动机。Healy 发现，企业的奖金计划一般包括“目标盈余”“盈余上限”“保底盈余”几个条款。管理人员只有在报告净收益处于上限和下限之间时，才有动机采纳增加报告净收益的会计政策。图 5－1 显示了一个典型的分红计划。

在图 5－1 中，横轴表示报告的会计盈余，纵轴表示经理人的分红或金额。假设分红计划存在一个盈余上限 U 和盈余下限 L。当净收益介于盈余下限 L 和盈余上限 U 之间时，奖金呈线性增长。当净收益低于 L 时，奖金为零。当净收益高于 U 时，若没有规定盈余上限，则奖金沿着图中虚线部分增长；而若规定了盈余上限，则超过上限的净收益部分的奖金将不再增加。这种奖金计划称为分段线性。

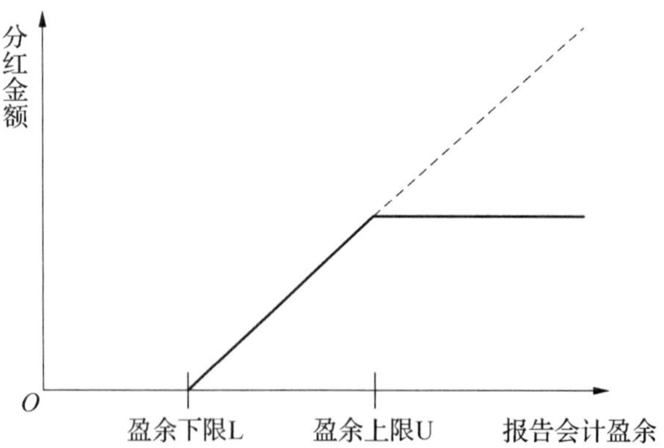

图 5－1

具体来说：① 如果本期净收益偏低（低于盈余下限 L）或本期无法取得分红计划，则管理人员有动机进一步降低净收益，即“洗大澡”，将报告利润隐藏到未来时期，从而提升未来年度得到红利的可能性。② 若本期净收益高于盈余上限 U，那么管理人员有动机降低收益，因为超过盈余上限的那部分收益将永远失去带来奖金的机会。③ 只有当净收益介于 L 和 U 之间时，管理人员才有动机调增会计盈余。

国外许多学者继续研究了公司奖金计划与盈余管理的关系，发现当公司业绩超过分红上限时,经理人会隐藏报告盈余到未来年度;但是,当公司业绩低于分红下限时,经理人并没有“洗大澡”。相反,有的研究指出业绩低于分红下限时,经理人出现了“平滑行为”。例如,Gaver 和 Austin(1995)研究了 1980—1990 年 102 家样本企业,发现当公司业绩超过上限时,管理人员仍然会“隐藏”报告盈余到未来年度;当企业业绩低于盈余下限时,经理人会调增利润来平滑盈余。但是总体上,国外学者对管理者薪酬契约与盈余管理的研究结果是一致的,即公司管理人员会利用盈余管理来最大化自己的薪酬。

(二) 债务契约动机

在企业和债权人签订借款合同时,债权人为了保护自己的利益,通常会在契约中加入一些限制性条款,如不能过度发放股利、不能进行超额贷款、保持一定的流动比率或利息保障倍数等,一旦违反了这些规定,企业将面临贷款被收回的高昂代价,而且其经营活动还会受到限制。所以,当企业经营业绩不佳,可能违反这些限制性条款时,往往会通过盈余管理来提高会计利润,从而降低违约可能性。因此,盈余管理就作为降低违反借款合同可能性的一种手段出现。

许多学者对面临违约风险或者是接近债务契约临界点的公司进行了研究。Defond 和 Jiambalvo(1994)对 1985—1988 年间的 94 家违约企业的盈余管理行为进行了研究,发现企业往往在违反借款合同的前一年,会利用操控性应计项目来增加会计盈余,但在违反借款合同当年却较少进行这类盈余管理行为。Beaty 和 Weber(2003)发现,允许会计盈余作为影响银行债务契约条件的公司,更可能做出调增盈余的会计变更。

(三) 隐性契约动机

企业运行过程中还存在一些隐性契约,这些隐性契约很难量化,是一种在和利益相关者的持续不断的关系中生成的、建立在以往的交易方式上的对未来交易行为的预期。比如,如果公司能够在履行合同方面拥有良好的声誉,就可以从供应商那里得到更优惠的条件,或是从债权人处得到更低的利率(Scott,2003)。Bowen,DuCharme 和 Shores(1995)在对盈余管理隐性契约动机的研究中发现,在控制了众多显性契约的影响后,隐性契约仍可以促使管理人员选择能够使收入增加的会计政策。

特别是针对管理者,除了薪酬契约之外,一些隐性契约也会促使其进行盈余管理,比如当公司业绩低下时,股东可以解雇管理者,因此当公司当前业绩较差时,总经理就会把未来的盈余转移到当期,从而减少当前被解雇的可能性;而当公司未来的预期收益较差时,总经理会将当期的盈余转移到未来,来减少未来被解雇的可能性。Pourciau(1993)以 1985—1988 年 73 家发生总经理非正常变更的公司为样本,研究发现在总经理非正常变更前一年度,原总经理为了保全其职位会做出增加收益的盈余管理行为;而在发生总经理非正常变更的年度,新任总经理会做出调减收益的盈余管理行为,并将收益的减少归因于前任总经理的经营失败;在总经理非正常变更后一年度,新任总经理则会做出调高收益的盈余管理行为,以表明其经营才能及对业绩改善的贡献强于前任总经理。Defond 和 Park (1997)选择了一个包含 13 297 个公司一年观测值的样本,利用 Jones 模型来估计操控性应计利润,研究结果表明 89%的总经理为了保全自己职位免受解聘威胁而进行了收入平滑的盈余管理行为。

二、政治成本动机

企业是现代社会运行中重要的参与者，不可避免地受到政府部门的关注与管制。一般而言，企业的盈利能力和受到的管制与监控正相关，企业的会计盈余越高，政府部门有可能提高企业的征税或施加其他管制，影响企业的经营，对于一些战略性产业、特大型企业、垄断性企业，这种现象更为严重。这种由政府管制带来的企业成本的提高就是政治成本。

(一) 反垄断监管动机

许多巨型企业、污染型企业、战略性生产企业(如石油和天然气企业)和垄断型企业(如电信和能源电力公司)由于自身特点会明显受到政治关注，在其报告盈余较高时容易引起媒体和消费者的注意。因此，政府迫于舆论压力往往会对其开征新税、进行管制或赋予更多的社会责任。政府实施限制垄断和竞争管制的手段通常包括：限制个别垄断企业的规模和市场占有率、价格管制、营业许可证管制、产量管制以及进出口管制等。因此企业为了减少政治成本和避免政府根据会计数据来限制企业行为，往往选用能递延利润或降低收益的会计政策。

国外许多经验研究对企业的政治成本动机进行了验证。例如，Cahan(1992)研究了美国48家在1970—1983年间受反垄断调查的企业的盈余管理行为，发现在反垄断调查期间，企业使用了更多调减会计盈余的应计项目。Key(1997)的研究也发现电缆行业受到行业管制时更倾向于递延会计收益。Han等(1997)对波斯湾危机期间石油公司的盈余管理行为进行研究，发现公司为了规避由于油价急剧上涨带来的政治成本进行了调低盈余的盈余管理。

同样，我国企业也有动机进行盈余管理，从而压低政治成本。例如，刘运国和刘梦宁(2015)以2011年年底“PM 2.5爆表”为背景，考察政治成本对于重污染企业盈余管理的影响。结果发现，相比于非重污染企业，重污染企业进行了显著的向下盈余管理。此外，我国政府会通过审计署等监管部门对邮政、电力、电信等公益事业行业的净收益进行审计，并对报告的不实净收益进行问责。审计结果显示中国石油、中国石化合计少计利润超过28亿元；审计署还发现2005年至2013年国家电网9年少计利润近90亿元。

(二) 行业监管动机

一些行业(如银行、保险和公用事业)容易受到严格的行业监管，银行业的规范要求银行必须达到以会计数字衡量的一定资本充足率，保险业的规范要求保险公司要符合最低财务质量标准，而公用事业一直被规定收益率并且只允许赚取正常回报，这些监管政策可能为企业带来巨大的成本和费用。行业监管通常直接与会计数据相联系，从而激发了经理人进行盈余管理来应对监管的动机。

大量证据表明临近最低资本要求的银行具有高贷款损失准备和低贷款注销额，并且确认了非正常的证券投资组合利得(Beatty等，1995；Collins等，1995)。阿狄耳(1996)对保险公司自 1980 年至 1990 年 1 294 个年度数据进行了检验，发现这些年度数据中有 1.5% 存在通过再保险来避免违反行业监管规定的现象。也有证据表明财力不足且具有监管风险的财产保险公司通过少提理赔损失准备和从事再保险业务来操纵利润(Petroni，1992)。

三、避税动机

避税是短期盈余管理最明显的动机。短期来说，通过调节企业当期盈余的高低能够影响当期的应纳税额，或者达到延缓支付税款的目的，从而节约公司当期的现金支出和增加营运资金，对提高公司当期的盈利水平和改善财务状况具有很大帮助。实务中有多重税收筹划方法可以达到避税目的。例如，在会计上可以通过调整存货计价方法、改变折旧方法与折旧年限、分期收款销售、将收入项目调整为其他项目(如债权、负债、投资)、预提预交①等实现避税目标。在业务上也存在多种避税方法，例如，集团公司内部利用关联交易的转移定价，将利润向亏损、免税或低税企业转移。但是，由于税务部门采用税务会计的规定来计算应纳税款，因此一定程度上缩小了企业可操纵的空间。

王跃堂等(2009)研究了所得税法改革的情况下公司是否会通过跨期收益的转移来实现公司税收成本最小化的问题，发现税率降低公司存在利润推迟的盈余管理行为。李增福等(2011)同样研究了我国税改上市公司盈余管理方式选择问题，结果显示，当预期税率上升时，公司会倾向于实施真实活动操控的盈余管理；预期税率下降时，公司则会倾向于实施应计项目操控的盈余管理。

四、为满足投资者的盈余预期

如果市场是有效的，投资者与分析师会根据公司历史同期业绩、行业发展状态、同行业公司业绩及其他公司经营管理信息等形成各自的盈余预期，并反映在股价之中。当新的盈余信息公布，市场会据此修正对企业的未来预期，从而影响股价。例如，Bartov，Givoly 和 Hayn(2002)在针对 1993—1997 年的一项研究中发现，超过上期分析师盈余预期的公司，会比未实现盈余预测的公司获得显著且较大的超额收益。Burgstahler 和 Eames(2006)的研究表明当实际盈利水平低于证券分析师的预测时，管理者会通过向上的盈余管理来迎合证券分析师的预测。

不过，管理层为满足投资者盈余预期而进行盈余管理的动机还不止于此。如果市场是有效的，那么市场不会被管理层的盈余管理把戏轻易愚弄，换句话说，有效市场会预计到管理层进行盈余管理，并将其计入市场预期之中，这被称为“信号阻塞动力”。Stein(1989)认为这种“信号阻塞动力”会加剧管理层的短视行为，并进一步加强管理层盈余管理的动机。因为如果市场判断公司会进行盈余管理，计算得到一个较高的盈余预期，而公司却如实披露了业绩导致未达到市场预期，市场就会认为该公司前景黯淡，使得公司受到市场的惩罚。

---

① 预提预交是指未在中国境内设立机构的外国企业境内所得按 20%预提，企业所得税各月或各季预交中少交的税款不作为偷税处理。

对此，有很多文献运用盈余反应系数（ERC）加以量化分析，所谓盈余反应系数就是指每个单位的盈利变化对股价的影响。如果市场怀疑盈余管理的存在，就应当导致这类股票的盈余反应系数较低。例如，Keung，Lin 和 Shih(2010)研究发现对于达到或刚刚超过分析师盈余预期的公司，他们的 ERC 显著低于其他控制组，而这种现象主要体现在2002—2006 年间，在此之前这种现象并不显著。这说明 21 世纪以来，市场开始怀疑这类公司进行了相应的盈余管理，并对其盈余进行了折价。

五、资本市场动机

资本市场是公司获取资金的重要场所。为了在资本市场中顺利融资，企业必须满足一定的条件。在这些条件中，会计盈余信息是其中最重要的信息，因而经理人有动机运用盈余管理的手段，影响企业的短期经营业绩，以便在资本市场中顺利融资。张菊香(2007)通过总结国内对盈余管理的实证研究认为契约安排动机、政治成本动机总的来说不如资本市场动机明显。资本市场动机主要包括：股票首次发行和上市动机、配股与增发动机、避免退市动机以及管理层收购和企业合并动机。

（一）股票首次发行和上市的动机

世界上发达资本市场中股票首发上市普遍选择注册制，如美国纳斯达克，它们并不严格要求公司满足哪些利润标准，核查重点在于企业是否进行了充分完整的信息披露。当市场上良莠不齐，由于公司内部与外部之间存在信息不对称效应，外部投资者出于自我保护很可能会低估很多高质量企业的未来前景，因此这些准备 IPO 的潜力股有动机披露一定内部信息来展现高质量前景。Teoh 等(1998)发现 IPO 当年报告利润为正，且应计数异常高的公司之后 3 年表现都较差，说明公司在 IPO 前通过调整应计项目调高了报告利润。Fan(2007)基于首发上市假设发现企业操纵性应计在 IPO 当年是最高的，说明盈余是企业向外传递信息的工具之一。同时 Fan 还发现，盈余与对 IPO 企业的估值之间存在显著正相关性，可见通过盈余管理提高定价确实是可行的。

而我国股票首发上市采取核准制，除了信息披露，企业上市还需要满足严格的规定。其中最重要的如“公司必须在最近三年内连续盈利”，才能申请上市。当企业为了获取上市资格而本身又达不到盈利要求时，往往会通过盈余管理对财务报表进行包装。同时，在发行额度一定的情况下，募集资金的多少由股票发行价格的高低决定。在招股说明书中披露的会计盈余信息是确定发行价格的重要信息，根据中国证监会发行监管部和创业板发行监管部 2012 年 5 月下发的《关于新股发行定价相关问题的通知》，企业的发行价格将参考行业平均市盈率，发行人根据询价结果拟定的发行价格（或发行价格区间上限）市盈率高于同行业上市公司平均市盈率 25%的，发行人需召开董事会对发行定价进行讨论确认，分析并披露定价的风险性因素及其相关影响，主承销商需对发行定价的合理性以及风险因素进行分析披露。因此，在发行市盈率受限的情况下，为了获得理想的发行价，经理人有动机运用盈余管理的手段，影响企业短期经营业绩，使企业显示出一个稳定增长的盈利状况，以此刺激投资者对股票的需求。

此外，为首发而盈余管理的动机还与企业分红多少相关，根据证监会2008年《关于修改上市公司现金分红若干规定的决定》(证监会令第57号)，上市公司公开发行证券需符合最近三年以现金或股票方式累计分配的利润不少于最近三年实现的年均可分配利润的百分之三十；对于报告期内盈利但未提出现金利润分配预案的公司，应详细说明未分红的原因、未用于分红的资金留存公司的用途；应披露现金分红政策在报告期的执行情况；应以列表方式明确披露公司前三年现金分红的数额、与净利润的比率。在我国证券市场，利润多分红少的现象普遍存在。为了降低分红金额，经理人有动机运用盈余管理的手段，在满足上市的条件下一定程度上降低企业的会计盈余。

(二) 配股与增发动机

我国的上市公司具有强烈的再融资需求，其中股权融资是上市公司再融资的重要渠道。目前，我国允许的股权再融资方式主要有配股和增发两种，这两种股权再融资方式均对企业的盈利能力有较为严格的规定。2006年5月8日起实施的《上市公司证券发行管理办法》，对配股企业的盈利要求为“最近三个会计年度连续盈利”，对增发企业的盈利要求为“最近三个会计年度加权平均净资产收益率平均不低于百分之六”。为了获取再融资，许多公司经理人不惜利用盈余管理的手段来达到盈利要求。

国内学者通过大量的经验研究对上市公司的配股增发盈余管理动机进行了验证。例如，陈小悦等(2000)的研究发现上市公司有很强的激励动机将净资产收益率维持在配股及格线以上。陆正飞和魏涛(2006)的研究发现我国1998—2001年间上市公司首次配股后会计业绩下降的现象，研究结果表明，配股公司在配股前存在盈余管理行为，无后续融资行为的公司配股后业绩下降且操控性应计利润在配股后发生反转。

(三) 避免退市动机

根据我国《公司法》与证监会《亏损上市公司暂停上市和终止上市实施办法》的规定，如果上市公司连续3年出现亏损，公司将被处以暂停股票上市并允许其申请1年的宽限期，若在宽限期内仍无法扭亏为盈，将被终止上市。在我国，上市“壳”资源极度稀缺，退市意味着一种稀缺资源的损失，所以退市将使企业的经理人、投资者、债权人等利益相关者的利益均受到损失，因而经理人有动机通过盈余管理避免亏损。而当亏损已经无法避免，则会选择“洗大澡”，使得来年更容易扭亏，这些都已得到研究文献的广泛支持。例如，陆建桥(1999)以亏损上市公司为样本进行实证研究，发现这些公司在首次出现亏损的前一年，作出了能显著调增收益的会计处理，从而推迟账面亏损的出现；在首次出现亏损年份，则进行了能显著调减收益的盈余管理；而在扭亏为盈年份，又作出了能显著调增收益的会计处理，从而有效避免了公司连续三年亏损。

(四) 管理层收购和企业合并动机

除了首发上市、再融资之外，管理层收购与企业合并也是资本市场中的常见行为，这些也会对企业的盈余管理动机产生影响。当管理层有意收购公司时，管理层自然希望收购的价格越低越好，而盈余信息往往作为收购价格的重要参考依据。DeAngelo(1986)提出在管理层收购过程中，由于法院和投资银行基于盈利水平对收购对象的公允价值进行估值，管理层为了降低收购价格，可能对公司进行向下的盈余管理。Y. Woody Wu(1997)发现公司实施管理层收购前一年的利润增长严重低于行业平均增长幅度，公司股价在收购前持续下跌，而通过第三方收购的公司在收购前并没有收益显著下跌的趋势，证明管理层在收购本公司前会通过盈余管理调低利润。

而在企业合并中，现有股东为了获得较高的对价或者减少支付的对价，也有可能进行盈余管理来提升近期的财务表现。例如，Erickson 和 Wang(1999)对换股合并中合并方的盈余管理进行了研究，发现在合并前合并方进行了向上的盈余管理，从而提升自己的股价，这样就可以减少购买标的企业所需支付的股票，同时减轻换股带来的控制权稀释问题。

第四节 盈余管理的具体手段

按照盈余管理对象的不同，盈余管理的具体手段分为会计盈余管理与业务盈余管理。其中，会计盈余管理主要通过会计政策、会计估计选择等方式进行。业务盈余管理主要通过管理企业的业务来改变企业的会计盈余，常见的具体手段包括关联方交易、改变交易时间、资产重组、利用非经常性损益业务等。

一、会计政策选择

会计政策的选择主要体现在准则提供的对于同一项业务的不同适用方法，这些选择空间可以演化出很多盈余管理的具体手段。

(一) 记账本位币

境外经营主体的记账本位币选择存在很大空间。根据准则，境外主体可以选择日常经营收支所用主要外币作为记账本位币，但实务中与国内母公司统一使用人民币为记账本位币的情况也很多。而记账本位币的选择对利润表有很大影响，不同的选择下汇率变动会归集到不同的科目。选择外币作为记账本位币，只需要在资产负债表日将外币报表折算成人民币报表，折算差额计入“其他综合收益”，并不会影响报表利润；而选择人民币作为记账本位币时，外币收支交易需在资产负债表日按即期汇率折算，汇率变动计入当期损益，影响当期利润。

当年内汇率变化较大，汇兑损益就会对公司的利润有较大影响，特别是有大量货币资产或外债的企业，负的财务费用可能使原本亏损的企业变成赢利，正的财务费用可能使原本赢利的企业变成亏损。而记账本位币的选择依据为境外子公司是国内业务的延伸，还是在相当程度上具有自主经营权，这给了企业很大的解释空间。

(二) 计量基础

新会计准则引入公允计量会计属性后，给予公司更大的自主权来调整会计政策。企业一方面可以对资产由以历史成本计量改为以公允价值计量，从而确认后续的公允价值变动损益;另一方面可以利用公允价值评估难以公允确切的特点,有目的地进行主观估计,从而利用公允价值计量属性进行盈余管理操纵。这种盈余管理手段主要涉及金融资产、投资性房地产、债务重组、非货币性资产交换等业务,接下来我们通过投资性房地产和非货币性资产交换来举例说明。

1. 投资性房地产

根据企业会计准则,投资性房地产的后续计量可分为两种情况。一是采用成本模式,二是在满足特定条件时,采用公允价值模式进行后续计量。与历史成本计量相比,采用公允价值计量,不需要计提折旧或摊销,应当以资产负债表日投资性房地产的公允价值为基础调整其账面价值,新账面价值与原账面价值之间的差额计入当期损益。从过去几年来看,房地产市场价格普遍处于上涨状态,也就是说采用公允价值进行计量很可能导致利润的增加。

2. 非货币性资产交换

企业会计准则中规定,非货币性资产如果具有商业实质,且双方的交换标的物均能以公允价值可靠计量,则可以选择以公允价值模式计量非货币性资产交换。当换出资产的公允价值高于其账面价值时,就会增加这项业务的盈利,从而影响企业的利润。但是是否符合商业实质以及公允价值的确定实际上都有很大的主观性,给了企业盈余管理的空间。

(三) 费用资本化

企业很多支出未必都会计入本期的费用,会计上有很多基于支出性质来判断是否资本化的科目,主要包括:利息费用的资本化、固定资产后续支出的资本化、开发支出资本化等。

1. 研发费用资本化

企业研发支出是费用化还是资本化以及资本化的时间、金额都存在操纵空间。一些上市公司可以根据当地政府鼓励企业研究开发的优惠税务规定,从销售收入中预提研发费用,自由度颇大。同时,无形资产准则中,对于企业自行研发的无形资产只有在满足无形资产确认时点的情况下,将开发阶段的支出总额资本化,对于以前期间已经费用化的支出不再调整。然而对无形资产确认时点与开发阶段所需满足条件的判断都依赖企业的主观判断,因此是否资本化以及资本化的比例存在一定盈余管理空间。

2. 借款费用资本化

借款费用资本化主要表现为利息资本化。在新制度颁布前,会计制度规定,企业为在建工程和固定资产等长期资产支付的利息费用,在投入使用之前可予以资本化。在实际工作中,不少上市公司滥用利息资本化终止时间的弹性进行盈余管理。如在资产先支付使用、后办理竣工决算的情况下,以某项资产还处于试生产阶段为借口,把办理竣工决算手续的时间作为资本化终止的时间,这样一来只要推迟竣工决算时间就可以不断地将利息资本化。有些上市公司甚至拿出当地政府职能部门对“在建工程”的定性,利息费用年年资本化,同时对在建工程暂不提折旧,以此达到虚增资产和利润的目的。

【例 5-1】 东土科技研发费用资本化

东土科技 2013—2014 年业绩开始下滑，迫于业绩压力，2015 年公司首次开始资本化研发费用，资本化率为 11.27%，2016 年研发支出资本化率为 23.9%。反映在金额上，公司 2015 年资本化支出为 520.64 万元，2016 年为 2 145.74 万元。

公司年报解释为报告期内有六个研发项目“经公司总经理办公会同意，根据公司相关规定该六个项目符合资本化条件，在费用发生时予以资本化计入‘开发支出’”。同时，年报显示上述六个研发项目是 2016 年才开始投入研发，而在这六个项目中资本化支出最高的是通信芯片技术，其金额为 1 132 万元，占资本化总金额的 53%。相对于资本化条件中的带来经济利益来说，芯片技术研发的成功率普遍较低，所以不符合资本化支出的定义。此外，东土科技并没有对这六个项目情况进行详细说明，存在操纵盈余的可能[①]。

(四) 收入确认

首先是收入确认时点的可选择性，如提前或递延确认收入。按会计惯例，收入应在交易发生以后、收入的赚取过程已经完成后确认和记录，但企业管理当局可能在该过程完成之前即确认收入，如采用提前开具产品销售发票、在未来具有不确定性或仍需进一步提供服务才能确认收入时即对收入进行确认，虚增了盈余。与提前确认收入正好相反，递延确认收入是将应在本期确认的收入推迟到未来期间确认。企业一般会在当前收益较为充裕而未来收益预计可能下降时才会使用此种盈余管理手段。递延收入确认可以平滑企业的收益，使企业收益呈现一种稳定上升的趋势。

在调节收入确认的时间方面，具体有以下几种方法。一是控制收入的结算方式，不同的收入结算方式收入确认的时间不同。例如，分期收款销售、现款销售、托收承付等不同的收入结算方式在确认收入时间上是不同的。二是控制收入的确认条件，即控制交易的时间、签订交易合同的时间、交易的过程。例如，开具发票的时间，以及在外贸业务中，可以认为货物离港时风险收益即转移，当即确认收入，也可以认为需要客户从海关提货验收后再确认收入。三是收入的计算方法，工程合同收入、劳务收入的计算方法能够自行选择，既可采用完工百分比法，也可一次确认。即使采用完工百分比法，在实务中完工进度的衡量也存在按完成劳动量的比例、已发生成本的比例等多种衡量方法，经理人仍可进行一定程度的调节和操纵。

其次是收入确认方法的选择。收入的确认方法有很多种选择，如很多交易涉及“总额法”与“净额法”的选择。在委托加工业务中，公司可以将委托材料的全部售价作为收入，也可以仅将购销差价列为销售收入。在很多电子商务平台公司中，流量收入不会全部归属于公司，往往需要分成给运营商、游戏公司、门户网站等多方交易参与者，因此也涉及“总额法”与“净额法”的选择。尽管这种方法的选择只会影响收入的规模，几乎不会影响利润，但由于收入规模是投资者判断公司发展前景的重要指标，因此也是盈余管理的重要手段。

---

① 刘佳昕.企业盈余管理方法识别与分析：以东土科技为例[J].国际商务财会，2017(7)：77-81.

(五)存货计价方法的变更

由于企业的主营业务成本是根据存货(产成品)的发出来计算的,因此存货的计价方法的选择将直接影响企业的成本,进而影响企业的本期会计盈余。根据新的《企业会计准则第 1 号——存货》第 14 条明确规定:"企业应当采用先进先出法、加权平均法或者个别计价法确定发出存货的实际成本。"方法一经确定不得随意变更,如需变更应在会计报表附注中予以披露。在当前物价普遍上涨时期,当公司需要提高当期盈余时,可以选用能够降低销售成本的先进先出法;当公司需要降低当期盈余时,可以选用能够相对提高销售成本的加权平均法。

(六)费用损失的计算

根据权责发生制原则,当期的收入与其相关费用应相互配比,然而现实中费用的受益期很难确定。如很难确定广告费到底能使哪个会计期间的收入增加及增加了多少,所以一般情况下企业在广告费发生的当期就确认为费用。但在金额较大的情况下,企业倾向于将其列示为长期资产进行摊销。对这种费用如何在各个会计期间分配及分配多少需要一定的主观判断,上市公司管理层正是利用这一点,随意确定摊销时期进行盈余管理。

此外,企业还可以通过潜亏挂账将费用递延。潜亏挂账是指不确认可能发生的损失,导致账面资本价值的虚计和本期利润的虚增,从而达到管理盈余的目的。这种盈余管理方式手法多样,归纳起来有:低转产品成本、不确认存货跌价准备、投资损失不冲销、不良债权长期挂账、财产盘亏与损失挂账等手段,以此导致企业虚增资产和利润。

二、会计估计

(一)折旧摊销政策

固定资产的折旧期限、折旧计算方法等存在很多的选择,给予了经理人较大的盈余管理空间。延长固定资产折旧年限将会导致本期折旧费用的减少,即减少相应的成本费用,从而增加账面利润;反之则降低账面利润。而变更固定资产折旧方法也会导致本期账面利润的增加或减少,如将固定资产折旧方法由平均年限法改为加速折旧法,将增加本期折旧费,降低本期账面利润,反之则将增加企业账面利润。因此,企业的固定资产比例越大,固定资产折旧政策对企业净利润的影响越大。

而对无形资产来说,由于会计准则中不再有对无形资产使用寿命的详细规定,以及摊销方法并不唯一,导致企业在摊销时可以灵活选择。这种灵活性就给了企业可以根据需要自主选择的权利,从而对利润产生影响。

【例 5-2】 国投中鲁利用折旧政策隐藏真实经营状况

国投中鲁 2013 年营业收入为 12 亿元,当年亏损,2014 年盈利继续下降。而 2015 年,在营业收入不如 2013 年的情况下,竟然实现了 921.79 万元的营业利润。

根据 2015 年年报显示国投中鲁将其固定资产的折旧年限予以延长并调低了残值率,这项会计估计变更使得公司 2015 年度的营业利润增加 1 109.68 万元,即除去这次会计变更的影响,2015 年的营业利润为负值。国投中鲁通过简单地延长固定资产使用年限和降低净残值的方法,直接使其营业利润扭亏为盈,避免退市。[①]

(二) 资产减值计提

根据企业会计准则,要求提取减值准备的资产主要包括应收账款、存货、长短期投资、固定资产、无形资产等。一般来说,长期资产减值损失一经确定,在以后会计期间不得转回。准则规定,可以转回减值损失的资产包括应收账款、存货、持有至到期投资、可供出售金融资产等,规定比较明确,但通过减值的计提和转回可以为企业进行盈余管理留下一定的空间。

由于资产减值损失影响当年的会计盈余信息,当企业业绩较好时,可以计提较多的减值准备,作为“业绩储备”,以便在企业业绩较差时转回减值准备。对于那些急需恢复上市或“摘帽”的公司来说,计提和转回更是成为它们跨年度调节利润的捷径,在铁定亏损的年度大幅计提减值,在必须扭亏的年度大幅转回,实现盈利。

【例 5-3】 国联水产利用资产减值计提盈余管理

国联水产于 2010 年上市,在上市前三年净利润都保持在 7 000 万元以上的水平,上市后三年利润逐年下滑,2012 年出现 2.23 亿元的巨亏。然而,在 2013 年,国联水产又实现了从亏损到盈利的转变,盈利 6 056.6 万元。

从其财务报表中可以发现,利润下滑的原因是其资产减值准备的大幅度提高,在 2010 年资产减值准备较上年提升 61%,达到 1 867 万元,2012 年资产减值准备甚至达到 1.09 亿元。而 2013 年资产减值准备开始下降。因此,国联水产很有可能利用减值的计提在以前年度先虚增利润,在上市后“洗大澡”挤掉水分。[②]

三、业务盈余管理

公司经理人通过构造具体交易并控制交易发生时间以实现利益相关者所要求的盈余目标,这种以业务为基础的盈余管理更加具有迷惑性,且常常不需要披露,盈余管理空间更大,但是成本较高。接下来,我们分为经常性活动和非经常性活动进行介绍。

(一) 经常性活动

1. 操纵销售

操纵销售是企业为达到增加利润的目的而人为制造经济业务以增加收入的行为。例如,有上市公司在年末做一笔销售,再于第二年度退货,从而达到虚增当年利润,实现扭亏为盈的目的。还有一些上市公司利用一家子公司按市价销售给第三方,确认该子公司销售收入,再由另一家子公司从第三方手中购回的做法,使合并会计报表收入和利润同时增加,达到盈余管理的目的。

一些上市公司为达到盈利目标还可能放弃一贯采用的信用政策,例如,突然放宽信用

---

① 陈曦.上市公司利用会计估计变更盈余管理探究:以国投中鲁为例[J].当代会计,2017(8):22-24.

② 代若怡,龙怡.IPO 前后资产减值准备的计提与盈余管理研究:以国联水产和星河生物为例[J].财经界,2015(30):183-184.

标准、延长信用期限，把风险较大的客户也作为赊销对象，把以后年份的销售提前到当年，不顾一切地创造没有现金收入的盈利。或者，通过商业折扣进行异常的促销活动，扩大了收入却没有获得正常的利润。甚至还有的上市公司会采用提供卖方支持的销售，即卖方向买方提供资金或者信用支持，买方通过获取的资金反过来再向卖方购买产品，可以快速扩大卖方的销售规模。这种手段虽然以业务为基础，但实际上资金和信用的风险始终由卖方承担，面临较大的风险。

2. 产量控制

产成品成本的计算方法可以分为完全成本法和变动成本法。在完全成本法下，固定性制造费用也会被计入产品成本，当企业的生产产量增加时，单位生产成本就会降低。因此，销售产品数量一定的情况下，产量的扩大会使营业成本降低，从而在财务报告上显示较高的利润水平。但过度生产可能会导致存货积压，从而产生相关的存货持有成本。

3. 费用控制：降低酌量性固定成本

酌量性固定成本通常是当期发生费用，而未来才实现收益的支出。这种费用通常是非必要的、可由经营者自主选择是否发生的项目，其中包括研发费用、广告费、维护费等。因此，管理者可以在短期内减少酌量性固定成本来实现盈余的增长，但长期来看过度节约酌量性固定成本会使得企业的产品丧失竞争力，公司的市场基础也会下降。

4. 利用关联方交易

根据《企业会计准则第 36 号——关联方披露》的规定："一方控制、共同控制另一方或对另一方施加重大影响，以及两方或两方以上同受一方控制、共同控制或重大影响的，构成关联方。关联方交易，是指关联方之间转移资源、劳务或义务的行为，而不论是否收取价款。"通过以高于或低于正常交易的价格进行关联交易，可以帮助企业调节收入费用、转移利润。因此，关联交易是上市公司常用的盈余管理手段。

(1) 关联购销。

关联购销包括关联方之间的商品、劳务或资产的交易。这种关联交易为企业通过转移定价进行管理盈余创造了机会。上市公司可以通过高价向关联方销售产品或者低价取得关联方的原材料，轻易达到增加收入、降低成本的目的。

(2) 转嫁费用。

由于上市公司与母公司之间较多存在费用支付和分摊问题，当上市公司利润不理想时，可能通过改变费用分摊标准或承担其部分费用来改变上市公司会计盈余，例如，母公司可以降低或豁免上市公司应交的管理费用、销售费用或研发费用，从而降低上市公司当年的费用，使上市公司的会计盈余增加。

(3) 资金占用费。

上市公司与关联方的资金往来及资金占用现象非常普遍。因此，通过向关联方收取资金占用费也是上市公司常见的盈余管理手段之一。

(4) 租赁。

由于各类资产租赁的市场价格难以确定，租赁已成为上市公司与关联公司之间盈余管理极为方便的手段。例如，在土地使用费方面，同等使用面积的土地价格可能有天壤之别，即使上市公司披露有关信息，投资者也难以做出准确判断。因此，上市公司一方面可以通过租赁资产给关联公司获得稳定的租赁费收入，形成必要的“保底利润”，改善经营成果；另一方面可以把从母公司租赁来的资产反过来又租赁给母公司，在母子公司之间转移利润。

【例 5－4】 青鸟华光关联交易

青鸟华光 2010 年、2011 年归属于母公司所有者的净利润连续两年为负，而 2012 年归母净利润为 3 776.98 万元，实现了扭亏为盈，从而避免了退市的风险，但这其中也出现了关联交易的身影。

从青鸟华光 2012 年的年报可以看出：它所确认的营业收入中的前两名客户分别为恒业世纪和华成时代，营业收入占年度营业收入的 47.73%，主要来源于其 2012 年新纳入合并报表范围的控股子公司华光通信。其关联交易的具体做法为：首先通过关联方青鸟安全与恒业世纪、华成时代签订采购合同，接下来恒业世纪、华成时代转而委托华光通信代为采购，由华光通信向最终供应商进行采购。这其中两次委托采购的采购合同与华光通信最终的采购合同在设备型号、品牌、数量上完全相同，明显缺乏合理性。①

(二) 非经常性活动

1. 资产处置

资产处置可以为企业带来收益，因此企业可以通过资产处置增加其利润。由于公司管理层有权选择资产处置的时间，这就有可能导致企业在经营不善的情况下通过资产处置来获得盈余，改善收益。

【例 5－5】 星湖科技：“非经常性损益”调节盈余

星湖科技 2011—2013 年非经常性损益分别为 1.38 亿元、9 525 万元和 2.71 亿元。同时，星湖科技 2011—2013 年利润总额分别为 8 300 万元、－2.25 亿元和 7 095 万元，可见非经常性损益占利润总额比重极大。

仔细分析星湖科技的非经常损益，可以看出 2011 年除同公司正常经营业务相关的有效套期保值业务外，持有交易性金融资产、交易性金融负债产生的公允价值变动损益，以及处置交易性金融资产、交易性金融负债和可供出售金融资产取得的投资收益由 2010 年的 176 万元增加到 2011 年的 1.2 亿元，是其非经常性损益大幅度增长的主要原因。而在 2012 年星湖科技处置可供出售金融资产等取得的投资收益相比 2011 年下降接近 50%。由于星湖公司税前利润对非经常性损益的依赖非常大，因此存在利用非经常性损益调节

① 刘春燕，时彩丽，袁少茹.上市公司关联交易下的盈余管理及识别：基于青鸟华光的案例研究[J].中国注册会计师，2017(2)：119－123，3.

盈余的动机。[①]

2. 政府补助

政府补助是公司利润的重要组成之一。出于对当地的经济状况、就业发展以及政治绩效和社会稳定等因素的考虑，各地政府都会出台相应政策为企业提供补助，这样可以很容易地改变盈余状况，美化财务信息。

【例 5-6】 石岘纸业通过政府补助避免退市

石岘纸业能在 2007 年、2010 年成功扭亏，与当地政府的补贴有重要关系。

2005—2006 年，石岘纸业连续两年亏损，走到退市边缘。2007 年，公司营业利润为－2.26 亿元，而延边州财政局帮助公司偿还了国家开发银行的 3 亿元贷款和 573 万元利息，成为公司扭亏为盈、实现净利润 9 480 万元的重要因素，也正是政府的帮助才使得债务重组得以实施；2010 年，公司再一次走到退市边缘，当年 12 月公司收到图们市政府 4 700 余万元财政补助资金，帮助石岘纸业实现微利 740 万元，再次避免退市。[②]

3. 资产重组

资产重组是指企业资产的拥有者、控制者与企业外部的经济主体，对企业资产的分布状态进行重新组合、调整、配置的过程，或对设在企业资产上的权利进行重新配置的过程。上市公司利用资产重组进行盈余管理的手段主要有：股份转让、资产置换、对外转让资产、对外收购兼并等。上市公司通过资产的转让和处置，可以将不良资产转让给控股子公司；或者，以低价从母公司购入优质资产。通过这种形式，上市公司不仅可以以很低的成本获得母公司优质资产的使用权，还可以避免经营不良资产产生的损失或亏损，提高企业的会计盈余。

【例 5-7】 ST 寰岛通过资产重组顺利“摘星”

ST 寰岛(000691)通过与关联方的资产置换和股权转让实现“摘星”，在 2007 年进行了一系列的收购兼并、资产剥离、资产出售和股权转让等各种资产重组方法优化资产、提高利润，在 2007 年中报上出现了净利润 3 725.05 万元的大跨度扭亏，无疑是资产重组的贡献。[③]

4. 合并范围的变更

合并会计报表的合并范围是指纳入合并会计报表编报的子公司的范围，一般来说，纳入合并会计报表范围的公司为母公司控制的子公司。在编制合并报表时，纳入合并报表范围的子公司的财务状况和经营成果将直接影响合并报表的会计信息结果。由于合并报表的编制时点为 12 月 31 日，因此，上市公司可以在年度间收购或出售子公司，改变合并会计报表年报编报的合并范围，快速改变企业当年或以后年度的会计盈余。例如，若企业需要提升盈利水平，可以在原来合并的基础上减少一些亏损或盈利能力差的子公司，从而提升合并后的利润，反之亦然。

---

① 管亚梅，孙响.现行会计准则中公允价值应用与盈余管理：基于星湖科技公司的数据分析[J].财务与金融，2017(1)：56－60.

② 王海霞，杨柳，王小凤.ST 上市公司的盈余管理行为分析：基于石岘纸业[J].会计之友，2014(4)：85－87.

③ 孙萍，张敏.中国上市公司盈余管理的手段及案例分析研究[J]. 经济研究导刊，2009(18)：78－79.

【例 5-8】 凯地地产通过购买子公司恢复上市

2001 年 12 月 30 日,PT 凯地(000411)在其 2001 年第三次临时股东大会上审议通过了重大资产置换暨关联交易案,同意将其部分资产置换公司第一大股东浙江华龙实业发展总公司持有的浙江英特药业有限公司(以下简称英特药业)99%的股权。

2002 年 4 月 19 日,公司在 2001 年年报中披露:英特药业 100%股权交易价格确定为 164 420 046 元,公司以无法人资格的凯地丝绸印染厂和凯地丝绸服装厂的资产作价 125 393 099 元,置入英特药业 99%的股权,其差额部分用现金补足。年报同时称未将英特药业 2001 年利润表纳入公司合并利润表的范围。

表 5-1 为 PT 凯地和英特药业主要经营成果。公司 2001 年合并利润表中,主营业务收入为 2 403 万元,主营业务利润为-533 万元,净利润为 946 万元。英特药业上述三项财务数据分别是 114 819 万元、6 108 万元、594 万元。毋庸讳言,英特药业 99%的股权将是 PT 凯地的核心资产,该公司的一举一动对于上市公司的影响巨大。

表 5-1 PT 凯地和英特药业 2001 年主要经营成果 单位:万元

	主营业务收入	主营业务利润	净利润
PT 凯地	2 403	-533	946
英特药业	114 819	6 108	594

2002 年,凯地公司在第 1 季度报告中披露:主营业务收入 30 316 万元,比 2001 年同期 1 009 万元递增 29.05 倍;主营业务利润 1 787 万元,比 2001 年同期-221 万元增加 2 008万元;净利润 15 万元,比 2001 年同期-955 万元增加 970 万元。公司明确表示这种变化是由于英特药业的利润表纳入合并利润表的范围所致。其效果正如 2001 年年报中所述:这项资产置换"将有效调整公司产业结构,改变公司主营业务,对公司的长远发展将产生积极而深远的影响"。同年 5 月 13 日,凯地公司发布公告,称深交所决定受理公司恢复股票上市的申请。6 月 30 日,凯地公司 2001 年度股东大会正式审议通过将公司名称变更为"浙江英特集团股份有限公司"。①

5. 改变持股比例

2014 年新修订的《企业会计准则》规定,长期股权投资的成本法核算仅适用对子公司的投资,对联营企业和合营企业的长期股权投资采用权益法核算。不具有共同控制或重大影响的,并且在活跃市场中没有报价、公允价值不能可靠计量的长期股权投资,不再采用成本法核算,而是应当分类为可供出售金融资产。权益法核算的特点是,要对被投资单位当年实现的净损益确认投资收益,而不管其是否发放股利。而划分为可供出售金融资产,资产负债表日的公允价值变动计入其他综合收益。由此可见,这两种核算方法下确认的投资收益是完全不一样的,因此,上市公司便可通过持股比例的变动来决定是否对被投资方形成重大影响,从而进行盈余管理。

① 陈政文. 上市公司利用合并会计报表范围变动进行盈余管理的案例分析[J]. 上海会计,2003(12):57-59.

第五节 识别盈余管理的方法

盈余管理为投资者及其他财务信息使用者的投资决策分析和监管分析带来了一些障碍，因此识别盈余管理、把盈余管理限制在合理的范围内对财务信息使用者非常有必要。识别上市公司的盈余管理对财务信息使用者而言并非易事，一方面盈余管理的手段千变万化、纷繁复杂；另一方面，经理人总是千方百计地对盈余管理进行遮掩，这也增加了处于信息劣势的财务信息使用者甄别盈余管理的难度。当经理人采用各种手段进行盈余管理时，总有一些客观的方面是其无法操纵或掩盖的，通常都能从其财务报告中找到蛛丝马迹，因此可以利用这些方面的线索来对盈余管理进行识别，判断是否存在盈余管理。

一、寻找盈余管理的预警信息

上市公司的某些直观且易获得的信息往往表明企业有可能进行了盈余管理，如企业的基本指标、审计师意见、分红信息。

(一) 对上市公司的基本财务情况进行分析

上市公司的某些基本财务指标往往隐含着上市公司盈余管理的信息，因此，财务信息使用者可以通过关注上市公司的一些基本财务指标识别公司是否有盈余管理的嫌疑。

1. 收益指标

一般来说，巨亏公司、微利公司以及净资产收益率处于增发、配股线边缘的企业往往有动机进行盈余管理。如第三节所述，我国上市公司经常出于避免退市和再融资的目的而进行盈余管理，因此财务信息使用者可以通过关注上市公司净资产收益率等收益指标，对这类企业的盈余管理行为加以关注。

2. 成长性指标

成长性指标包括企业营业收入增长率、总资产增长率、利润增长率等。当高成长性企业速度放慢甚至倒退时，经理人为了保持一致成长性的表象，往往会进行盈余管理。因此，财务信息使用者对高成长性企业的盈余管理行为也应加以关注。

(二) 关注审计报告及注册会计师的变更

注册会计师具有丰富的会计审计及管理知识、经验，能够独立地对公司的财务状况及其变动和经营成果进行分析和考察，形成自己的专业判断。因此，他们的意见应是投资者判断企业是否进行盈余管理的主要线索。

1. 充分关注注册会计师出具的非标准审计报告

非标准审计报告往往表明注册会计师对企业会计报表所反映的财务状况、经营成果等与企业经理人有不同意见。财务信息使用者可根据审计报告以及企业经理人对注册会计师所提意见的辩解，清楚地了解企业是否存在盈余管理行为。例如，注册会计师若强调

“应收账款金额巨大”，很可能意味着这些应收账款很难收回或提取的坏账准备金过低。

2. 关注上市公司会计师事务所变更

若上市公司更换了会计师事务所且更换前的注册会计师出具了保留意见的审计报告，则很有可能是前任注册会计师与上市公司没有在审计意见上达成一致，上市公司为了寻找一个“听话”的审计师而更换了会计师事务所，这时上市公司的财务报告有可能存在盈余管理的嫌疑。

（三）关注公司盈利与股利分配的对比

上市公司在实现利润之后，为了回报股东往往要进行利润分配。企业要进行利润分配有两个前提条件：一是要有足够的可分配利润；二是要有足够的现金。通常企业的利润可以通过盈余管理实现，但现金却是实实在在的，无法通过盈余管理调节利润产生。因此，当企业有足够的利润却一直不进行利润分配的一种解释就是企业的利润是“盈余管理”而来的。因此，丰厚的利润与微薄的股利也是企业存在盈余管理一条潜在的线索。

二、分析企业财务报表

（一）检查报表间科目的配比关系

由于盈余管理是一个系统过程，需要各个科目之间的协调配合，难免有个别科目间出现不配比现象，因此，通过分析资产负债表、利润表、现金流量表三大报表科目之间的关系是否合理是识别盈余管理的有效途径之一。

比如，通过分析企业当期税金如企业所得税与利润比率、企业税金及附加占营业收入之比的大小在不同年度间的变化趋势，可以估算企业当期的税率。若企业的税率过低，或企业税率在不同年度间存在大幅波动，企业当期的收益可能存在盈余管理的嫌疑。例如，银广夏 1999 年利润总额为 1.76 亿元，所得税为 508 万元，账面税率仅为 4%，表明当期利润很可能是盈余管理的结果。再例如，提前或推迟确认收入与费用的盈余管理手法，通常会引起会计报表相关项目的异常，因此，应对应收账款和存货等重点项目作特别关注。以应收账款为例，若应收账款的增长远远超过了收入的增长，这或许是因客户陷入财务困境而无力支付所致，也可能是公司记录虚假销售、提前确认销售收入或者放松信用政策有意扩大赊销份额的盈余管理手段所致。

（二）分析性复核

分析性复核是对公司财报中比率（如销售利润率、毛利率、净资产利润率等）的变化或者趋势进行分析，以发现其异常变动项目。通过分析性复核，可以发现公司会计报表中的异常波动，进而识别公司是否进行了盈余管理。比如，蓝田股份上市后，业绩增长令人惊叹，该公司 1995 年的净利润为 2 743.72 万元，1996 年上市当年翻番实现净利润 5 972 万元，1997 年至 1999 年三年的净利润分别为 1.43 亿元、3.65 亿元和 5.43 亿元，而其所宣称的利润来源的可信度值得怀疑。

同时，滥用盈余管理会引起相关指标的异常。例如，存货占资产总额比例上升、存货周转率下降、主营业务毛利率上升、销售费用及存货比率下降，这些都可能预示公司存在虚增利润行为。此外，同属一个行业的各公司的财务指标之间，特别是一些相对数指标之间一般不会出现非常大的差异，如果存在异常差异，则预示着公司存在盈余管理甚至财务欺诈的可能。

(三) 对利润表进行对比分析

选择主营业务收入、主营业务成本、其他业务利润、利润总额等数据与该公司上年及同行业相关企业的有关数据进行比较分析，结合企业所处行业的发展情况，剔除例外性因素，检验其经营成果的合理性。如企业当年未进行较大的固定资产投入，行业状况又无特别事项，但企业主营业务利润率明显高于历史或行业指标，应收账款又有大幅增长，则说明企业存在虚增销售的可能。

(四) 分析现金流量表

现金流量表是企业经营成果的测谎器，通过现金流量和会计利润的对比分析，很容易发现企业的盈余管理行为。现金流量分析法是指将经营活动产生的现金净流量、投资活动产生的现金净流量、总体现金净流量分别与主营业务利润、投资收益和净利润进行比较，以判断企业盈利的质量。一般而言，没有相应现金流量的利润，其质量是不可靠的。如果企业现金流量长期低于净利润，将意味着已经确认为利润的成本费用可能已经转化为不能带来现金流量的虚拟资产，这表明企业可能存在粉饰会计报表的可能。

例如，银广夏 1999 年、2000 年的除权后，每股收益分别为 0.25 元/股和 0.83 元/股，增长了近 3 倍，而其现金净流量却由 1999 年的 27 806 万元降为 2000 年的 22 735 万元，运用现金净流量分析，可以清楚地看到该公司的财务比率的异常变动，从而提高警惕。

三、分析会计政策及会计估计变更

会计政策及会计估计变更是企业常见的盈余管理方式之一。会计政策和会计估计的变更及其影响会在财务报告中予以说明，通过对这些内容的阅读、分析，可以判断会计政策和会计估计的变更是否合理，是否存在操纵利润的盈余管理行为。

四、剔除企业异常利润

无论是上市公司的资产重组给企业带来的巨额利润，还是关联交易产生的大量收益，以及其他盈余管理行为带给企业的丰厚利润，在会计报表中大多表现为其他业务利润、投资收益、营业外收入等项目。对于一个上市公司而言，这些项目的利润很难有持久性，被视为异常利润。一般而言，异常利润的高低反映出上市公司盈余的质量，或者说盈余的持久性。异常利润越高，盈余质量越低，反之亦然。因此，在分析财务报表时，不妨将这些异常利润从利润总额中予以剔除，以利于分析和评价利润来源的稳定性。

五、剔除企业不良资产

不良资产指待摊费用、待处理流动资产净损失、待处理固定资产净损失、开办费等虚拟资产和高龄应收账款、很可能已经跌价的存货、亏损投资等可能存在潜亏的资产项目。因此,为谨慎地分析上市公司的财务报表,可将这些虚拟资产从报表中剔除,将这些潜在不良资产总额与净资产或总资产比较,以及将不良资产的增加额及增加幅度与净利润的增加额及增加幅度比较,以判断上市公司的资产质量。如果不良资产总额接近或超过净资产,或不良资产的增加额超过净利润的增加额,说明企业存在盈余管理行为。

六、关注企业的关联方交易

上市公司会计报表附注需详细披露关联方关系及其交易,通过计算公司从关联交易中取得的利润在利润总额中所占的比重,以及计算关联方交易未结算金额分别占关联方交易总额和未结算总额的比例,就能够分析企业的盈利能力在多大程度上依赖于关联企业。如果将来自关联企业的营业收入和利润予以剔除,则通常可以更客观地判断企业的盈利基础是否扎实、利润来源是否稳定。如果公司的营业收入和利润主要来源于关联企业,会计信息使用者就应当特别关注关联交易的定价政策,分析公司是否以不等价交换的方式与关联企业发生交易,进行盈余管理。

关联交易非关联化手段的应用使不公允关联交易变得更加隐蔽,被操纵程度更高,因而危害也更大。所以,应加强对形式上非关联化的关联交易的识别,在判断某一方是否是报告主体的关联方时,应遵循"实质重于形式"原则,关注双方关系的实质而非外在形式。

七、关注企业合并报表范围的变动

根据我国会计制度,集团公司应编制合并会计报表。因此,哪些子公司纳入合并范围,哪些不纳入就是合并报表的一个重要问题。子公司的利润直接决定集团公司的利润,因此公司可以通过改变合并范围来调节利润,进行盈余管理。即将那些盈利状况较好的子公司纳入合并范围,将那些盈利状况不佳甚至亏损的子公司从合并范围内剔除。一些企业还通过资产重组等产权交易行为改变对子公司投资的权益比例以达到调节合并范围的目的。也就是说,通过分析财务报告中有关合并范围的变动信息,可以发现利润操纵型的盈余管理行为。

本章综合案例

乐视网(300104)"生态化反"

讨论主题:上市公司如何进行盈余管理①

一、案例概况

乐视网成立于2004年11月,2010年8月12日在中国创业板上市,是唯一一家在境内上市的视频网站,也是全球第一家IPO的视频网站。自2010年上市以来,乐视网从市值30亿元到最高市值超过1 500亿元,其中有太多值得品味之处;从1 500亿元到如今经营巨亏、重组失败、大股东出逃的窘境,其中教训深刻。

让我们将目光放到2014年,这一年成为乐视网经营历程的重大转折。如图5-2所示,虽然乐视网的营业总收入在2013—2015年呈现翻倍增长的态势,但同时营业总成本也是齐头并进,导致乐视网的盈余表现不甚理想。从折线可以看出,乐视网的净利润增长率从2012年开始下降,到2014年出现了负增长,2015年又突然上升到68.57%,而2016年利润为负。我们不禁疑惑,2015年乐视网盈余倒转的现象是乐视网的经营能力"回光返照",还是在暗示我们乐视网通过某些手段进行了盈余管理?

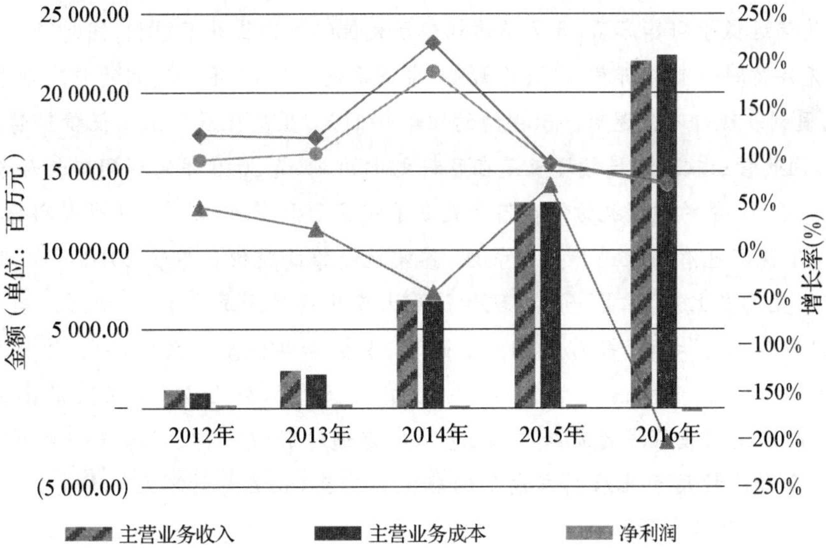

数据来源:乐视网2012—2016年年报

图5-2 乐视网2012—2016年营业总收入、营业总成本及净利润比较

带着这个疑问,我们来关注一下乐视网的经营战略。2014年年初,乐视网CEO贾跃

① 冯涛.乐视网2015年报透视:高增长光环下的六大会计隐忧[J].国际商务财会,2016(10):48-51.

亭表示，互联网生态整合将颠覆更多传统行业，乐视的目标是初步完成从平台型向生态型公司进化。从此，乐视生态、“生态化反”等名词被不断提及。乐视网 2014 年、2015 年年报中都写道：公司着力打造“平台＋内容＋终端＋应用”的“乐视生态系统”，以内容为基础，加强相关增值服务的开发及应用，在多屏领先技术优势与乐视生态的垂直产业链的整合布局支持下，通过 PC、Phone、Pad、TV 大屏等多屏终端为用户带来极致的体验。依照这一战略，在 2014 年和 2015 年，乐视大力拓展了乐视超级电视销量，并推出了乐视手机，甚至提出超级汽车计划，“乐视生态”吸引了无数目光。但是，我们要清楚地认识到，乐视网的核心竞争能力在于内容，主要的利润来源也在于内容，也就是战略中所说的“以内容为基础”。

因此，按照乐视网的战略规划，结合行业状态，乐视网财务数据背后的商业逻辑应该是这样的：2012 年以来利润增长的放缓预示着乐视网的核心业务发展面临瓶颈，原因是在视频播放领域巨头们不断挤压着乐视的生存空间，BAT 三家的视频网站爱奇艺、优酷和腾讯视频大有后来居上之势。要知道丰富的内容和多样的渠道是视频网站取胜的关键：爱奇艺背靠百度，有流量依靠，自制网综有《奇葩说》这样的现象级作品；腾讯视频渠道方面打通了微信、QQ 公众平台，内容的产生和分发形成了循环，同时购买了各地方电视台的综艺节目版权。乐视视频没有流量靠山，内容更新也缓慢，频道虽多，但真正有特色的内容相对较少，很难培养用户黏性。因此，2014 年乐视开始寻求多元化突围，“乐视生态”由此而来。一方面业务战线的扩张，使得乐视网的营业收入飞速增长；另一方面，由于终端商品价格远低于同类产品，虽然销售规模巨大但终端销售并不盈利，同时竞争激烈的视频领域也无法弥补新业务研发、扩张的需要，综合导致了 2014 年净利润的首次下滑。但是，2015 年的盈利表现却不合逻辑。乐视网的战略仍旧是“生态化反”，依赖低价销售终端业务抢占市场，因此营业收入的持续增长是在意料之中的，但是 2015 年的利润增长却令人怀疑。同时，2016—2017 年的亏损也仿佛在暗示大众乐视网 2015 年的盈利表现存在问题。

同时，乐视网也有动机进行盈余管理，答案就是推高股价。尽管 2010 年上市以来，乐视网股价一直稳妥上升，但第一次出现估值重大变化的时间是 2014 年前后。当年乐视网正式走上“生态化反”之路，并首度提出了造车、手机和电视等一系列计划，乐视网股价从 2013 年年中的 20 元/股，涨至 2014 年年底的 32 元/股，到 2015 年涨至最高的 179.03 元/股。从此乐视网股价成为贾跃亭“粮仓”，后者通过股权质押、减持等一系列手段进行了融资，资金最终被用于此后引发危局的非上市体系，相关背景不在此赘述。可以说，推高股价就是乐视网盈余管理的根本动机。

通过分析乐视网近年来的财务报表，我们可以发现，乐视网进行盈余管理的方式涵盖了会计盈余管理和业务盈余管理两个方面。具体来说，乐视网很可能通过无形资产账面价值管理、关联交易的设计、非全资子公司亏损等手段，达到了“粉饰”报表、“欺骗”外部投资者、吸收外部资本的目的。特别要强调一点的是，正如盈余管理与财务舞弊的本质区别所在，乐视网的手段都是符合会计原则的。接下来我们将立足于这些方面，具体分析乐视网进行盈余管理的动机和手段。

二、会计盈余管理

(一) 无形资产账面价值

1. 无形资产摊销方法

乐视网的无形资产主要由影视版权、系统软件和非专利技术构成,其中最重要的是影视版权。而乐视网对这三类不同的无形资产采用了相似的摊销方式:对于使用寿命有限的无形资产,按授权期限或10年进行直线法摊销;对于使用寿命不确定的无形资产,在每年年度终了进行复核和减值测试。

乐视网的影视版权摊销方法为直线法,而对比当时同行业的主要竞争对手,优酷、爱奇艺均采用加速折旧法进行摊销。我们知道,无形资产摊销属于会计估计,具体方法的选择难言对错,但从经营战略来看,采用直线法摊销影视版权,与“以内容为基础”的战略存在出入。既然在“乐视生态”之下乐视网仍然是以内容为基础的,不断创造新内容、购买新版权,那么乐视网应当将“内容”作为带来收入的主要成本,谨慎评估其核心资产的盈利能力,对其进行适当的摊销以及减值。这就跟高端航空公司相比廉价航空会对飞机进行更快的折旧是一样的道理。特别是互联网产品的更新换代速度往往很快,乐视网即便是独家影视版权为主,也存在一定的热播期限,一般的影视剧的流量在开播初期是最大的,而后流量逐渐减少,其为公司带来的收入在不同期间也存在这种差异。因此,要做到以内容为基础,当内容不断推陈出新,版权的账面价值摊销方法就需要适应战略,从而实现成本与收益的配比。因此,乐视网对影视版权应选择加速摊销。

由表5-2可知,乐视网影视版权的摊销额对营业利润和净利润的影响巨大。以优酷土豆为例,早在2011年5月,当时还未从美股退市的优酷土豆就已经宣布放弃直线摊销方式,采用加速摊销法(如版权期为5年,第一年要摊销50%左右,第二年摊销25%,第三年摊销12%)。如果参照优酷土豆的摊销方式,在乐视网影视版权账面原值不断增加的背景下,改为加速摊销法会给乐视网的利润带来一定冲击。从这个角度来看,乐视网存在通过影视版权摊销方法选择进行盈余管理的可能。

表5-2 乐视网2014—2016年版权摊销情况 单位:万元

项目	2014年	2015年	2016年
影视版权账面原值	436 494.28	609 966.48	804 593.65
影视版权摊销额	145 306.70	226 882.08	297 082.14
营业利润	4 786.65	6 942.28	−33 749.93
净利润	12 879.66	21 711.68	−22 189.26
影视版权摊销额/营业利润	30.36	32.68	−8.80
影视版权摊销额/净利润	11.28	10.45	−13.39

2. 无形资产减值

表 5-3 乐视网 2014—2016 年年末无形资产比重情况 单位:万元

项目	2014 年 12 月 31 日		2015 年 12 月 31 日		2016 年 12 月 31 日	
	金额	占比	金额	占比	金额	占比
无形资产	333 854.19	37.72%	487 983.24	28.74%	688 201.81	21.35%
总资产	885 102.32	100.00%	1 698 215.46	100.00%	3 223 382.60	100.00%

根据乐视网年报,乐视网以"影视剧库"资产组账面价值与"影视剧库"资产组可收回金额相比较确定减值金额。将影视剧库作为一个资产组本来就值得商榷。首先,观众对影视剧的偏好有一定的时效性,其带来的流量并非平均分布。其次,影视剧库中的版权期限不一,将其视为一体预测未来将创造的收益并不严谨。最后,某些影视剧作品可能由于政策变化被停播,那么这部分影视作品就应该单独进行资产减值。也就是说影视剧库中的作品盈利能力相差很大。以 2015 年 12 月 13 日上映的《太子妃升职记》为例,尽管点击量惊人,但其 1 月 20 日即被迫下架,乐视"第一网剧"实际仅上架 39 天。由于影片下架后将不再产生收益,理应对其计提减值。因此,乐视网如果对无形资产的会计核算采取分类、分出版年份等标准进行管理,从而判断相关视频或视频组是否发生了减值可能更为合理。

特别的,乐视网认为自身经营状况良好,收入持续增长,仅在 2014 年对影视版权计提了 55.47 万元的减值,计提比例仅为 0.01%。2015 年和 2016 年,乐视网则未计提减值。要知道乐视网视频收入的持续增长更多是由于终端销售捆绑会员销售带来的,而从后面关联交易的分析可以看到,会员捆绑终端销售的定价存在很大水分,以此来判断无形资产不需要减值较为随意。

同时,乐视网在 2014—2016 年期间加大了影视版权采购力度,影视版权账面原值大幅上升,若这些影视版权在以后年度发生大幅减值,乐视将统一计提减值准备,对当年业绩产生巨大冲击。果然,根据乐视网 2017 年年报,无形资产减值损失达 32.80 亿元。不得不说这印证了乐视前期无形资产减值测试的不谨慎,管理层存在通过减少计提减值准备的方法操纵利润的可能性。

综合来看,乐视网通过对无形资产摊销和减值两方面会计政策的选择,有在 2014—2016 年进行向上盈余管理的嫌疑。

(二) 研发费用资本化

由表 5-4 可以看出,乐视网研发投入资本化比例极高,达到 60%左右。同时,资本化金额占当期净利润的比重极高,一旦乐视网降低资本化率重新估算研发费用,就很可能会面临亏损。根据准则,研发费用的资本化与费用化依赖职业判断,开发阶段须满足具有技术可行性、使用或出售的意图、产品市场价值、完成开发并使用或出售的能力、能够可靠计量的支出五个条件,才能进行资本化处理,计入无形资产。一般企业出于谨慎性原则,很少将研发支出资本化。而根据乐视网 2016 年年报的披露,开发支出资本化的具体依据并没有说明,仅披露了四个处于"持续研发中"的研发项目及其拟达到的目标,模糊披露了几十项名称未知、细节未知的研发项目的开发情况，这与乐视网高调宣传“生态化反”的一贯张扬作风明显不符。同时，高度资本化也与乐视实际发展情况大相径庭。因此，研发费用资本化也很可能是乐视网盈余管理的手段之一。

表 5－4　乐视网 2014—2016 年研发投入及其资本化程度　　单位：万元

项目	2014 年	2015 年	2016 年
研发投入金额	80 557.18	122 412.04	185 956.31
研发支出资本化的金额	48 253.94	73 187.48	117 808.42
资本化研发支出占研发投入的比重	59.90%	59.79%	63.35%
研发投入占营业收入的比重	11.81%	9.40%	8.47%
资本化研发支出占当期净利润的比重	374.65%	337.09%	－530.93%

(三) 收入确认方法的选择

乐视网的营业收入主要包括广告收入、终端收入、会员收入、影视剧发行收入等。根据乐视网年报对会员及发行业务收入确认原则的表述，乐视网在起始点就已经全额确认会员及发行业务收入，但是相应的会员服务、视频播放服务等时间跨度为几个月或几年，乐视商城中甚至还有 50 年的视频会员在售，存在严重的收入和成本不匹配的问题，而提前确认收入也是盈余管理的常见手段。根据准则，申请入会或加入会员，只允许取得会籍，所有其他服务或商品都要另行收费的，在取得该会员费时确认收入；申请入会或加入会员后，会员在会员期内不再付费就可得到各种服务或商品，或者以低于非会员的价格销售商品或提供服务的，该会员费应在整个受益期内分期确认收入。可见，乐视网会员及发行业务的收入确认过于激进。如表 5－5 所示，该项业务在 2014—2016 年期间占营业收入的比重均达到了 30%左右，这其中究竟包含了多少提前确认的收入，外界根本无从揣测。展现给大家的只有营业收入的突飞猛进以及股价的不断飞涨，而这很可能就是乐视网不断制造话题、进行盈余管理的动机所在。

表 5－5　乐视网 2014—2016 年会员及发行业务收入　　单位：万元

项目	2014 年		2015 年		2016 年	
	金额	占营业收入比重	金额	占营业收入比重	金额	占营业收入比重
会员及发行业务收入	242 191.62	35.52%	378 235.97	29.06%	678 316.97	30.90%

三、业务盈余管理

乐视网的业务盈余管理手段可以从两个角度来看。首先是乐视网可能利用关联交易来粉饰报表。乐视网从 2015 年开始，与受同一控制人控制的关联方开始进行大额的关联销售与关联采购，且关联销售方与关联采购方之间出现高度重叠状态。一方面，内部关联交易的交易定价、交易方式等均可由实际控制人进行控制和调整；另一方面，受同一控制人控制的关联方进行的关联交易不需要内部抵销，均体现在合并报表的收入和利润中。

其次，乐视网很可能巧妙设计了四家亏损状态子公司的股权比例，在实现控制的基础上来美化合并报表。不仅通过子公司的可抵扣亏损增加乐视网的递延所得税资产，抵减所得税费用，进而增加合并报表的净利润，还可以形成负的少数股东损益，减少终端销售亏损业务对归母净利润的影响。

(一) 关联交易粉饰报表

表 5-6　乐视网 2014—2016 年关联采购、关联销售金额　　单位：万元

项目	2014 年	2015 年	2016 年
关联采购额	8 742.84	271 024.08	749 819.93
关联采购额/营业成本	1.50%	24.39%	41.43%
关联销售额	5 850.56	163 848.07	1 286 839.16
关联销售额/营业收入	0.86%	12.59%	58.62%

2014—2016 年，乐视网的关联采购额、销售额逐年飞速上升。此外，关联采购额、关联销售额分别占营业成本、营业收入的比例也呈现逐年上升的趋势。2016 年营业成本中超过 40%来自关联采购，营业收入中超过 50%来自关联销售，当年乐视网销售前五大客户均为其关联企业。由此可见关联交易对乐视网营业利润的影响之大。

表 5-7　乐视网母公司 2014—2016 年间向前五名关联方采购额　　单位：万元

2014 年		2015 年		2016 年	
关联方	金额	关联方	金额	关联方	金额
乐视影业(北京)有限公司	4 347.13	乐视手机电子商务(北京)有限公司	177 236.00	乐视手机电子商务(北京)有限公司	313 919.76
乐视影业(天津)有限公司	3 868.96	乐视移动智能信息技术(北京)有限公司	34 617.33	乐视移动智能信息技术(北京)有限公司	137 045.40
乐果文化传媒(北京)有限公司	240.00	乐视体育文化产业发展(北京)有限公司	28 987.18	TCL 海外电子(惠州)有限公司	126 630.55
山西西贝尔通信科技有限公司	5.81	乐视影业(北京)有限公司	25 799.95	乐视体育文化产业发展(北京)有限公司	38 866.93
北京网酒网电子商务有限公司	241.23	乐意互联智能科技(北京)有限公司	2 717.14	乐视智能终端科技有限公司	31 783.15
合计	8 703.13	合计	540 381.67	合计	648 245.79
前五名采购额占总关联方采购的比例	100%	前五名采购额占总关联方采购的比例	99.69%	前五名采购额占总关联方采购的比例	86.45%

表 5-8 乐视网母公司 2014—2016 年间向前五名关联方销售额 单位:万元

2014 年		2015 年		2016 年	
关联方	金额	关联方	金额	关联方	金额
乐视移动智能信息技术(北京)有限公司	5 830.00	乐视移动智能信息技术(北京)有限公司	97 102.77	乐帕营销服务(北京)有限公司	708 653.43
北京网酒网电子商务有限公司	19.09	乐视体育文化产业发展(北京)有限公司	27 877.68	乐视智能终端科技有限公司	216 533.26
乐视控股(北京)有限公司	1.47	北京智驿信息技术有限责任公司	15 973.92	乐视移动智能信息技术(北京)有限公司	159 375.67
—	—	Le Wish Ltd	8 022.84	北京东方车云信息技术有限公司	63 920.12
—	—	LE CORPORATION LIMITED	7 480.59	乐视体育文化产业发展(北京)有限公司	32 819.09
合计	5 850.56	合计	156 457.81	合计	1 181 301.57
前五名销售额占总关联方销售的比例	100%	前五名销售额占总关联方销售的比例	95.49%	前五名销售额占总关联方销售的比例	91.80%

由表 5-7 和表 5-8 可以看出,2015—2016 年关联方前五大销售/采购占全部关联方销售/采购的比例均在 90%左右。同时从表中的方框标注来看,2015 年开始乐视网的关联方销售和关联方采购开始出现高度重叠。2015 年和 2016 年,乐视移动智能信息技术(北京)有限公司和乐视体育文化产业发展(北京)有限公司既为乐视集团的前五大供应商,也是前五大客户。乐视网的交易链似乎在体系内连接成一个巧妙的闭环。

为了避免抵销内部未实现损益对合并利润表造成影响,与乐视网发生关联交易、关联销售的企业主要为乐视网不直接持股的企业,是同一控制人控制的其他企业,在合并与关联交易相关的损益时不必考虑内部抵销问题,可以实现业务手段的盈余管理。

表 5-9 乐视网 2015 年度部分受同一控制人控制的关联方情况

其他关联方名称	其他关联方与本企业关系
乐视手机电子商务(北京)有限公司	受同一控制人控制的公司
乐视体育文化产业发展(北京)有限公司	受同一控制人控制的公司
乐视移动智能信息技术(北京)有限公司	受同一控制人控制的公司

续 表

其他关联方名称	其他关联方与本企业关系
乐视影业(北京)有限公司	受同一控制人控制的公司
乐视影业(天津)有限公司	受同一控制人控制的公司
乐意互联智能科技(北京)有限公司	受同一控制人控制的公司
山西西贝尔通信科技有限公司	受同一控制人控制的公司
Le Wish Ltd	受同一控制人控制的公司
LE CORPORATION LIMITED	受同一控制人控制的公司
乐视控股(北京)有限公司	受同一控制人控制的公司
乐帕营销服务(北京)有限公司	受同一控制人控制的公司
乐果文化传媒(北京)有限公司	受同一控制人控制的公司
北京网酒网电子商务有限公司	受同一控制人控制的公司

由于关联交易涉及的企业均受乐视网实际控制人贾跃亭控制，可采用内部协商价格，导致其关联交易有很大的调节空间，实现母公司高利润的假象。此外，这些关联交易企业有的既是客户又是供应商，身份的重叠使得乐视网内部的关联交易体系更为复杂，乐视网最终呈现的业绩表现更具有迷惑性。

(二) 非全资子公司的可抵扣亏损与少数股东损益

表 5-10　乐视网 2014—2016 年合并利润　　单位：万元

项目	2014 年	2015 年	2016 年
营业利润	4 786.65	6 942.28	−33 749.93
利润总额	7 289.91	7 416.92	−32 870.85
所得税费用	−5 589.75	−14 294.76	−10 681.59
其中：当期所得税费用	11 322.93	16 159.54	15 272.81
递延所得税费用	−16 912.68	−30 454.30	−25 954.40
净利润	12 879.66	21 711.68	−22 189.26

通过表 5-10，我们可以发现，乐视网的净利润远远高于利润总额，这主要是由于所得税费用在 2014—2016 年间均为负。打开所得税费用明细可以看到，2014—2016 年间乐视网的当期所得税费用分别为 1.13 亿元、1.62 亿元、1.53 亿元，递延所得税费用分别为 −1.69 亿元、−3.05 亿元、−2.6 亿元，可见，要想进一步探究乐视网的所得税费用为负的原因，我们需要继续追踪“递延所得税费用”这一科目。

表 5-11 乐视网 2015 年递延所得税构成　　单位:百万元

项目	期末余额		期初余额	
	可抵扣暂时性差异	递延所得税资产	可抵扣暂时性差异	递延所得税资产
内部交易未实现利润	188.93	47.23	—	—
可抵扣亏损	1 696.95	424.24	722.23	180.13
坏账准备	204.41	33.88	87.57	14.78
存货跌价准备	3.30	0.83	4.85	1.21
无形资产减值准备	5.16	0.79	0.55	0.09
融资租赁摊销利息	1.93	0.29	—	—
合计	2 100.96	507.25	815.20	196.22

以 2015 年这一递延所得税金额最大的年份为例,从表 5-11 中不难发现,公司的递延所得税资产主要来自可抵扣亏损,可抵扣亏损主要来自它的四家非全资子公司。而这四家是乐视网合并财务报表范围内 13 家子公司中仅有的四家非全资子公司。而在年报中,乐视网乐观预计这四家亏损子公司在五年内能够盈利,因此把这部分"可抵扣亏损"计入递延所得税资产。到 2016 年,可抵扣亏损由 16.97 亿元增长至 26.02 亿元,亏损进一步扩大,从乐视网的后续发展来看,其对可抵扣亏损形成递延所得税资产的会计估计过于乐观,存在盈余管理的嫌疑。

特别的是,乐视网对这四家亏损子公司都是以较低的持股比例(30%～60%)进行并表。在编制合并报表时,亏损子公司的资产全部合并,而其亏损只有 30%～60%的比例进入合并利润表,最大可能地压缩了合并造成的亏损。也就是说,子公司的可抵扣亏损所形成的递延所得税资产将全额进入合并报表抵扣所得税费用,造成乐视网的净利润远高于利润总额的怪象①。而一部分亏损将根据持股比例由少数股东承担,即负的少数股东损益,使得归属于母公司所有者的净利润高于母公司净利润。

表 5-12 乐视网四家非全资子公司 2014—2016 年间少数股东损益　　单位:万元

子公司	2014 年	2015 年	2016 年
乐视致新电子科技(天津)有限公司	−18 721.95	−30 280.00	−26 347.97
乐视网文化发展(北京)有限公司	−169.20	−50.50	−14.20
乐视云计算有限公司	−1 305.32	−4 011.30	−376.35
乐视电子商务(北京)有限公司	—	−164.92	—
合计	−20 196.47	−34 506.72	−26 738.52

注:乐视电子商务(北京)有限公司在 2014 年、2016 年年报中未披露当期少数股东损益。

根据表 5-12,乐视致新在 2014—2016 年期间每年形成的少数股东损益在年末少数

① 刘华. 对比财务报表,探究乐视网所得税与盈亏"疑云"![N]. 中国会计报,2018-01-12(15).

股东损益总额中占有绝大部分。乐视致新是乐视网设立的生产、销售超级电视的一家子公司。乐视生态战略，是以内容为基础带动终端销售，再由终端销售反过来刺激视频会员的销售。因此乐视电视的核心策略是以硬件低毛利甚至负毛利抢占市场，而以会员、广告等捆绑业务作为利润载体。以此战略为出发点，乐视致新作为电视硬件销售渠道，亏损是必然的，与之相应的就是以会员、广告为主业务的母公司将得到利润输送。这种巧妙的业务架构其目的可能是帮助乐视网进行激进的盈余管理。

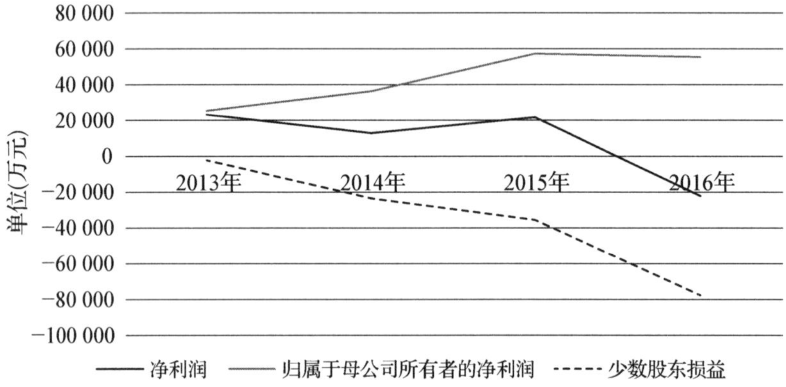

图 5-3　乐视网 2014—2016 年间的归属于母公司所有者的净利润情况

由图 5-3 可以看出，少数股东损益变化对乐视网的利润表现影响巨大。2013—2016 年，乐视网的少数股东损益逐年下降。其中，乐视网 2016 年的净利润虽然由之前的盈利转为亏损，但当年形成的少数股东损益导致最终的归属于母公司所有者的净利润为正，且与 2015 年相差不大。

那么少数股东为什么愿意承担这样的损失呢？以乐视致新为例，经过调查发现，乐视致新少数股东持股比例为 41.45%，分别为乐视控股（北京）有限公司（约为 21.67%）、鑫乐资产管理（天津）合伙企业（有限合伙，约为 19%）、北京贝眉鸿科技有限公司（约为 0.78%）。而乐视控股、鑫乐资产向上穿透至自然人可以发现，其股东为贾跃亭、贾跃芳（贾跃亭的姐姐）及乐视网的其他高管。也就是说少数股东可能是出于自身的利益诉求，配合乐视网进行盈余管理。

乐视电视、乐视手机、乐视体育、乐视汽车，这些 2014 年以来乐视网大举进军的产业不断推高乐视网的市值，在 2015 年直奔 1 500 亿元而去，也推高了大股东贾跃亭的身价。但是在乐视生态这一战略定位之下，全线发展的乐视的盈利能力和现金流状况一直被业内所担忧。因此，乐视网有可能合理合法地塑造了乐视生态的组织架构，将亏损业务下放至非全资子公司，再激进地将巨额可抵扣亏损确认为递延所得税资产，帮助上市公司主体粉饰报表。

综合乐视网案例来看，企业可能通过多种多样的手段进行了盈余管理，而且从准则以及法律来看，绝大多数手段都是符合相关要求的。不得不说乐视网的盈余管理手段在上市公司中首屈一指，就连著名会计专家、长江商学院终身教授薛云奎都感叹："我为自己读不懂乐视网的财报而汗颜。"通过乐视网案例希望大家可以对盈余管理有进一步的了解。

本章思考题

1. 什么是盈余管理？它是怎么产生的？
2. 盈余管理与财务舞弊的核心区别是什么？
3. 请简述盈余管理的动机有哪些？
4. 公司盈余管理的手段有哪些？如何识别企业的盈余管理？

本章练习题

甲公司为A股上市公司，其20×2年度财务报告于20×3年3月10日经董事会批准对外报出。20×2年，甲公司发生的部分交易或事项以及相关的会计处理如下：

(1) 20×2年6月25日，甲公司与乙公司签订广告发布合同。合同约定：甲公司在其媒体上播放乙公司的广告，每日发布15秒，播出期限为1年，自20×2年7月1日起至20×3年6月30日止，广告费用为4 000万元，于合同签订第二天支付70%的价款。合同签订第二天，甲公司收到乙公司按合同约定支付的70%价款，另外30%价款于20×3年2月支付。截至20×2年12月31日，甲公司按合同履行其广告服务义务。甲公司的会计处理如下：

借：银行存款	28 000 000	
应收账款	12 000 000	
贷：主营业务收入		40 000 000

(2) 为支持甲公司开拓新兴市场业务，20×2年8月31日，甲公司与其控股股东丙公司达成债务重组协议，协议约定丙公司豁免甲公司所欠3 000万元货款。甲公司的会计处理如下：

借：应付账款	30 000 000	
贷：营业外收入——债务重组利得		30 000 000

(3) 甲公司以银行存款12 000万元购入某公司股票，并且准备长期持有，取得该部分股票后对被投资方不构成重大影响。甲公司将该股权投资作为交易性金融资产核算，并在年末对该项股权投资确认了公允价值变动收益3 000万元，计入了公允价值变动损益。

(4) 20×0年，由于甲公司的债务人丁公司经营状况不断恶化，即将破产，甲公司预计对丁公司的2 000万元债权，难以收回，因此全额计提了资产损失。20×1年甲公司已经向丁公司的清算组申报了债权，在20×2年，甲公司大量转回20×0年确认的减值准备，转回金额1 800万元，但没有披露存在相关证据支持减值准备的转回。

假设按照上述会计处理，甲公司20×2年年末的利润总额为5亿元，且除上述业务外，甲公司的会计判断、会计处理均没有问题。请问按照正确、谨慎的会计处理手段，上述各项会计处理是否存在一定问题，合理的做法是怎样的，更正后的企业利润总额应该是多少？

本章主要参考文献

[1] ADIEL R. Reinsurance and the management of regulatory ratios and taxes in the property casualty insurance industry[J]. Journal of Accounting and Economics, 1996, 22(1/2/3): 207 - 240.

[2] BARTOV E, GIVOLY D, HAYN C. The rewards to meeting or beating earnings expectations [J]. Journal of Accounting and Economics, 2002, 33(2): 173 - 204.

[3] BEATTY A, WEBER J. The effects of debt contracting on voluntary accounting method changes[J]. The Accounting Review, 2003, 78(1): 119 - 142.

[4] BOWEN R M, DUCHARME L, SHORES D. Stakeholders' implicit claims and accounting method choice[J]. Journal of Accounting and Economics, 1995, 20(3): 255 - 295.

[5] BURGSTAHLER D, EAMES M. Management of earnings and analysts' forecasts to achieve zero and small positive earnings surprises[J]. Journal of Business Finance & Accounting, 2006, 33(5/6): 633 - 652.

[6]CAHAN, STEVEN F. The effect of antitrust investigations on discretionary accruals: a refined test of the political-cost hypothesis[J]. Accounting Review, 1992, 67(1): 77 - 95.

[7] COLLINS J H, SHACKELFORD D A, WAHLEN J M. Bank differences in the coordination of regulatory capital, earnings, and Taxes[J]. Journal of Accounting Research, 1995, 33(2): 263.

[8] DEANGELO, ELIZABETH L. Accounting numbers as market valuation substitutes: a study of management buyouts of public stockholders[J]. Accounting Review, 1986, 61(3): 400 - 420.

[9] DEFOND M L, PARK C W. Smoothing income in anticipation of future earnings[J]. Journal of Accounting and Economics, 1997, 23(2): 115 - 139.

[10] DEFOND M L, JIAMBALVO J. Debt covenant violation and manipulation of accruals[J]. Journal of Accounting and Economics, 1994, 17(1/2): 145 - 176.

[11] ERICKSON M, WANG S W. Earnings management by acquiring firms in stock for stock mergers [J]. Journal of Accounting and Economics, 1999, 27(2): 149 - 176.

[12] FAN Q T. Earnings management and ownership retention for initial public offering firms: Theory and evidence[J]. The Accounting Review, 2007, 82(1): 27 - 64.

[13] GAVER J J, GAVER K M, AUSTIN J R. Additional evidence on bonus plans and income management[J]. Journal of Accounting and Economics, 1995, 19(1): 3 - 28.

[14] GUIDRY F, LEONE A J, ROCK S. Earnings-based bonus plans and earnings management by business-unit managers[J]. Journal of Accounting and Economics, 1999, 26(1/2/3): 113 - 142.

[15] WANG S W, HAN J C Y. Political costs and earnings management of oil companies in the 1990 Persian Gulf crisis[J]. The Accounting Review, 1997, 73: 103 - 117.

[16] HEALY P M. The effect of bonus schemes on accounting decisions[J]. Journal of Accounting and Economics, 1985, 7(1/2/3): 85 - 107.

[17] HEALY P M, WAHLEN J M. A review of the earnings management literature and its implications for standard setting[J]. Accounting Horizons, 1999, 13(4): 365 - 383.

[18] JENSEN M C, MECKLING W H. Theory of the firm: Managerial behavior, agency costs and ownership structure[J]. SSRN Electronic Journal, 1998:305 - 360.

[19] KEUNG E, LIN Z X, SHIH M. Does the stock market see a zero or small positive earnings surprise as a red flag? [J]. Journal of Accounting Research, 2010, 48(1): 105 - 136.

[20] KEY K G. Political cost incentives for earnings management in the cable television industry[J]. Journal of Accounting and Economics, 1997, 23(3): 309 - 337.

[21] PETRONI K R. Optimistic reporting in the property-casualty insurance industry[J]. Journal of Accounting and Economics, 1992, 15(4): 485 - 508.

[22] POURCIAU S. Earnings management and nonroutine executive changes[J]. Journal of Accounting and Economics, 1993, 16(1/2/3): 317 - 336.

[23] RONEN J, YAARI V. Earnings management: Emerging insights in theory, practice, and research [J].Fundamentals of Acoustics, 1982:87 - 89.

[24] SCHIPPER, KATHERINE. Commentary on earnings management[J]. Accounting Horizons, 1989(3).

[25] SCOTT, WILLIAM R. Financial accounting theory[M]. Pearson Prentice Hall, 2012.

[26] STEIN J C. Efficient capital markets, inefficient firms: A model of myopic corporate behavior[J]. The Quarterly Journal of Economics, 1989, 104(4): 655.

[27] TEOH S H, WELCH I, WONG T J. Earnings management and the long-Run market performance of initial public offerings[J]. The Journal of Finance, 1998, 53(6): 1935 - 1974.

[28] WATTS, ROSS L., ZIMMERMAN J. L. Positive accounting theory: a ten year perspective [J]. Social Science Electronic Publishing, 1990, 65(1): 131 - 156.

[29] WU Y W. Management buyouts and earnings management[J]. Journal of Accounting, Auditing & Finance, 1997, 12(4): 373 - 389.

[30] 陈晓，李静. 地方政府财政行为在提升上市公司业绩中的作用探析[J]. 会计研究，2001(12): 20 - 28, 64.

[31] 陈小悦，肖星，过晓艳. 配股权与上市公司利润操纵[J]. 经济研究，2000, 35(1): 30 - 36.

[32] 冯涛. 乐视网 2015 年报透视：高增长光环下的六大会计隐忧[J]. 国际商务财会，2016(10): 48 - 51.

[33] 李远鹏，牛建军. 退市监管与应计异象[J]. 管理世界，2007(5): 125 - 132.

[34] 李增福，董志强，连玉君. 应计项目盈余管理还是真实活动盈余管理?：基于我国 2007 年所得税改革的研究[J]. 管理世界，2011(1): 121 - 134.

[35] 刘运国，刘梦宁. 雾霾影响了重污染企业的盈余管理吗?：基于政治成本假说的考察[J]. 会计研究，2015(3): 26 - 33, 94.

[36] 陆建桥. 中国亏损上市公司盈余管理实证研究[J]. 会计研究，1999(9): 25 - 35.

[37] 陆正飞，魏涛. 配股后业绩下降:盈余管理后果与真实业绩滑坡[J]. 会计研究，2006(8): 52 - 59, 97.

[38] 王跃堂，王亮亮，贡彩萍. 所得税改革、盈余管理及其经济后果[J]. 经济研究，2009, 44(3): 86 - 98.

第六章　非财务信息分析

导入案例

亚马逊公司是美国最大的一家网络电子商务公司，也是网络上最早开始经营电子商务的公司之一。在过去的20年里，尽管亚马逊的营业收入呈指数式增长，但其实绝大部分时候，都是在赔钱的。整个2017财年，亚马逊的净利润为30亿美元，而沃尔玛仅第四季度的利润就达到了44亿美元，此外，亚马逊的净资产也不到沃尔玛的1/2，但亚马逊的市值却是沃尔玛的近3倍。看到这里我们不禁疑惑，难道一家公司的利润和资产规模已经不能体现公司的价值了吗？其实对于亚马逊来说，投资者所看中的并不是其创造的业绩，而是其成长的可能性。一些分析师赞扬亚马逊服务，卖家看好亚马逊搜索列表上的产品与关键词广告，市场人士认为亚马逊甚至可以挑战谷歌数字广告服务，投资者看好亚马逊的智能家用音箱，包括Alexa语音助手等。此外，对于亚马逊这类互联网企业，企业的核心资产并不是固定资产，而是先进的人才和技术，而这些价值并没有在会计上得到反映。

从上面的案例可以看出，分析一个企业投资价值不能仅仅局限于财务报表。实际上，分析一个企业首先要了解这个企业所在的行业情况，以及宏观政治、经济、军事、外交如何影响这个行业和这个企业，还要分析这个企业所采取的经营战略。不了解这些非财务信息，就很难从财务报表的数据趋势中得出有意义的推断。

内容提要

非财务信息是对会计语言表达出来的财务信息的重要补充。非财务信息的披露可以帮助信息使用者更全面地理解企业的经营思想和财务状况，在一定程度上弥补财务数据信息的不足。

由此可以看出，非财务信息分析十分重要。那么，非财务信息分析有哪些重要意义？非财务信息包含哪些内容？在对这些内容进行分析时，有哪些常用的分析方法？这些正是本章将要解决的问题。

通过本章的学习，应达到以下目标：

1. 理解分析企业非财务信息的原因；
2. 掌握非财务信息的分析方法；
3. 能够对企业常见的非财务信息进行分析。

第一节 非财务信息分析概述

一、非财务信息的概念

一般而言,财务信息主要指以货币计量,对企业经营活动中的交易事项进行会计核算,最终进入财务报表的信息。而非财务信息是指与财务信息相对应,不以货币为主要计量单位的,在财务报表外所反映或在财务报告附注中披露的,能在某种程度上反映企业经营活动,并与利益相关者的决策相关的信息。这些非财务信息包括宏观信息、行业特征以及企业战略等。

与财务信息相比,非财务信息具有以下几点特征:

(1) 非货币性。非财务信息一般不以货币为主要计量单位,通常会以定性描述的形式出现。

(2) 来源的广泛性。财务信息一般来源于企业内部,而非财务信息既可以来源于企业内部,也可以来源于企业外部。

(3) 内容的多样性。非财务信息可以涉及企业外部的宏观环境、行业的特征以及公司的战略等方方面面。

(4) 时间的延续性。财务信息一般面向过去,而非财务信息可能面向过去、现在或将来。

(5) 可靠性。由于有的非财务信息来源于企业外部,且信息众多,企业很难进行粉饰,因此相较于财务信息而言更加可靠。

二、巴菲特投资理念和哈佛分析框架的启示

(一) 巴菲特投资理念的启示

沃伦.巴菲特(Warren E.Buffett)1930 年 8 月出生在内布拉斯加州,父亲是当地一个股票经纪人和共和党国会议员。巴菲特还是个小男孩时便对数字着迷,8 岁时开始收集股市书籍,11 岁买进自己的第一只股票,25 岁以 100 美元与 7 人合伙建立投资公司。巴菲特投资拒绝投机行为,他以简单的投资策略与原则,不做短线进出,不理会每日股价涨跌,妥善管理手上的投资组合,创造出一套独特的投资策略,被华尔街誉为“当今世界伟大的投资者”。巴菲特投资有以下几条重要基本原则。

1. 企业原则

巴菲特说:“我们在投资的时候,要将我们自己看成是企业分析家,而不是市场分析师或经济分析师,更不是有价证券分析师,所以要将注意力集中在尽可能地收集其有意收购之企业的相关资料。”在收集企业的相关资料时,主要关注以下几方面内容:第一,该企业是否简单、易于了解;第二,该企业的经营状况是否稳定;第三,该企业长期发展的远景是

否被看好。

2. 经营原则

在考虑收购企业的时候，巴菲特非常重视管理层的品质。他考虑的主要因素有：第一，管理层是否理性；第二，整个管理层对股东是否坦白；第三，管理层是否能够对抗“法人机构盲从的行为”。

3. 财务原则

在财务原则中，巴菲特考虑的主要因素有：第一，注重权益回报而不是每股收益；第二，要注重计算“股东收益”；第三，寻求高利率的公司。

4. 市场原则

股市决定股价，分析师依各阶段的特性，以市场价格为比较基准，重新评估公司股票的价值，并以此决定是否买卖及持有股票。总而言之，理性的投资具有两个要素：第一，企业的实质价值如何；第二，是否可以在企业的股价远低于其实质价值时，买进该企业的股票？巴菲特先发现要买什么，再决定价格是否正确，并在一个能使其获利的适当价格时买进，这也体现出内在价值。

从巴菲特的投资理念中不难发现，这四项重要原则中只有第三项是财务原则，其余三项（企业原则、经营原则、市场原则）都属于企业非财务信息分析的内容。因此，仅仅关注企业的财务信息是远远不够的，企业的非财务信息分析至关重要。

（二）哈佛分析框架的启示

有效的财务分析的前提就是合理的分析程序，该分析程序的基础应当是与财务报表数据的产生相吻合的。经营环境和企业战略将决定企业的经营结果，而会计环境和会计策略等又将影响这些经营成果在财务报表中的呈现。因此，欲通过财务报表分析从财务报告中提取出企业内部的信息，就需要通过分析企业所面临的行业环境和其所采取的竞争策略并辅以会计分析以加强对企业财务报告的解读。按照这一思路，哈佛大学的三位教授创立了融战略分析与财务分析于一体的“哈佛分析框架”。相应地，该框架包括从经营活动到财务报表和从财务报表到企业分析两部分，分别如图 6－1 和图 6－2 所示。

通过图 6－1 可以看出，公司的经营活动难以一一向外报告，公司的会计系统提供了对经营活动加以挑选、计量并汇总为财务报表数据的机制。因此，在进行财务报表分析时，必须理解财务报表数据是企业经营活动和会计系统共同影响的结果。

会计系统对财务报表数据的影响主要表现在以下三个方面：权责发生制、会计准则与审计、管理层的报告战略。权责发生制是协调企业持续经营和会计分期的结果，也是编制财务报表的基础。权责发生制还为管理层盈余管理提供了客观条件，为了限制管理层对报表数据的扭曲，形成了统一的会计准则和会计惯例。统一的会计准则一方面可以减少管理层采用不同方法记录同类业务的可能性，另一方面也将部分牺牲财务报表反映真实经营差异的灵活性。审计对财务报表数据真实性的影响也是双面的，它既为管理层所做的会计判断提供了合理保证，也会抑制会计准则和惯例的发展。最后，由于会计准则不可能完全消除管理的灵活性，且这种做法也是不经济的，管理层的职业判断权利对财务报表数据有着重要的影响。管理层可以通过选择有利的会计政策和会计方法对公司真实业绩提供乐观预计，或者控制自愿性信息披露的范围来影响财务报表数据的质量。会计系统的影响使财务报表中的数据产生了“噪音”。

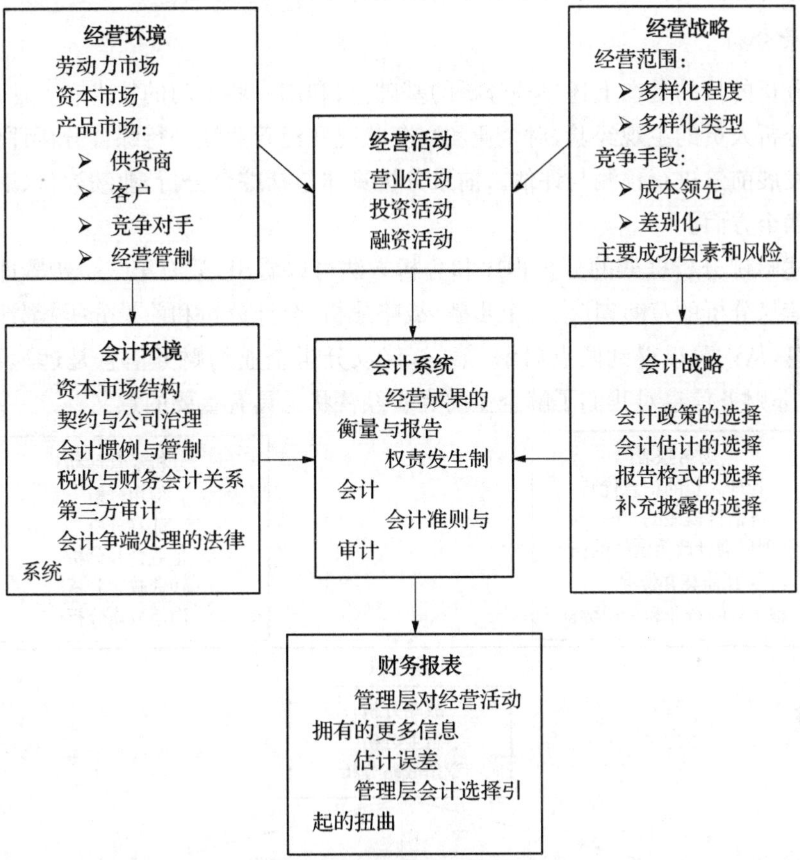

图 6-1 从经营活动到财务报表

财务报表分析以获得对企业的深刻洞察为目标，但分析人员首先需要区分财务报表中的信息和“噪音”，同时依靠对公司所在行业及其竞争战略的了解来解释财务报表。

根据哈佛分析框架，财务报表分析的基本程序可以由以下 4 个步骤构成。

1. 战略分析

战略分析的主要目的是通过对企业所处行业和所采取的竞争战略进行分析，明确企业的行业性质、行业地位和经营模式。战略分析具体包括行业分析和竞争战略分析两个方面。

2. 会计分析

会计分析的主要目的是通过对企业所采取的会计政策和会计估计的合理性进行分析，从而判断该企业财务报表反映其财务状况和经营成果的真实程度。会计分析具体包括评估会计政策和评估会计估计两个方面。

3. 财务分析

财务分析的主要目的是对企业的盈利能力、偿债能力、营运能力和增长能力等进行分析，从而评价该企业的财务状况、经营成果和现金流量等情况。财务分析具体包括盈利能力分析、偿债能力分析、营运能力分析和增长能力分析四个方面。

4. 前景分析

前景分析的目的是在上述三种分析的基础上，利用一些专门的技术和方法，同时结合财务报表分析人员的主观经验，对企业的财务状况和经营业绩进行综合分析评价，对其未来盈利和发展前景进行预测与评估。前景分析具体包括综合分析、业绩评价、财务预测和价值评估四个方面。

由上述哈佛分析框架的分析程序和分析方法可以看出，只有第三个步骤即财务分析属于财务信息分析的范畴，其余三个步骤（战略分析、会计分析和前景分析）都涉及企业的非财务信息，从中可以得到两点启示：第一，仅仅分析企业的财务信息是远远不够的；第二，企业的非财务信息对我们了解企业的真实经营状况具有重要的意义。

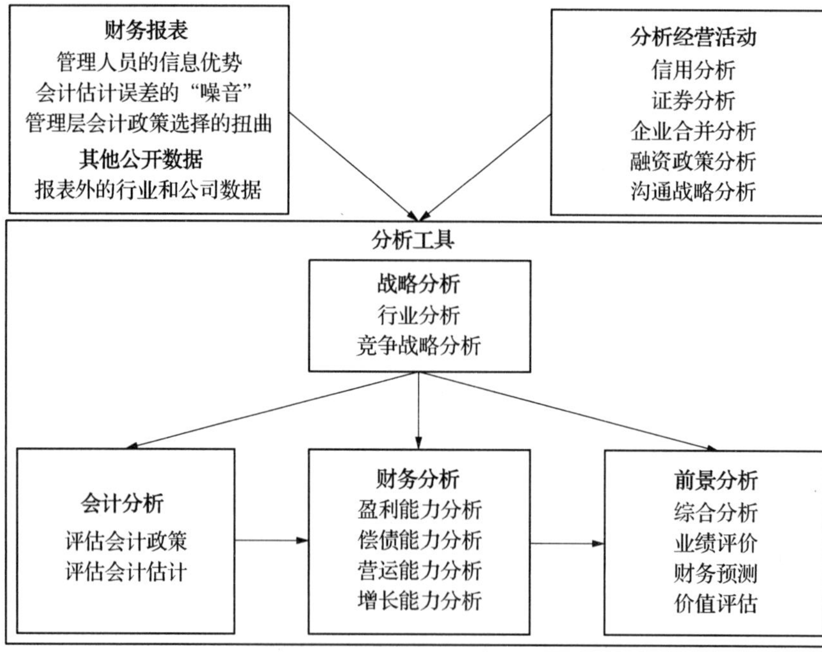

图 6－2　从财务报表到企业分析

巴菲特大师的投资理念和著名的哈佛分析框架都充分说明了非财务信息分析的重要性。此外，从财务信息分析的局限性和非财务分析的意义两方面同样可以说明为什么非财务信息分析如此重要。

三、财务信息分析的局限性

财务信息是投资者、债权人和其他利益相关者进行决策的主要信息来源，而财务分析则是有效利用财务信息的重要手段。但是,由于财务信息本身,以及财务分析方法都具有一定的局限性,使得仅仅考察财务信息、仅仅使用财务分析的方法往往会掉入财务分析的陷阱。

具体来讲,财务信息分析的局限性主要体现在以下两个方面:第一,财务信息的不完全性;第二,财务信息本身存在缺陷。

(一) 财务信息的不完全性

单纯凭财务数据不能完全判断企业真实的经营情况。比如,收入的增长并不一定就能够代表企业的市场竞争能力的提高,企业的市场竞争能力究竟如何,还要借助于管理层的讨论与分析。

(二) 财务信息本身存在缺陷

财务信息所提供的都是历史的数据,并未涉及未来的情况,而决策的做出主要与未来相关,除非过往能够公道地推测未来,否则财务信息对决策的价值就是有限的。例如,财务信息不能够反映重大投资将产生的效益、担保诉讼的风险、关联交易的成分等。

四、非财务信息分析的意义

非财务信息分析的意义主要在于以下三个方面:第一,非财务信息分析有助于理解财务信息分析;第二,非财务信息本身具有信息含量;第三,非财务信息分析与财务信息分析相辅相成。

(一) 非财务信息分析有助于理解财务信息分析

虽然通过财务信息分析,可以让投资者对企业有基本的了解,但是这些财务信息的分析有时需要借助非财务信息加以理解。借助于非财务信息,可以使投资者更加全面地了解企业所处的环境和企业的整体状况,比如在进行财务分析时,要结合宏观经济状况和企业所处的行业状况,才能使分析变得更加具体而且富有意义。

(二) 非财务信息本身具有信息含量

非财务信息往往揭示了公司经营发展优劣的深层次原因,对公司未来的经营风险和财务风险有很强的预测作用。比如非财务信息可以揭示企业的公司治理状况、管理团队的素质、激励机制和程度等。

(三) 非财务信息分析与财务信息分析相辅相成

非财务信息是对会计语言表达出来的财务信息的重要补充和有力印证,两种信息相辅相成:第一,非财务信息的披露可以帮助信息使用者更全面地理解企业的经营思想,弥补了财务数据信息的不足;第二,财务信息和非财务信息分析的目的都是为了解决信息不对称的问题,而财务信息只是众多信息产品中的一种,非财务信息分析是财务信息分析的重要补充;第三,非财务信息是财务信息所展现内容的有力印证。因此,只有将财务信息和非财务信息结合起来才能够更加真实和透彻地把握企业的真实状况。

本章以非财务信息分析具有重要意义为出发点,从宏观信息分析、行业特征分析、企业战略分析和公司治理分析角度详细介绍企业非财务信息分析的方法，同时运用案例具体阐述如何对这些非财务信息进行分析，以达到更加透彻和深入了解公司的目的。需要强调的是，本章只举例说明若干重要的非财务信息对企业价值分析的可能影响，并不试图去穷尽所有可能的非财务信息，读者应该根据被分析对象的具体情况寻找相关的非财务信息，并利用本章阐述的基本方法和内容来具体分析其对目标企业价值的影响。

第二节　宏观信息分析

一、宏观信息分析的概述

宏观信息是涉及国际和国内政治、经济、军事等形势的信息，包括那些围绕在企业周围的因素。以宏观环境对企业产生什么影响作为出发点来考虑问题是非常重要的。企业必须适应周围的环境。宏观环境分析中的关键要素包括：政治和法律因素（Political factors）、经济因素（Economic factors）、社会和文化因素（Social factors）以及技术因素（Technological factors）。这四个因素的英文第一个字母组合起来是 PEST，所以宏观环境分析也称 PEST 分析。用这种方法客观地分析企业所处的外部环境，强调对企业组织产生影响的关键因素，并识别企业组织所面临的机会及威胁。

二、宏观信息分析的具体方法

PEST 分析包括四个方面的因素：政治和法律因素（P）、经济因素（E）、社会和文化因素（S）以及技术因素（T）。

（一）政治和法律环境因素（P）

政治和法律环境因素分析，是指企业对其业务所涉及的国家或地区的政治体制、政治形势、方针政策以及法律法规等方面对企业战略的影响进行分析。具体来讲，政治环境因素分析包括四个方面：第一，企业所在地区和国家的政局稳定状况。第二，政府行为对企业的影响，比如政府如何拥有国家土地、自然资源（如森林、矿山、土地等）以及储备都会对企业产生影响。第三，执政党所持的态度和推行的基本政策（如产业政策、税收政策、进出口限制等），以及这些政策的连续性和稳定性。政府要通过各种法律、政策及其他一些旨在保护消费者、保护环境、调整产业结构与引导投资方向等措施来推行政策。第四，各政治利益集团对企业活动产生的影响。一方面，这些集团通过议员或代表来发挥自己的影响，政府的决策会去适应这些力量；另一方面，这些集团也可以对企业施加影响，如诉诸法律、利用传播媒介等。

而对于法律环境因素而言，由于政府主要是通过制定法律法规来间接影响企业的活动，所以法律环境也极其重要。法律环境因素主要涉及以下四个方面内容：第一，法律规范，特别是和企业经营密切相关的经济法律规范。例如，我国的《公司法》《中外合资经营企业法》《合同法》《专利法》《商标法》《企业破产法》和相关税法等。第二,国家司法执法机关,在我国主要有人民法院、人民检察院、公安机关以及各种行政执法机关。与企业关系较为密切的行政执法机关有工商行政管理机关、税务机关、物价机关、计量管理机关、技术质量监督机关、专利管理机关、环境保护管理机关、政府审计机关等。此外,还有一些临时性的行政执法机关,如各级政府的财政、税收、物价检查组织等。第三,企业的法律意识。其是企业的法律观和法律思想的总称,是企业对法律制度的认识和评价。企业的法律意识,最终都会物化为一定性质的法律行为,并造成一定的行为后果,从而构成每个企业不得不面对的法律环境。第四,国际法所规定的国际法律环境和目标国的国内法律环境。

(二)经济环境因素(E)

企业的经济环境主要是由社会经济结构、经济发展水平、经济体制、宏观经济政策、当前经济状况和其他一般经济条件等六个要素组成。

(1) 社会经济结构是指国民经济中不同的经济成分、不同的行业部门及社会再生产各方面在组成国民经济整体时相互的适应性、量的比例以及排列关联的状况。社会经济结构主要包括五个方面的内容:产业结构、分配结构、交换结构、消费结构和技术结构。其中,最重要的是产业结构。

(2) 经济发展水平,是指一个国家经济发展的规模、速度和所达到的水平。反映一个国家经济发展水平的常用指标有国内生产总值、国民收入、人均国民收入和经济增长速度。

(3) 经济体制,是指国家经济组织的形式。它规定了国家与企业、企业与企业、企业与各经济部门之间的关系,并通过一定的管理手段和方法来调控或影响社会经济流动的范围、内容和方式等。

(4) 宏观经济政策,是指实现国家经济发展目标的战略和策略。它包括综合性的全国发展战略和产业政策、国民收入分配政策、价格政策、物资流通政策等。

(5) 当前经济状况会影响一个企业的财务业绩,经济的增长率取决于商品和服务需求的总体变化。其他经济影响因素包括税收水平、通货膨胀率、贸易差额和汇率、失业率、利率、信贷投放以及政府补助等。

(6) 其他一般经济条件和趋势对一个企业的成功也很重要,工资、供应商及竞争对手的价格变化以及政府政策,会影响产品的生产成本和服务的提供成本以及它们被出售的市场的情况,这些经济因素可能会导致行业内产生竞争,或将公司从市场中淘汰出去,也可能会延长产品寿命,鼓励企业用自动化取代人工,促进外商投资或引入本土投资,使强劲的市场变弱或使安全的市场变得具有风险。

(三)社会和文化环境因素(S)

社会和文化环境因素的范围甚广,主要包括人口因素、社会流动性、消费心理、生活方式变化、文化传统和价值观。

(1) 人口因素包括企业所在地居民的地理分布及密度、年龄、教育水平、国籍等,大型企业通常会利用人口统计数据来进行客户定位,并用于研究如何开发产品。

(2) 社会流动性主要涉及社会的分层情况、各阶层直接的差异以及人们是否可在各阶层之间转换、人口内部各群体的规模、财富及其构成的变化以及不同区域(城市、郊区及农村地区)的人口分布等。例如,在日本,人们的寿命较长,而出生率下降,从而导致人口老龄化,这一点会对企业或企业计划提供的产品与服务类型产生显著影响。

(3) 消费心理对企业战略也会产生影响,例如,一部分顾客的消费心理是在购物过程中追求有新鲜感的产品多于满足其实际需要,因此,企业应有不同的产品类型以满足不同顾客的需求。

(4) 生活方式变化主要包括当前及新兴的生活方式与时尚。文化问题反映了一个事实,即国际交流使社会变得更加多元化、外部影响更加开放时,人们对物质的要求会越来越高,随着物质需求的提高,人们对社交、自尊、求知、审美的需要更加强烈,这也是企业面临的挑战之一。

(5) 文化传统是一个国家或地区在较长历史时期内形成的一种社会习惯,它是影响经济活动的一个重要因素,例如,中国的春节、西方的圣诞节就为某些行业带来生机。

(6) 价值观是指社会公众评价各种行为的观念标准。不同的国家和地区人们的价值观各有差异,例如,西方国家的个人主义较强,而日本的企业则注重内部关系融洽。

(四) 技术环境因素(T)

市场或行业内部和外部的技术趋势和事件也会对企业战略产生重大影响。某个特定行业内的技术水平在很大程度上决定了应生产哪种产品或提供哪种服务、应使用哪些设备以及应如何进行经营管理。

以上所提及的因素会对企业制定营销、促销、开展业务和管理内部资源的战略产生重要影响。例如,一家食品公司应当了解伊斯兰国家的宗教背景、某个地区人们的偏好或哪些食品不太会被人们所接受。再如,进行产品促销时,比较能令人接受的是采取较为保守的方式,并且应确定所在国家和地区是否存在一种广泛使用的业务开展方式,包括谈判的惯例、交往的习惯等。

第三节　行业特征分析

一、行业特征分析的概述

行业对一个企业的影响至关重要,行业特征是直接决定某企业投资价值的重要因素之一,不同行业之间的特征差异较大,如果忽略了行业特征,分析者将无法正确理解财务报表数据的经济含义。行业特征分析有助于了解该行业的基本状况和发展趋势,为进一步分析被评估企业的竞争能力提供基础。行业特征主要可以从行业所处发展阶段、行业市场边界、行业技术变革速度、市场总量及增长前景、产品差别和一体化程度、买方卖方数量及相对规模等方面进行分析,进而对行业有一个全面的认识。

二、行业特征分析的具体方法

(一) 行业生命周期分析

所谓行业的生命周期,是指某个行业从产生到衰退的时间周期。每个行业都会经历一个对企业的当前业绩和未来前景产生影响的生命周期。一般而言,行业的生命周期可以分为导入期、成长期、成熟期、衰退期。在对企业进行分析时,了解企业所在行业目前所处的生命周期属于哪个阶段是非常重要的一个考虑因素,可以使企业做出恰当的经营决策,同时也可以使投资者据此做出正确的投资决策。下面具体介绍行业在不同时期的特点。

第一阶段为导入期,企业的规模在导入期,可能会非常小。在生命周期的这个阶段,关于该行业的企业如何发展通常会有不同的看法,而且产品类型、特点、性能和目标市场方面尚在不断发展变化当中,市场中会充满各种新发明的产品或服务。这个时期的产品设计尚未成熟,行业产品的开发相对较缓慢,利润率较低,但市场增长率较高。由于导入期行业的创业投资和产品的研究、开发费用较高,而产品市场需求狭小,销售收入较低,使得创业公司面临很大的风险。

第二阶段为成长期,一旦一个行业已经形成并快速地发展,便进入了成长期,大多数企业因为拥有高增长率而在行业中继续存在。在该阶段,管理层必须确保充分扩大产量以达到公司所设定的目标市场份额。不过在大多数情况下,因为需要大量资金来实现高增长率和扩产计划,所以现金会比较短缺。在成长期时,利润很丰厚,风险有所下降,但仍维持在较高水平。

第三阶段为成熟期,当增长率降低到较为正常的水平时,行业即进入了成熟期。这是一个相对稳定的阶段,各年销售量之间的变动较小,利润增长幅度也较小,但是市场内的竞争变得更加激烈了。在成熟期的后期,该行业会进入动荡阶段,由于投资回报率不能令人满意,一些企业会从市场中退出。在成熟期,风险进一步降低,达到中等水平。

最后一个阶段为衰退期,行业进入衰退期之后,会出现行业生产能力过剩,技术被模仿后出现的替代产品充斥市场,市场增长率严重下降,产品品种减少,行业的活动水平随着各公司从该行业中退出而下降等情况。最终,某一行业可能不复存在或被并入另一行业,要确定如何在这样一个非赢即输的环境中保持独特优势,充分运用战略管理显得尤为重要。

总体而言,处于导入期的行业其机会与威胁并存,成功回报高,但潜在的风险大;处于成长期的行业,一般蕴藏机会,企业应加大市场投入;处于成熟期的行业机会不大,企业应以巩固市场地位、提高投资回报率为主;而处于衰退期的行业蕴藏着威胁,企业应采取防御措施,获取最后的现金流。

(二) 行业盈利能力分析

要对一个行业的特征进行分析,很重要的一点就是分析该行业的盈利能力。如果是高盈利行业,毫无疑问,它的财务数据中毛利应该是比较高的,利润率也应该较高。如果是低盈利行业,竞争惨烈,利润率就不可能高。那么,该如何分析一个企业的盈利能力呢?

一个行业的获利能力主要取决于三个方面：竞争、供应商的谈判能力以及购买者的谈判能力。竞争存在于三个方面，首先是现存对手的竞争，其次是新进入者的竞争，最后是替代品的竞争。具体可以通过五力模型进行分析。

五力分析模型是由迈克尔·波特于 20 世纪 80 年代初提出，可以有效地分析客户的竞争环境，对企业战略制定具有全球性的深远影响。这五力分别是：供应商的议价能力、购买者的议价能力、潜在竞争者进入的能力、替代品的替代能力、行业内竞争者现在的竞争能力。五种力量的不同组合变化最终会影响行业利润潜力变化。

五力分析模型将大量不同的因素汇集在一个简便的模型中，以此分析一个行业的基本竞争态势。五力分析模型确定了竞争的五种主要来源，即供应商和购买者的议价能力、潜在进入者的威胁、替代品的威胁，以及最后一点，来自目前在同一行业的公司间的竞争。一种可行战略的提出首先应该包括确认并评价这五种力量，不同力量的特性和重要性因行业和公司的不同而变化，如图 6－3 所示。

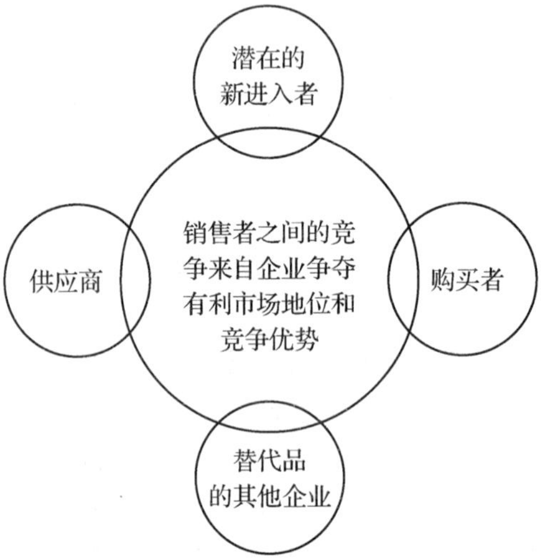

图 6－3　五力分析模型

五力分析模型具体包括以下几点内容。

1. 供应商的议价能力

供方主要通过提高投入要素价格与降低单位价值质量的能力，来影响行业中现有企业的盈利能力与产品竞争力。供方力量的强弱主要取决于他们所提供给买主的是什么投入要素，当供方所提供的投入要素其价值构成了买主产品总成本的较大比例、对买主产品生产过程非常重要或者严重影响买主产品的质量时，供方对于买主的潜在讨价还价力量就大大增强。一般来说，满足如下条件的供方集团会具有比较强大的讨价还价力量：① 供方行业为一些具有比较稳固市场地位而不受市场激烈竞争困扰的企业所控制，其产品的买主很多，以至于每一单个买主都不可能成为供方的重要客户。② 供方各企业的产品各具有一定特色，以至于买主难以转换或转换成本太高，或者很难找到可与供方企业产品相竞争的替代品。③ 供方能够方便地实行前向联合或一体化，而买主难以进行后向联合或一体化。

2. 购买者的议价能力

购买者主要通过压价与要求提供较高的产品或服务质量的能力，来影响行业中现有企业的盈利能力。一般来说，满足如下条件的购买者可能具有较强的讨价还价力量：① 购买者的总数较少，而每个购买者的购买量较大，占了卖方销售量的很大比例。② 卖方行业由大量相对来说规模较小的企业所组成。③ 购买者所购买的基本上是一种标准化产品，同时向多个卖主购买产品在经济上也完全可行。④ 购买者有能力实现后向一体化，而卖主不可能前向一体化。

3. 新进入者的威胁

新进入者在给行业带来新生产能力、新资源的同时，也希望在已被现有企业瓜分完毕的市场中赢得一席之地，这就有可能会与现有企业发生原材料与市场份额的竞争，最终导致行业中现有企业盈利水平的降低，严重的话还有可能危及这些企业的生存。竞争性进入威胁的严重程度取决于两方面的因素：进入新领域的障碍大小与预期现有企业对于进入者的反应情况。进入障碍主要包括规模经济、产品差异、资本需要、转换成本、销售渠道开拓、政府行为与政策（如国家综合平衡统一建设的石化企业）、不受规模支配的成本劣势（如商业秘密、产供销关系、学习与经验曲线效应等）、自然资源（如冶金业对矿产的拥有）、地理环境（如造船厂只能建在海滨城市）等方面，这其中有些障碍是很难借助复制或仿造的方式来突破的。预期现有企业对进入者的反应情况，主要是采取报复行动的可能性大小，则取决于有关厂商的财力情况、报复记录、固定资产规模、行业增长速度等。总之，新企业进入一个行业的可能性大小，取决于进入者主观估计进入所能带来的潜在利益、所需花费的代价与所要承担的风险这三者的相对大小情况。

4. 替代品的威胁

两个处于同行业或不同行业中的企业，可能会由于所生产的产品是互为替代品，从而在它们之间产生相互竞争行为，这种源自于替代品的竞争会以各种形式影响行业中现有企业的竞争战略：① 现有企业产品售价以及获利潜力的提高，将由于存在能被用户方便接受的替代品而受到限制；② 由于替代品生产者的侵入，使得现有企业必须提高产品质量，或者通过降低成本来降低售价，或者使其产品具有特色，否则其销量与利润增长的目标就有可能受挫；③ 源自替代品生产者的竞争强度，受产品买主转换成本高低的影响。总之，替代品价格越低、质量越好、用户转换成本越低，其所能产生的竞争压力就强；而这种来自替代品生产者的竞争压力的强度，可以具体通过考察替代品销售增长率、替代品厂家生产能力与盈利扩张情况来加以描述。

5. 同业竞争者的竞争程度

大部分行业中的企业，相互之间的利益都是紧密联系在一起的。作为企业整体战略一部分的各企业竞争战略，其目标都在于使得自己的企业获得相对于竞争对手的优势，所以在实施中就必然会产生冲突与对抗现象，这些冲突与对抗就构成了现有企业之间的竞争。现有企业之间的竞争常常表现在价格、广告、产品介绍、售后服务等方面，其竞争强度与许多因素有关。一般来说，出现下述情况将意味着行业中现有企业之间竞争的加剧：行业进入障碍较低，势均力敌的竞争对手较多，竞争参与者范围广泛；市场趋于成熟，产品需求增长缓慢；竞争者企图采用降价等手段促销；竞争者提供几乎相同的产品或服务，用户转换成本很低；一个战略行动如果取得成功，其收入相当可观；行业外部实力强大的公司在接收了行业中实力薄弱企业后，发起进攻性行动，结果使得刚被接收的企业成为市场的主要竞争者；退出障碍较高，即退出竞争要比继续参与竞争代价更高。在这里，退出障碍主要受经济、战略、感情以及社会政治关系等方面的影响，具体包括：资产的专用性、退出的固定费用、战略上的相互牵制、情绪上的难以接受、政府和社会的各种限制等。

行业中的每一个企业或多或少都必须应付以上各种力量构成的威胁，而且企业必须面对行业中的每一个竞争者的举动。除非认为正面交锋有必要且有益处，如要求得到很大的市场份额，否则企业可以通过设置进入壁垒，包括差异化和转换成本来保护自己。当一个企业确定了其优势和劣势时(参见 SWOT 分析)，企业必须进行定位，以便因势利导，而不是被预料到的环境因素变化所损害，如产品生命周期、行业增长速度等。然后保护自己并做好准备，以有效地对其他企业的举动做出反应。

根据上面对于五种竞争力量的讨论，企业可以采取尽可能地将自身的经营与竞争力量隔绝开来、努力从自身利益需要出发影响行业竞争规则、先占领有利的市场地位再发起进攻性竞争行动等手段来对付这五种竞争力量，以增强自己的市场地位与竞争实力。

第四节　企业战略分析

一、企业战略分析的概述

企业竞争战略的选择是决定企业成败的关键。企业能否成功，关键就在于对竞争战略的选择，如果竞争战略选择失误，那么企业很可能满盘皆输，而正确的竞争战略选择则可以使企业具有长期的竞争优势。不同的战略对企业的经营会产生完全不同的作用，当然对企业的财务数据也起到决定性的影响。所以企业竞争战略实际上是决定企业成败的一个极其关键和重要的因素。通过企业战略分析，可以了解企业的经营活动的性质和意义，将后续的会计分析和财务分析奠定于企业现实的管理基础之上。同时，企业战略分析也有助于财务报表分析者识别企业绩效动因及其背后隐藏的主要风险，从而评估企业当前业绩的可持续性并预测其未来的发展趋势。

二、企业战略分析的具体方法

(一) 竞争战略分析

在市场经济的环境下，企业之间的竞争在所难免。目前，最常用的两种基本竞争战略为成本领先战略和差异化战略。一个企业所具有的优势或劣势的显著性,最终取决于企业能够在相对成本和产品差异化上有多大程度的作为。

基本竞争战略具体包括以下几方面内容。

1. 成本领先战略

成本领先战略是指企业通过有效途径在内部加强成本控制,使成本降到最低限度,从而获取竞争优势的一种战略。成本领先战略旨在建立成本优势,成本优势是指能够以更低的成本提供相同产品或服务,简化产品设计,高效率地生产,有严格的成本控制机制,研究开发费用及广告费较少,并且具有大量大批生产的规模优势。

采取成本领先战略的优势有:① 形成进入障碍。成本优势使企业具备杀伤能力以阻止潜在对手的进入,形成进入障碍。② 增强讨价还价能力。成本优势使企业具备向大买家提供更低价格的能力以抵御购买商的讨价还价。同时,成本优势使企业更好地抑制大卖家的讨价行为,更灵活地处理供应商的提价行为。③ 对抗同业竞争。成本优势使企业能抵挡住现有竞争对手的对抗,更好地进行价格竞争。④ 抵御替代品的威胁。成本优势使企业树立与替代品的竞争优势,能够利用低价抵御替代品。总而言之,成本领先战略使企业对影响行业平均盈利水平的五种力量具有强大的防御作用。

采取成本领先战略的风险有:① 技术的变化可能使过去用于降低成本的投资(如扩大规模、工艺革新等)与积累的经验一笔勾销。② 行业的新进入者或追随者通过模仿或者以更高技术水平设施的投资能力,达到同样的甚至更低的产品成本。③ 市场需求从注重价格转向注重产品形象,使得企业原有的优势变为劣势。

2. 差异化战略

差异化战略是指企业通过向客户提供在行业范围内具有独特性的产品和服务,从而获取竞争优势的一种战略。差异化战略旨在建立差异优势,差异优势是指能够以成本低于售价供应独一无二的产品或服务,拥有更好的产品质量、更多的产品花样、更好的客户服务以及更加灵活的交货方式,更多投资于研究开发并着眼于企业的改革与创新,使消费者优先考虑购买。

采用差异化战略的优势有:① 形成进入障碍。由于产品或服务的特色,顾客对企业具有很高的忠诚度,从而挫伤潜在进入者的信心,形成进入障碍。② 增强讨价还价能力。独具特色的产品和服务可以给企业带来较高的边际收益,增强了企业对付供应商讨价还价的主动性和灵活性。此外,企业的差异化优势在增强买方对品牌忠诚度的同时,也降低了买方的价格敏感性,进而削弱了买方的讨价还价能力。③ 避开同业竞争。差异化战略利用顾客对品牌的忠诚度以及由此产生的价格敏感性下降使企业避开同业竞争。④ 抵御替代品的威胁。差异化战略通过提高产品的性能来提高产品的性价比,有助于抵御替代品的威胁。

采用差异化战略的风险有:① 企业形成产品差别化的成本过高,从而与实施成本领先战略的竞争对手的产品价格差距过大,购买者不愿意为获得差异化的产品支付过高的价格。② 市场需求发生变化,购买者需要的产品差异化程度下降,使企业失去竞争优势。

③ 竞争对手的模仿和进攻使已经建立的差异缩小甚至转向。

五力分析模型与基本竞争战略的关系，如表 6－1 所示。

表 6－1　五力分析模型与基本竞争战略的关系

五种力量	成本领先战略	差异化战略
进入障碍	具备杀伤能力以阻止潜在对手的进入	培养顾客忠诚度以挫伤潜在进入者的信心
买方议价能力	具备向大买家提供更低价格的能力	因为选择范围小而削弱了大买家谈判能力
供应商议价能力	更好地抑制大卖家的讨价行为	更好地将供方的涨价部分转移给顾客
替代品威胁	能够利用低价抵御替代品	顾客习惯于一种独特的产品或服务因而降低了替代品的威胁
行业内对手竞争	能更好地进行价格竞争	品牌忠诚度能使顾客不理睬竞争对手

（二）SWOT 分析

SWOT 分析法是一种对企业外部环境中存在的机会、威胁和企业内部条件的优势、劣势进行综合分析，据此对备选的战略方案做出系统的评价，最终选择最佳的竞争战略的方法。SWOT 中的 S 是指企业内部的优势（Strengths）；W 是指企业内部的劣势（Weaknesses）；O 是指企业外部环境中的机会（Opportunities）；T 是指企业外部环境的威胁（Threats）。

企业内部的优势和劣势是相对于竞争对手而言的，一般表现在企业的资金、技术设备、职工素质、产品、市场成就、管理技能等方面。判断企业内部的优势和劣势一般有两项标准：一是单项的优势和劣势。例如，企业资金雄厚，则在资金上占优势；市场占有率低，则在市场上占劣势。二是综合的优势和劣势。为了评估企业的综合优势和劣势，应选定一些重要因素，加以评价打分，然后根据其重要程度按加权确定。

企业外部的机会是指环境中对企业有利的因素，如政府支持、有吸引力的市场的进入障碍正在降低、市场需求增长势头强劲等。企业外部的威胁是指环境中对企业不利的因素，如新竞争对手的出现、市场增长率缓慢、购买者和供应者讨价还价能力增强、不利的人口特征的变动等。这是影响企业当前竞争地位或影响企业未来竞争地位的主要障碍。

具体分析过程如下。

1. 建立外部因素评价矩阵

（1）列出在外部环境分析中确认的外部因素，把握可能出现的机会与威胁。外部因素要尽量具体，可能时采取百分比、比率和对比数字。因素总数在 10 个左右。

（2）给每个因素赋予权重，其数值从 0（不重要）到 1（非常重要）。权重标志着该因素对于企业在行业中取得成功的影响的相对重要性。机会往往比威胁得到更高的权重，但当威胁因素特别严重时也可得到高权重。确定权重的方法包括对成功的竞争者和不成功的竞争者进行比较，以及通过集体讨论而达成共识。所有因素的权重总和必须等于 1。

(3) 按照企业现行战略对各关键因素的有效反应程度为各关键因素进行评分，范围为 1～4 分，“4”代表反应很好，“3”代表反应超过平均水平，“2”代表反应为平均水平，“1”代表反应很差。分数大小反映了企业战略的有效性，因此它是以企业为基准的，而步骤 2 中的权重是以行业为基准的。威胁和机会都可以被评为 1、2、3 或 4 分。

(4) 用每个因素的权重乘以它的评分，得到每个因素的加权分数。

(5) 将所有因素的加权分数相加，以得到企业的总加权分数。

显然，无论该矩阵所包含的关键机会与威胁数量多少，一个企业所能得到的总加权分最高为 4.0，最低为 1.0，平均为 2.5。总加权分数高说明企业在整个行业中对现有机会与威胁做出了最出色的反应，企业的战略有效地利用了现有机会并将外部威胁的潜在不利因素降到最小。总加权分数低则说明企业的战略不能利用外部机会或回避外部威胁。这里需要指出的很重要的一点是：透彻理解该矩阵中所列出的因素比实际的权重和评分更为重要。

2. 建立内部因素评价矩阵

(1) 列出对企业生产经营活动及发展有重大影响的内部因素。

(2) 给每个因素赋予权重，其数值从 0(不重要)到 1(非常重要)。所有因素的权重总和必须等于 1。不论该要素是否具有优势，只要它会对企业经营战略产生最重要的影响，就可以确定为最大的权重值。

(3) 以 1、2、3、4 分分别代表相应要素对于企业战略来说是主要劣势、一般劣势、一般优势、主要优势。

(4) 用每个因素的权重乘以它的评分，即得到每个因素的加权分数。

(5) 将所有因素的加权分数相加，得到企业的总加权分数。总加权分数大大高于 2.5 的企业的内部状况处于优势，而分数大大低于 2.5 的企业的内部状况则处于劣势。

3. 战略分析

将上述结果在 SWOT 分析图上具体定位，确定企业战略能力。企业在此基础上，选择合适的战略。如图 6－4 所示，SWOT 分析法为企业提供了四种可供选择的战略。

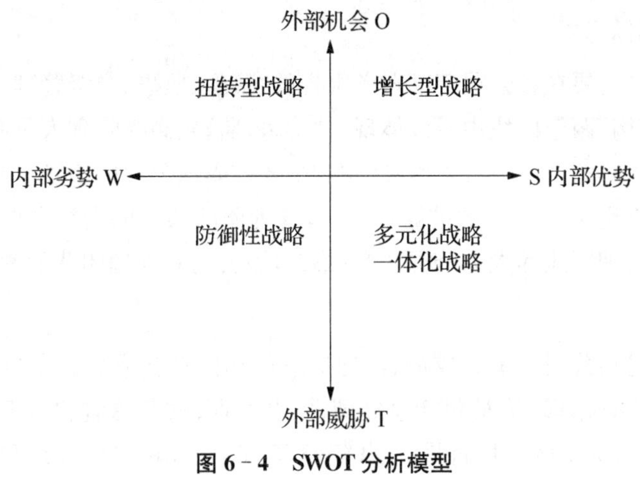

图 6－4　SWOT 分析模型

SO 象限内的区域是企业机会和优势最理想的结合。这时的企业拥有强大的内部优势和众多的环境机会，可以采取增长型战略。WO 象限内的业务有外部市场机会但缺少内部条件，可以采取扭转型战略，尽快改变企业内部的不利条件，从而有效地利用市场机会。WT 象限是最不理想的内外部因素的结合状况，处于该区域中的经营单位或业务在其相对弱势处恰恰面临大量的环境威胁，在这种情况下，企业可以采取减少产品或市场的紧缩型或防御型战略，或是改变产品或市场的放弃战略。ST 象限内的业务尽管在当前具备优势，但正面临不利环境的威胁，面对这种情况，企业可以考虑采取多元化经营战略，利用现有的优势在其他产品或市场上寻求和建立长期机会。另外，在企业实力非常强大、优势十分明显的情况下，企业也可以采用一体化战略，利用企业的优势正面克服所在环境设立的障碍。

需要再次强调的是，准确地列出和透彻理解所列出的因素比实际的权重和评分更为重要。列出企业的优势、劣势、机会和威胁就像建立一张战略平衡表，它是外部环境和内部条件分析的总结。将这些因素列在一起进行综合分析，能从整体上分析一家企业的战略态势，在决策层面统一认识，确定合适的战略方案。

第五节　公司治理分析

一、公司治理分析的概述

良好的公司治理是企业健康发展的前提，是改善企业经营业绩、提高企业投资回报的有效保证，也是公司价值的重要体现。通过公司治理分析，可以更好地了解企业的可持续盈利能力和发展潜力。公司治理分析主要可以从管理团队、股权结构角度入手，系统分析公司治理机制和治理结构，从而对企业有更深入的认识。

二、公司治理分析的具体方法

（一）管理团队分析

管理团队信息主要在各公司年度财务报告的“董事、监事、高级管理人员和员工情况”以及“公司治理结构”两个模块中予以体现。“董事、监事、高级管理人员和员工情况”主要披露该公司管理团队的素质；“公司治理结构”主要披露该公司的激励机制。

与管理团队在财务报告中的披露相对应，管理团队信息的内容主要包含两方面的信息：第一，该公司管理团队的人力资源状况；第二，该公司对管理团队的激励机制。

1. 人力资源

高级管理层是指公司董事会成员、经理层成员和监事会成员。董事会成员包括董事长、副董事长、董事；经理层成员包括总经理、副总经理、财务总监和董事会秘书。管理团队的素质，比如管理人员的学历背景、工作经验等都对公司的经营业绩和股价表现有着重要的影响。在对企业进行分析和业绩预测时，应关注管理团队的素质对该公司的影响。

2. 激励机制

激励机制，即薪酬激励计划，是指公司通过薪酬体系（即一个薪酬组合或薪酬包）的形式授予公司高级管理人员，使其获取参与公司经营管理与绩效考评的动力。从表面上看，薪酬激励计划似乎与企业状况分析没有太大的联系，但是薪酬激励计划的设置和考核标准往往需要借助某些财务指标，如每股收益、净资产收益率等。所以一旦经理人的自身利益与企业的业绩指标挂钩，经理人的行为与企业的经营目标便趋向一致，从而更加有利于公司业绩的提升和可持续发展。

【例 6-1】 中国神华管理团队分析

下面是中国神华能源股份有限公司(601088)2017 年年度报告中有关管理团队信息的部分内容：

期末在任董事、监事及高级管理人员简历

凌 文

1963 年 2 月出生，男，中国国籍，教授，中国工程院院士，中共党员。凌博士拥有丰富的金融机构及企业管理经验，他于 1991 年获哈尔滨工业大学博士学位，1992 年至 1994 年在上海交通大学从事博士后研究。

凌博士自 2018 年 1 月起任本公司第四届董事会董事长、执行董事，自 2017 年 11 月起任国家能源集团公司董事、总经理、党组副书记。

凌博士自 2017 年 6 月至 2018 年 1 月任本公司第四届董事会副董事长、执行董事，自 2017 年 1 月至 2018 年 1 月任本公司总裁。

自 2003 年 8 月至 2016 年 5 月任神华集团公司党组成员，自 2016 年 5 月至 2017 年 11 月任神华集团公司党组副书记。自 2010 年 4 月至 2017 年 11 月任神华集团公司董事，自 2014 年 5 月至 2017 年 11 月任神华集团公司总经理。

此前，凌博士曾担任神华集团公司副总经理，本公司第一届董事会执行董事、第二届董事会副董事长、执行董事及第三届董事会副董事长、执行董事，本公司总裁、执行副总裁及财务总监，神华财务公司董事长，中国工商银行国际业务部副总经理，中国工商银行(亚洲)有限公司副总经理兼友联中国业务管理公司主席等职务。

韩建国

1958 年 3 月出生，男，中国国籍，研究员，中共党员。韩博士在中国煤炭行业、宏观经济及企业管理方面拥有丰富经验。他于 1999 年获同济大学管理学硕士学位，于 2016 年获武汉大学经济学博士学位。

韩博士自 2017 年 6 月起任本公司第四届董事会执行董事，自 2017 年 11 月起任国家能源集团公司党组副书记。

韩博士自 2003 年 8 月至 2017 年 11 月任神华集团公司副总经理，自 2003 年 8 月至 2015 年 12 月任神华集团公司党组成员，自 2015 年 12 月至 2017 年 11 月任神华集团公司党组副书记，自 2009 年 3 月至 2017 年 11 月任神华集团公司总信息师，自 2014 年 7 月至

2017 年 11 月任神华集团公司董事。

此前，韩博士曾担任本公司第一届、第二届董事会非执行董事，第二届、第三届董事会执行董事，本公司总裁、高级副总裁，神华煤炭运销公司董事长、总经理，国家发展计划委员会处长等职务。

李 东

1960 年 1 月出生，男，中国国籍，教授级高级工程师，中共党员。李博士具有丰富的中国煤炭企业管理经验。他于 2005 年获中欧国际工商学院工商管理硕士学位，于 2005 年获辽宁工程技术大学博士学位。

李博士自 2017 年 6 月起任本公司第四届董事会执行董事，自 2011 年 5 月起任本公司高级副总裁，自 2017 年 11 月起任国家能源集团公司副总经理、党组成员。

李博士自 2006 年 8 月至 2017 年 11 月任神华集团公司副总经理，自 2010 年 4 月至 2017 年 11 月任神华集团公司党组成员，自 2016 年 6 月至 2017 年 6 月任本公司第三届董事会执行董事。

此前，李博士曾任神华集团公司副总工程师，准格尔能源有限责任公司董事长，神华集团公司总经理办公室主任等职务。

……

对高级管理人员的考评及激励情况

本公司依据《中国神华能源股份有限公司高级管理人员年薪管理暂行办法》制定公司高级管理人员薪酬方案，其中绩效考核采取年度经营业绩考核和任期经营业绩考核相结合的考核制度。年度经营业绩考核和任期经营业绩考核依据董事会和经营层签署的绩效考核责任书进行。

管理层薪酬按照《高级管理人员年薪管理暂行办法》确定，除基本年薪外，公司董事会根据公司经营层业绩进行考核，并根据考核结果确定其绩效年薪。

……

由上文的管理团队信息可以看出：中国神华能源股份有限公司的高层管理人员有着较高的学历背景，较为丰富的工作经验，总体来讲，管理团队素质较高；从中国神华能源股份有限公司的激励机制来看，由于其制订了较为明确的高级管理人员绩效评价和薪酬管理制度，公司高级管理人员薪酬与公司经营层业绩紧密挂钩，使得管理团队的利益与公司利益更趋一致，有利于公司业绩的提升和可持续发展。

（二）股权结构分析

股权结构往往在上市公司当年年度报告的“股本变动及股东情况”模块中予以披露。

1. 控制权的界定：投票权

股东对公司控制权的大小用其所持有的投票权大小来界定。投票权是指普通股股东在股东大会上对公司决策进行投票的权利，其大小根据该股东所持有的股票数量而定。确定投票权大小的基本原则是“一股一票”原则。

2. 收益权的计算:现金流权

现金流权是指股东按持股比例拥有该公司的财产分红权,是一种收益权。现金流权由每一控制链条的持股比例相乘所得。比如:假设股东X拥有A公司60%的股权,则表明股东X对A公司的现金流权为60%;又如:假设股东Y拥有C公司50%的股权,C公司拥有D公司40%的股权,D公司拥有E公司60%的股权,那么股东Y拥有E公司的现金流权为50%×40%×60%=12%。

3. 控制权与现金流权的关系:金字塔股权结构

在分析公司的股权结构与特征时,要注意公司是否存在控制权与现金流权相分离的情况。这种分离情况常常出现在具有"金字塔股权结构"的公司当中。

(1) 金字塔股权结构的内涵:金字塔股权结构是指公司实际控制人通过间接持股形成一个金字塔式的控制链来实现对公司的实质控制。在这种方式下公司控制权人控制第一层公司,第一层公司再控制第二层公司,以此类推,通过多个层次的公司控制链条取得对目标公司的最终控制权。

(2) 金字塔股权结构的优势:按照一股一票原则,控制权与现金流权应一一对应。但终极控制股东借助金字塔持股,以少量现金流权获取了更大的控制权,背离了一股一票原则。换句话说,最终大股东通过金字塔持股,在公司中获得了足够的控制权,实际上完全控制了上市公司的决策,但是其实际拥有的现金流权却小于投票权。即金字塔股权结构的最大优势在于最终大股东以少量现金获得了对公司的实际控制权。

(3) 金字塔股权结构的动机和后果:金字塔股权结构将导致公司控制权和所有权分离程度的提高,而这种控制权和所有权分离程度的提高将导致企业代理成本的上升,大股东转移公司利润的动机比较强烈,剥夺小股东利益的欲望也更加强烈。

【例6-2】 宝光股份股权结构分析

以下是陕西宝光真空电器股份有限公司(600379)2017年年度报告中的部分内容:

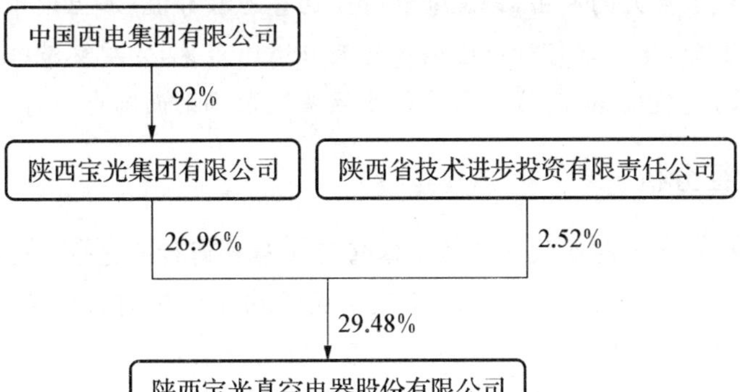

图6-5 公司与实际控制人之间的产权及控制关系

从该公司的股权结构图中可以看出,陕西宝光集团有限公司持有陕西宝光真空电器股份有限公司26.96%的股份,为该公司的控股股东;中国西电集团有限公司持有陕西宝光集团有限公司92%的股份,为该公司的实际控制人。

本章综合案例

亚马逊凭什么能超过沃尔玛?

讨论主题:以亚马逊和沃尔玛的较量为例,综合运用本章所阐述的非财务信息分析的方法和内容,对亚马逊和沃尔玛进行较为深入和综合的分析。

一、背景

亚马逊创立于1995年,是美国最大的一家网络电子商务公司,一开始只是网上书店,现在则扩展其产品,成为全球商品品种最多的网上零售商和全球第三大互联网企业。而沃尔玛成立于1962年,是一家美国的全球性连锁企业,以营业额计算为全球最大的公司,在全国27个国家开设了超过10 000家商场,下设69个品牌。

从财务表现来看,整个2017财年,亚马逊的净利润为30亿美元,而沃尔玛的净利润为98亿美元,仅第四季度的利润就达到了44亿美元,这还是沃尔玛2017年四季度利润同比下滑28%的结果。此外,亚马逊2017年的营业收入为1 778亿美元,而沃尔玛则为近5 000亿美元。可见,从财务数据来看,不论是净利润还是营业收入,亚马逊都只有沃尔玛的1/3。

那么,年仅23岁的亚马逊是如何做到市值为沃尔玛的3倍的呢?

二、宏观信息分析

近年来,经济全球化为电子商务行业带来了更大的平台,互联网用户的增加为电子商务行业带来了新客源,计算机的发展以及普及为电子商务行业的发展提供了良好的基础环境,传统制造商和经销商参与电子商务的热情日渐高涨。电子商务行业的迅速崛起给传统零售行业造成了巨大的冲击,传统零售行业的客源被分流,加上近年来劳动力成本和租金成本的不断上升,传统零售行业已陷入发展窘境。可见,宏观环境给电商领域巨头亚马逊提供了很好的发展机遇,而传统零售行业巨头沃尔玛则面临电商行业的冲击。

三、行业特征分析

沃尔玛市值被亚马逊超越被视作传统零售行业与电商行业竞争的标志性事件。纵观近几年的风云变幻,电商行业迅猛发展,正处于成长期与成熟期的过渡阶段,而传统零售业已处在成熟期的末端,即将进入衰退期,要想维持自身的地位,只有进行创新与变革。

四、企业战略分析

(一) 竞争战略分析

沃尔玛提出"帮顾客节省每一分钱"的企业宗旨,实现价格最便宜的承诺,可见沃尔玛最主要的竞争战略为成本领先战略。而亚马逊则选择同时提供无限的选择、顶级的购物者体验和最低的价格，无论竞争对手如何选择，亚马逊都使用它的最佳战略，从不考虑折中，20 多年以来，这种战略从未改变。

(二) SWOT 分析

1. 亚马逊

优势(S)分析：作为全球最大的电商企业，亚马逊生态链建设完整，可选择的项目丰富多样，海淘方便，快递效率高，为客户着想，服务周到。亚马逊拥有许多优秀、出色的研发人员，对技术投入巨大；拥有强大的技术系统，AWS 云服务为亚马逊提供了更为稳定的网络环境；同时，亚马逊还开创了一整套以高科技为支撑的电商仓储物流的模式；其不断创新的商业模式也为其带来源源不断的活力。

劣势(W)分析：亚马逊销售利润较低，薄利多销的销售方式会造成销售增长但利润下滑。

机会(O)分析：印度作为全球最后一个仍处于增长初期的超大型电商市场是亚马逊进一步扩大市场份额的重要机会。云计算、人工智能等领域将可能成为亚马逊的下一支柱。不断收购其他领域的公司将使其迅速扩大市场。

威胁(T)分析：亚马逊的盈利能力迟迟没有明显提升，华尔街投资者的信心可能会受到考验。此外，沃尔玛、阿里巴巴是亚马逊拿下印度这块肥肉的强大对手。由于亚马逊在电商生态系统中扮演了重要角色，监管部门可能会对其尤为关注。

2. 沃尔玛

优势(S)分析：作为传统零售行业的巨头，沃尔玛商品丰富，物美价廉，购物体验良好，国际化物流系统强大，采购过程高效。此外，沃尔玛也有着过硬的消费者口碑，拥有一定的顾客忠诚度。

劣势(W)分析：人工费用和租金等经营成本的不断上升使沃尔玛的成本优势减弱。价格战给沃尔玛的产品质量带来压力，和供应商关系紧张。尽管沃尔玛早在 1999 年就宣布在线零售网是公司的头等大事，但初期对电商业务的重视不足，直到 2011 年之后才终于将电商提升到战略高度，使其目前处于被动的局面。

机会(O)分析：利用自身良好的品牌形象发展网上商城，进入电商行业。

威胁(T)分析：传统零售行业竞争日益激烈，加之电商行业的冲击，使沃尔玛腹背受敌。

根据两家公司的 SWOT 分析可以看出，亚马逊相较于沃尔玛来说有着更多的优势和机会，更少的劣势和威胁。预计未来亚马逊将会进一步拓展自己的市场，在人工智能、医疗等各个领域有所作为，前景可观，而沃尔玛则将会着力发展电商领域，但未在电商发展初期涉足这一领域使其十分被动，是否能成功，还有待观察。

五、管理团队分析

亚马逊的成功离不开贝索斯的领导。贝索斯拥有着一支约为 17 人的非常稳定、核心的高管团队，在亚马逊内部被称为“S 小队”，他们在亚马逊的供职时间平均大约 15 年，而亚马逊才成立23年。

沃尔玛的管理团队中,现任总裁董明伦于2014年上任,全球管理层在2017年经历了大换血,新任命了七大高管,中国区CEO更是经历了五年三换。

稳定的管理团队使亚马逊减少了高管之间的相互争论,增强了内部信任感,减少了政治斗争和内耗。而管理团队不断经历改朝换代,或许可以给沃尔玛带来新的发展,但这必然会造成团队的重新融合,而这磨合期间常常会产生诸多摩擦。

六、结论

从对两家企业的非财务信息分析可知,亚马逊的业务拓展势不可挡,其中功不可没的是其对自身企业的定位、对科技的追求、优秀的管理团队和随时代一起进步的创新理念。当然,亚马逊一直致力于为客户着想、提供高质量服务也为如今鱼龙混杂的互联网行业树立了很好的榜样。而沃尔玛目前正面临传统零售业日渐衰退,进入电商行业又腹背受敌的窘境。可见,亚马逊超越沃尔玛并非偶然,也并非只是简单的互联网电商的胜利。

本章思考题

1. 电脑行业是否为高盈利行业?为什么?
2. 85度C采取了何种竞争战略和星巴克PK?
3. 如何将公司的财务信息和非财务信息有机地结合起来,以使分析更加深入和全面?

本章练习题

1. 为什么要对公司的非财务信息进行分析,非财务信息分析的意义何在?
2. 在对公司的非财务信息进行分析时,有哪些常用的分析方法?

本章主要参考文献

[1] ABOOTT, MONSEN. On the measurement of corporate social responsibility self-reported disclosures as a method of measuring corporate social involvement[J]. Academy of Management Journal, 1979(12): 501 - 515.

[2] AUPPERLE K E, CARROLL A B, HATFIELD J D. An empirical examination of the relationship between corporate social responsibility and profitability[J]. Academy of Management Journal, 1985, 28(2): 446 -463.

[3] BANKER R D, POTTER G, SRINIVASAN D. An empirical investigation of an incentive plan that includes nonfinancial performance measures[J]. The Accounting Review, 2000, 75(1): 65 - 92.

[4] HUGHES K E II. The value relevance of nonfinancial measures of air pollution in the electric utility industry[J]. The Accounting Review, 2000, 75(2): 209 - 228.

[5] ITTER C D, LARCKER. Innovations in performance measurement: trends and researc

implication[J]. Journal of Managerial Accounting Research，1998(6)：205－238.

[6] MCGUIRE J B，SUNDGREN A，SCHNEEWEIS T. Corporate social responsibility and firm financial performance[J]. Academy of Management Journal，1988，31(4)：854－872.

[7] 注册会计师全国统一考试辅导用书编写组. 公司战略与风险管理[M]. 北京：中国财政经济出版社，2012.

第七章　所得税会计

导入案例

受原材料价格上涨以及国内外钢铁市场的需求降低、产能下降等因素的影响，鞍钢股份在 2011 年与 2012 年连续亏损，公司股票随即被 ST，公司面临退市风险。

然而，在全国钢铁行业产能过剩、效益一路下滑的大环境下，ST 鞍钢却在退市的关键一年当中扭亏为盈。对此，业内人士认为企业是通过资产置换、股权转让和会计估计的变更等手段来实现的。其中，巨额递延所得税资产的确认也在鞍钢的扭亏为盈中发挥了作用。ST 鞍钢对所得税的会计处理违反了会计准则的规定，还是在打会计准则的“擦边球”？

我国所得税会计准则对企业所得税会计处理做了怎样的规定？为什么规定这样的处理方式？在实际操作过程中会带来怎样的影响？

内容提要

《企业会计准则第 18 号——所得税》充分借鉴了《国际会计准则第 12 号——所得税》的做法，体现了与国际惯例趋同的原则。

本章从理论和实务两方面来阐述所得税会计问题，并在第三节将我国准则与美国准则和国际准则进行比较，进一步明确未来发展方向，以进一步研究探讨所得税准则，帮助实际工作者学习掌握该准则。

通过本章的学习，应达到以下目标：

1. 理解所得税会计的基本理论；
2. 理解所得税会计处理的四种方法；
3. 掌握所得税核算的会计处理；
4. 了解我国准则与美国准则、国际准则的相关差异。

第一节 所得税会计概述

所得税会计是研究如何处理按照会计准则(制度)计算的会计利润和按照税法计算的应税所得之间差异的会计理论和方法,是反映企业所得税的确认、计量和报告的一整套会计原理、程序和方法。我国自 20 世纪 90 年代初先后实施了会计制度改革与税制改革,会计与税法对有关收益、费用或损失等在确认与计量上的差异越来越大。

为了客观反映企业的财务状况和经营成果,财政部于 1994 年发布的《企业所得税会计处理暂行规定》及 2000 年颁布的《企业会计制度》,均借鉴国际会计惯例,对所得税的会计处理作出了相关规定。2006 年 2 月 15 日财政部又发布了《企业会计准则第 18 号——所得税》将资产负债表债务法作为所得税会计处理的唯一方法,以规范所得税的会计处理及相关信息的披露。

一、所得税会计模式

一国所得税的会计模式是经济体制、会计管理体制、资本市场等多种因素综合作用的结果(童锦治,2004)。对于企业会计准则与企业所得税法规定的差异,在会计处理上有“会税统一”和“会税分离”两种基本模式。

“会税统一”是指企业会计准则(制度)的规定以企业所得税法为导向,与企业所得税法保持一致。在这种情况下,企业直接将依所得税法规定计算的应交所得税作为财务会计中的所得税费用,会计准则的规定从属于税法的要求。企业的财务核算体现政府的管控和利益诉求。这种模式以德国为典型代表,这样模式下的所得税计算简单,不会形成会税差异,易于理解,但是提供给投资者的信息有限,同时在企业会计准则趋同的大背景下,因为各国税收制度的巨大差异,这种模式很难实现所得税的会计准则趋同。

与“会税统一”相反,“会税分离”即财务会计和所得税各自成体系,企业的会计处理按照会计准则进行,应纳税所得额按照税法规定单独计算,形成的差异在期末进行调整。这种模式以英美为典型代表,市场经济的开放性,要求企业必须为财务信息使用者提供公允的会计信息,此时就必须要求财务会计独立成一套准则;但对于政府来说,其关注的重点是税收收入,依此进行经济宏观调控,而不直接干预经济,这就给企业经济很大的独立自主性。

我国的所得税会计模式经历了从“会税统一”到“会税分离”的变迁,1993 年《企业会计准则》实施和 1994 年税制改革前,会计制度(准则)、财务制度与税法在收入、费用、利润、资产、负债等确认和计量方面基本一致,我国应税所得基本是按照会计所得进行确认的。1993 年的会计改革及 1994 年财政部颁布的《企业 1993 年前与 1992 年矛盾所得税会计处理的暂行规定》拉开了所得税会计和税法相分离的序幕(戴德明等,2006)。

进入 21 世纪,随着新《所得税会计准则》的实施及补充规定《企业所得税税前扣除办法》的实行,财务会计与所得税的分离进一步加大,财务会计不断走向独立,而税法的“刚性”也逐渐增强。我国所得税会计模式的变迁与国际实践经验相一致。

二、资产负债观和收入费用观

美国财务会计准则委员会于 1976 年指出：由于存在三种不同的企业收益计量理论，导致了三种不同的会计报表概念基础——资产负债观、收入费用观（损益观、收益观）和非环接观。非环接观认为资产负债表与收益表是各自独立的，其数据不需要环接，早已被人们摒弃。此后，美国会计准则和国际会计准则也都实现了由收入费用观向资产负债观转换。

收入费用观是指直接从收入和费用的角度来确定收益。以交易为中心，按照实现原则、配比原则和历史成本原则，将某一期间的收入和费用进行配比，以此确定收益，这种收益计量方法又称收益表法。收入费用观将利润表上的各个要素的处理当作财务会计处理的重心，更加注重收入、费用的确认和计量。资产、负债的确认和计量依附于收入、费用，利润表是报告体系的核心，资产负债表成为补充。

资产负债观是指直接从资产和负债的角度来确定收益。不考虑交易或非交易因素，除了所有者的投资和利润分配外，只要引起净资产变动就确认为收益，将收益的本质定义为某期间净资产的增加，这种计量收益的方法又称财产法。资产负债观着眼于资产和负债的确认、计量、记录，更强调资产和负债的真实价值，要求在符合一定条件下，采用公允价值计量。财务报表体系中将资产负债表作为第一张报表，利润表变为资产负债表的附表。

从我国所得税会计准则和制度的变革历程来看，1994 年和 2006 年改革的影响最为巨大。1994 年的所得税会计核算方法改革重新划分了所得税费用的性质，将所得税费用确认为一项费用。2006 年的改革则是整个会计收益计量理念的转变，即由原来的收入费用观转变为资产负债观（戴德明等，2013）。所得税会计处理方法的改变正是资产负债观的典型体现。

三、暂时性差异、时间性差异、永久性差异

要想深入理解所得税会计，必须对会税差异有一个全面的了解。由于税法和会计制度的差异，依税法计算的应税所得额与依会计制度计算的会计利润不一致，二者的差异就是所得税会计差异在不同的收益观念下对会税差异的不同表述。

（一）时间性差异和永久性差异

过去基于收入费用观的所得税会计将会税差异分为时间性差异和永久性差异两种。

1. 时间性差异

时间性差异是指由于税法与会计制度在确认收益、费用或损失时的时间不同而产生的税前会计利润与应纳税所得额的差异。时间性差异发生于某一会计期间，但在以后一期或若干期内能够转回。例如，固定资产的折旧，在报税时采用加速折旧法，而会计上则采用直线法，在固定资产使用的前半期，报税的折旧费用要大于会计上确认的折旧费用，

形成暂时性差异。

2. 永久性差异

永久性差异是指某一会计期间，由于会计制度和税法在计算收益、费用或损失时的口径不同，所产生的税前会计利润与应纳税所得额之间的差异。这种差异在本期发生，不会在以后各期转回。例如，企业应交的罚款和滞纳金等，在尚未支付之前按照会计规定确认为费用，同时作为负债反映，但是税法规定该部分费用无论在发生当期还是以后期间均不允许税前扣除，形成永久性差异。

(二) 暂时性差异和时间性差异

为了与国际接轨，我国 2006 年的会计准则基于资产负债观摒弃了时间性差异的概念，引进了暂时性差异概念，很多人容易将这两个概念混淆。

FASB 在 IAS 第 109 号中指出：暂时性差异包括“时间性差异”。时间性差异的产生是源于一项收入或费用计入应税收入的时间和计入根据美国会计准则确定的财务报表收入的时间不一致。时间差异的一些常见例子是折旧、递延补偿、预付收入、坏账准备等。

虽然暂时性差异包括时间性差异，但“暂时性差异”一词本质上更全面。暂时性差异还包括资产和负债的计税基础和账面价值之间的差异，因为这些差异在未来几年会产生税收后果。一些为了不同的税务目的和财务报告目的而被区别对待的项目包括：税收抵免导致资产基础减少，通货膨胀导致资产基础增加，和编制合并财务报表时的某些公司间交易。

因此，暂时性差异概念范围更广，所有的时间性差异均为暂时性差异，但并非所有的暂时性差异都是时间性差异。也就是说暂时性差异包括时间性差异和其他暂时性差异。我国的企业会计准则规定暂时性差异是指资产或负债的账面价值与其计税基础之间的差额，关于暂时性差异会在下节所得税实务中详细讲到。

四、所得税会计处理方法

在编制财务报告时，会出现这样一个问题：利润表中计列的所得税费用，是以应税利润为基础还是以会计利润为基础？对此，理论界和实务界存在两大类四种会计处理方法。

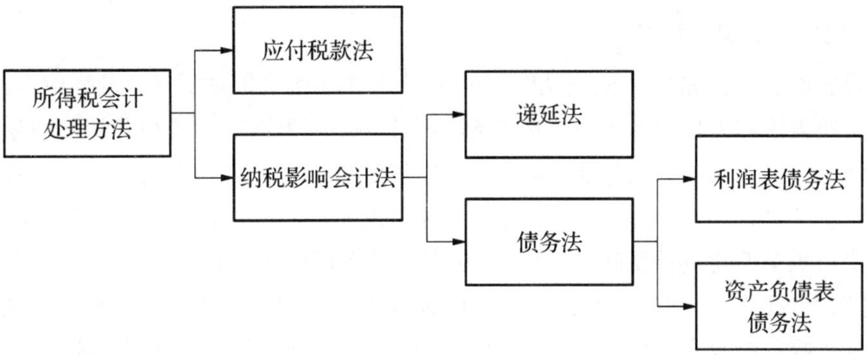

图 7-1 所得税会计处理方法

上文提到，对于企业会计准则(制度)规定与企业所得税法规定的差异，有“会税统一”

和“会税分离”两种模式。在“会税统一”模式下企业直接将依所得税法规定计算的应交所得税作为财务会计中的所得税费用，将本期利润与应纳税所得额之间的差异所产生的纳税影响金额计入当期损益，这种所得税会计处理方法便是应付税款法。在“会税分离”模式下，企业会计准则不以税法为导向，而是自成一体，确认计量所得税对费用、资产、负债等的影响。在这种情况下，所得税会计处理的方法是纳税影响会计法。

(一) 应付税款法

应付税款法是将本期税前会计利润与应税所得之间的差异均在当期确认所得税费用，以按税法计算的本年应付所得税额作为当年的所得税费用，即利润表所列的所得税费用与纳税报告中的应付所得税额相等。在这种方法下，当期所得税费用等于当期应交的所得税，不存在跨期间的所得税分摊问题。

【例 7－1】 甲公司核定的全年计税工资总额为 180 000 元，20×3 年实际发放的工资总额为 200 000 元，该公司采用直线法计提固定资产折旧，本年折旧额为 100 000 元，假定税法规定采用双倍余额递减法，折旧额为 130 000 元。公司 20×3 年利润表上反映的税前会计利润为 300 000 元，所得税税率为 25%。则甲公司本期应交所得税和所得税费用如下：

(1) 税前会计利润	300 000	
加：永久性差异	20 000	
减：时间性差异	30 000	
应税所得	290 000	
应交所得税	72 500	
所得税费用	72 500	
(2) 20×3 年会计分录。		
借：所得税	72 500	
贷：应交税金——应交所得税		72 500

应付税款法简单易行，但是，其利润表所得税费用与收入不配比，资产负债表也未能客观反映资产与负债的真实情况，现已被美国会计准则委员会和我国会计准则所淘汰。

(二) 纳税影响会计法

纳税影响会计法是指企业确认时间性差异或暂时性差异对所得税的影响金额，按照当期应交所得税和差异对所得税影响金额的合计，确认为当期所得税费用的方法。纳税影响会计法分为递延法和债务法，递延法在税率变更时，不是对以前各期发生而在本期转销的递延税款进行调整，而是依然按照发生时的税率转回，体现了历史成本计量属性；债务法则要对税率变化进行反映，并且按新税率调整递延税款余额，体现了公允价值计量属性(戴德明等，2013)。其中债务法又分为利润表债务法和资产负债表债务法。利润表债务法是基于收益的收入费用观，而资产负债表债务法是基于收益的资产负债观。

1. 递延法

递延法是将本期的时间性差异的纳税影响，递延和分配给以后时期，并同时转回原已确认的时间性差异对本期所得税的影响金额。

递延法的特点在于本期发生的时间性差异影响所得税的金额，用现行税率计算，以前发生而在本期转回的各项时间性差异影响所得税的金额，一般用当初的原有税率计算，在税率变动或开征新税时，对递延税款的账面价值不做调整。因此采用递延法核算时，资产负债表上反映的递延税款余额，并不代表收款的权利或付款的义务。

在递延法下，一定时期的所得税费用包括：① 本期应交所得税；② 本期发生或转回的时间性差异所产生的递延税款贷项或借项。

【例 7-2】 假如甲公司 20×4 年所得税税率改为 20%，本年实现的税前会计利润与 20×3 年度相同，其他资料同【例 7-1】。则甲公司 20×4 年应交所得税和所得税费用如下：

(1) 税前会计利润		300 000
加：永久性差异		20 000
减：时间性差异		30 000
应税所得		290 000
本期应交所得税		58 000
应纳税时间性差异的所得税影响金额	(30 000×20%)	6 000
本期所得税费用	(58 000+6 000)	64 000

(2) 20×4 年会计分录。

借：所得税（本期应计入损益的所得税费用）　64 000

　贷：应交税金——应交所得税（本期应税所得和规定的所得税税率计算的应交所得税）　58 000

　　递延税款（本期发生的时间性差异和规定的所得税税率计算的对所得税的影响金额）　6 000

递延法的缺点：在税法或税率变动或征收新税之后，资产负债表上列示的递延所得税可能不表示所得税的实际结果，即企业在以前年度承受的将于以后年度转回的现存的暂时性差异的结果。正如美国会计准则委员会第 11 号意见书指出的："与暂时性差异有关的递延借项与递延贷项，表示对其纳税影响的累计的实现数，而这种递延借项和递延贷项与一般的应收或应付的意义不同"。

2. 利润表债务法

利润表债务法是将本期时间性差异产生的所得税影响额递延和分配到以后各期，并同时转回原已确认的时间性差异对本期所得税影响额，在税率变动或开征新税时，需要调整递延税款的账面余额。利润表债务法和递延法的区别仅仅在于税率发生变化时，在所得税税率不变的情况下，利润表债务法和递延法的结果相同。

使用利润表债务法时，一定时期的所得税费用包括：① 本期应交所得税；② 本期发生或转回的时间性差异所产生的递延所得税负债或递延所得税资产；③ 和由于税率变更或开征新税，对以前各期确认的递延所得税负债或递延所得税资产账面余额的调整数。

【例 7-3】 沿用【例 7-2】资料。企业应做如下会计处理：

(1) 税前会计利润		300 000
加：永久性差异		20 000
减：时间性差异		30 000
应税所得		290 000
本期应交所得税		58 000
应纳税时间性差异的所得税影响金额	(30 000×20%)	6 000
应调减的递延所得税负债	(30 000×5%)	1 500
本期所得税费用	(58 000+6 000-1 500)	62 500

(2) 20×4 年会计分录。

借：所得税　62 500

　贷：应交税金——应交所得税　58 000

　　递延税款　(6 000-1 500)　4 500

3. 资产负债表债务法

资产负债表债务法以资产负债观为理论起点、以资产负债表为基础、注重资产负债的真实反映、侧重暂时性差异。资产负债表债务法按预计转回年度的所得税税率计算其纳税影响数并确认相应的递延所得税负债或递延所得税资产，使资产负债表的期末递延所得税负债(或资产)能真实地反映其预计转回时的金额，符合资产、负债的定义。

在核算时，首先计算资产负债表期末递延所得税负债(资产)，然后倒轧出利润表中的当期所得税费用，其计算公式如下：

当期所得税费用＝当期应纳所得税＋(期末递延所得税负债－期初递延所得税负债)－(期末递延所得税资产－期初递延所得税资产)

它和利润表债务法的主要区别在于利润表债务法处理所得税的顺序是从利润表项目计算出本期所得税费用，再根据与应交所得税的差额推算出资产负债表项目递延税款。而资产负债表债务法是从资产负债表项目计算出本期递延所得税资产或负债，再结合应交所得税倒推出利润表项目本期所得税费用。具体的计算方式将在下一节所得税实务中展开。

资产负债表债务法最终得到广泛认同，一是因为会计收益计量理念的转变，即由收入费用观转变为资产负债观，二是因为利润表债务法是从利润表的角度出发考虑时间性差异对纳税的影响，其涵盖范围有限。此外，递延法和利润表债务法虽然也能反映对未来所得税纳税的预期，但递延法和利润表债务法下的"递延税款"在资产负债表中的属性比较模糊，既不属于企业的资产或负债，也不属于权益。相比之下，资产负债表债务法作为资产负债观的典型体现，既能反映对未来所得税纳税的预期，满足"决策有用性"的财务报告目标以及权责发生制原则和配比原则的要求，又能符合递延所得税资产和负债的定义，名正言顺地进入财务报表进行列示，使得该方法成为目前最受青睐的所得税会计处理方法(戴德明等，2013)。

我国所得税会计处理方法经历了三个阶段：① 单一的应付税款法；② 递延法、利润表债务法和应付税款法可选择使用；③ 单一的资产负债表债务法。事实上，在 2006 年新的所得税会计准则出台前大多数企业一直使用的都是应付税款法，2006 年颁布的《企业会计准则第 18 号——所得税》中明确了所得税会计处理只能使用资产负债表债务法，实现了我国所得税会计准则的国际趋同。

第二节　所得税会计实务

对于所得税费用的会计处理，涉及的会计科目有：

(1)“所得税费用”科目，核算企业确认的应从利润总额中扣除的所得税费用。本科目结转后期末无余额。

(2)“应交税费——应交所得税”科目，核算企业按税法规定计算的应缴所得税。贷方反映实际应纳所得税，借方反映实际已纳所得税，余额反映欠缴所得税。

(3)“递延所得税资产”科目，核算企业确认的可抵扣暂时性差异产生的递延所得税资产及根据税法规定可用以后年度税前利润弥补的亏损和税款抵减产生的所得税资产。借方反映确认的各类递延所得税资产，贷方反映当企业确认递延所得税资产的可抵扣暂时性差异情况发生回转时转回的所得税影响额以及税率变动或开征新税调整的递延所得税资产，余额反映尚未转回的递延所得税资产。

(4)“递延所得税负债”科目，核算企业由于应纳税暂时性差异确认的递延所得税负债。贷方反映确认的各类递延所得税负债，借方反映当企业确认递延所得税负债的应纳税暂时性差异情况发生回转时转回的所得税影响额以及税率变动或开征新税调整的递延所得税负债，余额反映尚未转回的递延所得税负债。

一、所得税会计的一般程序

采用资产负债表债务法核算所得税的情况下，企业一般应于每一资产负债表日进行所得税核算。发生特殊交易或事项时，如企业合并，在确认因交易或事项产生的资产、负债时即应确认相关的所得税影响。企业进行所得税核算时一般应遵循以下程序：

(1) 按照会计准则规定确定资产负债表中除递延所得税资产和递延所得税负债以外的其他资产和负债项目的账面价值。

(2) 按照会计准则中对于资产和负债计税基础的确定方法，以适用的税收法规为基础，确定资产负债表中有关资产、负债项目的计税基础。

(3) 比较资产、负债的账面价值与其计税基础，对于两者之间存在差异的，分析其性质，除会计准则中规定的特殊情况外(说明了并不是所有的暂时性差异都形成递延所得税资产或递延所得税负债)，分别按照应纳税暂时性差异与可抵扣暂时性差异，确定该资产负债表日递延所得税负债和递延所得税资产的应有金额(期末余额)，并与期初递延所得税资产和递延所得税负债的余额相比，确定当期应予进一步确认的递延所得税资产和递延所得税负债金额或应予转销的金额(发生额),作为构成利润表中所得税费用的递延所得税费用(或收益)。

(4) 按照适用的税法规定计算确定当期应纳税所得额,将应纳税所得额与适用的所得税税率计算的结果确认为当期应交所得税,作为利润表中应予确认的所得税费用中的当期所得税部分。

(5) 确定利润表中的所得税费用。利润表中的所得税费用包括当期所得税和递延所得税两个组成部分。企业在计算确定当期所得税和递延所得税后,两者之和(或之差),即为利润表中的所得税费用。

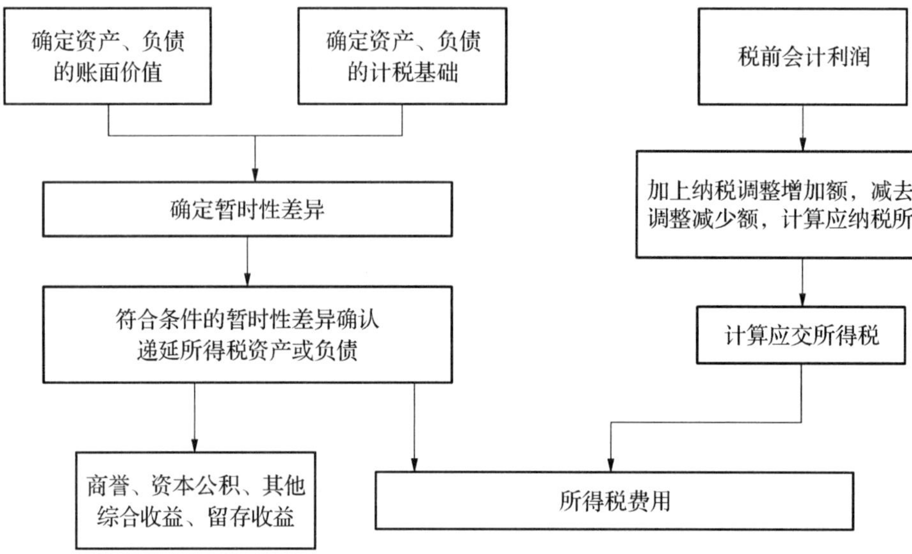

图 7-2　所得税会计的一般程序

二、资产与负债的计税基础

(一) 资产的计税基础

资产的计税基础,是指企业收回资产账面价值过程中,计算应纳税所得额时按照税法规定可以自应税经济利益中抵扣的金额。如果这些经济利益不需要纳税,那么该资产的计税基础即为其账面价值。通俗地说,资产的计税基础就是将来收回资产时可以抵税的金额。

例如,一项应收账款的账面价值为 30 万元,由于相关的收入已包括在应纳税利润(可抵扣亏损)中,该项资产在收回时不需纳税。因此,该应收账款的计税基础为 30 万元。又如,一项固定资产账面原值为 500 万元,税法按年数总和法计提折旧,应计提折旧额为 125 万元,则固定资产将来可抵扣的金额为 375 万元。因此,该固定资产的计税基础为 375 万元。

(二) 负债的计税基础

负债的计税基础是指负债的账面价值减去未来期间计算应纳税所得额时按照税法规

定可予抵扣的金额。

一项负债的确认意味着该负债的账面价值在未来期间将通过体现经济利益的资源流出来清偿。如果该项经济利益的流出在未来期间可以全部从应纳税所得中抵扣，则该项负债的计税基础为0。例如，一项预计负债的账面价值为1 000元，相关的费用将按收付实现制在未来实际支付时予以抵扣，因为该项预计负债的计税基础是0。

如果该项经济利益的流出在未来期间不可以从应纳税所得中抵扣，则该项负债的计税基础为账面价值。例如，一项应计费用的账面价值为1 000元，相关的费用已经抵扣，未来期间不可抵扣，因此该项应计费用的计税基础是1 000元。

除企业在正常生产经营活动过程中取得的资产和负债以外，对于某些特殊交易中产生的资产、负债，其计税基础的确定应遵从税法规定，如企业合并过程中取得资产、负债计税基础的确定。由于会计与税法法规对企业合并的划分标准不同，处理原则不同，某些情况下，会造成企业合并中取得的有关资产、负债的入账价值与其计税基础的差异。

三、暂时性差异

暂时性差异是指资产或负债的账面价值与其计税基础之间的差额。根据暂时性差异对未来期间应纳税所得额的影响，分为应纳税暂时性差异和可抵扣暂时性差异。

除因资产、负债的账面价值与其计税基础不同产生的暂时性差异以外，按照税法规定可以结转以后年度的未弥补亏损和税款抵减，也视同可抵扣暂时性差异处理。

（一）应纳税暂时性差异

应纳税暂时性差异，是指在确定未来收回资产或清偿负债期间的应纳税所得额时，将导致产生应税金额的暂时性差异。当资产的账面价值大于其计税基础或负债的账面价值小于其计税基础时，会产生应纳税暂时性差异。

1. 资产的账面价值大于计税基础

资产的账面价值代表的是企业在持续使用及最终出售该项资产时将取得的经济利益的总额，而计税基础代表的是资产在未来期间可予税前抵扣的总金额。资产的账面价值大于其计税基础，该项资产未来期间产生的经济利益不能全部税前抵扣，两者之间的差额需要交税，产生应纳税暂时性差异。

例如，一项固定资产的账面原值为1 000万元，会计上按直线法已提折旧为200万元，固定资产净值为800万元，即固定资产账面价值为800万元；税法按年数总和法计提折旧，应计提折旧额为250万元，即固定资产将来可抵扣的金额（计税基础）为750万元。因此，固定资产账面价值大于其计税基础，形成暂时性差异为50万元；因资产的账面价值大于其计税基础，形成应纳税暂时性差异。

2. 负债的账面价值小于其计税基础

负债的账面价值为企业预计在未来期间清偿该项负债时的经济利益流出，而计税基础代表的是账面价值在扣除税法规定未来期间允许税前扣除的金额之后的差额。因此负债产生的暂时性差异实质上是税法规定就该项负债可以在未来期间税前扣除的金额。

负债产生的暂时性差异＝账面价值－计税基础
＝账面价值－(账面价值－未来期间计税时按照税法规定可予税前扣除的金额)
＝未来期间计税时按照税法规定可予税前扣除的金额

负债的账面价值小于其计税基础，则意味着就该项负债在未来期间可以税前抵扣的金额为负数，即应在未来期间应纳税所得额的基础上调增，增加应税所得和应交所得税金额，产生应纳税暂时性差异。

(二) 可抵扣暂时性差异

可抵扣暂时性差异，是指在确定未来收回资产及清偿负债期间的应纳税所得额时，将导致产生可抵扣金额的暂时性差异。资产的账面价值小于其计税基础或负债的账面价值大于其计税基础时，会产生可抵扣暂时性差异。

(1) 资产的账面价值小于其计税基础，意味着资产在未来期间产生的经济利益少，按照税法规定允许税前扣除的金额多，两者之间的差额可以减少企业在未来期间的应纳税所得额，形成可抵扣暂时性差异。

(2) 负债的账面价值大于其计税基础，意味着未来期间按照税法规定与负债相关的全部或部分支出可以自未来应税经济利益中扣除，减少未来期间的应纳税所得额和应交所得税，形成可抵扣暂时性差异。

例如，一项预计负债账面余额为 100 万元(预提产品保修费用)，假设产品保修费用在实际支付时可以抵税，该预计负债计税基础为 0(负债账面价值 100 万元—其在未来期间计算应税利润时可予抵扣的金额 100 万元)。因此，预计负债账面价值 100 万元与计税基础 0 的差额，形成暂时性差异 100 万元；因负债的账面价值大于其计税基础，形成可抵扣暂时性差异。

表 7－1　暂时性差异分类表

	应纳税暂时性差异	可抵扣暂时性差异
资产	账面价值＞计税基础	账面价值＜计税基础
负债	账面价值＜计税基础	账面价值＞计税基础

(三) 特殊项目产生的暂时性差异

1. 未作为资产、负债确认的项目产生的暂时性差异

某些交易或事项发生以后，因为不符合资产、负债的确认条件而未体现为资产负债表中的资产或负债，但按照税法规定能够确定其计税基础的，其账面价值与计税基础之间的差异也构成暂时性差异。如企业发生的符合条件的广告费和业务宣传费支出，除另有规定外，不超过当期销售收入 15％的部分准予扣除；超过部分准予在以后纳税年度结转扣除。该类费用在发生时按照会计准则规定即计入当期损益，不形成资产负债表中的资产，但按照税法规定可以确定其计税基础的，两者之间的差额也形成暂时性差异(可抵扣暂时

性差异)。

2. 可抵扣亏损及税款抵减产生的暂时性差异

按照税法规定可以结转以后年度的未弥补亏损及税款抵减,虽不是因资产、负债的账面价值与计税基础不同产生的,但与可抵扣暂时性差异具有同样的作用,均能减少未来期间的应纳税所得额和应交所得税,会计处理上视同可抵扣暂时性差异,在符合确认条件的情况下,应确认与其相关的递延所得税资产。

四、递延所得税资产与负债的确认与计量

(一) 递延所得税资产的确认与计量

递延所得税资产产生于可抵扣暂时性差异,企业确认由于可抵扣暂时性差异产生的递延所得税资产应以未来期间可能取得的应纳税所得额为限。在可抵扣暂时性差异转回的未来期间内,企业无法产生足够的应纳税所得额用以利用可抵扣暂时性差异的影响,使得与可抵扣暂时性差异相关的经济利益无法实现的,不应确认递延所得税资产。

某些情况下,企业发生的某项交易或事项不属于企业合并,并且交易发生时既不影响会计利润也不影响应纳税所得额,且该项交易中产生的资产、负债的初始确认金额与其计税基础不同,产生可抵扣暂时性差异的,所得税准则中规定在交易或事项发生时不确认相应的递延所得税资产。

例如,某企业进行内部研究开发所形成的无形资产成本为 800 万元,按照税法 150% 摊销的规定未来期间税前扣除金额为 1 200 万元,其计税基础为 1 200 万元。该项无形资产并非产生于企业合并,同时在初始确认时既不影响会计利润也不影响应纳税所得额,确认其账面价值与计税基础直接产生暂时性差异的所得税影响需要调整该项资产的历史成本,准则规定该种情况下不确认相关的递延所得税资产。

确认递延所得税资产时,应当以预期收回该资产期间的适用所得税税率为基础计算确定。资产负债表日,应当对递延所得税资产的账面价值进行复核。如果未来期间很可能无法取得足够的应纳税所得额用以利用可抵扣暂时性差异带来的利益,应当减记递延所得税资产的账面价值。减记的递延所得税资产,除原确认时计入所有者权益的,其减记金额亦应计入所有者权益外,其他的情况均应增加所得税费用。

(二) 递延所得税负债的确认与计量

除所得税准则中明确规定可不确认递延所得税负债的情况以外,企业对于所有的应纳税暂时性差异均应确认相关的递延所得税负债。除与直接计入所有者权益的交易或事项以及企业合并中取得资产、负债相关的以外,在确认递延所得税负债的同时,应增加利润表中的所得税费用。

有些情况下,虽然资产、负债的账面价值与其计税基础不同,产生了应纳税所得税差异,但出于各方面考虑,所得税准则中规定不确认相应的递延所得税负债。主要包括:

(1) 商誉的初始确认。

(2) 除企业合并以外的其他交易或事项中,如果该项交易或事项发生时既不影响会

计利润，也不影响应纳税所得额，则所产生的资产、负债的初始确认金额与其计税基础不同，形成应纳税暂时性差异的，交易或事项发生时不确认相应的递延所得税负债。该规定主要考虑到由于交易发生时既不影响会计利润，也不影响应纳税所得额，确认递延所得税负债的直接结果是增加有关资产的账面价值或是降低所确认负债的账面价值，使得资产、负债在初始确认时，违背历史成本原则，影响会计信息的可靠性。

(3) 企业对与子公司、联营企业及合营企业投资相关的应纳税暂时性差异，应当确认相应的递延所得税负债。但是，同时满足下列条件的除外：① 投资企业能够控制暂时性差异转回的时间；② 该暂时性差异在可预见的未来很可能不会转回。

资产负债日，对于递延所得税负债，应当根据适用税法规定，按照预期收回该资产或负债期间的适用税率计量。即递延所得税负债应以相关应纳税暂时性差异转回期间按照税法规定的所得税税率计量。无论应纳税暂时性差异的转回期间如何，相关的递延所得税负债不要求折现。

(三) 适用税率变化对已确认递延所得税资产和负债的影响

因税收法规的变化，导致企业在某一会计期间适用的所得税税率发生变化的，企业应对已确认的递延所得税资产和递延所得税负债按照新的税率重新计量。递延所得税资产和递延所得税负债的金额代表的是有关可抵扣暂时性差异或应纳税暂时性差异于未来期间转回时，导致企业应交所得税金额的减少或增加的情况。适用税率变动的情况下，应对原已确认的递延所得税资产及递延所得税负债的金额进行调整，反映税率变化带来的影响。

直接计入所有者权益的交易或事项的，因税率变化产生的相关调整金额应计入所有者权益；其他情况下，因税率变化产生的调整金额应确认为所得税费用(或收益)。

五、所得税费用的确认和计量

利润表中应予确认的所得税费用的计算公式如下：

所得税费用＝当期所得税＋递延所得税

(一) 当期所得税

当期所得税是指企业按照税法规定计算确定的针对当期发生的交易和事项，应交纳给税务部门的所得税金额，即当期应交所得税。企业在确定应交所得税时，应在会计利润的基础上，计算出当期应纳税所得额，按照应纳税所得额与适用所得税税率计算确定当期应交所得税。一般情况下，应纳税所得额可在会计利润的基础上，考虑会税差异，按照以下公式计算确定：

应纳税所得额＝会计利润＋按照会计准则规定计入利润表但计税时不允许税前扣除的费用＋(－)计入利润表的费用与按照税法规定可予税前抵扣的金额之间的差额＋(－)计入利润表的收入与按照税法规定应计入应纳税所得额的收入之间的差额－税法规定不征税的收入＋(－)其他需要调整的因素

(二) 递延所得税

递延所得税是指按照所得税准则规定当期应予确认的递延所得税资产和递延所得税负债金额，即递延所得税资产及递延所得税负债当期发生额的综合结果，但不包括计入所有者权益的交易或事项的所得税影响。用公式表示为：

递延所得税＝(递延所得税负债期末余额－递延所得税负债期初余额)－(递延所得税资产期末余额－递延所得税资产期初余额)

应予说明的是，企业因确认递延所得税资产和递延所得税负债产生的递延所得税，一般应当计入所得税费用，但以下两种情况除外：

一是某项交易或事项按照会计准则规定应计入所有者权益的，由该交易或事项产生的递延所得税资产或递延所得税负债及其变化亦应计入所有者权益，不构成利润表中的递延所得税费用(或收益)。

二是企业合并中取得的资产、负债，其账面价值与计税基础不同，应确认相关递延所得税的，该递延所得税的确认影响合并中产生的商誉或是计入合并当期损益的金额，不影响所得税费用。

【例 7－4】 甲公司 20×3 年度利润表中利润总额为 3 000 万元，该公司适用的所得税税率为 25%。递延所得税资产及递延所得税负债不存在期初余额。与所得税核算有关的情况如下：

20×3 年发生的有关交易和事项中，会计处理与税收处理存在差别的有：

(1) 20×3 年因一项待执行合同转变为亏损合同，确认了一项 20 万元的预计负债。假定按税法规定，只有在合同实际发生亏损时才能在税前扣除。

(2) 20×3 年 1 月开始计提折旧的一项固定资产，成本为 700 万元，使用年限为 7 年，净残值为 0，会计处理按年数总和法计提折旧，税收处理按直线法计提折旧。假定税法规定的使用年限及净残值与会计规定相同。

(3) 当期取得以公允价值计量且其变动计入其他综合收益的其他债券投资，投资成本为 500 万元，20×3 年 12 月 31 日的公允价值为 600 万元。税法规定，以公允价值计量的金融资产持有期间市价变动不计入应纳税所得额。

(4) 违反环保法规定应支付罚款 100 万元。

(5) 向关联企业捐赠现金 500 万元。假定按照税法规定，企业向关联方的捐赠不允许税前扣除。

分析：

(1) 20×3 年度当期应交所得税。

应纳税所得额＝3 000＋20－75＋100＋500＝3 545(万元)

应交所得税＝3 545×25%＝886.25(万元)

(2) 20×3 年度递延所得税。

递延所得税资产＝20×25%＝5(万元)

递延所得税负债＝(75＋100)×25％＝43.75(万元)

递延所得税＝43.75－5＝38.75(万元)

(3) 利润表中应确认的所得税费用。

所得税费用＝886.25＋75×25％－20×25％＝900(万元)

确认所得税费用的账务处理如下：

借：所得税费用	9 000 000	
递延所得税资产	50 000	
资本公积——其他资本公积	250 000	
贷：应交税费——应交所得税		8 862 500
递延所得税负债		437 500

第三节　所得税会计的国际比较

2006年2月15日，《企业会计准则第18号——所得税》(简称CAS第18号)发布，并于2007年1月1日起率先在上市公司执行。新所得税准则是在借鉴《国际会计准则第12号——所得税会计》并结合我国的实际情况的基础上制定的，它要求企业一律采用资产负债表债务法核算递延所得税。从整体内容方面来看，CAS第18号同国际公认的所得税会计理论与实践具有同向性，适应了会计准则国际发展潮流。

一、目标的比较

(一) 美国会计准则

FAS第109号指出，所得税会计处理的目标在于：① 确认当年的应付所得税或应退所得税金额；② 对已经在企业财务报表或纳税申报表中确认事项的未来纳税影响确认为递延所得税负债或资产。

(二) 国际会计准则

IAS第12号规定：本准则的目的是规定所得税的会计处理。所得税会计的基本问题是如何核算以下所指事项的当期和未来纳税后果：① 企业资产负债表中确认的资产(负债)账面金额的未来收回(清偿)；② 在企业的财务报表中确认的当期交易和其他事项。

(三) 我国会计准则

CAS第18号规定，制定本准则的目的是“规范企业所得税的确认、计量和相关信息的列报”。

二、定义的比较

我国准则中大部分术语的定义与FAS第109号基本一致。但以下几个重要术语在我国准则中没有表述。

1. 移前扣除

移前扣除指不能用于某一年度的纳税申报表，但可以用来移前冲减以前年度应税收益或应付税款的扣减或减免项目。

2. 移后扣减

移后扣减指不能用于某一年度的纳税申报表，但可以用来移后扣减未来年度应税收益的扣减项或减免项。

3. 纳税筹划策略

纳税筹划策略指一项满足某种标准，其执行会使一项纳税利益或营业亏损或税款抵减移后扣除在到期之前得以实现的举措。

4. 估价备抵

估价备抵指一项递延所得税资产中的纳税利益很可能不能实现的部分。

三、会计方法的比较

总体来说，不管是国际会计准则、美国会计准则还是我国会计准则都已经明确了资产负债表债务法为所得税会计处理的唯一方法。FAS 第 109 号明确规定，所得税会计处理采用资产负债法，不能采用递延法和税后净额法及其他组合方法。ISA 第 12 号和 CAS 第 18 号规定，企业只能采用资产负债法（资产负债表债务法）核算所得税，禁止采用递延法。由于判断暂时性差异与确定计税基础密切相关，所以 IAS 第 12 号对计税基础做了较详细的规定，我国的所得税准则对此只做了原则性规定。

四、确认的比较

（一）美国会计准则

按 FAS 第 109 号规定，一个企业应将所有暂时性差异、营业亏损以及税款抵减移后扣减，确认为递延所得税负债或资产。2019 年，美国会计准则委员会发布 ASU 第 2019－12 号，简化所得税的会计处理，包括删除某些特定的豁免项目条款。

（二）国际会计准则

IAS 第 12 号对因商誉、负商誉和资产或负债的初始确认不同而产生的递延所得税负债和资产规定不得确认；对子公司、分支机构及联营企业的投资和在合营企业中的权益的相应确认，有限制性条件规定。2021 年，国际会计准则委员会对 IAS 进行修订，缩小了初始确认豁免的范围，明确了当企业发生了一项同时确认相同金额的可抵扣暂时性差异和应纳税暂时性差异，不适用初始确认的豁免情况。

（三）我国会计准则

IAS 第 18 号与 FAS 第 109 号的规定基本相同。除特别限制外，要求企业“应当确认所有应纳税暂时性差异产生的递延所得税负债”和“应当以很可能取得用来抵扣可抵扣暂时性差异的应纳税所得额为限，确认由可抵扣暂时性差异产生的递延所得税资产”。2022

年，我国发布《企业会计准则解释第 16 号》，补充关于单项交易产生的资产和负债相关的递延所得税不适用初始确认豁免的会计处理。

五、列报的比较

（一）美国会计准则

FAS 第 109 号规定，在分类的财务状况表中，企业应将递延所得税负债和资产区分为流动金额和非流动金额；递延所得税负债和资产应根据财务报告对相关资产和负债的分类划分为流动性和非流动性项目。

（二）国际会计准则

终止经营：IAS 第 12 号要求披露与终止的利得或损失相关的所得税费用以及已经终止经营当期的正常经营活动形成的损益及每一个列报前期对应的金额。我国对终止经营的企业关于递延所得税资产和负债的披露未做类似要求。

递延所得税资产的金额和支持其确认的证据：IAS 第 12 号规定了未利用的纳税亏损引起的递延所得税资产的确认，如果该企业在递延所得税资产确认的税收管辖区内发生当期或前期的亏损，则其应在财务报表附注中披露确认该递延所得税资产的金额和支持其确认的证据的性质，以确保此项递延所得税资产具有可实现能力。同样，当递延所得税资产的利用取决于未来应税利润超过因转回现存应税暂时性差异所形成的利润的部分时，也必须进行此项披露。

（三）我国会计准则

我国会计准则中虽没有出现类似规定，但我国新的所得税会计准则承认未利用的纳税亏损产生的暂时性差异会产生递延所得税资产。

最后，虽然基于资产负债观的资产负债表债务法显著地改善了会计信息的相关性，然而在会计信息的可靠性方面面临一些潜在的挑战。

由于所得税费用是形成净利润之前的最后一个账户，并且几乎资产和负债计价的任何变化都将透过递延所得税资产和递延所得税负债账户而影响当期会计收益。因此，监管层以及会计职业界应持续关注上市公司在应用所得税会计准则过程中可能存在的机会主义行为。

市场无法及时回应法定税率的变化所导致的递延所得税资产、负债乃至费用的调整，说明市场参与者对所得税会计准则的利润影响机理，尤其是所得税会计准则与税法之间的互动机制对当期会计收益的影响效应尚不全然了解，这可能是由所得税会计准则的专业性和复杂性决定的。

本章综合案例

递延所得税会计信息的双刃作用

——基于攀钢钒钛的案例分析

讨论主题:递延所得税对上市公司会计信息质量的影响

一、案例概况①

攀枝花新钢钒股份有限公司是特大型钒钛钢铁企业集团攀钢集团的全资子公司,1996 年 11 月攀钢钒钛在深圳证券交易所上市(股票代码 000629)。受钢铁大环境低迷等因素影响,攀钢钒钛在 2008 年与 2009 年连续亏损,公司被 ST 并面临退市的危机,而 2010 年,在钢铁产业持续低迷的情况下,攀钢钒钛在关键时刻成功扭亏为盈。

二、案例分析

攀钢钒钛在 2007 年之前采用的是利润表债务法,2007 年实施所得税准则后采用了资产负债表债务法。而自 2007 年开始到 2010 年,攀钢钒钛的递延所得税资产金额逐渐增大,具体如表 7-2 所示。

表 7-2 攀钢钒钛 2007—2012 年年末递延所得税资产金额 单位:元

年份	递延所得税资产	递延所得税负债	递延所得税净额
2006	—	—	16 459 516.82
2007	72 056 500.12	57 967 625.79	14 088 874.33
2008	151 022 424.55	47 143 215.12	103 879 209.43
2009	209 234 649.63	44 411 005.85	164 823 643.78
2010	338 950 620.73	19 432 531.75	319 518 088.98
2011	247 119 429.88	32 150 410.93	214 969 018.95
2012	214 488 346.46	22 794 625.12	191 693 721.34

从表 7-2 可知,攀钢钒钛 2007 年年末的递延所得税资产为 0.72 亿元,2008 年年末则达到了 1.51 亿元,2009 年、2010 年递延所得税资产持续增长,分别达到了 2.09 亿元和 3.39 亿元,到 2011 年和 2012 年由于按规定部分递延所得税资产转回使得当年的递延所得税资产有所下降,但仍在 2 亿元以上。随着递延所得税资产占资产总额比重的增大,其包含的信息含量和对企业财务状况、经营成果的影响也会逐渐扩大。但是,递延所得税资产(负债)并非严格意义上的资产(负债),或者说是相对特殊的资产(负债),因为其代表的

① 戴德明,唐好,何力军. 递延所得税会计信息的双刃作用:基于攀钢钒钛的案例分析[J].财务与会计,2013(9):8-11.

是对企业未来期间应纳税所得额的预期影响。既然是“预期影响”,就意味着是企业管理者估计和主观判断的结果。这就使得递延所得税资产(负债)的确认和转回缺乏可靠的、可验证的原始凭证,从而不符合最重要的会计信息质量要求——可靠性。

表 7-3 攀钢钒钛 2007—2010 年的净利润和所得税费用情况 单位:元

年份	净利润	所得税费用	当期所得税费用	递延所得税费用
2007	995 253 187.33	58 713 625.86	100 846 170.94	—42 132 545.08
2008	—394 213 291.53	—72 383 902.97	6 582 021.46	—78 965 924.43
2009	—1 635 633 950.25	291 009 533.19	92 660 387.27	198 349 145.92
2010	1 062 104 002.24	28 164 107.56	157 880 078.66	—129 715 971.10

分析表 7-3 发现:

其一,盈利的年份所得税费用反而偏低(2010 年),而亏损的年份所得税费用却偏高(2009 年)。值得注意的是,攀钢钒钛 2007—2010 年期间的当期所得税费用均是正数,即使是在亏损的 2009 年,其实际上交的所得税仍高达 0.92 亿元。这说明攀钢钒钛 2007—2010 年期间的应纳税所得额都是正数,也即从税法的角度看,攀钢钒钛 2007—2010 年每年均是盈利的,因此所得税费用大于零。但按所得税会计准则处理后,攀钢钒钛的所得税费用就正负难定了。由此出现的问题是:所得税会计信息缺乏可理解性。

其二,递延所得税费用正好符合亏损或盈利的需求,恰似“雪中送炭”的好帮手。从表 7-3 可以看出,攀钢钒钛在 2007 年、2008 年的递延所得税费用均为负值,而在 2009 年却来了个大转回,以 1.98 亿元的递延所得税费用加上 0.93 亿元的当期所得税费用,得出利润表上列示的 2.91 亿元的巨额所得税费用,以至于攀钢钒钛在 2009 年的亏损高达 16.36 亿元。在连续亏损两年后,攀钢钒钛在 2010 年扭亏为盈,避免了退市的风险。有意思的是,其 2010 年的递延所得税费用又变为—1.29 亿元,抵减当期所得税费用 1.58 亿元,得出的所得税费用仅为 0.28 亿元。这样几经“峰回路转”的递延所得税费用,尽管攀钢钒钛对此提供了看似合理的解释,但是这种巧合难免让人怀疑攀钢钒钛利用递延所得税在 2009 年一次“亏个够”,以便在以后年度能“轻装上阵”。

根据所得税费用=当期所得税+递延所得税和递延所得税=(递延所得税负债期末余额—递延所得税负债期初余额)—(递延所得税资产期末余额—递延所得税资产期初余额)两个公式可知,当期多确认递延所得税资产可以降低所得税费用从而做大净利润,而当期转回可抵扣暂时性差异或者少确认递延所得税资产则可以减少净利润。

三、案例启示

2006 年财政部发布的《企业会计准则第 18 号——所得税》将资产负债表债务法作为所得税会计处理的唯一方法。虽然改革已经十多年,但是资产负债表债务法较传统的应付税款法较为复杂,同时在递延所得税资产的确认上具有一定主观性,所以在实务中依然存在很多问题。部分上市公司所得税会计处理存在考虑因素不全面、递延所得税资产确认不够谨慎等问题。所得税调整信息不规范、不充分的情况也较为普遍。

根据企业会计准则规定，对于按照税法规定可以结转以后年度的可抵扣亏损，在预计可利用可抵扣亏损的未来期间内很可能取得足够应纳税所得额的，应当以很可能取得的应纳税所得额为限，确认相应的递延所得税资产。证监会年报分析发现，部分上市公司没有结合实际经营情况合理预计未来是否很可能取得足够的应纳税所得额，递延所得税资产的确认不够谨慎。如有些上市公司经营情况并未发生实质性好转，仅由于本年处置股权等偶发性交易产生的收益实现了扭亏为盈，而将以前年度未确认相关所得税影响的可抵扣亏损于本年度确认了递延所得税资产；甚至个别公司连续发生亏损，也确认了与可抵扣亏损相关的递延所得税资产。

资产负债表债务法的应用是一把双刃剑：一方面使得递延所得税会计信息更符合"决策有用性"的财务报告目标的要求，提供对投资者决策更为有用的所得税会计信息；另一方面递延所得税会计信息的确认具有较大的主观性，容易给企业管理者提供盈余管理的空间。

本章思考题

1. 所得税会计处理方法有哪几种？当适用税率发生变化时这些会计处理方式分别怎么样处理？

2. 为什么某项交易或事项发生时既不会影响会计利润，也不影响应纳税所得额，则形成的暂时性差异不确认相应的递延所得税资产或负债？

本章练习题

A公司20×3年度资产负债表列示的相关资产和负债数据如下：固定资产1 200万元，交易性金融资产1 200万元，其他应付款250万元，存货2 000万元；利润表中利润总额为3 000万元，递延所得税资产及递延所得税负债没有期初余额。该公司适用25%的所得税税率。20×3年发生的有关交易和事项中，税收处理与会计处理存在差别的有：

(1) 20×3年1月开始计提折旧的一项成本为1 500万元的固定资产，使用年限为10年，净残值为0。税收处理按直线法计提折旧，当年应计提折旧150万元，会计处理按双倍余额递减法计提折旧，当年应计提折旧300万元。假定税法规定的使用年限及净残值与会计规定相同。

(2) 向关联企业捐赠现金500万元。假定按照税法规定，企业向关联方的捐赠不允许税前扣除。

(3) 当期取得作为交易性金融资产核算的成本为800万元的股票投资，20×3年12月31日其公允价值为1 200万元，发生公允价值变动损益400万元。假定按税法规定，以公允价值计量的金融资产持有期间市价变动不计入应纳税所得额。

(4) 违反环保法规定应支付罚款250万元。

(5) 在会计期末，对持有的存货计提了存货跌价准备 75 万元。

要求：

(1) 计算企业 20×3 年度“应交税费——应交所得税”；

(2) 计算递延所得税资产/负债期末账面余额；

(3) 计算企业当期所得税费用。

本章主要参考文献

[1] BAINGANI V, AGRAWAL N. Indian accounting standards and IFRSs: a comparative study [J]. The Chartered Accountant, 2005(1): 1050 - 1060.

[2] 戴德明，姚淑瑜. 会计——税收差异及其制度因素分析：来自中国上市公司的经验证据[J]. 财经研究，2006，32(5)：48 - 59.

[3] 戴德明，唐好，何力军. 递延所得税会计信息的双刃作用：基于攀钢钒钛的案例分析[J]. 财务与会计，2013(9)：8 - 11.

[4] 戴德明，唐好，何力军. 会计制度变迁背景下所得税会计信息的市场效应检验：基于 2001—2011 年 A 股上市公司的证据[J]. 山西财经大学学报，2013，35(11)：106 - 115.

[5] 李勇，左连凯，刘亭立. 资产负债观与收入费用观比较研究：美国的经验与启示[J]. 会计研究，2005(12)：83 - 87，96.

[6] 刘慧凤，盖地. 所得税会计准则国际化：国际进展与中国抉择[J]. 经济与管理研究，2006，27(2)：78 - 82.

[7] 沈颖玲，于永生，黄平. 国际财务报告准则：阐释与应用[M]. 上海：立信会计出版社，2007.

[8] 童锦治，乔彬彬. 所得税会计模式国际实践与我国的选择[J]. 税务研究，2004(1)：55 - 57.

[9] 中国注册会计师协会. CPA 审计[M]. 北京：中国财政经济出版社，2018.

第八章　金融工具会计

导入案例

限售股的存在是我国资本市场独有的一种特殊现象，《企业会计准则解释第1号》明确了股权分置改革中限售股的会计处理方法，而对于IPO过程中形成的限售股一直没有明确说法，导致不同企业持有同一上市公司的限售股会计处理方法明显不同。

2006年12月1日，招商轮船成功完成IPO并在上海证券交易所挂牌上市，向中海发展、中集集团、深圳华强等十四家战略投资者定向配售。根据有关规定，这些有限售条件的股份自招商轮船上市之日起将锁定12个月，而在三家公司2007年公布的解禁后半年报中，中海发展将其划分为交易性金融资产，中集集团将其划分为可供出售金融资产，深圳华强则将其划分为长期股权投资，如此乱象，引起市场广泛热议。

事实是，2007年中集集团全部出售上述股份，2008年中海发展出售，深圳华强2008年减持。同样的投资却造成不同的会计处理及投资后果，我们需要探究这些分类究竟有无对错。

内容提要

随着我国多层次资本市场的建设、金融创新的发展和对外开放的深化，有关金融工具会计出现了一些新情况和新问题：原准则对金融工具分类和计量过于复杂，主观性强，影响金融工具会计信息的可比性；金融资产转移的会计处理过于原则，对金融资产证券化等会计实务指导不够；套期会计与企业风险管理实务脱节等。为切实解决企业金融工具相关会计实务问题，财政部颁布并实施了《企业会计准则第22号——金融工具确认和计量》。同时，新套期会计准则的实施，是我国企业对套期保值业务进行会计处理的一个制度保障，其对企业会计处理的规范性和合理性将产生重要影响。

本章从金融工具会计概述、金融工具的计量、金融资产的转移及套期会计实务四个方面来阐述相关问题，并在最后一节将我国现行准则与美国准则和国际准则进行对比，在此基础上明确未来发展方向。

通过本章的学习，应达到以下目标：

1. 了解金融工具的概述；

2. 理解金融工具的确认、计量；

3. 理解套期会计的处理；
4. 了解我国准则与美国准则、国际准则的发展。

第一节　金融工具会计概述

一、金融工具的定义

为了适应社会主义市场经济发展需要，规范金融工具的会计处理，提高会计信息质量，2017 年 3 月根据《企业会计准则——基本准则》，我国财政部对《企业会计准则第 22 号——金融工具确认和计量》进行了修订印发。在境内外同时上市的企业以及在境外上市并采用国际财务报告准则或企业会计准则编制财务报告的企业，自 2018 年 1 月 1 日起施行；其他境内上市企业自 2019 年 1 月 1 日起施行；执行企业会计准则的非上市企业自 2021 年 1 月 1 日起施行。

《企业会计准则第 22 号——金融工具确认和计量》指出："金融工具是指形成一方的金融资产并形成其他方的金融负债或者权益工具的合同。"

根据《企业会计准则第 37 号——金融工具列报》要求，企业发行金融工具，应当按照该金融工具的合同条款及其所反映的经济实质而非法律形式，结合金融资产、金融负债和权益工具的定义，在初始确认时将该金融工具或其组成部分分类为金融资产、金融负债或权益工具。

金融工具包括基础金融工具（如债券、股票）和衍生工具（如期货、期权、互换）。

二、金融资产的定义及分类

（一）金融资产的定义

金融资产，是指企业持有的现金、其他方的权益工具以及符合下列条件之一的资产：

（1）从其他方收取现金或其他金融资产的合同权利。

（2）在潜在有利条件下，与其他方交换金融资产或金融负债的合同权利。

（3）将来须用或可用企业自身权益工具进行结算的非衍生工具合同，且企业根据该合同将收到可变数量的自身权益工具。

（4）将来须用或可用企业自身权益工具进行结算的衍生工具合同，但以固定数量的自身权益工具交换固定金额的现金或其他金融资产的衍生工具合同除外。其中，企业自身权益工具不包括应当按照《企业会计准则第 37 号——金融工具列报》分类为权益工具的可回售工具或发行方仅在清算时才有义务向另一方按比例交付其净资产的金融工具，也不包括本身就要求在未来收取或交付企业自身权益工具的合同。

（二）金融资产的分类

新准则规定，企业应当根据其管理金融资产的业务模式和金融资产的合同现金流量特征，将金融资产划分为以摊余成本计量的金融资产、以公允价值计量且其变动计入其他综合收益的金融资产，以及以公允价值计量且其变动计入当期损益的金融资产。

企业管理金融资产的业务模式，是指企业如何管理其金融资产以产生现金流量。业务模式决定企业所管理金融资产现金流量的来源是收取合同现金流量、出售金融资产还是两者兼有。企业管理金融资产的业务模式，应当以企业关键管理人员决定的对金融资产进行管理的特定业务目标为基础确定，应当以客观事实为依据，不得以按照合理预期不会发生的情形为基础确定。

金融资产的合同现金流量特征，是指金融工具合同约定的、反映相关金融资产经济特征的现金流量属性。企业分类为以摊余成本计量的金融资产和以公允价值计量且其变动计入其他综合收益的金融资产，其合同现金流量特征应当与基本借贷安排相一致，即相关金融资产在特定日期产生的合同现金流量仅为对本金和以未偿付本金金额为基础的利息的支付。其中，本金是指金融资产在初始确认时的公允价值，本金金额可能因提前还款等原因在金融资产的存续期内发生变动；利息包括对货币时间价值、与特定时期未偿付本金金额相关的信用风险以及其他基本借贷风险、成本和利润的对价。

金融资产的具体分类如下：

(1) 金融资产同时符合下列条件的，应当分类为以摊余成本计量的金融资产（如银行向企业客户发放的固定利率的贷款），以银行存款、贷款、应收账款、债权投资等科目核算。

① 企业管理该金融资产的业务模式是以收取合同现金流量为目标。

② 该金融资产的合同条款规定，在特定日期产生的现金流量，仅为对本金和以未偿付本金金额为基础的利息的支付。

(2) 金融资产同时符合下列条件的，应当分类为以公允价值计量且其变动计入其他综合收益的金融资产，以“其他债权投资”科目来核算。

① 企业管理该金融资产的业务模式既以收取合同现金流量为目标又以出售该金融资产为目标。

② 该金融资产的合同条款规定，在特定日期产生的现金流量，仅为对本金和以未偿付本金金额为基础的利息的支付。

在初始确认时，企业可基于单项非交易性权益工具投资，将其指定为以公允价值计量且其变动计入其他综合收益的金融资产，通过“其他权益工具投资”科目核算。

(3) 按照上述(1)和(2)分类为以摊余成本计量的金融资产和以公允价值计量且其变动计入其他综合收益的金融资产之外的金融资产，企业应当将其分类为以公允价值计量且其变动计入当期损益的金融资产，以“交易性金融资产”科目核算。

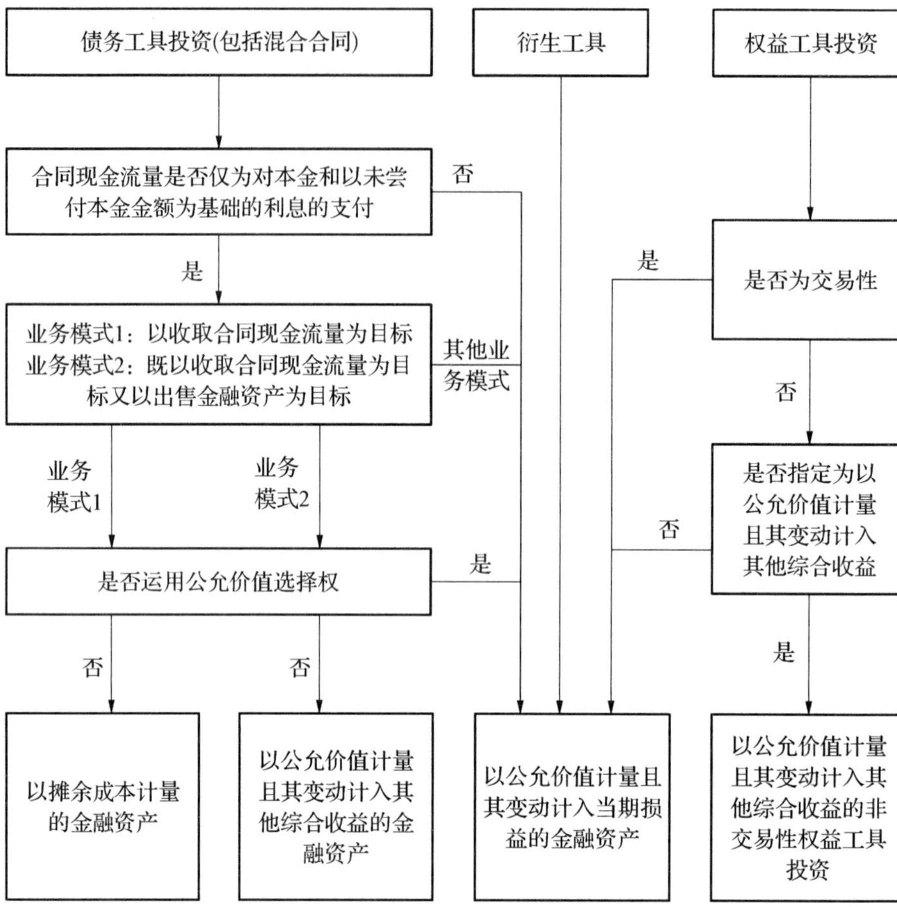

图 8－1　金融资产分类流程图①

三、金融负债的定义及分类

(一) 金融负债的定义

金融负债，是指企业符合下列条件之一的负债：

(1) 向其他方交付现金或其他金融资产的合同义务。

(2) 在潜在不利条件下，与其他方交换金融资产或金融负债的合同义务。

(3) 将来须用或可用企业自身权益工具进行结算的非衍生工具合同，且企业根据该合同将交付可变数量的自身权益工具。

(4) 将来须用或可用企业自身权益工具进行结算的衍生工具合同，但以固定数量的自身权益工具交换固定金额的现金或其他金融资产的衍生工具合同除外。企业对全部现有同类别非衍生自身权益工具的持有方同比例发行配股权、期权或认股权证，使之有权按比例以固定金额的任何货币换取固定数量的该企业自身权益工具的，该类配股权、期权或

① 财政部会计司编写组.《企业会计准则第 22 号——金融工具确认和计量》应用指南 2018[M].北京：中国财政经济出版社，2018.

认股权证应当分类为权益工具。其中,企业自身权益工具不包括应当按照《企业会计准则第 37 号——金融工具列报》分类为权益工具的可回售工具或发行方仅在清算时才有义务向另一方按比例交付其净资产的金融工具,也不包括本身就要求在未来收取或交付企业自身权益工具的合同。

(二) 金融负债的分类

除下列各项外,企业应当将金融负债分类为以摊余成本计量的金融负债:

(1) 以公允价值计量且其变动计入当期损益的金融负债,包括交易性金融负债(含属于金融负债的衍生工具)和指定为以公允价值计量且其变动计入当期损益的金融负债。

(2) 金融资产转移不符合终止确认条件或继续涉入被转移金融资产所形成的金融负债。对此类金融负债,企业应当按照《企业会计准则第 23 号——金融资产转移》相关规定进行计量。

(3) 不属于(1)或(2)情形的财务担保合同,以及不属于(1)情形的以低于市场利率贷款的贷款承诺。企业作为此类金融负债发行方的,应当在初始确认后按照依据本准则第八章所确定的损失准备金额以及初始确认金额扣除依据《企业会计准则第 14 号——收入》相关规定所确定的累计摊销额后的余额孰高进行计量。

四、权益工具

权益工具是指能证明拥有某个企业在扣除所有负债后的资产中剩余权益的合同。同时满足下列条件的,发行方应当将发行的金融工具分类为权益工具:

(1) 该金融工具不包括交付现金或其他金融资产给其他方,或在潜在不利条件下与其他方交换金融资产或金融负债的合同义务(如发行股票);

(2) 将来须用或可用企业自身权益工具结算该金融工具的:

① 如为非衍生工具,不包括交付可变数量的自身权益工具进行结算的合同义务;

② 如为衍生工具,企业只能通过以固定数量的自身权益工具交换固定金额的现金或其他金融资产结算该金融工具(如认股权证)。

五、公允价值选择权

在初始确认时,为了提供更相关的会计信息,企业可以将一项金融资产、一项金融负债或者一组金融工具(金融资产、金融负债或者金融资产及负债)指定为以公允价值计量且其变动计入当期损益的金融资产或金融负债,但该指定应当满足下列条件之一:

(1) 金融资产或金融负债能够消除或显著减少会计错配。

(2) 根据正式书面文件载明的企业风险管理或投资策略,以公允价值为基础对金融负债组合或金融资产和金融负债组合进行管理和业绩评价,并在企业内部以此为基础向关键管理人员报告。

企业将一项金融资产、一项金融负债或者一组金融工具(金融资产、金融负债或者金融资产及负债)指定为以公允价值计量且其变动计入当期损益的,一经做出不得撤销。

六、衍生金融工具

(一) 衍生金融工具的定义

衍生工具，是指属于金融工具准则范围并同时具备下列特征的金融工具或其他合同：

(1) 其价值随特定利率、金融工具价格、商品价格、汇率、价格指数、费率指数、信用等级、信用指数或其他变量的变动而变动，变量为非金融变量的，该变量不应与合同的任何一方存在特定关系。

(2) 不要求初始净投资，或者与对市场因素变化预期有类似反应的其他合同相比，要求较少的初始净投资。

(3) 在未来某一日期结算。

(二) 衍生金融工具的几种常见形式

常见的衍生工具包括远期合同、期货合同、互换合同和期权合同等。

1. 远期合约

远期合约是指在将来某一时间按事先约定的价格购买或出售某项产品的合约。远期交易合约通常是非标准化合约，因此流通性较差，大部分远期合约都到期进行实际交割。远期合约主要包括远期外汇合约、远期利率协议、远期股票合约和远期商品合约等。

2. 期货

期货是指买卖双方在有组织的交易所内，以公开竞价的方式达成协议，约定在未来某一特定时间交割标准数量特定金融工具或商品的交易合约。期货是标准化合同，流动性较强，大多数合约在到期前被平仓。交易采取保证金制度，有较强的杠杆效应。期货主要包括外汇期货、利率期货、股票指数期货和商品期货等。

3. 期权

期权又称交易选择权，分成看涨期权和看跌期权两种类型。看涨期权的持有者有权在某一确定时间以某一确定价格购买标的资产；看跌期权的持有者有权在某一确定时间以某一确定价格出售标的资产。期权交易中，获得交易选择权的一方都必须支付给另一方权利金，即期权的价格。期权通常包括外汇期权、利率期权和股票指数期权等。期权与其他衍生金融工具最大的区别点在于具有交易的选择权，即自主选择是否交易。

4. 互换

互换是按一定的条件在金融市场进行不同金融工具的交换的合约。金融互换的参与者多为一些大公司和机构，为了一些特殊的需求，进行金融工具的互换。金融互换交易由于考虑了交易各方的独特情况和利用了交易各方的独特优势，常常可以同时增加交易各方的经济利益，形成双赢或多赢的局面。金融互换主要包括货币互换、利率互换和货币利率互换等。

5. 其他衍生金融工具

其他衍生金融工具主要是各类金融工具的组合。例如，可转换债券、认股权证等。由于衍生金融工具的发展和创新速度很快，各种新型衍生金融工具还会不断产生。

第二节 金融工具的计量

2005 年 9 月 2 日财政部发布了《金融工具确认和计量暂行规定》,并于 2006 年 1 月 1 日起在上市和拟上市商业银行范围内试行。该规定与国际会计准则 IAS 第 39 号基本接轨,与现行《金融企业会计制度》比较,它带给商业银行最根本的改变就是引入了市值计价。

2005 年 9 月 23 日财政部发布了四项金融工具会计准则征求意见稿,分别是《企业会计准则第××号——金融工具列报与披露》(征求意见稿)、《企业会计准则第××号——金融工具确认和计量》(征求意见稿)、《企业会计准则第××号——金融资产转移》(征求意见稿)及《企业会计准则第××号——套期保值》(征求意见稿)。

2006 年 2 月 15 日,我国关于金融工具的会计准则出台,分别是《企业会计准则第 22 号——金融工具确认和计量》《企业会计准则第 23 号——金融资产转移》《企业会计准则第 24 号——套期保值》《企业会计准则第 37 号——金融工具列报》,规定于 2007 年 1 月 1 日正式实施,有关规定基本上与国际会计准则基本一致。

2017 年 3 月 31 日,财政部修订发布了《企业会计准则第 22 号——金融工具确认和计量》《企业会计准则第 23 号——金融资产转移》和《企业会计准则第 24 号——套期会计》。

一、金融资产及金融负债的初始计量

我国企业会计准则和国际会计准则都规定,企业初始确认金融资产或金融负债,应当按照公允价值计量。对于以公允价值计量且其变动计入当期损益的金融资产和金融负债,相关交易费用应当直接计入当期损益;对于其他类别的金融资产或金融负债,相关交易费用应当计入初始确认金额。但是,企业初始确认的应收账款未包含《企业会计准则第 14 号——收入》所定义的重大融资成分或根据《企业会计准则第 14 号——收入》规定不考虑不超过一年的合同中的融资成分的,应当按照该准则定义的交易价格进行初始计量。

其中,交易费用,是指可直接归属于购买、发行或处置金融工具新增的外部费用。增量费用是指企业不购买、发行或处置金融工具就不会发生的费用,包括支付给代理机构、咨询公司、券商、证券交易所、政府有关部门等的手续费、佣金、相关税费以及其他必要支出,不包括债券溢价、折价、融资费用、内部管理成本和持有成本等与交易不直接相关的费用。

二、金融资产及金融负债的后续计量

(一) 金融资产的后续计量

金融资产的后续计量与金融资产的分类密切相关,企业应当对不同类别的金融资产,分别以摊余成本、以公允价值计量且其变动计入其他综合收益或以公允价值计量且其变动计入当期损益进行后续计量。

企业在对金融资产进行后续计量时，需要注意的是：如果一项金融工具以前被确认为一项金融资产并以公允价值计量，而现在它的公允价值低于零，企业应将其确认为一项负债。

1. 以摊余成本计量的金融资产的会计处理

企业应当按照实际利率法确认利息收入。

实际利率法是指计算金融资产或金融负债的摊余成本以及将利息收入或利息费用分摊计入各会计期间的方法。

实际利率，是指将金融资产或金融负债在预计存续期的估计未来现金流量，折现为该金融资产账面余额或该金融负债摊余成本所使用的利率。在确定实际利率时，应当在考虑金融资产或金融负债所有合同条款（如提前还款、展期、看涨期权或其他类似期权等）的基础上估计预期现金流量，但不应当考虑预期信用损失。利息收入应当根据金融资产账面余额（或摊余成本）乘以实际利率（经信用调整的实际利率）计算确定。

金融资产或金融负债的摊余成本，应当以该金融资产或金融负债的初始确认金额经下列调整后的结果确定：① 扣除已偿还的本金；② 加上或减去采用实际利率法将该初始确认金额与到期日金额之间的差额进行摊销形成的累计摊销额；③ 扣除累计计提的损失准备（仅适用于金融资产）。

【例 8-1】 20×3 年 1 月 1 日，甲公司支付价款 1 000 万元（含交易费用）从某证券交易所购入 A 公司同日发行的 5 年期公司债券 12 500 份，债券票面价值总额为 1 250 万元，票面年利率为 4.72%，于年末支付本年度债券利息（即每年利息为 59 万元），本金在债券到期时一次性偿还。

合同约定，该债券的发行方在遇到特定情况时可以将债券赎回，且不需要为提前赎回支付额外款项。甲公司在购买该债券时，预计发行方不会提前赎回。甲公司根据其管理该债券的业务模式和该债券的合同现金流量特征，将该债券分类为以摊余成本计量的金融资产。假定不考虑所得税、减值损失等因素。

【解析】

计算该债券的实际利率 r：

$59\times(1+r)^{-1}+59\times(1+r)^{-2}+59\times(1+r)^{-3}+59\times(1+r)^{-4}+(59+1\,250)\times(1+r)^{-5}=1\,000$（万元）

或者，

$59\times(P/A,r,5)+1\,250\times(P/F,r,5)=1\,000$（万元）

采用插值法，计算得出 $r=10\%$。

表 8-1 单位：万元

日期	摊余成本余额 (A)	实际利息收入 (B=A×10%)	现金流入 (C)	期末摊余成本 (D=A+B-C)
20×3 年	1 000	100	59	1 041
20×4 年	1 041	104	59	1 086

续　表

日期	摊余成本余额 (A)	实际利息收入 (B=A×10%)	现金流入 (C)	期末摊余成本 (D=A+B-C)
20×5 年	1 086	109	59	1 136
20×6 年	1 136	113	59	1 191
20×7 年	1 191	**118**	**1 250+59**	**0**

甲公司的有关账务处理如下(金额单位:元):

(1) 20×3 年 1 月 1 日,购入 A 公司债券。

借:债权投资——成本　12 500 000

　贷:银行存款　10 000 000

　　债权投资——利息调整　2 500 000

(2) 20×3 年 12 月 31 日(第一年年末),确认 A 公司债券实际利息收入、收到债券利息。

借:应收利息　590 000

　债权投资——利息调整　410 000

　贷:投资收益　1 000 000(10 000 000×10%)

借:银行存款　590 000

　贷:应收利息　590 000

(3) 20×4 年 12 月 31 日(第二年年末),确认 A 公司债券实际利息收入、收到债券利息。

借:应收利息　590 000

　债权投资——利息调整　451 000

　贷:投资收益　1 041 000(1 410 000×10%)

借:银行存款　590 000

　贷:应收利息　590 000

(4) 20×5 年 12 月 31 日(第三年年末),确认 A 公司债券实际利息收入、收到债券利息。

借:应收利息　590 000

　债权投资——利息调整　496 100

　贷:投资收益　1 086 100(10 861 000×10%)

借:银行存款　590 000

　贷:应收利息　590 000

(5) 20×6 年 12 月 31 日(第四年年末),确认 A 公司债券实际利息收入、收到债券利息。

借:应收利息　590 000

　债权投资——利息调整　545 710

贷:投资收益　　1 135 710(11 357 100×10%)

借:银行存款　　590 000

贷:应收利息　　590 000

(6) 20×7 年 12 月 31 日(最后一年),确认 A 公司债券实际利息收入、收到债券利息和本金。

借:应收利息　　590 000

债权投资——利息调整　　597 190(先算)

贷:投资收益　　1 187 190(后算)

利息调整的余额=2 500 000−410 000−451 000−496 100−545 710=597 190(元)

借:银行存款　　590 000

贷:应收利息　　590 000

借:银行存款　　12 500 000

贷:债权投资——成本　　12 500 000

假定在 20×5 年 1 月 1 日(过了两年),甲公司预计本金的一半(即 625 万元)将会在该年末收回,而其余的一半本金将于 20×7 年年末付清。遇到这种情况时,甲公司应当调整 20×5 年年初的摊余成本,计入当期损益;调整时采用最初确定的实际利率。

根据上述调整,甲公司的账务处理如下(金额单位:元):

(1) 20×5 年 1 月 1 日,调整期初账面余额。

借:债权投资——利息调整　　518 339

贷:投资收益　　518 339

注:

① 20×4 年 12 月 31 日摊余成本=10 861 000(元)

② $(6\,250\,000+590\,000)\times(1+10\%)^{-1}+6\,250\,000\times4.72\%\times(1+10\%)^{-2}+(6\,250\,000+6\,250\,000\times4.72\%)\times(1+10\%)^{-3}=6\,218\,181.82+243\,801.65+4\,917\,355.37=11\,379\,339$(元)

③ 两者差额=11 379 339−10 861 000=518 339(元)

(2) 20×5 年 12 月 31 日,确认实际利息、收回本金等。

借:应收利息　　590 000

债权投资——利息调整　　547 934

贷:投资收益　　1 137 934(11 379 339×10%)

借:银行存款　　590 000

贷:应收利息　　590 000

借:银行存款　　6 250 000

贷:债权投资——成本　　6 250 000

(3) 20×6 年 12 月 31 日,确认实际利息等。

借:应收利息　　295 000(6 250 000×4.72%)

债权投资——利息调整　　272 727

贷:投资收益　　567 727(5 677 273×10%)

借:银行存款　　295 000

贷:应收利息　　295 000

(4) 20×7 年 12 月 31 日,确认实际利息、收回本金等。

借:应收利息　　295 000

债权投资——利息调整　　300 000(先算)

贷:投资收益　　595 000(后算)

利息调整的余额=2 500 000－410 000－451 000－518 339－547 934－272 727=300 000(元)

借:银行存款　　295 000

贷:应收利息　　295 000

借:银行存款　　6 250 000

贷:债权投资——成本　　6 250 000

另一种情况:

假定甲公司购买的 A 公司债券不是分期付息,而是到期一次还本付息,且利息不是以复利计算。此时,甲公司所购买 A 公司债券的实际利率 r 计算如下:

$(59+59+59+59+59+1\,250)\times(1+r)^{-5}=1\,000$(万元)

由此计算得出 $r\approx9.05\%$。

【解析】

(1) 20×3 年 1 月 1 日,购入 A 公司债券。

借:债权投资——成本　　12 500 000

贷:银行存款　　10 000 000

债权投资——利息调整　　2 500 000

(2) 20×3 年 12 月 31 日(第一年年末),确认 A 公司债券实际利息收入。

借:债权投资——应计利息　　590 000

——利息调整　　315 000

贷:投资收益　　905 000(10 000 000×9.05%)

(3) 20×4 年 12 月 31 日(第二年年末),确认 A 公司债券实际利息收入。

借:债权投资——应计利息　　590 000

——利息调整　　396 902.50

贷:投资收益　　986 902.50(10 905 000×9.05%)

(4) 20×5 年 12 月 31 日(第三年年末),确认 A 公司债券实际利息收入。

借:债权投资——应计利息　　590 000

——利息调整　　486 217.20

贷:投资收益　　1 076 217.20(11 891 902.50×9.05%)

(5) 20×6 年 12 月 31 日(第四年年末),确认 A 公司债券实际利息收入

借:债权投资——应计利息　　590 000

——利息调整　583 614.83

贷:投资收益　1 173 614.83(12 968 119.70×9.05%)

(6) 20×7 年 12 月 31 日(最后一年),确认 A 公司债券实际利息收入、收回债券本金和票面利息。

借:债权投资——应计利息　590 000

——利息调整　718 265.47(先算)

贷:投资收益——A 公司债券　1 308 265.47(后算)

利息调整的余额=2 500 000－315 000－396 902.50－486 217.20－583 614.83=718 265.47(元)

借:银行存款　15 450 000

贷:债权投资——成本　12 500 000

——应计利息　2 950 000(590 000×5)

2. 以公允价值进行后续计量的金融资产的会计处理

对于按照公允价值进行后续计量的金融资产,其公允价值变动形成的利得或损失,除与套期会计有关外,应当按照下列规定处理:

(1) 以公允价值计量且其变动计入当期损益的金融资产的利得或损失,应当计入当期损益(公允价值变动损益)。

(2) 以公允价值计量且其变动计入其他综合收益的金融资产所产生的所有利得或损失,除减值损失或利得和汇兑损益之外,均应当计入其他综合收益,直至该金融资产终止确认或被重分类。

① 采用实际利率法计算的该金融资产的利息应当计入当期损益(投资收益)。该金融资产计入各期损益的金额应当与视同其一直按摊余成本计量而计入各期损益的金额相等。该金融资产终止确认时,之前计入其他综合收益的累计利得或损失应当从其他综合收益中转出,计入当期损益(投资收益)。

② 指定为以公允价值计量且其变动计入其他综合收益的非交易性权益工具投资,除了获得的股利(明确代表投资成本部分收回的股利除外)计入当期损益(投资收益)外,其他相关的利得和损失(包括汇兑损益)均应当计入其他综合收益,且后续不得转入当期损益。当其终止确认时,之前计入其他综合收益的累计利得或损失应当从其他综合收益中转出,计入留存收益。

【例 8－2】

(1) 20×3 年 5 月 6 日,甲公司支付价款 1 016 万元(含交易费用 1 万元和已宣告发放现金股利 15 万元),购入乙公司发行的股票 200 万股,占乙公司有表决权股份的 0.5%。

甲公司将其指定为以公允价值计量且其变动计入其他综合收益的非交易性权益工具投资。

(2) 20×3 年 5 月 10 日,甲公司收到乙公司发放的现金股利 15 万元。

(3) 20×3 年 6 月 30 日,该股票市价为每股 5.2 元。

(4) 20×3 年 12 月 31 日，甲公司仍持有该股票；当日，该股票市价为每股 5 元。

(5) 20×4 年 5 月 9 日，乙公司宣告发放股利 4 000 万元。

(6) 20×4 年 5 月 13 日，甲公司收到乙公司发放的现金股利。

(7) 20×4 年 5 月 20 日，甲公司由于某特殊原因，以每股 4.9 元的价格将股票全部转让。

假定不考虑其他因素。

【解析】

甲公司的账务处理如下(金额单位：元)：

(1) 20×3 年 5 月 6 日，购入股票。

借：其他权益工具投资——成本　　10 010 000
　　应收股利　　150 000
　　贷：银行存款　　10 160 000

(2) 20×3 年 5 月 10 日，收到现金股利。

借：银行存款　　150 000
　　贷：应收股利　　150 000

(3) 20×3 年 6 月 30 日，确认股票价格变动。

借：其他权益工具投资——公允价值变动
　　390 000[(5.20－5.005)×2 000 000]
　　贷：其他综合收益　　390 000

(4) 20×3 年 12 月 31 日，确认股票价格变动。

借：其他综合收益　　400 000[(5.00－5.20)×2 000 000]
　　贷：其他权益工具投资——公允价值变动　　400 000

(5) 20×4 年 5 月 9 日，确认应收现金股利。

借：应收股利　　200 000(40 000 000×0.5%)
　　贷：投资收益　　200 000

(6) 20×4 年 5 月 13 日，收到现金股利。

借：银行存款　　200 000
　　贷：应收股利　　200 000

(7) 20×4 年 5 月 20 日，出售股票。

借：银行存款　　9 800 000(4.90×2 000 000)
　　其他权益工具投资——公允价值变动　　10 000
　　盈余公积　　20 000
　　利润分配——未分配利润　　180 000
　　贷：其他权益工具投资——成本　　10 010 000

借：盈余公积　　1 000
　　利润分配——未分配利润　　9 000
　　贷：其他综合收益　　10 000

（二）金融负债的后续计量

企业应当按照以下原则对金融负债进行后续计量：

（1）以公允价值计量且其变动计入当期损益的金融负债，应当按照公允价值进行后续计量，相关利得或损失应当计入当期损益。

（2）金融资产转移不符合终止确认条件或继续涉入被转移金融资产所形成的金融负债。对此类金融负债，企业应当按照《企业会计准则第23号——金融资产转移》相关规定进行计量。

（3）不属于指定为以公允价值计量且其变动计入当期损益的金融负债的财务担保合同或没有指定为以公允价值计量且其变动计入当期损益并将以低于市场利率贷款的贷款承诺，企业作为此类金融负债发行方的，应当在初始确认后按照损失准备金额以及初始确认金额扣除依据《企业会计准则第14号——收入》相关规定所确定的累计摊销额后的余额孰高进行计量。

（4）上述金融负债以外的金融负债，应当按摊余成本进行后续计量。

对于按照公允价值进行后续计量的金融负债，其公允价值变动形成利得或损失，除与套期会计有关外，应当计入当期损益；以摊余成本计量且不属于任何套期关系的一部分的金融负债所产生的利得或损失，应当在终止确认时计入当期损益或在按照实际利率法摊销时计入相关期间损益。

三、金融工具的减值

新修订的金融工具确认和计量准则将金融资产减值会计由“已发生损失法”改为“预期损失法”，要求考虑金融资产未来预期信用损失情况，以更加及时、足额地计提金融资产减值准备，揭示和防控金融资产信用风险。

企业应当以预期信用损失为基础，对下列项目进行减值会计处理并确认损失准备：

（1）分类为以摊余成本计量的金融资产和以公允价值计量且其变动计入其他综合收益的金融资产。

（2）租赁应收款

（3）合同资产。合同资产是指《企业会计准则第14号——收入》定义的合同资产。

（4）部分贷款承诺和财务担保合同。

损失准备，是指针对按照以摊余成本计量的金融资产、租赁应收款和合同资产的预期信用损失计提的准备，按照以公允价值计量且其变动计入其他综合收益的金融资产的累计减值金额以及针对贷款承诺和财务担保合同的预期信用损失计提的准备。

信用损失，是指企业按照原实际利率折现的、根据合同应收的所有合同现金流量与预期收取的所有现金流量之间的差额，即全部现金短缺的现值。其中，对于企业购买或源生的已发生信用减值的金融资产，应按照该金融资产经信用调整的实际利率折现。由于预期信用损失考虑付款的金额和时间分布，因此即使企业预计可以全额收款但收款时间晚于合同规定的到期期限，也会产生信用损失。

预期信用损失，是指以发生违约的风险为权重的金融工具信用损失的加权平均值。

表 8-2　预期信用损失模型

项目	第 1 阶段	第 2 阶段	第 3 阶段
阶段特征	初始确认后信用风险并未显著增加的金融工具(包括在报告日信用风险较低的金融工具)	自初始确认后信用风险发生显著增加的金融工具，但未发生信用减值(不存在表明发生信用损失的事件的客观证据)	在报告日发生信用减值(存在表明发生减值的客观证据)的金融工具
损失准备的确认	12 个月预期信用损失	整个存续期内预期信用损失	整个存续期内预期信用损失
利息收入的计算	按账面总额(即并未扣除预期信用损失准备的金额)计算(总额法)	按账面总额(即并未扣除预期信用损失的金额)计算(总额法)	按账面净额(即账面总额减去预期信用损失准备的金额)计算(净额法)

四、金融工具的重分类

金融资产和金融负债的分类一经确定，不得随意改变。企业改变其管理金融资产的业务模式时，应当按照规定对所有受影响的相关金融资产进行重分类。企业对所有金融负债均不得进行重分类，金融资产(即非衍生债权资产)可以在以摊余成本计量、以公允价值计量且其变动计入其他综合收益和以公允价值计量且其变动计入当期损益之间进行重分类。企业管理金融资产业务模式的变更是一种极其少见的情形。

企业对金融资产进行重分类，应当自重分类日起采用未来适用法进行相关会计处理，不得对以前已经确认的利得、损失(包括减值损失或利得)或利息进行追溯调整。重分类日，是指导致企业对金融资产进行重分类的业务模式发生变更后的首个报告期间的第一天。

需要注意的是，如果企业管理金融资产的业务模式没有发生变更，而金融资产的条款发生变更但未导致终止确认时，不允许重分类。

第三节　金融资产的转移

金融资产转移，是指企业(转出方)将金融资产(或其现金流量)让与或交付给该金融资产发行方之外的另一方(转入方)。例如，企业将持有的未到期商业票据向银行贴现。

一、金融资产终止确认的一般原则

金融资产终止确认，是指企业将之前确认的金融资产从其资产负债表中予以转出。

金融资产转移，包括下列两种情形：

(1) 企业将收取金融资产现金流量的合同权利转移给其他方。

(2) 企业保留了收取金融资产现金流量的合同权利，但承担了将收取的该现金流量支付给一个或多个最终收款方的合同义务，还应同时满足不垫付、不挪用、不延误三个原则。

二、符合终止确认条件时的情形

下列情况表明已将金融资产所有权上几乎所有风险和报酬转移给了转入方，因而应当终止确认相关金融资产：

(1) 企业无条件出售金融资产。

(2) 企业出售金融资产，同时约定按回购日该金融资产的公允价值回购。

(3) 企业出售金融资产，同时与转入方签订看跌期权合同(即转入方有权将该金融资产返售给企业)或看涨期权合同(即转出方有权回购该金融资产)，且根据合同条款判断，该看跌期权或看涨期权为一项重大价外期权(即期权合约的条款设计，使得金融资产的转入方或转出方极小可能会行权)。

三、不符合终止确认条件的情形

下列情况就表明企业保留了金融资产所有权上几乎所有风险和报酬，不应当终止确认相关金融资产：

(1) 企业出售金融资产并与转入方签订回购协议，协议规定企业将回购原被转移金融资产，或者将予回购的金融资产与售出的金融资产相同或实质上相同、回购价格固定或原售价加上回报。

(2) 企业融出证券或进行证券出借。

证券公司按约定的期限和利率将自身持有的证券借给客户，到期时客户需归还相同数量的同种证券，并向证券公司支付利息费用。证券公司保留了融出证券所有权上几乎所有的风险和报酬。因此，证券公司不应当终止确认所融出的证券。

(3) 企业出售金融资产并附有将市场风险敞口转回给企业的总回报互换。

(4) 企业出售短期应收款项或信贷资产，并且全额补偿转入方可能因被转移金融资产发生的信用损失。

(5) 企业出售金融资产，同时与转入方签订看跌期权合同或看涨期权合同，且根据合同条款判断，该看跌期权或看涨期权为一项重大价内期权(即期权合约的条款设计，使得金融资产的转入方或转出方很可能会行权)。

四、金融资产转移的确认

(一) 符合终止确认条件时的计量

1. 整体转移

金融资产整体转移满足终止条件时，相关金融资产转移损益应按如下公式计算：

金融资产整体转移损益＝因转移收到的对价＋原直接计入其他综合收益的公允价值

变动累计利得(如为累计损失,应为减项)—所转移金融资产的账面价值

上述其他综合收益是指以公允价值计量且其变动计入其他综合收益的金融资产(债务工具)公允价值变动形成的其他综合收益,若为以公允价值计量且其变动计入其他综合收益的金融资产(权益工具)公允价值变动形成的其他综合收益,不允许转入损益,应当转入留存收益。

2. 部分转移

企业转移了金融资产的一部分,且该被转移部分整体满足终止确认条件的,应当将转移前金融资产整体的账面价值,在终止确认部分和继续确认部分(在此种情形下,所保留的服务资产应当视同继续确认金融资产的一部分)之间,按照转移日各自的相对公允价值进行分摊,并将下列两项金额的差额计入当期损益。

(1) 终止确认部分在终止确认日的账面价值。

(2) 终止确认部分收到的对价,与原计入其他综合收益的公允价值变动累计额中对应终止确认部分的金额(涉及转移的金融资产为分类为以公允价值计量且其变动计入其他综合收益的金融资产的情形)之和。

其中:

① 分摊其他综合收益。

原计入其他综合收益的公允价值变动累计额中对应终止确认部分的金额,应当按照金融资产终止确认部分和继续确认部分的相对公允价值,对该累计额进行分摊后确定。

② 分摊账面价值。

企业将转移前金融资产整体的账面价值按相对公允价值在终止确认部分和继续确认部分之间进行分摊时,应当按照下列规定确定继续确认部分的公允价值:

a. 企业出售过与继续确认部分类似的金融资产,或继续确认部分存在其他市场交易的,近期实际交易价格可作为其公允价值的最佳估计。

b. 继续确认部分没有报价或近期没有市场交易的,其公允价值的最佳估计为转移前金融资产整体的公允价值扣除终止确认部分的对价后的差额。

(二) 不符合终止确认条件时的计量

(1) 企业仍保留与所转移金融资产所有权上几乎所有的风险和报酬的,应当继续确认所转移金融资产整体,并将收到的对价确认为一项金融负债。

(2) 在继续确认被转移金融资产的情形下,金融资产转移所涉及的金融资产与所确认的相关金融负债不得相互抵销。

在后续会计期间,企业应当继续确认该金融资产产生的收入(或利得)和该金融负债产生的费用(或损失),不得相互抵销。

五、继续涉入的会计处理

企业保留了被转移金融资产所有权上几乎所有风险和报酬而不满足终止确认条件的,应当继续确认被转移金融资产整体,并将收到的对价确认为一项金融负债。在继续确

认被转移金融资产的情形下，金融资产转移所涉及的金融资产与所确认的相关金融负债不得相互抵销。在后续会计期间，企业应当继续确认该金融资产产生的收入(或利得)和该金融负债产生的费用(或损失)，不得相互抵销。

企业既没有转移也没有保留金融资产所有权上几乎所有风险和报酬，且保留了对该金融资产控制的，应当按照其继续涉入被转移金融资产的程度继续确认该被转移金融资产，并相应确认相关负债。被转移金融资产和相关负债应当在充分反映企业因金融资产转移所保留的权利和承担的义务的基础上进行计量。企业应当按照下列规定对相关负债进行计量：

(1) 被转移金融资产以摊余成本计量的，相关负债的账面价值等于继续涉入被转移金融资产的账面价值减去企业保留的权利(如果企业因金融资产转移保留了相关权利)的摊余成本并加上企业承担的义务(如果企业因金融资产转移承担了相关义务)的摊余成本；相关负债不得指定为以公允价值计量且其变动计入当期损益的金融负债。

(2) 被转移金融资产以公允价值计量的，相关负债的账面价值等于继续涉入被转移金融资产的账面价值减去企业保留的权利(如果企业因金融资产转移保留了相关权利)的公允价值并加上企业承担的义务(如果企业因金融资产转移承担了相关义务)的公允价值，该权利和义务的公允价值应为按独立基础计量时的公允价值。

表 8－3　继续涉入会计处理总结

<table>
<tr><th colspan="2">情形</th><th>确认结果</th></tr>
<tr><td colspan="2">已转移金融资产所有权上几乎所有的风险和报酬</td><td rowspan="2">终止确认该金融资产(确认新资产/负债)</td></tr>
<tr><td rowspan="2">既没有转移也没有保留金融资产所有权上几乎所有的风险和报酬</td><td>放弃了对金融资产的控制</td></tr>
<tr><td>未放弃对金融资产的控制</td><td>按照继续涉入所转移金融资产的程度确认有关资产和负债及任何保留权益</td></tr>
<tr><td>保留了金融资产所有权上几乎所有的风险和报酬</td><td colspan="2">继续确认该金融资产，并将收到的对价确认为金融负债</td></tr>
</table>

第四节　套期会计

旧套期会计准则对套期会计规定了严格的适用条件，导致实务中企业开展的大量套期业务无法通过套期会计在财务报表中予以反映。2017 年，我国财政部制定了新《企业会计准则第 24 号——套期会计》(财会〔2017〕9 号)以规范套期会计的处理，更加强调套期会计与企业风险管理活动的有机结合，在拓宽套期工具和被套期项目的范围、以定性的套期有效性要求取代现行准则的定量要求、允许通过调整套期工具和被套期项目的数量实现套期关系的"再平衡"等方面实现诸多突破，从而有助于套期会计更好地反映企业的风险管理活动。

一、套期会计概述

(一) 套期定义

《企业会计准则第 24 号——套期会计》规定:"套期,是指企业为管理外汇风险、利率风险、价格风险、信用风险等特定风险引起的风险敞口,指定金融工具为套期工具,以使套期工具的公允价值或现金流量变动,预期抵销被套期项目全部或部分公允价值或现金流量变动的风险管理活动。"

(二) 套期工具

套期工具是指企业为进行套期而指定的、其公允价值或现金流量变动预期可抵销被套期项目的公允价值或现金流量变动的金融工具(如期货合约)。

应当指出,并非所有的以公允价值计量且其变动计入当期损益的衍生工具都可以用于充当套期工具。比如企业签出的期权,其潜在的损失可能会大大超过其对应的被套期项目价值的潜在利得。也就是说,签出的期权无法有效降低被套期项目的风险,因此签出的期权不能作为一项套期工具。企业只有在对购入期权(包括嵌入在混合合同中的购入期权)进行套期时,签出期权才可以作为套期工具。

套期保值业务的核心内容是降低被套期项目的风险,是企业控制风险的一种手段,而不是资本市场上的投机行为。一项衍生工具能否充当套期工具,应当以能否有效降低被套期项目的风险为判断依据。

(三) 被套期项目

《企业会计准则第 24 号——套期会计》规定:"被套期项目,是指使企业面临公允价值或现金流量变动风险,且被指定为被套期对象的、能够可靠计量的下列单个项目、项目组合或其组成部分指定为被套期项目:① 已确认资产或负债;② 尚未确认的确定承诺;③ 极可能发生的预期交易;④ 境外经营净投资。"

二、套期业务的会计处理

(一) 套期会计的类型

套期会计准则将套期会计的处理分为以下三种类型:

(1) 公允价值套期,即对已确认资产或负债、尚未确认的确定承诺,或上述项目组成部分的公允价值变动风险敞口进行的套期。例如,某企业签订一项以固定利率换浮动利率的利率互换合约,对其承担的固定利率负债的利率风险引起的公允价值变动风险敞口进行套期。

(2) 现金流量套期,指对现金流量变动风险敞口进行的套期。该现金流量变动源于与已确认资产或负债、极可能发生的预期交易,或与上述项目组成部分有关的特定风险,且将影响企业的损益。例如,某企业签订一项以浮动利率换固定利率的利率互换合约,对其承担的浮动利率债务的利率风险引起的现金流量变动风险敞口进行套期。

(3) 境外经营净投资套期，指对境外经营净投资外汇风险敞口进行的套期。境外经营净投资是指企业在境外经营净资产中的权益份额。例如，某航空公司签订一项3个月后以固定外币金额购买飞机的合同(尚未确认的确定承诺)，为规避外汇风险，签订一项外汇远期合同，对该确定承诺的外汇风险引起的公允价值变动或者现金流量变动风险敞口进行套期。

(二) 公允价值套期的会计处理

在公允价值套期条件下，套期工具和被套期项目皆以公允价值计量。

1. 套期工具

套期工具产生的利得或损失应当计入当期损益。如果套期工具是对选择以公允价值计量且其变动计入其他综合收益的非交易性权益工具投资(或其组成部分)进行套期的，套期工具产生的利得或损失应当计入其他综合收益。

2. 被套期项目

因被套期风险敞口形成的利得或损失应当计入当期损益，同时调整未以公允价值计量的已确认被套期项目的账面价值。被套期项目为分类为以公允价值计量且其变动计入其他综合收益的金融资产(或其组成部分)的，其因被套期风险敞口形成的利得或损失应当计入当期损益，其账面价值已经按公允价值计量，不需要调整；被套期项目为企业选择以公允价值计量且其变动计入其他综合收益的非交易性权益工具投资(或其组成部分)的，其因被套期风险敞口形成的利得或损失应当计入其他综合收益，其账面价值已经按公允价值计量，不需要调整。

被套期项目为尚未确认的确定承诺(或其组成部分)的，其在套期关系指定后因被套期风险引起的公允价值累计变动额应当确认为一项资产或负债，相关的利得或损失应当计入各相关期间损益。当履行确定承诺而取得资产或承担负债时，应当调整该资产或负债的初始确认金额，包括已确认的被套期项目的公允价值累计变动额。

【例8-3】 20×3年1月1日，甲公司为规避所持有铜存货公允价值变动风险，与某金融机构签订了一项铜期货合同，并将其指定为对20×3年前两个月铜存货的商品价格变化引起的公允价值变动风险的套期工具。铜期货合同的标的资产与被套期项目铜存货在数量、质次、价格变动和产地方面相同。

本示例中假设套期工具与被套期项目因铜价变化引起的公允价值变动一致，且不考虑期货市场中每日无负债结算制度的影响。

20×3年1月1日，铜期货合同的公允价值为零，被套期项目(铜存货)的账面价值和成本均为1 000 000元，公允价值为1 100 000元。

20×3年1月31日，铜期货合同公允价值上涨了25 000元，铜存货的公允价值下降了25 000元。

20×3年2月28日，铜期货合同公允价值下降了15 000元，铜存货的公允价值上升了15 000元。

当日，甲公司将铜存货以1 090 000元的价格出售，并将铜期货合同结算。

甲公司通过分析发现，铜存货与铜期货合同存在经济关系，且经济关系产生的价值变动中信用风险不占主导地位，套期比率也反映了套期的实际数量，符合套期有效性要求。

假定不考虑商品销售相关的增值税及其他因素，甲公司的账务处理如下(金额单位：元)：

【分析过程】

表 8－4

日期	现货市场	期货市场
20×3 年 1 月 1 日	110 万元	110 万元 (怕价格下跌，现在高价位卖出合约)
20×3 年 1 月 31 日	107.5 万元 (下降 2.5 万元)	107.5 万元 (公允价值上升 2.5 万元)
20×3 年 2 月 28 日	109 万元 (上升 1.5 万元)	109 万元 (公允价值下降 1.5 万元)

【解析】

表 8－5

被套期项目(铜存货)	套期工具(铜期货)
① 20×3 年 1 月 1 日，指定铜存货为被套期项目。 借：被套期项目——库存商品铜 1 000 000 贷：库存商品——铜 1 000 000(账面价值) 提示：结转已计提的存货跌价准备	① 20×3 年 1 月 1 日，被指定为套期工具的铜期货合同的公允价值为零，因此无账务处理。
② 20×3 年 1 月 31 日，确认被套期项目公允价值变动(下降 2.5 万元)。 借：套期损益 25 000 贷：被套期项目——库存商品铜 25 000	② 20×3 年 1 月 31 日，确认套期工具公允价值变动(公允价值上升 2.5 万元)。 借：套期工具——铜期货合同 25 000 贷：套期损益 25 000
③ 20×3 年 2 月 28 日，确认被套期项目公允价值变动(上升 1.5 万元)。 借：被套期项目——库存商品铜 15 000 贷：套期损益 15 000	③ 20×3 年 2 月 28 日，确认套期工具公允价值变动(公允价值下降 1.5 万元)。 借：套期损益 15 000 贷：套期工具——铜期货合同 15 000
④ 确认铜存货销售收入。 借：应收账款/银行存款 1 090 000 贷：主营业务收入 1 090 000	④ 结算铜期货合同(反向结转)。 借：银行存款 10 000 贷：套期工具——铜期货合同 10 000
⑤ 结转铜存货销售成本。 借：主营业务成本 990 000 贷：被套期项目——库存商品铜 990 000	—

(三) 现金流量套期的会计处理

(1) 套期工具产生的利得或损失中属于套期有效的部分，作为现金流量套期储备，应当计入其他综合收益。现金流量套期储备的金额，应当按照下列两项的绝对额中较低者确定：

① 套期工具自套期开始的累计利得或损失；

② 被套期项目自套期开始的预计未来现金流量现值的累计变动额。

每期计入其他综合收益的现金流量套期储备的金额应当为当期现金流量套期储备的变动额。

(2) 套期工具产生的利得或损失中属于套期无效的部分(即扣除计入其他综合收益后的其他利得或损失)，应当计入当期损益。

(四) 境外经营净投资套期的会计处理

对境外经营净投资的套期，包括对作为净投资的一部分进行会计处理的货币性项目的套期，应当按照类似于现金流量套期会计的规定处理。

第五节　金融工具会计的国际比较与未来发展方向

一、美国金融工具会计准则及其动态

(一) 会计准则

(1)《具有表外风险的金融工具和信用风险集中的金融工具的信息披露》(1990，简称 SFAS 第 105 号)，要求企业披露未结算金融工具市场风险和信用风险的数量信息。

(2)《金融工具公允价值的披露》(1991)，要求企业以公允价值披露未结算金融工具。

(3)《债权人贷款减值的会计处理》(1993)，规范了债权人处理贷款减值的内容。

(4)《对债务证券和权益证券特定投资的会计处理》(1993)，提出交易性债券、可供出售债券和持有至到期债券三种分类，并规定每种类型的具体会计处理方法。

(5)《衍生工具和套期活动的会计处理》(1998)，要求所有的衍生工具均按其公允价值列示于资产负债表中，按衍生工具的目的对其公允价值的变动进行相应的会计处理。

(6)《特定衍生工具和特定套期活动的会计处理——对第 133 号公告的修订》(2000)，对 FAS 第 133 号中套期的特定类型制订了具体的技术处理规定。

(7)《衍生工具和套期活动的会计处理——对 FAS 第 133 号的修订》，使衍生工具或混合合约的报告达成一致，其中包括对有初始净投资的合约在什么情形下是一项衍生工具的阐述、对标的定义和对第一号财务会计概念公告的修改。

(8)《对拥有负债和权益两种特征金融工具的会计处理》，对发行具有负债和权益两种特征的金融工具的分类和计量的会计处理进行了规范。

(二) 动态

2010 年 5 月，美国会计准则委员会(FASB)发布了金融工具准则的征求意见稿，拟将公允价值计量广泛地应用到各项金融资产和金融负债，意味着银行的贷款和企业的长期应收账款要考虑市场利率的波动，随时反映其公允价值，在一定程度上扩大了公允价值的

应用范围。

2016 年 9 月 8 日，美国会计准则委员会（FASB）发布《衍生品和套期》会计准则更新征求意见稿，标题为“改进套期会计”，目的是在财务报表中更好地反映报告主体的风险管理活动影响，征求意见截止时间为 2016 年 11 月 22 日。

美国财务会计准则委员会（FASB）发布《会计准则更新（ASU）第 2017－12 号：对套期保值活动会计处理的针对性改进》，通过对合格套期保值关系和套期保值结果列报的指定和计量指引所做出的修改，更好地协调实体风险管理活动和套保关系的财务报告。2019 年 4 月美国会计准则委员会对 ASU 第 2017－12 号进行修订，主要是针对实务中反馈的套期交易会计处理的细则问题。2022 年 1 月美国会计准则委员会对 ASU 第 2017－12 号再次修订，增加了对多层次对冲的会计确认方法。

二、国际金融工具会计准则及其动态

IASC 于 1995 年和 1998 年分别发布了第 32 号国际会计准则《金融工具：披露和列报》（IAS 第 32 号）和第 39 号国际会计准则《金融工具：确认和计量》（IAS 第 39 号），以较大的篇幅和复杂内容，加之晦涩难懂的语言表达，将金融工具会计在美国会计准则领地之外的广大地域进行推广、传播。

2001 年 4 月，IASC 重组为 IASB，并于次年 6 月发布了旨在改进 IAS 第 32 号与 IAS 第 39 号的征求意见稿。2005 年 8 月 IASB 发布了国际财务报告准则《金融工具：披露》（IFRS 第 7 号）替代了《财务报告内银行和类似金融机构的披露》（IAS 第 30 号）和《金融工具：披露和呈报》（IAS 第 32 号）中的部分规定。

2008 年国际金融危机发生后，金融工具会计问题凸显，国际会计准则理事会对金融工具国际财务报告准则进行了较大幅度的修订。2009 年 11 月，IASB 发布了《国际财务报告准则第 9 号——金融资产的分类和计量》（IFRS 第 9 号），要求采用单一的以原则为基础的资产分类方法，取代原 IAS 第 39 号中繁复的以规则为导向的处理方法。

2014 年 7 月，国际会计准则理事会（IASB）要求从 2018 年 1 月起执行新金融工具准则 IFRS 第 9 号以取代 IAS 第 39 号。与后者相比，其主要变动包括修改金融资产分类与计量标准，采用预期减值模型及简化套期会计以趋同风险管理实践这三方面。2019 年和 2020 年国际会计准则理事会对 IFRS 第 9 号和 IFRS 第 7 号进行了两次修订，主要针对套期会计相关的会计处理，以应对 LIBOR 的利率改革。

三、我国金融工具会计准则及其动态

2006 年，财政部发布了《企业会计准则第 22 号——金融工具确认和计量》《企业会计准则第 23 号——金融资产转移》和《企业会计准则第 24 号——套期保值》等金融工具相关会计准则。上述准则的实施对规范金融工具会计处理、促进企业加强风险管理、提升金融工具信息披露透明度，发挥了积极作用。但随着我国多层次资本市场的建设、金融创新的发展和对外开放的深化，有关金融工具会计处理实务出现了一些新情况和新问题。比如，现行金融工具分类和计量过于复杂，主观性强，影响金融工具会计信息的可比性；金融资产转移的会计处理过于原则，对金融资产证券化等会计实务指导不够；套期会计与企业风险管理实务脱节等。因此，迫切需要通过修订金融工具相关会计准则来及时、有效地解决上述问题。

2010 年 4 月，财政部发布了会计准则趋同路线图，在强调整体趋同方向的同时，也提出要考虑我国作为新兴市场经济国家的现实情况和特点，在这方面，公允价值采用的范围和程度即是最好的例证。同时，我们要积极地参与对 IASB 征求意见稿的意见反馈，要求 IASB 在修订相关准则时充分考虑我国资本市场的情况。意见反馈的途径可以延展到对于 IOSCO（国际证监会组织）会议的参与、G20 峰会的参与等，以增加我国资本市场的话语权。

在金融工具会计准则的国际趋同的趋势下，我国的会计准则改革经历了借鉴国际惯例、与国际会计准则协调、与国际会计准则趋同以及与国际会计准则持续趋同四个阶段。自 2006 年，我国建立了与国际财务报告准则趋同的新会计准则体系，并在近年来一直努力保持与国际准则的持续趋同。2017 年财政部颁布的《企业会计准则第 22 号——金融工具确认和计量》《企业会计准则第 23 号——金融资产转移》和《企业会计准则第 24 号——套期会计》更是将全面趋同推上了一个台阶。

四、金融工具会计准则的国际趋势

2005 年，IFRS 运用于欧盟辖区内上市公司财务报表的编制，IASB 及其准则体系在全球范围内的影响得到巩固与加强，并迅速成为各国会计准则争相趋同的目标。2005 年 4 月和 10 月，IASB 和 FASB 先后举行两次联合会议，会议围绕规范金融工具会计准则、降低金融工具会计的复杂性等问题展开，制定改善并简化金融工具报告之长期目标，拉开了金融工具准则改革的序幕。

2006 年 2 月，IASB 与 FASB 再次发表《谅解备忘录：国际财务报告准则与美国 GAAP 在 2006—2007 年的趋同路线图》，两个委员会将开展合作完善和改进财务报告准则，并将准则趋同作为长远目标，同时还启动了联合项目以降低金融工具会计的复杂性，完善金融资产会计准则。

自 2008 年下半年世界范围内金融危机爆发以来，应 20 国集团领导人的要求，IASB 与 FASB 共同启动了制定新的国际财务报告准则第 9 号（IFRS 第 9 号）以取代国际会计准则第 39 号（IAS 第 39 号）的工程，以应对金融危机引发的对会计标准的诉求。

因涉及 IASB 各成员国和 FASB 所在国美国的核心经济利益，金融工具准则改革的过程是极其复杂且困难重重。但是在 IASB 和 FASB 的努力协作下，依然取得了很大的进展，并就一些核心问题取得一致。两理事会在 2009 年 10 月的共同会议上达成以下共识：设计一套可以满足报告可比性及透明性要求的核心原则，达成信用减值会计的一致性，减少金融工具会计准则的复杂性。

尽管 IASB 与 FASB 曾经达成过一些共识，但双方未能就 US GAAP 和 IFRS 第 9 号一些重大条款达成一致意见，其中包括 2017 年年底生效的第一号修订公告（ASU 第 2016－1 号）总体仍维持金融资产四分类而非 IFRS 的三分类，2019 年年底生效的第十三号修订公告(ASU 第 2016－13 号)所采用的预期信用损失模型不需按信用风险三阶段预估损失。因此 2018 年后，二者在金融工具分类与计量以及减值损失核算方面出现重大差异。

本章综合案例

招商轮船限售股引发的对新准则的思考

讨论主题：金融资产的分类原则对企业和金融机构的影响

招商局能源运输股份有限公司(以下简称招商轮船)成立于 2004 年 12 月 31 日，是大型驻港央企招商局集团整合旗下远洋运输资产，携手中石化集团等中国能源运输领域巨头发起设立的公司。公司目前注册资金为人民币 52.99 亿元，主营业务为远洋油轮、散货船和液化天然气船的经营与管理，涵盖了能源运输的主要货种。在导入案例中，我们简单介绍了招商轮船同样的限售股份不同的会计处理的现象，以下是三家上市公司对于限售股的具体考虑：

中海发展作为战略投资者持有招商轮船股票，将其划为交易性金融资产，以公允价值计量，公允价值按期末市场价认定。因此，中海发展对其所持的 2 000 万股招商轮船限售股确认了 6 040 万元的公允价值变动收益，计入上半年净利润，相应增加了股东权益。

中集集团的半年报显示，其所持有 5 000 万股招商轮船被分类为可供出售金融资产，并相应确认了 1.2 亿元左右的可供出售金融资产公允价值变动净额，计入资本公积。虽然不影响中集集团上半年的净利润，但增加了期末的股东权益。

深圳华强则是将所持有的 5 000 万股招商轮船确认为长期股权投资，并采用成本法核算，这部分长期股权投资期末的账面价值较初始投资成本并没有发生变化，均为 18 550 万元。深圳华强只有在实际收到招商轮船派发的现金股利时才确认投资收益，计入净利润，并相应增加股东权益。

造成上述差异的关键在于，三家上市公司对其所持的有限售条件股份的性质“会计估计”不同。深圳华强认为这些股份在活跃市场中没有报价、公允价值不能可靠计量，而中海发展与中集集团则均认为这些股份在活跃市场中存在报价、公允价值能够可靠计量，只有中海发展取得这些有限售条件股份的目的是为了近期内出售或者说是采用短期获利方式对其进行管理。但值得注意的是，中海发展今后即使不出售这些股份，也不能将其重分类为可供出售金融资产；同样，即使中集集团将在解除限售条件后的短期内出售这些股份，也不能将其重分类为交易性金融资产。

在经济发展中，金融资产的分类与处理具有十分重要的意义，对金融机构的经营发展也有着重要影响。自 2008 年全球金融危机发生后，国际会计准则理事会对金融工具国际财务报告准则进行了较大程度的修订，并发布了 IFRS 第 9 号。按照中国企业会计准则与国际财务报告准则趋同的目标，新会计准则给出了变革方法，要求主体都采取相同的分类方式，将金融资产的四分类法转变为三分类法。相对而言，2017 年颁布的新准则区分金融资产是以两大明确标准为基础,减少了金融资产类别,不会像旧准则由于分类标准不明确受到各种多变因素的影响,所以不同企业不同时期对同一交易下取得的金融资产的分类都是相对确定的,从而便于信息使用者准确地对所获取的会计信息进行分析比较,提高了分类的客观性和会计处理的一致性,也在一定程度上降低了类似招商轮船同样的限售股份不同的会计处理的情况发生。

那么,实施新会计准则规定下金融资产的三分类原则会产生什么样的影响呢?

1. 对金融机构的影响

新会计准则主要是将旧会计准则中可供出售金融资产进行了重新分类,对其他三类金融资产的分类影响较小。从我国金融机构持有的金融资产情况而言,可供出售金融资产占四类金融资产的比例达到 45%左右,金融资产分类方式改变将加重银行、保险以及证券公司等金融机构对金融资产分类会计处理的负担。同时,按照新金融工具会计准则,以公允价值计量且其变动计入其他综合收益的金融资产在处置时仅允许股息分红进入利润表,这对于大量持有可供出售金融资产的金融机构来说,处置金融资产时所获利润与实施旧准则时的收益相比会减少。

2. 对企业财务报表的影响

对于资产负债表,三分类法的运用减少了会计科目,金融资产分类的确定更加明晰,使资产负债表的编制更加简单。金融资产分类更加规范使资产负债表中其他综合收益能够反映企业真实计入其他综合收益的公允价值变动,而不是因管理者有意进行盈余管理而改变持有意图将本应计入当期损益的公允价值变动计入其他综合收益。所以三分类法,能向报表使用者提供信息质量更高的会计信息。对于利润表,旧会计准则中大部分金融资产都划分为可供出售金融资产,公允价值变动计入其他综合收益,这使传统的利润表不能可靠地反映企业的相关情况,使得主体财务业绩情况的考核和监控不能完全以利润表为标准。按照新会计准则将权益工具投资均按公允价值计量,将导致有些企业以公允价值的计量范围扩大,通过利润表核算的金融资产增多,有利于用利润表去衡量主体的财务业绩情况。

3. 对盈余管理的影响

我国的四分类法具有主观性,管理层可以利用这一特性,根据企业的经营状况和盈余需求,通过改变持有金融资产的目的使金融资产的分类为其最终结果服务,可能会造成同一金融资产由于持有目的或能力的不同而被归为不同类别,因此可以通过控制出售时间点而达到盈余管理的目的。与此同时,为平衡税负企业也是采用此类方法进行利润的调节,但新会计准则下的三分类法减少了需要管理层判断的主观因素,且在后续计量中金融资产的重分类更加严格,在实际过程中发生变化的概率较小,减少了会计处理盈余空间。因此,新准则的实施会在一定程度上减少利润操纵行为,先前能被其修饰得较为平滑的利润也会开始产生较大波动。

本章思考题

1. 请阐述金融资产三分类的分类原则是什么？
2. 请思考权益工具和金融负债的区别是什么？
3. 请谈谈三种套期会计分别是怎么进行会计处理的？

本章练习题

1. 20×3年2月5日，A公司以7元/股的价格购入B公司股票100万股，支付手续费1.4万元。A公司将该股票投资分类为以公允价值计量且其变动计入当期损益的金融资产核算。20×3年12月31日，B公司股票价格为9元/股。20×4年2月20日，B公司分配现金股利，A公司获得现金股利10万元；20×4年3月20日，A公司以11.6元/股的价格将其持有的B公司股票全部出售。不考虑其他因素，A公司因持有B公司股票在20×4年确认的投资收益是(　　)万元。

A. 260

B. 470

C. 268

D. 466.6

2. (1) 20×3年6月2日，甲公司自二级市场购入乙公司股票1 000万股，支付价款8 000万元，另支付佣金等费用16万元。甲公司将其指定为以公允价值计量且其变动计入其他综合收益的金融资产核算。

(2) 20×3年12月31日，乙公司股票的市场价格为每股10元。

(3) 20×4年8月20日，甲公司以每股11元的价格将所持乙公司股票全部出售。在支付佣金等费用33万元后实际取得价款10 967万元。

不考虑其他因素，甲公司出售乙公司股票应确认的投资收益是(　　)万元。

A. 967

B. 0

C. 2 984

D. 3 000

3. 甲公司20×3年12月20日自证券市场购入乙公司发行的股票100万股，共支付价款860万元，其中包括交易费用4万元，甲公司将购入的乙公司股票作为交易性金融资产核算。20×3年12月31日，乙公司股票每股收盘价为9元。20×4年3月10日，甲公司收到乙公司宣告发放的现金股利每股1元。20×4年3月20日，甲公司出售该项交易性金融资产，收到价款950万元。不考虑其他因素。

要求：

(1) 计算甲公司20×3年12月20日取得该项交易性金融资产的入账价值。

(2) 计算甲公司从取得至出售该项交易性金融资产累计应确认的投资收益。

(3) 计算甲公司出售该项交易性金融资产时对利润总额的影响。

4. 甲公司发行公司债券为建造专用生产线筹集资金。有关资料如下：

(1) 20×3 年 12 月 31 日，委托证券公司以 7 755 万元的价格发行 3 年期分期付息公司债券。该债券面值为 8 000 万元，票面年利率 4.5%，实际年利率 5.64%，每年付息一次，到期后按面值偿还。支付的发行费用与发行期间冻结资金产生的利息收入相等。

(2) 生产线建造工程采用出包方式，于 20×4 年 1 月 1 日开始动工，发行债券所得款项当日全部支付给建造承包商，20×5 年 12 月 31 日所建造生产线达到预定可使用状态。

(3) 假定各年度利息的实际支付日期均为下年度的 1 月 10 日；20×7 年 1 月 10 日支付 20×6 年度利息，一并偿付面值。

(4) 所有款项均以银行存款支付。

请编写相关会计分录。

本章主要参考文献

[1] ASU. Financial Instruments—Overall，2016.

[2] ASU. Financial Instruments—Credit Losses，2016.

[3] FASB. Project Update：Accounting for Financial Instruments，2011.

[4] IASB. Financial Instruments，2010.

[5] 财政部.企业会计准则第 22 号——金融工具确认和计量[S].财会〔2017〕7 号.

[6] 贾炜莹. 中国上市公司衍生工具运用研究[M]. 北京：对外经济贸易大学出版社，2010：3－11.

[7] 美国财务会计准则委员会. 美国财务会计准则·149－150 号·金融工具和套期保值会计修订[M]. 孙永尧，译. 北京:经济管理出版社，2007.

[8] 唐·钱斯，罗伯特·布鲁克斯. 衍生工具与风险管理[M]. 丁志杰，郭凯，等，译. 北京：机械工业出版社，2010.

[9] 张国永. 衍生金融工具会计信息披露问题研究[M]. 北京：经济管理出版社，2009.

第九章　养老金会计

导入案例

老有所养，是每个公民朴素的基本生活需求。

然而，随着人口老龄化程度日益加深，我国社会基本养老保险基金面临代际冲突和地域不平衡的双重问题。尤其是本身经济情况已不容乐观的东北地区，养老金的收不抵支正在成为东北振兴面前的一座“大山”。

2015年当期，我国养老基金收不抵支的省份有6个，其中东北三省全部在列。这六个省份的累计结余可支付的月数都不足10个月。尤其是黑龙江仅为1个月，大大低于全国17.7个月的水平。根据中国东北振兴研究院的数据，2015年，东北地区企业养老保险抚养比为1.55（1.55个社保缴费者抚养一名退休者），远低于全国平均水平的2.88。

尽管财政可以一定程度上为社保亏空“兜底”，但是财政的力量毕竟有限，鼓励有条件的企业进一步发展企业补充养老保险计划是未来的必然趋势。当企业养老金从社会福利的范畴向劳动报酬转移，相关企业应该如何管理养老金计划？企业会计信息又该如何准确反映发生在未来的养老金负债？

内容提要

随着我国多层次社会保障体系逐渐完善，2014年，我国财政部会计司发布了修订后的《企业会计准则第9号——职工薪酬》，增设“离职后福利”一章，是我国养老金会计向国际趋同、顺应经济发展趋势的一项重要改变。

本章从养老金概述、养老金成本组成项目、养老金会计实务三个方面来阐述相关内容，并在第四节通过与美国会计准则和国际会计准则的对比，进一步明确发展方向。

通过本章的学习，应达到以下目标：

1. 理解养老金会计的性质与类型；
2. 理解养老金成本的组成项目；
3. 掌握养老金核算的会计处理；
4. 了解我国准则与美国准则、国际准则的相关差异及未来发展方向。

第一节　养老金概述

一、我国的养老保险体系

我国的养老保险体系主要由基本养老保险、企业补充养老保险和个人储蓄养老保险这三个支柱构成。

第一支柱为基本养老保险。2015 年 1 月 14 日，国务院以国发〔2015〕2 号发布《关于机关事业单位工作人员养老保险制度改革的决定》，规定实行社会统筹与个人账户相结合的基本养老保险制度，其中单位缴纳本单位工资总额的 20%，个人缴纳本人缴费工资的 8%，由单位代扣。基本养老保险是保证基本生活标准的强制性基础养老计划，且免除对应的企业所得税和个人所得税，但我国基本养老保险近年来替代率持续下行、抚养比不断下降，随着新中国成立后第二次的“婴儿潮”一代进入退休年龄，我国的基本养老保险负担越来越重。

第二支柱是企业补充养老保险，又称企业年金。企业补充养老保险由国家税收优惠激励、雇主发起、个人参与，不仅是基本养老保险的重要补充，从企业角度来讲，也是分享利润、留住人才的重要手段。企业补充养老保险由于其计划形式的多样性和复杂性也是养老金会计问题的重点研究对象。我国目前的企业年金覆盖率依然较低，截至 2022 年年底，我国企业年金参与人数约 3 010 万人，仅占全国城镇就业人员的 6.4%。在发达国家，企业年金覆盖率均在 30%以上，其中美国、日本、英国等国家企业年金的覆盖率则超过 50%。随着经济全球化以及人口老龄化的进程，我国企业年金也必将得到健全与完善。

第三支柱是个人储蓄养老保险，主要是个人根据自身经济状况选择购买的个人商业养老保险。目前我国商业养老保险的参与度较低，主要是因为：① 中国从计划经济养老体系转型不久，国民的风险和保险意识不强，购买个人商业养老保险的积极性不高；② 商业养老保险缺乏税收优惠政策，相对于其他个人储蓄方式无明显优势；③ 法规对于保险费率的限制使得商业养老保险的投资收益率相对于其他投资渠道（如地产、股票、基金、国债、信托等）长期处于竞争劣势，在高通货膨胀率的环境下该劣势更为明显。

二、养老金的性质

养老金是指支付给离退休人员用于保障日后生活的货币额，其本质是劳动力价值的一部分。具体来说，对企业养老金性质的认识存在两种主要观点，即“社会福利观”和“劳动报酬观”。

（一）社会福利观

“社会福利观”认为不同于雇员在职期间所取得的工资，雇员退休后领取的养老金是对剩余价值的分配，是一种社会福利。这种背景下，职工退休前一般不预先计提养老金，在实际支付的时候计入"营业外支出"处理。

（二）劳动报酬观

"劳动报酬观"认为与雇员工资一样，养老金是劳动力价值的组成部分，所不同的是，养老金是劳动者一生劳动报酬分期支付中的延期支付部分，而工资则是即期支付部分。企业职工退休后领取的养老金，是以其在职时提供的服务为依据的，因此，养老金的根本性质是"递延工资"。

目前国际上的会计准则制定普遍采用第二种观点。在"劳动报酬观"下，IAS 第 19 号构建了以权责发生制为基础系统地计量养老金成本，以保险精算为依据，记录和披露养老金资产、负债和损益的一套较为科学的会计体系。2011 年 1 月 1 日起施行的《国际公共部门会计准则第 25 号——雇员福利》(IPSAS 第 25 号)则以 IAS 第 19 号为蓝本而发布，但也针对公共部门的特点作出部分不同于 IAS 第 19 号的规定。

三、养老金计划类型

根据国际会计准则第 19 号"雇员福利"以及我国企业会计准则第 9 号，养老金计划分为两种类型：设定提存计划（Defined Contribution Plan，简称 DC）和设定受益计划（Defined Benefit Plan，简称 DB）。在我国，基本养老保险属于设定提存计划，而企业补充养老保险中既有设定提存计划，也有设定受益计划，目前设定受益计划在我国企业中所占比重比较小。

（一）设定提存计划

设定提存计划是指向独立的基金缴存固定费用后，企业不再承担进一步支付义务的离职后福利计划。

在设定提存计划下，企业每期应按计划公式提存给养老基金一定数额，雇员最终积累的养老金福利的多少取决于企业按计划提存给养老基金的金额、基金的投资收益以及其他雇员提前离职产生的基金罚没，企业并不保证职工退休时企业年金的给付金额。也就是说，计划基金的投资风险由职工来承担，企业的唯一成本是按养老金计划每期应提存的养老基金，这个应提存基金就是企业当期的养老金成本。只有当提存金额不足时，才在资产负债表上确认一项负债；只有当实际提存金额超过计划要求提存金额时，才在资产负债表上确认一项资产。

设定提存计划下的会计处理相对简单，美国、中国和国际会计准则对设定提存计划的会计要求基本相同。

（二）设定受益计划

设定受益计划是指除设定提存计划以外的离职后福利计划。一般来说，企业承诺在职工退休时一次或分期支付确定金额的企业年金，只要职工退休时企业有能力履行支付义务，企业是否按时提取年金以及提取多少年金都由企业自行决定。

在设定受益计划下，计划的提供者或管理者承诺，将按照一个特定的公式来决定每一个计划参与者退休时的养老金受益，对企业来说，雇员未来收到的养老金福利是不确定的，受雇员的流动性、死亡率、雇员的服务年限和报酬水平等因素影响。上述因素影响的养老金福利的不确定性风险由企业承担。因此，设定受益计划下的会计处理涉及很多的假设和精算估计，较为复杂。

目前，美国、英国和国际会计准则对设定受益计划下的会计处理都各自建立了一套以权责发生制为基础、精算估计为假设的比较完善的会计体系。随着我国市场经济的发展，多层次社会保障体系逐渐完善，企业向职工提供福利的形式不断丰富，我国财政部会计司于 2014 年发布了修订后的《企业会计准则第 9 号——职工薪酬》，首次在准则中对离职后福利的设定受益计划相关会计处理作出了规定。

四、两种计划类型的比较

世界上第一个正式的私人养老金计划始于 1875 年，是美国运通公司为其员工提供的退休福利计划，其规定达到一定条件的员工退休后可获得供职最后十年平均工资一半的福利金，属于一种 DB 计划。早期的私人养老金计划大多是 DB 型养老金计划，1974 年 9 月，美国国会通过了《雇员退休收入保障法案》，划分了两种类型的养老金计划，即设定提存计划和设定受益计划。在 1974 年前的十年，DC 计划发展速度仅是 DB 计划的 80%，但从法案实施的 1975 年开始，由于 DB 计划的信息披露复杂、对于精算的要求高、管理费用高等特点，DC 计划的发展速度便超过了 DB 计划。我国的企业年金目前也以 DC 计划为主，但事实上两种计划各有自身的优缺点，哪个更好还因企业而异，并非一目了然。

从员工待遇的角度看，DB 计划的缴费一般要高于 DC 计划，而相对于 DC 计划取决于雇员个人账户投资余额的不确定的待遇，DB 计划的员工退休收入则能得到更充分的保障。因为 DC 计划的投资收入受到经济形势、市场风险、投资效率等很多宏观因素的影响，养老金资产会随着资本市场的景气程度而膨胀或缩水，所以 DC 计划的退休保障不确定性很高。但是，DC 计划对于员工来说具有更高的灵活性，因为 DC 计划不会受到更换工作的影响，员工在任何时候对其账户的处置都具有完全的选择权。

从企业年金雇主的角度来看，DB 计划的雇主面临更高的投资风险，当基金投资收益高时，企业可降低注资，但当基金投资收益低时，则需要提高缴费水平来弥补资金缺口，可能会给企业带来沉重的缴费负担。在美国，政府为了防止可能出现的投资失败情况，机构养老金权益担保公司（PBGC）为每一个 DB 计划提供计划中止保险，以免个别基金投资失败使雇主和雇员利益受损。从信息披露的角度，DB 计划对精算的要求要比 DC 计划高出很多，DB 计划的筹资额需要根据对未来养老金支付额的预测来确定，而长期预测总会有偏离，需要定期做精算调整，因此存在精算误差的风险和精算过程难以被员工和投资者理解的问题。但从人力资源管理的角度，由于 DB 计划对雇员给出了更有保障的承诺，且 DB 计划对员工服务年限有要求，所以 DB 计划比 DC 计划更能起到长期留住人才的作用。

从监管的角度来看，由于风险承担、受益模式的不同，DB 计划中，监管责任更多由计划参与企业承担，且倾向于雇用专业的外部计划受托人，而 DC 计划的监管责任则更多地由计划受益人承担。另外，尽管企业年金计划并不是政府强制性计划，但政府的税收调节、相关的法律法规监管都可能会对 DB 计划和 DC 计划起到不一样的作用。

第二节 企业养老金成本的组成项目

一、当期服务成本

当期服务成本，是指根据养老金计划，企业对参加计划的职工在本期向企业提供的服务应支付的养老金，折算为本期期末的保险统计现值。它构成预计企业年金负债的一部分。

确定当期服务成本时应考虑未来工资水平、平均物价水平、生产率的提高、职工工资的提升、职工的衰老、生活费用的提高等使得未来企业年金水平自发性增加的因素影响。

二、利息费用

利息费用，是指期初预计养老金负债随时间推移所产生的利息。用公式表示如下：

当期利息费用＝期初预计养老金负债×贴现率

将利息费用计入养老金成本，是因为养老金是一种递延的劳动报酬，在职工服务期间并未支付，而其负债是以现值入账，随着时间的推移应逐期增加利息，才能在职工退休时，使预计养老金负债累积到应支付的养老金总额。

三、基金资产的预计报酬

基金资产的预计报酬是指期初基金资产进行投资营运预期可获得的收益。计算公式如下：

基金资产的预计报酬＝期初基金资产的市场相关价值×预计长期投资报酬率

实际报酬的计算公式如下：

基金资产当期实际的投资报酬＝期末基金资产－期初基金资产－当期企业提存的现金＋当期受托机构实际支付的养老金

在会计上为了前后各期的养老金费用具有可比性，用“预计报酬”取代“实际报酬”作为养老金成本的抵减项。这一技术处理还有一个原因是，实际报酬包括了已实现和未实现的利得和损失，如果直接抵减当期养老金成本，则实际是确认了未实现利得和损失，这不符合公认会计准则的要求。至于实际报酬与预计报酬之间的差额则作为资产净损益的一部分进行递延确认。

四、前期服务成本的摊销数

前期服务成本的摊销数，是指将以前年度尚未确认的前期服务成本在当期进行摊销，作为养老金成本的一个增加来源。而前期服务成本是指在养老金计划生效日或修正日，对职工过去服务期间的养老金进行追认而增加的预计养老金负债。

对前期服务成本的会计处理有两种不同意见。一种意见认为，前期服务成本的产生是由于职工过去提供了服务而取得了养老金领取权，因此这些成本一经确定便应当在当期确认为费用。另一种意见认为，企业之所以愿意追溯增加养老金给付，是希望它能带来未来经济效益，比如提高职工未来的生产率、工作效率，降低职工的流动率，鼓励职工将来更好地为企业服务。不管这些成本的产生是否与过去的服务相联系，成本带来的受益期仅仅涉及本期和将来各期，而不是各期。由于这种成本具有未来经济效益，应将前期服务成本一方面确认为无形资产，另一方面确认为负债。这种做法得到了国际会计的认可，普遍认为这是符合成本费用的定义，因为费用必须是能代表与当期的收益相配比的成本。至于第一种观点的做法，企业在以前各个期间获得收益，如果将前期服务成本作为"以前年度损益调整"项目在当期确认，是不配比的。

五、未确认损益的摊销数

未确认损益的摊销数，是指因保险统计假设的变更或假定和实际情况的差异而产生的基金资产损益及预计养老金负债损益，在当期进行摊销，作为当期养老金成本的增加来源。

第三节　养老金会计实务

一、账户设置及其核算的内容

(一)"养老金成本——企业年金"账户

"养老金成本——企业年金"账户属于损益类账户，用来核算应计入企业当期损益的企业年金成本费用，包括当期服务成本、负债利息、计划资产损益、前期服务成本的摊销等。

核算时应根据核算的具体内容设置三级科目，即养老金成本——企业年金(当期服务成本)、养老金成本——企业年金(负债利息)、养老金成本——企业年金(计划资产损益)、养老金成本——企业年金(前期服务成本)等三级账户。该科目期末结转到"利润分配——未分配利润"，结转后无余额。

(二)"预计企业年金负债"账户

"预计企业年金负债"账户属于负债类账户，用来核算企业承诺应向职工未来支付的企业年金。

(三)"企业年金计划资产"账户

"企业年金计划资产"账户属于资产类账户，用来核算企业已向基金机构提拨的企业年金资金和基金运营带来的资产收益或损失。

(四)“前期服务成本”账户

“前期服务成本”账户属于资产类账户，用来核算企业因年金计划的修改而提高(很少情况减少)职工以前年度提供服务的企业年金，或为吸纳新加入人才丧失前单位企业年金而给予的补偿费。该账户借方登记有关职工未来福利的增加数，贷方登记有关职工在剩余服务年限内的分配数。

二、设定提存计划的确认和计量

企业应当在职工为其提供服务的会计期间，将根据设定提存计划计算的应缴存金额确认为负债，并计入当期损益或相关资产成本。

借:生产成本

　　制造费用

　　管理费用等

　　贷:应付职工薪酬——离职后福利(设定提存计划)

根据设定提存计划，预期不会在职工提供相关服务的年度报告期结束后十二个月内支付全部应缴存金额的，企业应当将全部应缴存金额以折现后的金额计量应付职工薪酬，折现时所采用的折现率应当根据资产负债表日与设定受益计划义务期限和币种相匹配的国债或活跃市场上的高质量公司债券的市场收益率确定。

产生应缴存费用时：

借:生产成本等

　　未确认融资费用

　　贷:应付职工薪酬——离职后福利

年末摊销未确认融资费用：

借:财务费用

　　贷:未确认融资费用

实际缴纳费用时：

借:应付职工薪酬——离职后福利

　　贷:银行存款

三、设定受益计划的确认和计量

企业对设定受益计划的会计处理通常包括以下四个步骤。

步骤一:确定计划义务现值和当期服务成本。

企业应当通过以下两步确定设定受益义务现值和当期服务成本。

(1) 根据预期累计福利单位法，采用无偏且相互一致的精算假设对有关人口统计变量和财务变量等作出估计，计量设定受益计划所产生的义务，并确定相关义务的归属期间。

(2) 根据资产负债表日与设定受益计划义务期限和币种相匹配的国债或活跃市场上

的高质量公司债券的市场收益率确定折现率，将设定受益计划所产生的义务予以折现，以确定计划义务的现值和当期服务成本。

设定受益义务的现值，是指企业在不扣除任何计划资产的情况下，为履行当期和以前期间职工服务产生的义务所需的预期未来支付额的现值。设定受益计划的最终义务受到许多变量（如最终薪金、职工流动率和死亡率、职工缴付的提存金以及医疗费用趋势）的影响。在折现时，即使有部分义务预期在报告期后的 12 个月内结算，企业仍应对整项义务进行折现。企业应当就至报告期末的任何重大交易及环境的其他重大变化（包括市场价格和利率的变化）进行调整，在每年度报告期末对估值的某些方面进行复核（如计划资产的公允价值及财务假设，折现率及薪酬增长率等）。

企业应当通过预期累计福利单位法确定其设定受益义务的现值、相关的当期服务成本和过去服务成本。根据预期累计福利单位法，每一服务期间会增加一个单位的福利权利，并且对每一单位单独计量，所有单位累计形成最终义务。预期累计福利单位法要求企业将福利归属于当期（以确定当期服务成本）和当期及以前期间（以确定设定受益义务的现值）。企业应当将福利归属于提供离职后福利的义务发生的期间，并计入当期损益或相关资产成本。这一义务随着职工提供服务以换取企业在未来报告期间支付的离职后福利而产生。

当职工后续年度的服务将导致其享有的设定受益计划福利水平显著高于以前年度时，企业应当按照直线法将累计设定受益计划义务分摊确认于职工提供服务而导致企业首次产生设定受益计划福利义务至职工提供服务不再导致该福利义务显著增加的期间。在确定后续年度服务是否将导致职工享有的设定受益计划福利水平显著高于以前年度时，不应考虑仅因未来工资水平提高而导致设定受益计划义务显著增加的情况。

精算假设，是指企业对确定提供离职后福利的最终义务的各种变量的最佳估计。精算假设应当是客观公正和相互可比，无偏且相互一致的。精算假设包括人口统计假设和财务假设。人口统计假设包括死亡率、职工离职率、伤残率、提前退休率等。财务假设包括折现率、福利水平和未来薪酬等。

设定受益计划义务的实际数与估计数之间的差异被称为经验调整。在某些情况下，例如，福利计划对于未来福利水平调整的规定不够清晰，确定有关福利水平的增加是精算假设与实际经验的差异（产生精算利得或损失）还是计划的修改（产生过去服务成本），需要运用职业判断。一般情况下，如果计划并无明确规定未来福利水平调整的办法，过去调整也不频繁，同时如果精算假设中并无福利水平增长的假设，企业应将福利水平变化的影响归属于过去服务成本。

【例 9-1】 甲企业在 20×3 年 1 月 1 日建立一项福利计划向其未来退休的管理员工提供退休补贴，退休补贴根据工龄有不同的层次，该计划于当日开始实施。该福利计划为一项设定受益计划。假设管理人员退休时企业将每年向其支付退休补贴直至其去世，通常企业应当根据生命周期表对死亡率进行精算（为阐述方便，本例中测算表格中的演算，忽略死亡率），并考虑退休补贴的增长率等因素，将退休后补贴折现到退休时点，然后按照预期累积福利单位法在职工服务期间进行分配。

假设一位55岁管理人员于20×3年年初入职,年折现率为10%,预计该职工将在服务5年后即20×8年年初退休。表9-1列示了企业如何按照预期累计福利单位法确定其设定受益义务现值和当期服务成本,假定精算假设不变。

表9-1

单位:元

年度	20×3年	20×4年	20×5年	20×6年	20×7年
福利归属于以前年度	0	1 310	2 620	3 930	5 240
福利归属于当年	1 310	1 310	1 310	1 310	1 310
当年和以前年度合计	1 310	2 620	3 930	5 240	6 550
期初义务	0	890	1 960	3 240	4 760
利息(利率为10%)	0	89	196	324	476
当期服务成本	890≈1 310÷(1+10%)^4	980≈1 310÷(1+10%)^3	1 080≈1 310÷(1+10%)^2	1 190≈1 310÷(1+10%)	1 310
期末义务	890	1 959=890+89+980	3 236=1 960+196+1 080	4 754=3 240+324+1 190	6 546=4 760+476+1 310

注:1. 期初义务是归属于以前年度的设定受益义务的现值;
2. 当期服务成本是归属于当年的设定受益义务的现值;
3. 期末义务是归属于当年和以前年度的设定受益义务的现值。

本例中,假设该职工退休后直至去世前企业将为其支付的累计退休福利在其退休时点折现额约为6 550元,则该管理人员为企业服务的5年中每年所赚取的当期福利为这一金额的1/5即1 310元。当期服务成本即为归属于当年福利的现值。因此,在20×3年,当期服务成本为1 310÷1.14。其他各年以此类推。

20×3年年末,企业对该管理人员的会计处理如下:

借:管理费用(当期服务成本)　　890
　　贷:应付职工薪酬　　890

同理,在20×4年年末,企业对该管理人员的会计处理如下:

借:管理费用(当期服务成本)　　980
　　贷:应付职工薪酬　　980

借:财务费用　　89
　　贷:应付职工薪酬　　89

以后往年,以此类推。

【例9-2】 假设甲企业在20×3年1月1日设立了一项设定受益计划,并于当日开始实施。该设定受益计划具体规定如下:

甲企业向所有在职员工提供统筹外补充退休金,这些职工在退休后每年可以额外获得12万元退休金,直至去世。

职工获得该额外退休金基于自该计划开始日期为公司提供的服务,而且应当自该设定受益计划开始日起一直为公司服务至退休。为简化起见,假定符合计划的职工为100人,当前平均年龄为40岁,退休年龄为60岁,还可以为公司服务20年。假定在退休前无人离职,退休后平均剩余寿命为15年。假定适用的折现率为10%,并且不考虑未来通货膨胀影响等其他因素。

计算设定受益计划义务及其现值,如表9-2所示。计算职工服务期间每期服务成本,如表9-3所示。

表9-2 计算设定受益计划义务及其现值

单位:万元

	退休后第1年	退休后第2年	退休后第3年	退休后第4年	……	退休后第14年	退休后第15年
(1) 当年支付	1 200	1 200	1 200	1 200	……	1 200	1 200
(2) 折现率	10%	10%	10%	10%	……	10%	10%
(3) 复利现值系数	0.909 1	0.826 4	0.751 3	0.683 0	……	0.263 3	0.239 4
(4) 退休时点现值=(1)×(3)	1 091	992	902	820	……	316	287
(5) 退休时点现值合计	9 127						

表9-3 计算职工服务期间每期服务成本

单位:万元

服务年份	服务第1年	服务第2年	……	服务第19年	服务第20年
福利归属			……		
——以前年度	0	456.35	……	8 214.3	8 670.65
——当年	456.35	456.35	……	456.35	456.35
——以前年度+当年	456.35	912.7	……	8 670.65	9 127
期初义务	0	74.62	……	6 788.68	7 882.41
利息	0	7.46	……	678.87	788.24
当期服务成本	74.62*	82.08**	……	414.86***	456.35
期末义务	74.62	164.16	……	7 882.41	9 127****

* 74.62=456.35/(1+10%)^{19}

** 82.08=456.35/(1+10%)^{18}

*** 414.86=456.35/(1+10%)

**** 含尾数调整。

服务第1年年末,甲企业的账务处理如下:

借:管理费用(或相关资产成本)　　　　746 200

　　贷:应付职工薪酬——设定受益计划义务　　　　746 200

服务第2年年末,甲企业的账务处理如下:

借：管理费用(或相关资产成本) 820 800

　贷：应付职工薪酬——设定受益计划义务 820 800

服务第 3 年至第 20 年，以此类推处理。

步骤二：确定计划净负债或净资产。

设定受益计划存在资产的，企业应当将设定受益计划义务的现值减去设定受益计划资产的公允价值所形成的赤字或盈余确认为一项设定受益计划净负债或净资产。

设定受益计划存在盈余的，企业应当以设定受益计划的盈余和资产上限两项的孰低者计量设定受益计划净资产。其中，资产上限是指企业可从设定受益计划退款或减少未来对设定受益计划缴存资金而获得的经济利益的现值。

计划资产包括长期职工福利基金持有的资产以及符合条件的保险单，不包括企业应付但未付给基金的提存金以及由企业发行并由基金持有的任何不可转换的金融工具。

【例 9－3】 接【例 9－2】，假定该企业共有 5 000 名管理人员，按照预期累积福利单位法计算出上述设定受益计划的总负债为 3 亿元，若该企业专门购置了国债作为计划资产，这笔国债 20×4 年的公允价值为 1 亿元，假设该国债仅能用于偿付企业的福利计划负债(除非在支付所有计划负债后尚有盈余)，且除福利计划负债以外，该企业的其他债权人不能要求用以偿付其他负债，公司没有最低缴存额的现值，则整个设定受益计划净负债为 2 亿元。如果该笔国债 20×5 年的公允价值为 4 亿元，则该项设定受益计划存在盈余为 1 亿元。假设该企业可以设定受益计划退款或减少未来对该计划缴存资金而获得的经济利益的现值(即资产上限)为 1.5 亿元，则该项设定受益计划净资产为 1 亿元。

步骤三：确定应当计入当期损益的金额。

报告期末，企业应当在损益中确认的设定受益计划产生的职工薪酬成本包括：服务成本和设定受益净负债或净资产的利息净额。

服务成本包括当期服务成本、过去服务成本和结算利得或损失。

(1) 当期服务成本指因职工当期服务导致的设定受益义务现值的增加额。

(2) 过去服务成本指设定受益计划修改所导致的与以前期间职工服务相关的设定受益计划义务现值的增加或减少。

当企业引入或取消一项设定受益计划或是改变现有设定受益计划下的应付福利时，就发生了计划修改。当企业显著减少计划涵盖的职工数量时，就发生了计划缩减。缩减可能源于某单一事件，比如关闭某个厂房、终止一项经营、暂停或终止一项计划。过去服务成本是指由于计划修改或缩减导致职工前期服务的设定受益义务现值的变化。虽然过去服务成本的定义区分由于计划修改产生的和由于缩减产生的，但该区分对财务报表几乎不构成影响，因为所有过去服务成本均在其发生的当期计入损益。

在修改或缩减与重组费用或者辞退福利无关的情况下，企业应当在修改或缩减发生时确认相关的过去服务成本。

在确定过去服务成本或结算利得或损失之前，企业应采用计划资产的当前公允价值和当前精算假设(包括当前市场利率和其他当前市场价格)重新计量设定受益负债(资产)净额，当前精算假设应反映计划在修改、缩减或结算之前提供的福利。

企业随后须辨别由计划修改、缩减或结算导致的设定受益义务的现值变化。企业并不是在所有情况下都要单独辨别每个组成部分。在同时发生的情况下，企业无须区分由于计划修改产生的和由于缩减和结算产生的过去服务成本。然而，如果计划被一项实质上提供同样福利的新计划所取代，则计划的终止并不是结算。在某些情况下，计划修改发生在结算之前，比如当企业改变计划福利，并随后结算修改后的福利。在这些情况下，企业应在结算利得或损失之前确认过去服务成本。

过去服务成本可以是正的（在福利引入或发生变化从而导致设定受益义务现值增加时）或负的（在福利被取消或发生变化从而导致设定受益义务现值减少时）。如果同时有设定受益义务现值增加和减少发生时，企业应当将变动净额作为单项变动处理。

过去服务成本不包括：以前假定的薪金增长额与实际发生额之间的差额对支付以前年度服务产生的福利义务的影响（因为精算假设允许预计薪金增长，所以不会产生过去服务成本）；当企业具有支付养老金增长的推定义务时，对可自行决定的养老金增加的高估和低估（因为精算假设允许这种增长）；财务报表中已确认的精算利得或计划资产回报导致的福利改进估计，如果企业由于计划的正式条款或由于法律规定，有责任将该计划的盈余用于计划参与者的福利，即使该福利的增加并没有正式给予（由于所导致的义务的增加是一项精算损失，因而不会产生过去服务成本）；以及在没有新的福利或福利改进的情况下，职工达到了既定要求以后既定福利（即并不取决于未来雇佣的福利）的增加（由于企业在服务提供的当期将估计福利费用确认为当期服务成本，因而不会产生过去服务成本）。

【例 9-4】 接【例 9-3】，假设 20×4 年年初企业建立这项设定受益计划时该管理人员已经入职一年，企业对管理人员归属于 20×3 年度服务的设定受益义务的现值增加，因此企业应当立即在 20×4 年年初的利润表中确认 890 万元的过去服务成本。

（3）结算利得和损失。企业应当在设定受益计划结算时，确认一项结算利得或损失。设定受益计划的结算，是指企业为了消除设定受益计划所产生的部分或所有未来义务进行的交易，而不是根据计划条款和所包含的精算假设向职工支付福利。设定受益计划结算的利得或损失是下列两项的差额：

① 在结算日确定的设定受益计划义务现值；

② 结算价格，包括转移的计划资产的公允价值和企业直接发生的与结算相关的支付。

结算是未在计划条款中规定的福利的支付，未纳入精算假设中，因此结算利得或损失应当计入当期损益，而在计划条款中规定的福利的支付（包括可选择福利支付性质的情况）不属于结算，已纳入精算假设中，在支付此类福利时产生利得或损失，则属于精算利得或损失，应作为重新计量的一部分计入其他综合收益。

【例 9-5】 接【例 9-3】，假设该企业 20×6 年因经营困难需要重组，一次性支付给职工退休补贴 2 亿元，重组日的该项设定受益义务总现值为 3 亿元，则结算利得为 1 亿元（等于 3 亿元减去 2 亿元）。

（4）设定受益计划净负债或净资产的利息净额。设定受益计划净负债或净资产的利息净额，是设定受益净负债或净资产在所处期间由于时间流逝产生的变动。其包括计划资产的利息收益、设定受益计划义务的利息费用以及资产上限影响的利息。

设定受益计划净负债或净资产的利息净额通过将设定受益计划净负债或净资产乘以确定的折现率来确定。设定受益计划负债或净资产和折现率应在年度报告期间开始时确定,同时须考虑该期间由于提存和福利支付所导致的设定受益计划净负债或净资产的变动,但不考虑设定受益计划净负债或净资产在本期的任何其他变动(如精算利得和损失)。

设定受益计划净负债或净资产的利息净额的计算应考虑资产上限的影响。计划资产的利息收益是计划资产回报的组成部分之一,通过将计划资产公允价值乘以折现率来确定。计划资产的公允价值和折现率都应在年度报告期间开始时确定,同时需考虑该期间由于提存和福利支付所导致的计划资产的任何变动。计划资产的利息收益和计划资产回报之间的差额包括在设定受益计划净负债或净资产的重新计量中。资产上限影响的利息是资产上限影响总变动的一部分,通过将资产上限的影响乘以折现率来确定,该影响和折现率应在年度报告期间开始时确定。该金额与资产上限影响总变动之间的差额包括在设定受益计划净负债或净资产的重新计量中。

【例 9-6】 接【例 9-3】,假设该企业 20×4 年年初有设定受益计划净负债 2 亿元,20×4 年年初折现率为 10%,假设没有福利支付和提存金缴存,则其利息费用净额为 20 000 000元(=200 000 000×10%);20×5 年年初有设定受益计划净资产 1 亿元,假设 20×5 年年初折现率为 10%,则其利息收入净额为 10 000 000 元(=100 000 000×10%)。20×4 年年末企业应当进行如下会计处理:

借:财务费用　　20 000 000

　　贷:应付职工薪酬　　20 000 000

20×5 年年末企业应当进行如下会计处理:

借:应付职工薪酬　　10 000 000

　　贷:财务费用　　10 000 000

步骤四:确定应当计入其他综合收益的金额。

设定受益净负债或净资产的重新计量应当计入其他综合收益,且在后续期间不用重分类计入损益,但是企业可以在权益范围内转移这些金额。

重新计量设定受益计划净负债或净资产所产生的变动包括下列部分:

(1) 精算利得和损失,即由于精算假设和经验调整(以前精算假设与实际发生情况之间差别的影响)导致之前所计量的设定受益计划现值的增加或减少。

产生精算利得和损失的原因包括:未预计的过高或过低的职工流动率、提前退休率或死亡率,或是过高或过低的薪金、福利(如果计划的正式或推定条款规定,在通货膨胀下增加福利)或医疗费用的增长;关于福利支付选择权假设变动的影响;对未来职工流动、提前退休或死亡,或薪金、福利(如果计划的正式或推定条款规定,在通货膨胀下增加福利)或医疗费用的增长等估计因素变化的影响;以及折现率变化的影响。

精算利得和损失不包括因引入、修改、缩减或结算设定受益计划所导致的设定受益义务现值的变动,或者设定受益计划下应付福利的变动。这些变动产生了过去服务成本、结算利得或损失。

(2) 计划资产回报，扣除包括在设定受益净负债或净资产的利息净额中的金额。计划资产的回报，指计划资产产生的利息、股利和其他收入，以及计划资产已实现和未实现的利得或损失，减去管理该计划资产的成本以及计划本身的应付税款(计量设定受益义务时所采用的精算假设所包括的税款除外)。其他管理费用不需从计划资产回报中扣减。

(3) 资产上限影响的变动，扣除包括在设定受益净负债或净资产的利息净额中的金额。

【例 9－7】 接【例 9－3】，假设 20×4 年年末甲企业进行精算重估的时候发现折现率已经变为 8%，假设不考虑计划资产回报和资产上限影响的变动，甲企业由于折现率变动导致重新计量设定受益计划净负债的增加额共计 500 万元。则 20×4 年年末甲企业应当进行如下会计处理：

借：其他综合收益——设定受益计划净负债重新计量——精算损失 5 000 000

  贷：应付职工薪酬——设定受益计划义务 5 000 000

以后各年，以此类推。

四、离职后福利的信息披露要求

对于设定提存计划，企业应当披露所设立或参与的设定提存计划的性质、计算缴费金额的公式或依据、当期缴费金额以及期末应付未付金额。

对于设定受益计划，企业应当披露与设定受益计划有关的下列信息：

(1) 设定受益计划的特征及与之相关的风险。

(2) 设定受益计划在财务报表中确认的金额及其变动。

(3) 设定受益计划对企业未来现金流量金额、时间和不确定性的影响。

(4) 设定受益计划义务现值所依赖的重大精算假设及有关敏感性分析的结果。

第四节 养老金会计的国际比较与未来发展方向

我国财政部在借鉴国际会计准则的基础上，将养老金会计按照会计主体的不同分为企业养老金会计和企业年金会计，分别在企业会计准则第 9 号和第 10 号中予以规范。

财政部会计司 2014 年发布的《企业会计准则第 9 号——职工薪酬》修订版增设了离职后福利一节，为了顺应经济全球化趋势和我国多层次养老保险体系完善的需要，在借鉴《国际会计准则第 19 号——雇员福利》做法的基础上结合我国实际情况，对我国企业年金中设定受益计划类型的会计处理作出了相应规定，体现了我国会计准则的国际趋同。

《企业会计准则第 10 号——企业年金基金》将依法制定的企业年金计划所筹集的资金及其投资运营收益形成的企业补充养老保险基金，单独作为独立的会计主体进行会计处理和列报；规范了企业年金基金的资产、负债、收入、费用和净资产的确认、计量和披露；规定企业年金基金所持有的各类投资需以公允价值计量；企业年金基金的报表由资产负债表、净资产变动表和附注组成等。

一、美国养老金会计准则

美国的养老金会计产生的时间相对于世界其他国家更早，也是世界上最早制定养老金会计准则的国家，其财务会计准则委员会先后颁布了多项有关养老金的会计准则，目前已形成一套比较科学的会计体系。该体系主要由《雇主对养老金的会计处理》(FAS 第 87 号)、《雇主对设定受益养老金计划的结算、削减和终止福利的会计处理》(FAS 第 88 号)以及《雇主对设定受益计划和其他退休后福利计划的会计处理》(SFAS 第 158 号)等组成。

二、国际养老金会计准则

国际会计准则委员会颁布了国际会计准则第 19 号(IAS 第 19 号)“雇员福利”和国际会计准则第 26 号(IAS 第 26 号)“退休福利计划的会计和报告”两项养老金会计准则。其中，2011 年，国际会计准则理事会对《国际会计准则第 19 号——雇员福利》进行了重大修改，取消了区间法(又称走廊法)，要求全额确认重新计量设定受益计划净负债或净资产的变动，简化了设定受益计划的列报模式。修订后的《国际会计准则第 19 号》发布后，得到了全球各利益相关方的支持，为其他国家或地区完善关于职工薪酬的会计准则提供了有益的参考。

三、养老金会计处理的国际比较

(一) 确认和计量

1. 养老金计划资产

设定提存计划下，IAS 第 19 号要求对计划资产按公允价值计量。与 IAS 第 19 号不同的是，SFAS 第 158 号要求对养老金计划资产的计量采用市场相关价值，市场相关价值可能是公允价值，也可能是在不超过 5 年内以系统和合理的方式通过确认公允价值的变动计算所得的价值。IAS 第 19 号和 SFAS 第 158 号规定的计量计划资产的日期均为资产负债表日。我国的会计准则目前对养老金计划资产的确认和计量没有明确的规定。

2. 折现率

IAS 第 19 号规定的折现率均为高质量公司债券的市场收益率。SFAS 第 158 号采用的折现率是高质量固定收益投资的收益率。FASB 的解释是如果计划资产在计量日投资于高质量债务工具的投资组合，该投资将会提供支付到期养老金债务所必需的现金流。我国会计准则类似于国际会计准则的做法，采用的折现率根据资产负债表日与设定受益计划义务期限和币种相匹配的国债或活跃市场上的高质量公司债券的市场收益率确定。

3. 养老金计划负债

IAS 第 19 号和 SFAS 第 158 号规定的计划负债的精算估价方法均为应计福利法。IAS 第 19 号和 SFAS 第 158 号规定的计量计划负债的日期均为资产负债表日。SFAS 第

158 号规定，如果预计福利负债超过计划资产的公允价值时，企业应将其差额在企业的资产负债表中反映，此举将以前在附注中披露的负债带入报表中，确认了比以前金额更大的最小负债，而 IAS 第 19 号并无类似规定，我国会计准则也无类似规定。

（二）信息披露

1. 美国和国际会计准则

IAS 第 19 号要求的披露内容包括：一是对计划的一般性说明，包括受益的雇员群体；二是对退休金费用所采用的会计政策，包括对所采用的保险统计方法作一般性说明，如该计划是否设立基金；在这一期间内确认为使用或收益的金额；在最近一次保险统计估价时对已承诺的退休金计算的保险统计现值；在计划设立了基金的情况下，该计划下的资产在最近一次保险统计估价时的公允价值等。企业如有一个以上的退休金计划，则财务报表可将所有计划加总或单项分列或按认为最有用的方式分类汇总作相应揭示。而在美国的会计准则中，对于设定受益计划，要求单独披露计划的期初期末变动情况表、计划相关净资产期初期末变动情况表、计划基金的情况、计划资产的信息（包括各类主要资产的公允价值比重、投资组合政策的描述、长期资产整体期望回报率的确定方法等）、累计给付义务、资产负债表日后 5 年内预计每年支付的养老金及 5 年内的支付总额、资产负债表日后一年应投入的养老金费用、报告期确认的与养老金计划相关的期间费用、假定的加权平均贴现率、与计划有关的补偿增加的比率、期望的长期资产收益率、计划主要资产及负债的计量日等信息；对于设定提存计划，则仅要求报告期间确认的养老金费用、导致影响可比性的重大变化的性质及金额。

2. 我国会计准则

相比于国际会计准则与美国会计准则，我国目前对于企业养老金相关信息披露的要求比较低，仅要求披露所设立或参与的设定提存计划的性质、计算缴费金额的公式或依据、当期缴费金额以及期末应付未付金额，以及设定与设定受益计划有关的特征、风险、金额及其变动、对未来现金流的影响和重大精算假设及有关敏感性分析结果。

四、国外养老金会计的发展历程

（一）美国养老金会计的发展历程

1948 年，美国会计程序委员会（CAP）颁布了美国第一个养老金会计准则——《养老金计划：基于过去服务的年金成本会计处理》（ARB 第 36 号），该准则提出了配比原则，认为在劳动报酬观下，养老金应当被确认为递延报酬，从而与职工提供的服务进行配比。1956 年，CAP 颁布会计研究公报《养老金计划成本的会计处理》，首次提出养老金负债的概念，并且试图改变收付实现制的处理方法。

1966 年，美国会计原则委员会（APB）发布第 8 号意见书《养老金计划成本的会计处理》（APB 第 8 号），将养老金的成本确认与基金筹措分开，使养老金会计向权责发生制转变，是养老金会计史上的重要变革，同时它首次采用精算方法对养老金费用进行计量，但由于精算方法允许企业自行选择，使得养老金会计信息缺乏可比性。

美国财务会计准则委员会(FASB)分别在1980和1985发布了财务会计准则公告《养老金信息的披露》(SFAS第36号)和《雇主对养老金的会计处理》(SFAS第87号)，规范了养老金计划的设定及披露方法。其中SFAS第87号在APB第8号的基础上进行了改进，将精算方法限定于一种，增加了会计信息的可比性，并且为各国的养老金会计准则制定提供了蓝图。

1998年，FASB颁布了《雇主对养老金及其他退休福利的披露》(SFAS第132号)，统一了企业养老金信息披露标准，并且要求披露计划资产的公允价值变动情况。2006年，FASB颁布了《雇主对设定受益养老金和其他退休后计划的会计处理》(SFAS第158号)，要求使用设定受益计划的雇主要在其财务报表中而不是附注中报告养老金资产和负债的状况，增加了会计信息的完整性。

(二) 国际养老金会计的发展历程

1983年1月，国际会计准则委员会(IASC)首次发布《国际会计准则第19号——雇员福利》，要求将退休福利费用在雇员提供服务时确认。此后IAS第19号经过了1993年、1998年、2004年、2011年等多次修订，对设定受益计划的确认、计量和列报进行了多次改进，增加了其可理解性。2013年3月，IASB发布了新的征求意见稿《设定受益计划:雇员提存金》，旨在澄清设定受益计划的正式条款中规定的雇员提存金的会计处理。

五、我国养老金会计未来发展方向

我国的养老金会计发展历时较短，尤其是对于设定受益计划的会计规范与国际成熟体系相比还不够完善，存在着对企业补充养老计划的资金运作方式没有明确规范、企业参与年金的积极性不高、缺乏精算力量支撑相关会计处理等问题，因此未来我国的养老金会计可以从以下几个方向进行完善。

(一) 将设定受益计划强制规定为基金制

对于缺乏相关的法律法规规范设定受益计划实施的情况，我国可以借鉴美国对于此种情况的做法，出台类似于ERISA法案的法律条文，将设定受益计划资金的运作方式强制规定为基金制。所谓的基金制，即要形成雇员养老金基金，基金规模(包括本金与增值部分)与包括在职人员和退休人员在内的所有人积累的全部养老金权益相当。同时，所建立的养老金基金必须与雇主的资产分开，且基金投资也必须与雇主业务完全分离。这样，即使企业由于经营不善等原因而导致破产，对于员工养老金的领取也不会有比较大的影响。另外，在现阶段可以通过出台相应的政策做实个人账户以减少空账现象的出现，如将社会统筹账户和个人账户分开核算。

(二) 将税收优惠与设定受益计划的实施相结合

对于企业有可能缺乏实施设定受益计划积极性的问题，可以出台相应的税收优惠政策以鼓励企业，比如对实行设定受益计划的企业给予一定的税收优惠，这样也能一定程度上体现税收的职能。企业在理解设定受益计划能对企业的长期发展提供竞争力的基础上,加上政府的优惠政策,可以大幅度提高其积极性。

(三) 精算力量优先集中于大型企业的核算

对于我国精算力量不足的现状,可以优先在大型企业试行设定受益计划。由于大型企业的核算比较健全,在具体的实施过程中阻力也相对较小。在试行期间,可以出台相应的政策规范以鼓励精算师行业的健康有序发展。当试行取得较好成绩、精算力量得到一定的发展后,在某一地区进行试点,接着就是全国范围内设定受益计划的实施。

本章综合案例

设定受益计划的管理风险

讨论主题:以德尔福为例,讨论设定受益计划实施的风险和对企业的影响

美国 Delphi(德尔福)公司曾是全球最大的汽车零部件供应商行业巨头,资产价值一度高达 290 亿美元。1999 年,为顺应汽车零部件企业专业化及全球化经营大趋势,Delphi 公司从美国通用公司剥离出来。但自 2002 年起,北美汽车市场低迷,使得 Delphi 的市场销量迅速下滑,至 2005 年 10 月这种颓势并没有得到好转,故 Delphi 申请了破产保护。

拖垮 Delphi 公司的主要原因除了市场不景气导致销售量的急剧下滑,其在 1999 年从通用公司分离出来时,履行与通用公司、美国工会(UAW)、国际电业工人联合会(IUE)及美国钢铁工人联合工会(USWA)之间签署的退休工薪待遇金福利计划协议也是主要原因之一。根据这个协议,Delphi 的员工将依然享受与通用员工一样的待遇,即 27 美元/小时,这几乎是当时北美汽车零部件企业平均薪资的两倍。如果再加上其他福利待遇,Delphi 的劳工成本高达 70 美元/小时,远远高于其他同行企业。协议还规定,Delphi 在任何情况下都不可裁减 UAW 的员工,即使工厂停产或减产,工人不上班,依然可以拿到 90%的工资。当时签订的这个劳工协议的有效期是到 2008 年年底。协议中还包括一项补充条款,即通用公司应为 Delphi 员工提供一项退休金增补协议(top-ups,即补充条款),这意味着如果 Delphi 员工养老计划被冻结或终止,通用公司将承担此项义务。与此对应,Delphi 公司为职工提供的六种不同类型的 DB 型养老金计划将终止。

Delphi 公司为受薪员工、时薪员工提供的养老金计划分别为完全积累制的和部分积累制的。这些负担沉重的养老金给付债务给原本就不景气的 Delphi 带来了沉重的资金负担。2001 年至 2005 年,养老金计划的投资状况不断恶化,两种在员工中覆盖率最广的养老金计划的净资产都已经处于严重的赤字状态。到 2005 年 10 月,公司申请破产保护时,Delphi 已经没有能力缴纳最低限的公司供款额度,至 2006 年年底,Delphi 宣布要着手冻结受薪计划(salaried plan)和时薪计划(hourly plan)。

Delphi 公司从 2000 年盈利 10 亿美元,到 2004 年亏损 48 亿美元,财务状况不断恶化。而养老金计划给 Delphi 公司带来的财务负担使其在激烈的市场竞争中难以转身,自 2004 年起,Delphi 公司的财务状况一路下滑。

2009年7月,Delphi宣布终止六种养老金计划。由于公司已无力负担,鉴于PBGC为Delphi公司参与以上六种养老金计划的员工的养老金福利做担保,“补充条款”涵盖的员工可以从PBGC领取到一份缩减的养老金。事实上,2005年Delphi申请破产保护后,2007年通用公司和Delphi签订了一份国际调解书,前者同意承担一部分Delphi时薪员工养老金计划的债务。2008年,通用公司与Delphi又延伸了这项调解书,即Delphi时薪员工养老金计划下的约34亿美元的债务将分两次转至通用公司。第一次转移于2008年9月开始实施,但从该年底开始,汽车行业的萧条使得Delphi几近进行破产清算,此债务转移使得通用公司也不得不寻找财政部的帮助;鉴于此状况,第二次转移并没有再实施。巨额的养老金债务不仅拖垮了Delphi公司,甚至让通用公司也处于财务困境。

由Delphi公司的案例可以看出,由于设定受益计划下相关的精算误差和投资损益由企业来承担,实施设定受益计划的企业存在相当大的风险。设定受益计划对精算的准确性要求很高,精算假设的准确性会对计量负债和费用估计产生重大影响,并有可能产生精算利得与损失。鉴于负债是在折现的基础上计量的,并要在雇员提供相关服务的许多年后才履行。为计量离职后福利义务的现值和相关的当期服务成本,必须运用精算估价的方法,并将福利归属于雇员的服务期间。假如一个雇员从入职到退休过程中不变动工作,在一个企业工作的时间可以长达40年。这期间的通货膨胀率、福利水平以及养老基金的投资回报等均具有巨大的不确定性。此外,如果已退休雇员的实际寿命比预期的长,那么公司就要承担更多预计外的费用。这些不确定性以及长期的养老金成本负担可能给企业的持续经营带来很大的困难。我国目前企业补充养老保险还在发展初期,尽管设定受益计划具有巨大的发展空间,能够给员工更大的保障,但提供设定受益计划的企业还应在计划期间及时进行预算、提取准备金,做好风险管理。

本章思考题

1. 养老金会计有哪些特征?
2. 如何理解“过去服务成本”这一概念?
3. 我国企业更适合选择设定提存计划还是设定受益计划?

本章练习题

甲公司于20×3年1月1日起执行设定受益养老金计划。A职工预计25年后退休,预计养老金年限15年,预计退休前的最后工资水平是年薪50 000元,当年的工资水平为40 000元,养老金计划规定职工退休后每年收到的养老金是未来工资水平的30%,合适的折现率为10%。试编制职工在职期间的会计分录。

本章主要参考文献

[1] KIOSSE P V, PEASNELL K. Have changes in pension accounting changed pension provision? A review of the evidence[J]. Accounting and Business Research, 2009, 39(3): 255 - 267.

[2] AMIR E, GUAN Y L, OSWALD D. The effect of pension accounting on corporate pension asset allocation[J]. Review of Accounting Studies, 2010, 15(2): 345 - 366.

[3] 陈芳芳. 美国养老金会计最新发展及其借鉴[J]. 财会通讯(综合版), 2008(3): 105 - 106.

[4] 财政部. 关于征求《企业会计准则第 9 号:职工薪酬(修订)(征求意见稿)》意见的函[EB/OL]. http:// kjs. mof. gov. cn/ zhengwuxinxi/ gongzuotongzhi/ 201210/ t20121016_687943.html.

[5] 财政部. 企业会计准则第 9 号:职工薪酬[S]. 财会〔2014〕8 号.

[6] 财政部. 企业会计准则第 9 号:职工薪酬应用指南[S]. 财会〔2014〕8 号.

[7] 王东艳, 宋子龙, 刘玉杰. 我国养老金会计的改进与完善: 基于《职工薪酬》(征求意见稿)的思考[J]. 会计之友, 2013(23): 35 - 37.

[8] 肖序, 张影. 设定受益型养老金计划衰落及思考: 基于会计角度的探讨[J]. 财会通讯, 2016(1): 117 - 120.

[9] 张琦.我国企业年金计划模式选择: 以 DB 和 DC 计划比较为研究基础[D]. 武汉: 华中科技大学,2007.

第十章　政府与非营利组织会计

导入案例

澳大利亚政府会计改革

20世纪80年代之前，澳大利亚政府预算管理的侧重点是预算执行（合规性管理），而不注重资源的使用效率和效果。与之相适应，政府会计被定位为预算体系的附属品和政府预算的工具；政府会计的目标是反映政府部门预算执行情况和监督预算执行的合规性；政府会计核算内容侧重于财政资金的收支；政府会计的计量基础采用收付实现制。20世纪80年代，由于政府提供服务的范围和规模不断扩大，政府支出和运行成本持续上升，澳大利亚经济增长进入低谷。公共部门财政危机推动了政府改进自身管理，也推动了议会和社会公众加强对政府工作监督的需求。不断恶化的财政状况使得议会、纳税人、政府债券投资者以及贷款者等利益相关者对政府运行情况更加关注，要求行使政府财政状况知情权的呼声日益高涨和迫切。

为了扭转财政状况不断恶化的被动局面，摆脱高额赤字的困扰，提高财政预算的效率、效果和透明度，澳大利亚政府公共管理变革应运而生。受当时席卷全球的新公共管理改革思想的影响，澳大利亚公共管理改革的核心是将企业管理理念引入公共部门，强调公共部门应承担起主要由结果与产出计量的财政绩效的受托责任，由以财政投入为中心的管理模式向以产出与效果为中心的财政管理模式转变。

引入问题：请查阅相关资料，澳大利亚政府会计改革中是引入何种会计确认基础来提高政府财政预算的效率、效果和透明度呢？①

内容提要

政府及非营利组织会计是与企业会计具有同等重要地位的会计分支。随着近年来我国政府职能转变和财政管理体制改革，2015年新推出的政府会计准则象征着我国政府会计进入了改革的新纪元；随着国家社会保障体系内容的不断丰富和运行体制的不断变革，

① 戚艳霞，王戍. 澳大利亚权责发生制政府预算与会计改革的分析与借鉴[J].会计与经济研究，2015，29(6)：28-42.

现行社会保险基金会计体系在涵盖内容、核算方法等方面逐渐显露出不完善和不协调；随着民间非营利组织自身的不断发展和社会关注度的提高，其会计核算、信息披露等方面出现了一些新情况和新问题。

20世纪90年代以来，随着经济全球化速度的加快和我国市场经济体制的建立与完善，我国政府职能正在发生转变，民间非营利组织在我国也得以飞快发展。为了规范政府和民间非营利组织的会计行为，提高其会计信息质量，财政部在充分考虑我国国情及国际会计发展趋向的基础上，于2004年制定并发布了《民间非营利组织会计制度》，于2005年1月施行，并于2011年9月9日制定了《会计改革与发展“十二五”规划纲要》。

那么，什么是政府与非营利组织？政府与非营利组织的类型有哪些？这些是本章将回答的问题。

通过本章的学习，应达到以下目标：

1. 了解什么是政府与非营利组织；
2. 了解政府会计的定义、特征及准则规范等；
3. 了解非营利组织会计的定义、特征及规范等。

第一节　政府与非营利组织会计概述

一、政府与非营利组织的类型及特征

政府及非营利组织是一个国家政治稳定、经济发展必不可少的重要组成部分。政府通过提供公共物品和服务，来履行其保卫国家安全、维护社会公共秩序、促进科技进步和经济发展等职能；非营利组织愿意承担或协助政府解决一些社会问题，如公众医疗、国民教育、社会救济等。由此可见，政府及非营利组织为促进社会进步、人民生活水平提高发挥了重大作用。然而各国在政治、经济、文化方面的差异，使得政府及非营利组织类型往往也不一致。本节将先后列举美国与中国的政府与非营利组织的类型以便于比较。

（一）政府组织的类型

政府是一个与国家密切联系在一起的政治学概念，它以国家的存在为基本前提。国家是一个由一定人群居住在一起而组成的社会实体。当人们群居而组成社会实体后，就需要有国家赖以生存和发展的机构，包括各种国家机构，如权力机构、行政机构、专政机构等。政府，是指负责执行国家行政工作的机关，是国家机构的组成部分。所有国家的政府都可以划分为中央政府和地方政府。

在美国，政府组织主要分为联邦政府及州和地方政府，并且不同政府组织被赋予不同的权力与职能。联邦政府具有行政权、立法权和司法权，三权独立且相互牵制，即政府的行政活动和立法行动受到司法部门的限制，而行政活动又受到立法部门的限制。联邦政府的职能有铸币、征税、举债、维持军队、主持外交、管理洲际和国际贸易等。州和地方政

府的权力与联邦政府总体相同，不同之处在于，州和地方政府的大部分法官是通过选举的方法产生的。另外，州和地方政府的职能主要是处理所辖州和地方范围内的各项公共事务，如向公民提供公共物品或服务、以地方名义征税、组织警卫力量和维护治安等。

在我国，中央人民政府（即中华人民共和国国务院）是最高国家权力机关的执行机关，实行总理负责制，它由总理、副总理、国务委员、各部部长、各委员会主任、审计长和秘书长组成。中央政府部门和单位主要包括国务院各组成部门（如外交部、国防部等）、国务院直属特设机构（如国资委）和直属机构（如海关总署、税务总局等）、国务院办事机构（如侨办、港澳办等）和由国务院各有关部委管理的国家局（如信访局、粮食局等）等行政单位。地方政府包括各省（直辖市、自治区及特别行政区）政府、各地市政府、各县（市、区）政府和各乡镇政府及其地方各级政府的各行政单位。

（二）非营利组织的类型

非营利组织（NPO）是英文 Non-profit organization 的缩写。尽管现代意义上的非营利组织出现于第二次世界大战前后，而到 20 世纪 80 年代末，国际社会才开始关注这类组织。在国际社会中，非营利组织也被称为"非政府组织""公民社会组织"和"第三部门"等。

在美国，非营利组织主要分为公立非营利组织和私立非营利组织。不同的非营利组织适用的财务会计准则不同：公立非营利组织虽没有明确定义，习惯上把这类组织作为政府部门的一部分，适用政府会计准则委员会（GASB）发布的准则；而私立非营利组织则适用财务会计准则委员会（FASB）发布的准则。如何判断非营利组织是公立还是私立？注册会计师协会（AICPA）提出，公立（政府）组织是指至少具有以下特征之一的公共公司、联合团体和政治团体：① 该组织权力机构成员的控制多数由一个以上州和地方政府的官员选举或任命（同意）；② 政府具有潜在的将该组织的资产转入政府的单方决定权；③ 该组织具有税收立法和执行权；④ 该组织能够直接发行利息免征联邦所得税的债务，而不需要通过州或市政府。公立非营利组织主要有图书馆、博物馆、公立医院、公立大学及大学基金会。私立非营利组织不仅数量众多，其类型更是应有尽有，如美国癌症协会、男童子军、女童子军及财务会计基金会。

在我国，非营利组织按其资金来源的不同划分为国有非营利组织和民间非营利组织两类。国有非营利组织主要由各级政府出资设立，实质属于政府组织的组成部分，类似于美国的公立非营利组织。而民间非营利组织是指依照国家法律、行政法规登记的社会团体、基金会、民办非企业单位和寺院、宫观、清真寺、教堂等，类似于美国的私立非营利组织。

（三）政府与非营利组织的特征

美国会计学会在《非营利组织会计实务委员会报告》中指出，"通常区分营利与非营利的基础就是有无营利动机"，并且从行为上将非营利组织定义为"无营利的动机，无个人或个别拥有组织的股权或所有权，组织的权益不得任意抽收或交换，通常都不可或被要求直接地或按比例地给予资金捐助者或赞助者财务上的利益"。

政府及非营利组织之所以存在，是因为人们需要它向社会提供公共产品或公共服务，而这些公共产品或公共服务大多数不可能由营利性企业在有利可图的前提下提供。政府及非营利组织在向公民提供这些公共产品或公共服务时,通常不考虑成本能否从其收费中得到补偿,或者费用的支付者是否从中获益。

与营利性企业相比,政府与非营利组织的特征主要表现在以下几方面:

(1) 建立和运行的目的不在于营利,并且一般不需要交纳所得税。

(2) 由委托人或选举人共同拥有,不存在可以出售或转让的权益份额。

(3) 财务资源的提供者不一定可以直接或按比例受到相应的服务或货品。

(4) 重要的运行政策由选举人或相应的权力机构通过投票表决来制定。

二、政府与非营利组织会计的理论基础

政府与非营利组织会计研究通常涉及政治学、经济学、社会学、公共管理等领域,因而表现出一种较为明显的跨学科特征。下面重点从新公共管理角度来阐述政府会计的理论基础以及非营利组织会计有关理论。

(一) 新公共管理的理论基础

自 20 世纪 70 年代末 80 年代初开始,伴随着全球化、信息化、市场化以及知识经济时代的来临,西方各国开始了一系列的政府改革运动,世界进入了公共部门管理尤其是政府管理改革的时代。无论是英美、欧洲大陆国家,还是澳大利亚、新西兰、日本和一些发展中国家,都相继掀起了政府改革的浪潮。与此同时,西方公共管理学界涌现出了许多与传统公共行政理论大不相同的管理理论,其中包括政治上的公共选择理论、委托代理理论和交易成本理论等,这些理论共同构成了“新公共管理”的理论基础。

1. 公共选择理论

公共选择理论以经济学的理论基础即理性经济人为出发点分析政治活动,认为政府官员同样是追求自我利益最大化的人,其私人利益动机将促使他们寻求扩大项目和增加预算,过度供应公共服务,并且由于缺乏竞争、监督体制和绩效评估体系,公共服务的质量也难以改善。由此可见,政府并不能在所有的公共事务决策上都追求公众的普遍利益。因此,公共选择理论提倡由公众自己来做出有关公共事务的决策,而不是由政府代为决策。政府也应该缩小活动范围,缩减政府部门规模,将部分政府职能交由私人部门承担,并通过合同外购、强制竞争、业务外包等方式来实现。公共选择理论指出了官僚政治体制的缺陷,并提出了市场化的解决方式,为“新公共管理”奠定了一定的理论基础。

2. 委托代理理论

委托代理理论通过对公共行政领域的委托代理问题的分析,为减少公共部门的委托代理问题指出了方向。首先,缩减政府规模,将公共服务签约外包。委托代理理论认为,私营部门的委托代理问题比公共部门的委托代理问题较轻,因此可以通过供给与生产相分离、签约外包等方式将公共部门委托代理问题转移到私营部门中去,从而减少公共部门的委托代理问题。其次,强化公共部门之间的竞争。委托代理理论认为,竞争能减少委托人所面临的代理成本,而提高代理人从事投机行为的成本。最后,制定激励契约。委托代

理理论认为，固定报酬制度不能对个体产生有效的激励效果，反而会强化官僚的偷懒动机。采取绩效工资制可以有效激励个人，实现个体利益与共同利益的相容。

3. 交易成本理论

交易成本理论认为公司可能会偏好市场检验或签订合同的方法而不仅仅局限于在公司内部完成某些工作，该情况同样适用于公共部门。在公共部门中，如果采用对外签约的形式来降低行政费用并且造成某种竞争，那么有可能使某些交易只付较低的费用。但如果按照交易成本理论的逻辑进一步分析，对于某些公共部门来说，由于市场检验已经成为强制性的事情，内部完成的效果可能实际上会更好。

同委托代理理论一样，交易成本理论也假定委托人与代理人即交易的双方都会设法寻求自我利益。然而，双方能否获取私利则取决于一系列的结构条件和环境因素：不确定性程度、信息失衡状况、是否存在有限理性制约、交易双方是否拥有别人所没有的或很难拥有的特异性资产，在某一领域是否存在少数议价的情况，即潜在的买方或卖方很少，因而在讨价还价时由于缺乏竞争而占有优势。这些条件和因素直接影响哪些公共服务可以利用市场机制，而哪些领域的公共服务利用政府机构更好。具体地说，当提供服务的不确定性低、所需的物品或服务数量或质量易于衡量、潜在的供应商数量多时，将公共服务承包出去最好；而条件相反时，特别是当保持所供物品或服务的质量特别重要时，由政府内部机构提供则会更好。在利用市场机制、承包公共服务、界定政府职能等方面，新公共管理显然是借鉴了交易成本理论与委托代理理论。

(二) 非营利组织相关理论

20 世纪 70 年代以来，在北美和欧洲，学术界对于非营利组织的研究急剧增加。非营利组织正在世界范围内成为一个新兴的跨学科研究领域。经过几十年的发展，西方非营利组织研究领域中形成了几种较为权威的理论。

1. 政府失灵理论

这一理论由美国经济学家伯顿·韦斯布罗德提出，他认为，任何投票者都有对于物品(包括公共物品和私人物品)的需求，政府、市场和非营利部门都是满足个人需求的手段。这三者在满足个人的需求方面存在相互替代性。由于政府和市场在提供公共物品方面的局限性，导致了对于非营利部门的功能需求，这是非营利部门存在的主要原因。

政府在提供公共物品上的局限性主要表现为资金限制和所提供公共物品的局限两方面。一般而言，政府的资金主要源于税收，因此政府在使用资金时就不得不考虑纳税人的利益和意愿，然而税收数量毕竟有限，无法满足消费者方方面面对公共物品的所有需求；不同的纳税人对所提供的公共物品有不同的需求，政府很难满足所有人的需求。这就为其他组织机制的介入提供了前提条件。

大量对于政府提供的公共物品不满意的消费者可以在市场和非营利组织之间进行替代性选择。在其他条件相同的情况下，对政府提供的公共物品越不满意，非营利组织的规模就越大。对于特定的政府输出，消费者需求的差异越大，非营利组织的输出就越大；反之，非营利组织的规模就越小。

2. 合约失灵理论

这是美国法律经济学家亨利·汉斯曼提出的理论。公共物品的提供者与消费者之间存在信息不对称,公共物品的难以量化性和质量的模糊性更是加剧了这种不对称性,此时仅靠生产者与消费者之间的合约,难以防止生产者坑害消费者的机会主义行为,这就出现了汉斯曼所说的"合约失灵"现象。

汉斯曼认为,若这类商品或服务由非营利组织来提供,生产者的欺诈行为就会少得多。这是因为非营利组织受到了"非分配约束"。也就是说,非营利组织不能把获得的净收入,分配给对该组织实施控制的个人,包括组织成员、管理人员、理事等。净收入必须得以保留,完全用于组织的进一步发展。

在汉斯曼看来,"非分配约束"是非营利组织区别于营利性组织的最重要特征。这个特征使得非营利组织在提供信息不对称的商品和服务时,尽管有能力去提高价格或降低产品质量,而且不用担心消费者的报复,但他们仍然不会去损害消费者的利益。由于他们所获得的利润不能参与分配,这在很大程度上抑制了生产者实施机会主义行为的动机,从而维护了消费者的利益。

由于政府与非营利组织特点及功能的不同,二者的会计目标、会计报告等也不尽相同,因此本章将分两节分别介绍政府会计与非营利组织会计。

三、政府会计改革

(一) 国外政府会计的改革

世界各国曾经普遍采用收付实现制的政府会计制度。20 世纪末以来,经济合作与发展组织(OECD)国家不断推进采用权责发生制的政府会计改革。政府会计改革就是为了全面透明地公开政府及其部门的预算执行情况,提高公共部门运行效率,更好地接受社会公众的监督。OECD 成员国当时的政府会计主要存在政府预算恶化、财政赤字、负债率高等问题。正是这些原因,OECD 各国陆续开始对自身财政管理体系进行改革。

第一个对政府财务报告进行全面权责发生制改革的国家是新西兰。它也是目前政府会计改革较为成功的国家。新西兰的政府会计改革主要从国有企业私有化和政府职能的重新定位两个方面着手。通过建立完善的法律法规制度,在政府会计财务制度和预算执行中采用权责发生制。

英国政府为了改善公共部门管理、提高公共部门绩效,决定采用资源会计与预算(Resource Accounting and Budgeting,RAB)改革。1992 年,英国建立国民健康服务基金(NHS Trusts)时,第一次尝试了在公共部门会计中采用权责发生制。1995 年,英国政府出台了《改善对纳税人税款的会计处理:政府资源会计与预算》,正式确立英国使用资源会计作为公共支出和预算控制的基础。英国政府在推进权责发生制会计报告改革时,采用循序渐进的方法。从 1997 年 4 月 1 日到 1998 年 4 月 1 日,英国中央政府各个部门逐渐采用了权责发生制的会计核算基础。

美国州和地方政府的会计改革也经历了很长的时间。其中政府会计准则委员会

(GASB)致力于将政府会计的收付实现制基础逐步向修正的、完全的权责发生制转变。1990 年颁布的《首席财务长官法案》为加强政府机构的管理和财务受托责任奠定了基础。《首席财务长官法案》要求财务报表,除个别标明的以外,都必须采用权责发生制。从 20 世纪 80 年代起美国政府预算开始逐步采用权责发生制的方法确认某些项目的政府成本,如 1990 年颁布的《联邦政府贷款改革法案》改用权责发生制对贷款项目进行会计记录和控制,并将权责发生制成本计入赤字和盈余。

由此可见,为了增加财政透明,改善政府面临的各种财务问题,国际上许多国家纷纷都进行了政府会计改革,而改革的明显标志就是引入权责发生制的会计核算基础。

(二) 我国政府会计的改革

在过去很长一段时间里,我国政府会计体系是以收付实现制为基础进行核算的预算会计标准体系。该体系主要包括财政总预算制度、行政单位会计制度以及事业单位会计准则等制度。虽然这一体系的建立是为了适应财政预算管理的相关要求,并对运行和管理政府财政资金和制定宏观经济决策起到了基础性作用,但是随着经济社会的不断发展,原有的预算会计标准体系已经难以适应新环境、新形势对政府会计管理提出的更高层次的要求,其弊端也逐渐显露出来。随着各方对积极推进政府会计体系改革的呼声渐高,再加上国外一些发达国家也都在不同程度上进行了引入权责发生制的政府会计改革,并取得了较好成果,我国也开始了对政府会计的改革探索。

党的十八届三中全会通过了《中共中央关于全面深化改革若干重大问题的决定》。这项决定提出了“建立权责发生制的政府综合财务报告制度”的观点,同时指明了我国政府会计改革的方向和新要求。首先,该决定提出了对以收付实现制为基础的预算会计制度进行改革的必要性,并明确了相应的改革方向。其次,该决定对政府综合财务报告的编制和相关制度的设立提出了要求,不只是简单地将预算会计制度从概念上拓展和延伸为财务报告制度,而是从本质上对现有预算会计体系的预算、反映和监督职能进行改革,强化了财务报告和政府会计信息服务于政府决策和高效管理的职能,从而满足政府报告的信息使用者在政府绩效控制、政府预算控制和政府财务管理方面逐渐增长的信息需求。该决定对我国政府会计的改革方向、改革目标和改革任务提出了相应的具体要求,推动了我国政府会计向权责发生制改革的脚步。新《预算法》也明确对各级政府财政部门编制以权责发生制为基础的年度政府综合财务报告提出了要求。

2014 年 12 月,国务院批准了由财政部制定的《权责发生制政府综合财务报告制度改革方案》(以下简称《改革方案》),该《改革方案》确立了我国政府会计改革的指导思想、基本原则、总体目标、主要任务、配套措施、具体内容、实施步骤以及组织保障。从《改革方案》可以看出,以权责发生制为基础的政府综合财务报告制度的改革是根据政府会计规则进行的重要改革,改革是以构建科学、规范和统一的政府会计准则体系为前提和基础的,这就包括政府会计基本准则和具体准则及其应用指南的制定和不断完善政府会计制度。财政部对政府会计准则的建设工作给予了高度重视,在开展国际经验交流活动、人才培养以及政府会计理论的研究等方面积极开展了一系列工作。除此之外,财政部还采取了修订行政事业单位会计准则制度以及政府会计改革试点等措施，为政府会计准则体系的建设发展奠定了坚实的基础。2015 年 10 月，《政府会计准则——基本准则》的出台，标志着政府会计建设的规范化，既是政府会计改革的成功，也是政府会计深入改革的新起点，具有里程碑式的意义。2016 年 7 月，财政部根据《政府会计准则——基本准则》制定了《政府会计准则第 1 号——存货》等四项具体政府会计准则，并于 2017 年 1 月 1 日起施行。2016 年 8 月 1 日，财政部办公厅下发了《政府会计制度——行政事业单位会计科目和会计报表(征求意见稿)》及起草说明。我国政府会计准则已经从顶层规范落地到制度规范，政府会计改革已经深入实务层面。

第二节　政府会计

本节将主要阐述我国政府会计的主要内容及中外政府会计的对比。

一、政府会计的基本内容

(一) 政府会计的定义

在国际上，政府会计有好几个同义词，常见的有“公共部门会计”和“公共会计”。在公共部门和公共开支规模日益扩大的背景下，需要发展一套强有力的政府会计系统来帮助实施对公共支出的有效管理和控制。关于政府会计的常见定义或解释有：

(1) 法国在 1962 年 8 月颁布的有关法律中表述为：“公共会计记录行政部门(国家、地方政府和行政事业单位)的账目……公共会计的目的是为能了解和控制预算和资金流动的步骤、财产状况、成本和年终结果。公共会计与企业会计一起构成国民会计的一部分。”

(2) 美国财政专家 B.J.理德与约翰 · W.斯韦恩的表述：“公共部门会计是指对在预算执行阶段发生的财政行为进行记录。”在这一阶段形成的对预算收支的记录，是评估预算执行结果、准备一轮预算编制以及预算执行过程中财政决策的基础。

(3) 根据国际公共部门会计准则委员会的规定，政府会计是指用于确认、计量、记录和报告政府和事业单位财务收支活动及其受托责任的履行情况的会计体系。

我国官方组织没有对政府会计进行定义，国内学者在各种研究中多是引用和借鉴国外有关政府会计的定义。王雍君将政府会计定义为：“用以对公共部门的财政交易或事项进行记录与计量，并将记录的结果报告给公共信息使用者的信息系统。”李建发在《政府会计论》中指出，政府会计是一门用于确认、计量、记录政府受人民委托管理国家公共事务和国家资源、国有资产，报告政府公共财务资源管理业绩及履行受托责任情况的会计分支，并主张将预算会计改为政府会计或政府及非营利组织会计。

(二) 政府会计的目标

美国全国政府会计委员会(NCGA)在 1982 年 1 月发布的第 1 号概念公告中确定政府及政府财务报告的全面目标是为经济、政治和社会决策以及受托责任和财务管理提供财务信息,为评价管理和组织业绩提供依据。政府会计准则委员会(GASB)在 1987 年 5 月公布的《概念公告第 1 号——财务报告的目标》中,对政府会计财务报告的总体目标做了概况性的总结,即政府财务报告应当提供信息以帮助使用者评价受托责任并作出经济的、社会的和政治的决策。具体而言,政府财务报告目标主要包括以下三个方面:

(1) 政府财务报告应当帮助实现政府的公共受托责任,并且应当能够让使用者评价这种公共受托责任。

(2) 政府财务报告应当帮助使用者评价政府主体当年的业务活动成果。

(3) 政府财务报告应当帮助使用者评价那些可以由政府主体提供服务的服务水平,并帮助使用者评价政府履行到期责任的能力。

我国政府会计的目标尚未完全确立,在学术界,学者们对我国政府会计目标问题也进行了探讨。陈立齐和李建发(2003)认为政府会计有三个层次的目标:其基本目标是检查、防范舞弊和贪污,以保护公共财政资金的安全;中级目标是促进健全的财务管理;最高层次的目标是帮助政府履行公共受托责任。陈小悦和陈漩(2005)认为政府会计的目标在于实现政府履行职责的高经济透明度。高经济透明度对实现良好的公共治理和有效评估政府行为是至关重要的。陈穗红和石英华(2007)认为政府会计目标的形成主要受到经济和政治环境、财政管理的模式、政府会计信息使用者的需求、政府会计信息提供者的意愿的影响。

在 2015 年 10 月新颁布的《政府会计准则——基本准则》中提到我国决算报告的目标为:向决算报告使用者提供与政府预算执行情况有关的信息,综合反映政府会计主体预算收支的年度执行结果,有助于决算报告使用者进行监督和管理,并为编制后续年度预算提供参考和依据。政府决算报告使用者包括各级人民代表大会及其常务委员会、各级政府及其有关部门、政府会计主体自身、社会公众和其他利益相关者。财务报告的目标为:向财务报告使用者提供与政府的财务状况、运行情况和现金流量等有关信息,反映政府会计主体公共受托责任履行情况,有助于财务报告使用者作出决策或者进行监督和管理。政府财务报告使用者包括各级人民代表大会常务委员会、债权人、各级政府及其有关部门、政府会计主体自身和其他利益相关者。

二、政府会计的主要内容

发布了一系列新的政府会计准则后,我国会计准则体系形成了“财务会计和预算会计适度分离并相互衔接”的会计核算模式。所谓“适度分离”,是指适度分离政府预算会计和财务会计功能、决算报告和财务报告功能,全面反映政府会计主体的预算执行信息和财务信息。主要体现在以下几个方面:一是“双功能”,在同一会计核算系统中实现财务会计和预算会计双重功能,通过资产、负债、净资产、收入、费用五个要素进行财务会计核算,通过预算收入、预算支出和预算结余三个要素进行预算会计核算。二是“双基础”,财务会计采用权责发生制,预算会计采用收付实现制。三是“双报告”,通过财务会计核算形成财务报告,通过预算会计核算形成决算报告。所谓“相互衔接”,是指在同一会计核算系统中政府预算会计要素和相关财务会计要素相互协调,决算报告和财务报告相互补充,共同反映政府会计主体的预算执行信息和财务信息。主要体现在:一是对纳入部门预算管理的现金收支进行“平行记账”。对于纳入部门预算管理的现金收支业务,在进行财务会计核算的同时也应当进行预算会计核算。对于其他业务,仅需要进行财务会计核算。二是财务报表与预算会计报表之间存在勾稽关系。通过编制“本期预算结余与本期盈余差异调节表”并在附注中进行披露,反映单位财务会计和预算会计因核算基础和核算范围不同所产生的本年盈余数(即本期收入与费用之间的差额)与本年预算结余数(本年预算收入与预算支出的差额)之间的差异,从而揭示财务会计和预算会计的内在联系。

接下来将从预算会计与财务会计两个部分介绍我国的政府会计。

(一) 预算会计

1. 确认基础

预算会计对现金的收支情况进行核算,所以采用的会计确认基础为收付实现制。收付实现制是在会计核算中,以款项是否已经收到或付出作为计算标准,来确定本期收益和费用的一种方法。凡在本期内实际收到或付出的一切款项,无论其发生时间早晚或是否应该由本期承担,均作为本期的收益和费用处理。比如本期支付而由后期受益费用,一律由本期核销进入本期成本,不再分摊。采用这种方法,优点是期末无须对本期的收益和费用进行调整,核算手续比较简单但不能正确地反映各期的成本和盈亏情况。我国预算会计都采用收付实现制,因为它能真实地反映当年的预算收支实际执行结果,既能避免预算上的虚假平衡,又便于资金调度和统筹使用。

2. 会计要素

政府预算会计要素包括预算收入、预算支出与预算结余。

预算收入是指政府会计主体在预算年度内依法取得的并纳入预算管理的现金流入。预算收入一般在实际收到时予以确认,以实际收到的金额计量。

预算支出是指政府会计主体在预算年度内依法发生并纳入预算管理的现金流出。预算支出一般在实际支付时予以确认,以实际支付的金额计量。

预算结余是指政府会计主体预算年度内预算收入扣除预算支出后的资金余额,以及历年滚存的资金余额。预算结余包括结余资金和结转资金。

结余资金是指年度预算执行终了,预算收入实际完成数扣除预算支出和结转资金后剩余的资金。

结转资金是指预算安排项目的支出年终尚未执行完毕或者因故未执行,且下年需要按原用途继续使用的资金。

符合预算收入、预算支出和预算结余定义及其确认条件的项目应当列入政府决算报表。

3. 政府决算报告

政府决算报告是综合反映政府会计主体年度预算收支执行结果的文件。通过预算会计形成决算报告。政府决算报告应当包括决算报表和其他应当在决算报告中反映的相关信息和资料。符合预算收入、预算支出和预算结余定义及其确认条件的项目应当列入政府决算报表。

(二) 财务会计

1. 确认基础

财务会计实行权责发生制。权责发生制又称“应收应付制”。它是以本会计期间发生的费用和收入是否应计入本期损益为标准,处理有关经济业务的一种制度。凡在本期发生应从本期收入中获得补偿的费用,不论是否在本期已实际支付或未付的货币资金,均应作为本期的费用处理;凡在本期发生应归属于本期的收入,不论是否在本期已实际收到或未收到的货币资金,均应作为本期的收入处理。实行这种制度,有利于正确反映各期的费用水平和盈亏状况。

2. 会计要素

政府财务会计要素包括资产、负债、净资产、收入和费用。

(1) 资产。

资产是指政府会计主体过去的经济业务或者事项形成的,由政府会计主体控制的,预期能够产生服务潜力或者带来经济利益流入的经济资源。服务潜力是指政府会计主体利用资产提供公共产品和服务以履行政府职能的潜在能力。经济利益流入表现为现金及现金等价物的流入,或者现金及现金等价物流出的减少。

政府会计主体的资产按照流动性分为流动资产和非流动资产。流动资产是指预计在1年内(含1年)耗用或者可以变现的资产,包括货币资金、短期投资、应收及预付款项、存货等。非流动资产是指流动资产以外的资产,包括固定资产、在建工程、无形资产、长期投资、公共基础设施、政府储备资产、文物文化资产、保障性住房和自然资源资产等。

符合政府资产定义的经济资源,在同时满足以下条件时,确认为资产:与该经济资源相关的服务潜力很可能实现或者经济利益很可能流入政府会计主体;该经济资源的成本或者价值能够可靠地计量。

资产的计量属性主要包括历史成本、重置成本、现值、公允价值和名义金额。

在历史成本计量下,资产按照取得时支付的现金金额或者支付对价的公允价值计量。在重置成本计量下,资产按照现在购买相同或者相似资产所需支付的现金金额计量。在现值计量下,资产按照预计从其持续使用和最终处置中所产生的未来净现金流入量的折现金额计量。在公允价值计量下,资产按照市场参与者在计量日发生的有序交易中,出售资产所能收到的价格计量。

无法采用历史成本、重置成本、现值和公允价值计量属性的,采用名义金额(即人民币1元)计量。

政府会计主体在对资产进行计量时,一般应当采用历史成本。采用重置成本、现值、公允价值计量的,应当保证所确定的资产金额能够持续、可靠计量。

(2) 负债。

负债是指政府会计主体过去的经济业务或者事项形成的,预期会导致经济资源流出政府会计主体的现时义务。现时义务是指政府会计主体在现行条件下已承担的义务。未来发生的经济业务或者事项形成的义务不属于现时义务，不应当确认为负债。

政府会计主体的负债按照流动性分为流动负债和非流动负债。流动负债是指预计在1年内(含1年)偿还的负债，包括应付及预收款项、应付职工薪酬、应缴款项等。非流动负债是指流动负债以外的负债，包括长期应付款、应付政府债券和政府依法担保形成的债务等。

符合政府负债定义的义务，在同时满足以下条件时，确认为负债：履行该义务很可能导致含有服务潜力或者经济利益的经济资源流出政府会计主体；该义务的金额能够可靠地计量。

负债的计量属性主要包括历史成本、现值和公允价值。在历史成本计量下，负债按照因承担现时义务而实际收到的款项或者资产的金额，或者承担现时义务的合同金额，或者按照为偿还负债预期需要支付的现金计量。在现值计量下，负债按照预计期限内需要偿还的未来净现金流出量的折现金额计量。在公允价值计量下，负债按照市场参与者在计量日发生的有序交易中，转移负债所需支付的价格计量。

政府会计主体在对负债进行计量时，一般应当采用历史成本。采用现值、公允价值计量的，应当保证所确定的负债金额能够持续、可靠计量。

(3) 净资产。

净资产是指政府会计主体资产扣除负债后的净额。其金额取决于资产和负债的计量。

(4) 收入。

收入是指报告期内导致政府会计主体净资产增加的、含有服务潜力或者经济利益的经济资源的流入。

收入的确认应当同时满足以下条件：与收入相关的含有服务潜力或者经济利益的经济资源很可能流入政府会计主体；含有服务潜力或者经济利益的经济资源流入会导致政府会计主体资产增加或者负债减少；流入金额能够可靠地计量。

(5) 费用。

费用是指报告期内导致政府会计主体净资产减少的、含有服务潜力或者经济利益的经济资源的流出。

费用的确认应当同时满足以下条件：与费用相关的含有服务潜力或者经济利益的经济资源很可能流出政府会计主体；含有服务潜力或者经济利益的经济资源流出会导致政府会计主体资产减少或者负债增加；流出金额能够可靠地计量。

3. 财务报告的构成和内容

政府财务报告是反映政府会计主体某一特定日期的财务状况和某一会计期间的运行情况和现金流量等信息的文件。从内容上讲，政府财务报告应当包括财务报表和其他应当在财务报告中披露的相关信息和资料。

财务报表是对政府会计主体财务状况、运行情况和现金流量等信息的结构性表述。财务报表包括会计报表和附注。

会计报表至少应当包括资产负债表、收入费用表和现金流量表。资产负债表是反映政府会计主体在某一特定日期的财务状况的报表。收入费用表是反映政府会计主体在一定会计期间运行情况的报表。现金流量表是反映政府会计主体在一定会计期间现金及现金等价物流入和流出情况的报表。附注是对在资产负债表、收入费用表、现金流量表等报表中列示项目所作的进一步说明,以及对未能在这些报表中列示项目的说明。

从编制主体讲,政府财务报告主要包括政府部门财务报告和政府综合财务报告。政府部门编制部门财务报告,反映本部门的财务状况和运行情况;财政部门编制政府综合财务报告,反映政府整体的财务状况、运行情况和财政中长期可持续性。

三、中外政府会计准则对比

(一) 会计核算基础的差异

IPSASB 制定的国际公共部门会计准则编制基础采用完全的权责发生制核算基础。

美国联邦政府会计准则编制基础采用权责发生制,而政府会计准则委员会在目前所施行的《政府单位会计与报告准则汇编》的第 8 项基本原则中指出的"政府单位应该采取权责发生制或者采取修正的权责发生制来确切地认识到财务情况和营运的效果"。按照政府会计准则委员会的理解说明,修正以后的权责发生制与权责发生制的不同主要就是说明收入必须要在可以取得并且可以计量时进行确认;用修正的权责发生制来确认收入与支出的有政府型基金和备用信托基金,而剩下的其他各项的业务都是采用权责发生制。

根据我国于 2015 年发布的《政府会计准则——基本准则》第一章第三条规定:我国的预算会计是以收付实现制为基本的运行基础,而财务会计则是以权责发生制为根本进行运行结算的。同时根据中国的《财政总预算会计制度》第十一条确切的规定:"会计核算一般采取的是收付实现制。"所以我国的政府会计采用的是权责发生制与收付实现制并行的会计核算基础。

(二) 会计要素的差异

会计要素作为会计对象的具体化,是构成会计报表的基本框架。

IPSASB 概念框架规范了具体报表要素,并对要素在框架体系中的作用进行解释。IPSASB 提出报表包括资产、负债、收入、费用、所有者出资和所有者分配六个要素和附加项目。净资产(净财务状况)并没有被 IPSASB 规定为独立的报表要素,仅定义为加上资产负债表中确认的其他资源及扣除其他义务后的资产与负债之间的差额,可以为正或为负。要素附加项目通常是指为实现财务报告目标,需要将一项不满足定义的资源或义务进行确认,作为其他资源或其他义务。IPSASB 认为报表要素的重要性表现为,报表要素是构建财务报表的基石,它为记录、分类和汇总经济数据和经济活动提供了一个初始点,成为联系报告目标、主体及信息质量特征的纽带。

美国政府组织的会计要素分为资产、负债、基金余额、财政收入和财政支出五项。

我国《政府会计准则——基本准则》构建了政府预算会计和财务会计适度分离并相互

衔接的政府会计核算体系，因而我国政府会计要素为“二元结构”，即政府预算会计要素（预算收入、预算支出与预算结余三个要素）和政府财务会计要素（资产、负债、净资产、收入和费用五个要素）。为准确反映政府会计主体的运行成本，科学评价政府资源管理能力与绩效，我国《政府会计准则——基本准则》对资产、负债要素进行了重新定义，并提出不同于现行预算会计中收入与支出概念的要素——收入和费用。

（三）会计报告的不同

IPSASB 概念框架会计目标为编制财务报告，提供对报告主体使用者关于责任履行及决策有用的信息。

美国政府会计报告的重点在于预算会计控制以及政府公共受托责任的履行和报告，更侧重于实际或潜在外部使用者的需求。联邦政府年度综合财务报告包括文字说明和财务报表，财务报表主要包括资产负债表、净成本表、营运和净额变动表、统一预算和其他业务现金余额变动表、净营运成本与统一预算盈余（或赤字）调整表。州和地方政府综合年度财务报告包括介绍部分、财务报表和统计图表，财务报表主要有资产负债表、收入与支出报表、现金流量表、余额变动表和净资产变动表，反映报告期各基金的财务状况和预算执行情况。

我国《政府会计准则——基本准则》要求政府会计主体除按财政部要求编制决算报表外，至少还应编制资产负债表、收入费用表和现金流量表，并按规定编制合并财务报表。同时强调，政府财务报告包括政府综合财务报告和政府部门财务报告，构建了满足现代财政制度需要的政府财务报告体系。

（四）会计主体与报告主体的不同

美国联邦政府与州和地方政府都是以基金为会计主体。美国政府会计的会计主体可以使政府所有的相关业务活动得到精确、独立的反映，而政府会计主体和会计报告主体是不完全一致的，通常有两种报告形式：一种报告是将单个的基金作为主体进行编制的，另一种报告则是将每种基金的有关信息汇总列示，由此可见，美国的政府会计报告主体既来自会计主体又高于会计主体。

在我国的政府会计中，会计主体是各级的财政部门与各级行政单位，在我国的政府会计中也有基金的概念，比如说属于行政单位净资产的固定基金和财政总预算会计的专用基金等，但是这种基金表现出来的形式只是在具体会计要素中所包含的一级科目，并不能成为整体意义上的非依赖性、独立性的会计主体，只是在一定程度上补充了部门或者单位会计主体。我国的政府会计是将各级的财政部门和各级的行政单位作为会计报告的主体，因此，我国政府会计中的会计主体和报告主体是一样的。

第三节 非营利组织会计

一、非营利组织会计概述

(一) 非营利组织的定义

非营利组织这一概念并非是一个具有明确内涵和外延的术语。本书参照其他教材,给出非营利组织的定义如下:不以营利为目的、主要开展各种志愿性的公益或互益活动的非政府的社会组织。

通常,非营利组织与营利性组织(通常指企业)的主要区别在于,非营利组织具有如下特征:① 这些组织从提供者那里以捐赠形式收到大量的资金,而这些资金提供者并不期望收到相应的货币收益;② 这些组织的运作不以营利为目的;③ 这些组织并没有明确的能被出售、转让和赎回的产权利益。所有非营利组织都不同程度地具有这些特征。

(二) 非营利组织会计的目标

非营利组织会计信息的使用者主要是资源提供者以及社会公众、监管机构和资产或服务的受益者,其会计目标与政府组织、营利性企业的会计目标均不相同。按照美国财务会计准则委员会 1980 年 12 月颁布的财务会计准则公告第 4 号《非营利组织编制财务报告的目标》的要求,非营利组织会计的总体目标是向资源提供者以及会计信息的其他使用者提供信息,以帮助他们评价非营利组织受托责任的履行情况,并做出资源是否捐赠的决策。

在我国,《民间非营利组织会计制度》将满足捐赠人、会员、服务对象、债权人、监管部门等会计信息使用者的决策需要,作为民间非营利组织的会计目标,并按其设计财务报告以及应予披露的信息。

二、非营利组织会计准则

在美国,非营利组织主要分为公立非营利组织和私立非营利组织。公立非营利组织虽没有明确定义,习惯上把这类组织作为政府部门的一部分。因此这里重点介绍美国私立非营利组织会计准则及我国民间非营利组织准则,便于比较。

(一) 美国非营利组织会计准则

美国财务会计准则委员会(FASB)是美国营利性企业和私立非营利组织会计准则的制定机构。早在 1980 年,FASB 就提出,营利性企业和非营利组织应当具有一个完整的财务会计概念体系,这一体系既能适应于一切会计主体,又能适当地照顾到某类会计主体的任何与众不同的概念和报告目的。因此 FASB 并没有为非营利组织制定专门的会计概念体系,而是采用统一编号为营利性企业和私立非营利组织制定并发布会计准则。美国财务会计基金会明确提出,除非有特定声明,否则,各类非营利组织均应遵守财务会计准则委员会的要求对外提供财务报告。但是在财务会计准则委员会制定非营利组织会计准则之前，美国注册会计师协会及有关的专业学会曾制定并发布一系列专门适用于非营利组织的公告和指南。这些公告和指南起到了规范非营利组织会计和财务报告的作用，有的迄今仍在发挥作用。

美国财务会计准则委员会发布的会计准则公告已达 100 多个，但涉及私立非营利组织业务活动的准则仅有以下几项：

(1) 1980 年 12 月颁布的《财务会计准则公告第 4 号——非营利组织编制财务报告的目标》。

(2) 1985 年 12 月颁布的《财务会计准则公告第 6 号——财务报告的各种要素》。该公告指出非营利组织的财务报告要素有资产、负债、净资产、收入、费用、利得和损失等，并将净资产区分为非限定、暂时限定性和永久限定性三类。

(3) 1987 年 8 月颁布的《财务会计准则公告第 93 号——非营利组织折旧的确认》。该准则要求非营利组织除了具有超长经济寿命的个别艺术品和历史珍宝外，所有长期使用的有形资产都要确认折旧，并在财务报告中披露当期折旧费用、可折旧资产的余额、可折旧资产的累计折旧额、采用的折旧方法等信息。

(4) 1988 年 9 月颁布的《财务会计准则公告第 99 号——非营利组织折旧确认准则生效日期的推延》。该准则是对第 93 号准则在实施日期上的修正。

(5) 1993 年 6 月颁布的《财务会计准则公告第 116 号——捐赠收入和捐赠支出的会计处理》。该准则适用于任何收到或作出捐赠的实体。与收入和费用确认的完全应计制基础相一致。对于非货币性资产交换的计量，强调采用公允价值计量；对于条件承诺的捐赠，应在条件被实质性满足时予以确认。

(6) 1993 年 6 月颁布的《财务会计准则公告第 117 号——非营利组织的财务报告》。该准则的颁布改变了非营利组织以基金会计为基础，相同特征的基金合并成组编制对外财务报表的会计规范。该准则规定非营利组织应作为一个整体对外提供财务报告，报告组织的财务状况、业务活动和现金流量的信息。

(7) 1999 年 6 月颁布的《财务会计准则公告第 136 号——转让资产给非营利组织或为他人募集或持有捐赠物的公益信托》。

(8) 2016 年 8 月颁布新的非营利组织会计准则，新准则在净资产分类、费用、投资回报、经营现金流列报、流动性和可用性信息披露等 5 个方面作出变更，这些变更极大地改善了民间非营利组织披露财务信息的方式方法，提高了财务报告的透明度。

应当指出，在上述各项会计准则中，目前对私立非营利组织会计和财务报告影响最为重要的仅有第 116 号、第 117 号、第 136 号和新颁布的非营利组织会计准则。

表 10－1 是美国新颁布的非营利组织会计准则与 1993 年准则的对比。

表 10-1 美国非营利组织会计新旧准则对比

内容	1993 年准则	2016 年准则
净资产分类	非限定、暂时限定、永久限定	捐赠方限定、捐赠方未限定
费用披露方式	要求自愿保健和福利机构提供按性质和职能进行分析的信息，对其他类型的组织未作出明确规定	要求所有组织提供按性质和职能分类的金额信息以及对其进行分析的信息，同时要求披露在各职能之间分摊成本的方法
投资回报的列报	披露外部投资费用和内部直接投资费用	明确了应如何列报投资回报，并规定了投资回报应与外部投资费用和内部直接投资费用对冲后按净值反映；取消了对上述投资净费用的披露要求
经营现金流的列报方式	使用直接法列报，同时还要披露间接法下的调节信息	允许继续使用直接法或间接法列报经营现金净流量，并且如果使用直接法列报的，不要求再披露间接法下的调节信息
资产流动性和资源可用性信息的披露	披露流动性方面的信息，包括特定资产使用限制方面的信息	要求提供详细的资产流动性和可用性方面的信息，既包括定性信息也包括定量信息

(二) 中国非营利组织会计准则

我国制定民间非营利组织会计规范的起步较晚，这主要是因为在计划经济时期，我国财政运行的是高度集中的统收统支的分配体制，社会各项事业包括社会公益事业基本上都由国家统包统揽，真正意义上的民间非营利组织数量极少。改革开放以后，随着我国市场经济的发展，尤其是近年来财政职能的转换和公共财政的建设，一些过去由财政(包括国有企业)大包大揽的社会福利和公益事业等活动被剥离出来并推向社会；与此同时，企业作为营利性组织又不大可能完全从事社会福利和公益事业等活动成为我国社会管理的焦点和难点。在这种情况下，大力发展民间非营利组织，既可以解决公共财政资金在提供公共物品上的不足，又可以合理优化资源配置，维护社会的安全与稳定。

为了规范民间非营利组织的会计核算，保证会计信息的真实、完整，财政部于 2004 年制定发布了《民间非营利组织会计制度》，自 2005 年 1 月 1 日起在全国民间非营利组织实施。该制度在制定过程中充分考虑了我国民间非营利组织的运营环境和业务特点，并尽可能借鉴国际通行的惯例。

总之，在非营利组织会计规范方面，国外非营利组织会计普遍采用的是准则规范，即以会计准则对非营利组织的业务活动进行指导和规范。我国目前仍采用制度规范模式。两者相比，准则模式更具有灵活性，制度模式则具有较强的操作性。多数学者认为，从发展的角度看，我国民间非营利组织会计规范应当走与企业会计准则趋同或合并的道路。首先，将我国现行的《企业会计准则——基本准则》作适当的补充完善，并对个别特殊问题另作专门描述，使之成为对制定企业、民间非营利组织和部分事业单位具体会计准则均有指导作用的基本会计准则。而后据以制定专门适用于非营利组织的具体会计准则，并同时对现行的某些具体会计准则进行修订使之也能适用于非营利组织。

三、中外非营利组织会计比较

国际上的非营利组织会计向美国的非营利组织会计准则看齐，所以本部分将重点比较美国的民间非营利组织会计与我国的非营利组织会计。

(一) 中美非营利组织的会计主体比较

我国非营利组织的会计主体为组织自身，报告主体为单位自身发生的各项经济业务。任何一个独立核算的单位、组织，都可以是一个会计主体，即使不具备法人资格。民间非营利组织并不直接从事物质财富的创造，主要从事社会公益活动，尽管只是间接地为社会的生产生活提供服务，但是其正常的运转活动同样离不开资金运动，要取得资金运动和运转的信息需要独立进行会计核算来完成。所以要求非营利组织机构的会计人员站在该组织的立场上，为该组织提供财务状况和运转绩效等会计信息。所以在我国，民间非营利组织是一个会计主体。

美国非营利组织是以基金会计的模式来进行核算的，即把组织整体作为报告主体，每个基金作为一个会计主体，基金按照不同的受托资源分别建立，独立进行核算与报告。美国在《政府会计与财务报告准则汇编》中指出：所有基金都要根据国家法律、行政法令、资源提供者的限定对基金的设立、基金财务资源筹集和运用方面进行限制。基金是指按照特定的法规、限制条件，为从事某种活动或完成某种目的所设立的，依靠一套自身平衡的科目来记录现金、资产及其他财产资源，以及相关负债和剩余权益及其变动情况的一个财务与会计主体。

(二) 中美非营利组织的财务报告比较

非营利组织通过书面报告的形式来反映组织的财务状况、收支运营情况等，财务报告所提供的信息是财务信息，是货币量化的信息。在我国《民间非营利组织会计制度》中，非营利组织的财务会计报告分为年度、季度和月度财务会计报告这三类。中期财务会计报告是在月度和季度终了时提供的月度、季度财务会计报告的统称。会计报表、会计报表附注和收支情况说明书这三部分共同构成了非营利组织的财务会计报告。其中会计报表包括资产负债表、收入支出表、现金流量表、支出明细表和其他有关附表。美国《非营利组织公认会计原则》中对于财务报告的规定与之类似，财务状况表（即非营利组织的资产负债表）、业务活动情况表和现金流量表是一整套财务报表中必须包括的组成部分。但在财务报告类别及内容上和我国的规定有所不同，美国非营利组织所要求的财务报告更为全面和详细。例如，对于现金流量表的编制。

我国《民间非营利组织会计制度》并未作出详细规定，而美国《非营利组织公认会计原则》中却做出了十分复杂的限定，包括运营活动的叙述、现金流量表的类别、非常项目的报告以及投资活动、代理交易、筹资活动和非持续运营活动等相关内容。美国《非营利组织的财务报告》中规定，非营利组织作为一个整体对外提供财务报告，应提供与组织相关的全部信息，包括组织的财务状况、业务活动以及现金流量等方面的信息。除此之外，准则对非营利组织编制并公布的资产负债表中的资产、负债和基金余额提出了进一步要求，要求分类列示永久限定用途基金、暂时限定用途基金和未限定用途基金。收入支出表应按照资产负债表中划分的各类基金来报告与其各自相关的收入、费用和结余情况。除此之外，准则还要求非营利组织对那些不要求进行会计确认的事项做出揭示等。相比之下，在对财务报告的表外披露上，美国非营利组织的要求显然更为严格，我国的非营利组织在财务报告的披露信息上具有一定的局限性，并未强制要求非营利组织在财务报告中披露流动性方面的信息。

本章综合案例

澳大利亚权责发生制政府预算与会计改革的分析

讨论主题：以澳大利亚政府会计改革为例，综合运用本章所阐述的政府与非营利组织会计的理论和准则规范，探索政府会计改革的特点、问题及启示

前文提到澳大利亚在20世纪面临着财政不断恶化的局面，所以澳大利亚政府进行了政府会计改革。权责发生制政府预算与会计改革，历经三十余年，改变了澳大利亚政府预算、会计报告及审计依据，转变了政府预算管理和会计核算的重点，扩大了国家审计的问责范围。

澳大利亚政府在立法规范的公共财政框架下，在政府预算和会计中全面、系统、深入地运用权责发生制基础，创建权责发生制政府预算和财务报告体系。

一、澳大利亚政府会计的改革内容

（一）搭建政府预算与会计改革的立法框架

澳大利亚现有的财政框架是在全新的立法框架下构建的。20世纪90年代，澳大利亚进一步推动绩效预算改革，采取更加全面、集中和均衡的策略来推动绩效评估（OECD，2007）。自1997年，澳大利亚相继通过若干法案加强财政管理，包括《财务管理与问责法案》（1997年）、《联邦政府与公司法案》（1997年）、《审计长法》（1997年）、《预算诚信章程法》（1998年）等。

（二）建立公共资源预算、执行和结果报告制度

在整个预算过程中，政府通过制定预算文件和报告（包括中期报告、年度报告），对预算过程中的决策、授权支出、公共资金的使用过程和结果、财政绩效等情况进行跟踪反映。即，澳大利亚政府通过整合预算文件和财务报告反映公共资源的运用计划和实际运用情况。

（三）推动权责发生制在政府预算和会计中的平行运用

澳大利亚政府预算与会计的关系经历了从会计附属于预算，到政府会计逐渐独立，甚至影响预算的重大改变。在权责发生制政府会计改革之前，澳大利亚政府会计的职能定位是服从预算和反映预算执行。因此，政府会计采用预算基础（现金收付制、修正的现金

收付制)提供预算执行报告。采用现金收付制核算的政府会计的职能定位及其所提供的信息,存在报告范围比较狭窄、与政府决策的相关性不大、信息透明度不高(仅仅是流量方面的片面的透明)等问题,从而不能或者很少能够影响预算。随着澳大利亚政治经济环境的变化,政府会计采用权责发生制,更注重反映政府活动的本质和满足绩效管理的需求。

政府会计编制权责发生制财务报告,从原来的仅反映现金收支信息,转变为提供收入、费用、资产、负债、现金流入和流出信息;政府会计信息的质量和作用也发生了很大变化,从以前附属于预算和很少影响预算的状况,发展到影响预算框架和预算信息。权责发生制会计确认基础影响了预算提供的信息范围和报告方式。受政府会计权责发生制改革的影响,澳大利亚在预算中采用权责发生制以后,预算报表不仅包括反映预测收入、费用的运营报表,还包括反映政府活动对财务状况预计影响的资产负债表。即,预算报表不仅包括流量信息,还包括存量信息,提供了一套完整的预测财务报告,反映所有计划的非现金交易和资产、负债的存量信息,提供政府所计划提供的服务或产生的事项的所有资源耗费。

二、澳大利亚政府会计的改革成效

澳大利亚实施以完全的权责发生制为基础的政府预算、政府会计和政府财务报告制度改革以来,能够更加全面准确地反映政府资产、负债等财务状况,提高财政管理透明度,强化政府受托责任,取得了较为显著的成效。

一是全面反映政府财务状况。实施权责发生制政府财务报告制度,可以全面记录和计量澳大利亚政府资产、负债等情况,能够真实、全面地反映政府财务状况。根据权责发生制政府财务报告反映的财务信息,政府还可以对拟决策事项进行分析和判断,进而做出正确的决策;可以对资产维护、重置而引起的未来资金需求提前做出预测;可以对政府现有负债的清偿提前做出计划;可以向公众充分展示政府对资产、负债管理责任的履行情况。

二是合理匹配成本与产出。将政府提供的产品或服务与其成本合理匹配,是政府绩效评价的基础。澳大利亚权责发生制政府财务报告可以为政府部门提供相关成本信息,并在成本与产出合理匹配的基础上确定了政府提供某项产品或服务的“真实完整成本”。这一成本及相应的产出,既在期间上具有可比性,又可与私营部门进行比较,据此可决定是从政府内部提供,还是从非政府组织直接购买产品或服务。更重要的是,以这一成本为基础,有利于在管理上以产品或服务的质量来衡量政府部门的绩效。

三是准确反映政府资产信息。实施权责发生制政府财务报告改革,澳大利亚政府可以取得高质量的资产信息,有助于对资产的维护、过剩资产的处置、损毁或陈旧资产的重置做出更优化的决策。根据政府财务报告和资产登记簿中的信息,通过使用恰当的折旧方法,可以确定政府资产的持有成本和使用成本,使政府部门准确地判断应该提供哪些产品或服务,以及如何最有效地提供这些产品或服务,并对外充分提供相关信息。

四是准确反映政府的债务信息。澳大利亚权责发生制政府财务报告能够准确反映政府的负债情况,既包括政府已发行的国债、各种应付款项,也包括应计提的养老金等隐性债务,可以有效避免隐性负债藏而不露的问题,又能促使政府尽可能不将应承担的当期债务转嫁给继任者,有利于科学进行预算管理,促使政府更为谨慎地决策。例如,在养老金问题上,收付实现制只反映政府当年的责任,而权责发生制既反映当期,也反映将来的养老金支出责任,这就为政府提供了准确的决策依据。

五是提高财政财务信息透明度。澳大利亚权责发生制政府财务报告可以充分、真实地反映所有资产、负债的信息,有利于政府进行资产负债管理,还为社会公众提供了准确评价政府财务状况和运营绩效的依据,大幅提高了政府透明度。此外,由于澳大利亚政府财务报告是按照国际通用的公认会计准则编制的,其提供的财务信息具有标准化和一致性特点,更有助于准确评价政府绩效,进一步提高了政府的透明度。

【案例分析】

1. 澳大利亚政府预算与会计改革有哪些特点?

(1) 澳大利亚政府预算与会计改革体现了协同理论。

(2) 澳大利亚政府预算与会计改革注重制度协同优化和整合。

① 财政立法为实现制度协同提供法律依据和保障;

② 推动政府预算、会计和审计的制度协同和整合发展;

③ 运用权责发生制促进改革机制的优化和信息衔接;

④ 强调机制的系统性改革。

2. 澳大利亚政府预算与会计改革对我国有哪些启示?

(1) 健全财政法律体系。

(2) 建立健全政府预算、会计与审计之间的"三轮联动"协同发展模式。

(3) 不断提升政府预决算报告和财务报告的质量及有效衔接。

(4) 促进政府会计准则与政府财政统计的衔接。

3. 澳大利亚政府预算与会计改革仍有哪些问题?

澳大利亚政府预算、政府会计和政府财务报告实行完全的权责发生制改革过程中也存在一些不足。一方面,对政府领域采用企业化管理模式,实行完全的权责发生制,导致政府财务报告编报程序烦琐,耗费大量的人力物力,也弱化了对政府现金流的控制;另一方面,按完全的权责发生制编制的政府财务报表,内容繁杂,国会议员、社会公众等非专业人士很难看得懂,政府绩效管理也没有完全达到预期目标和效果。

本章练习题

1. 政府会计准则核算基础突出了(　　)。

A. 权责发生制　　B. 收付实现制　　C. 公允价值　　D. 历史成本

2. 以下不属于政府预算会计要素的是(　　)。

A. 预算支出　　B. 预算结余　　C. 净资产　　D. 预算收入

3. 政府会计主体应当以实际发生的经济业务或者事项为依据进行会计核算,如实反映各项会计要素的情况和结果,保证会计信息真实可靠。这个表述体现了政府会计准则的(　　)。

A. 可靠性　　B. 可理解性　　C. 实质重于形式　　D. 及时性

4. 下列不属于政府财务报告的是(　　)。

A. 资产负债表　　B. 利润表　　C. 现金流量表　　D. 收入费用表

5. 下列有关预算结余的表述,不正确的是(　　)。

A. 预算结余包括结余资金和结转资金

B. 预算收入—预算支出+历年滚存=预算结余

C. 结余资金是指年度预算执行终了,预算收入实际完成数扣除预算支出和结转资金后剩余的资金

D. 预算结余和净资产没区别

6. 请简述我国政府会计改革的主要方向。

7. 我国非营利组织会计的规范体系是什么?

本章主要参考文献

[1] 陈立齐，李建发. 国际政府会计准则及其发展评述[J]. 会计研究，2003(9)：49-52.

[2] 陈穗红，石英华. 我国政府会计目标选择[J]. 财政研究，2007(7)：48-50.

[3] 陈小悦，陈璇. 政府会计目标及其相关问题的理论探讨[J]. 会计研究，2005(11)：61-65，97.

[4] 邓小洋. 高级财务会计学[M]. 上海：立信会计出版社，2009.

[5] 厄尔·R.威尔逊，苏珊·C.卡特鲁斯，里昂·E.海. 政府与非营利组织会计[M]. 荆新，译. 北京：中国人民大学出版社，2005.

[6] 李桂萍，尹丛丛. 中国政府会计基本准则与 IPSASB 财务报告概念框架之比较[J]. 财会月刊，2016(16)：114-117.

[7] 李建发. 政府及非营利组织会计[M]. 大连：东北财经大学出版社，2002.

[8] 戚艳霞，张娟，赵建勇. 我国政府会计准则体系的构建：基于我国政府环境和国际经验借鉴的研究[J]. 会计研究，2010(8)：69-75，96.

[9] 戚艳霞，王成. 澳大利亚权责发生制政府预算与会计改革的分析与借鉴[J]. 会计与经济研究，2015，29(6)：28-42.

[10] 赵建勇. 预算会计[M]. 3 版. 上海：上海财经大学出版社，2007.

[11] 中华人民共和国财政部. 政府会计准则：基本准则[M]. 上海：立信会计出版社，2015.

[12] 中华人民共和国财政部. 民间非营利组织会计制度：2004[M]. 北京：经济科学出版社，2004.

图书在版编目(CIP)数据

高级财务会计 / 王跃堂编著. —2 版. --南京 : 南京大学出版社，2024.1

ISBN 978 - 7 - 305 - 27522 - 7

Ⅰ. ①高… Ⅱ. ①王… Ⅲ. ①财务会计—高等学校—教材 Ⅳ. ①F234.4

中国国家版本馆 CIP 数据核字(2023)第 239273 号

出版发行 南京大学出版社
社 址 南京市汉口路 22 号 邮 编 210093

书 名 高级财务会计
GAOJI CAIWU KUAIJI
编 著 王跃堂
责任编辑 陈 嘉 编辑热线 025 - 83592315

照 排 南京开卷文化传媒有限公司
印 刷 南京京新印刷有限公司
开 本 787 mm×1092 mm 1/16 印张 20 字数 474 千
版 次 2024 年 1 月第 2 版 2024 年 1 月第 1 次印刷
ISBN 978 - 7 - 305 - 27522 - 7
定 价 58.00 元

网 址:http://www.njupco.com
官方微博:http://weibo.com/njupco
微信服务号:njuyuexue
销售咨询热线:(025)83594756